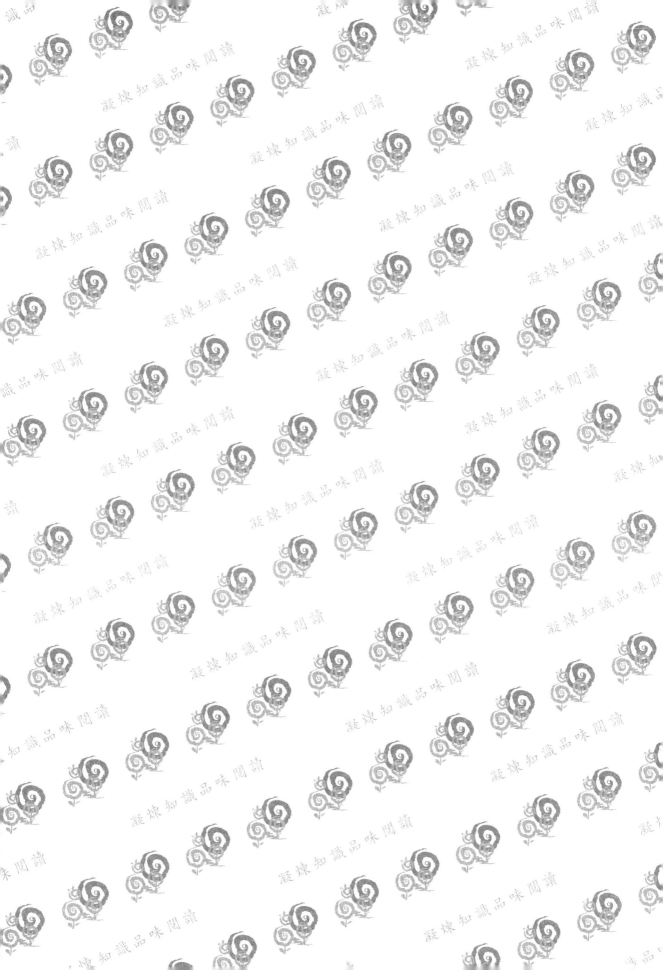

統計效果值的
估計與應用

The Estimation and Usage of Effect Sizes in Statistics

李茂能 著

五南圖書出版公司 印行

序 言

　　本書主要目的在於探討各類效果值指標的估計、選用與解釋。效果值（effect size），簡單地說，就是實驗效果大小或雙變項關係強度的量化指標，其值愈大，常代表著組平均數間之差異愈大或雙變項間之關係愈強。由於研究者對於統計顯著性考驗的運用邏輯存在著一些迷思或誤解，過去許多研究報告常忽略了效果值大小的評估，僅依 p 值（p-value）的大小就下結論，易導致結論的偏差。

　　為何效果值與 p 值同等重要？假如事先沒有適切的樣本規劃，研究者僅利用 p 值進行統計假設考驗，可能導致不當的結論。主因在於 p 值易受樣本大小的影響，只要樣本過大，通常會推翻虛無假設；反之，樣本過小，通常很難推翻它。反觀效果值不僅可用來評估臨床上的應用價值，而且不會受樣本大小的影響，足以彌補統計顯著性考驗設計上的不足。統計上的顯著性並不一定等於實務上的有用性，因此近幾年來學術研究期刊逐漸要求作者同時報告 p 值與效果值。

　　令人困擾的是效果值的定義或類型，會因研究設計、研究問題與統計方法而改變，假如研究問題的焦點在於組間差異，那麼效果值的定義在於組間平均數的平均差異，需要獨立樣本的研究設計；假如研究問題的焦點在於個體的改變量，那麼效果值的定義在於平均改變量，需要重複量數的研究設計。此外，有時同一種統計方法（如多元迴歸分析）卻存在著許多不同形態的效果值統計量（如未標準化迴歸係數、標準化迴歸係數、淨相關、部分相關），何者為佳，研究者亦常生困惑。由此觀之，欲正確估計與選用效果值統計量，需先釐清效果值與研究問題、研究設計及統計方法間的複雜關係。

　　本書另一個目的在於探究各類效果值間的轉換，使其具有可比較性（comparable），以利整合分析（meta-analysis）。效果值估計是整合分析的核心工作，除了需知道如何正確估計之外，尚須注意效果值可能衍生自不同統計方法（如單變項 ANOVA 考驗、迴歸分析、多變項分析或 HLM、GMA 分析），為了使效果值能跨不同統計方法而具有可比較性，必須透過適當公式與對比分析的橋接（參見內文第 12 章圖 12-18 ～圖 12-20），使其具有共同量尺（如全部轉換成 Cohen's d 值或 Pearson's r 值），才能進行整合分析。

本書涵蓋單變項與多變項統計方法的效果值指標，從 t 考驗、ANOVA 到 MANOVA，從 Regression、GLM 到 SEM 或 HLM 應有盡有，不僅可作為整合分析研究者查考的寶典，也適合於應用統計學課程之主要教材、一般量化研究課程之輔助教材。本書致力於效果值及其信賴區間公式的推演，並透過應用軟體輔以應用實例，以利研究者能正確估計、描述與解釋效果值。本書經多年之腦力激盪，終能順利完成。特別感謝恩師 Dr. Olejnik & 林清山教授的教誨。書中引介適用於跨研究比較的通用指標 η_G^2，就是來自 Dr. Olejnik & Algina 的創見，而本書內有一些應用實例的數據，係引自林清山教授的大作《心理與教育統計學》與《多變項分析統計法》，以利教學上的結合。此外，為了減輕研究者計算效果值及其變異量的繁重負擔，書中除了提供筆者新開發的軟體之外，也推薦了一些網路計算器，以便利效果值的估計。筆者秉持知識傳承的使命感，日夜戮力以赴力求完善，內容倘有疏漏之處，尚請同好不吝指教。

李茂能
2022 年夏於嘉義

Contents

序　言

| Chapter 01 | 效果值簡介 | 1 |

一、效果值的意義與重要性..3
二、效果值的類別..5
三、何時效果值不須標準化..6
四、效果值大小的解釋...10
五、效果值的用途及其信賴區間...16
六、效果值估計的多元面貌與整合分析...17

| Chapter 02 | 類別性變項的效果值分析 | 19 |

一、風險、勝算的定義與解釋...21
二、OR、RR 使用時機..25
三、OR、RR & RD 標準誤的計算..25
四、實用的效果值計算器...26
五、效果值指標 ϕ & V 的定義與解釋...32

Chapter 03　t 考驗與相關性指標的效果值分析　　37

一、Cohen's d 值的定義 39
二、對比分析的計算流程 43
三、Cohen's d 值與 t 考驗的關係 45
四、Hedges & Olkin（1985）之抽樣誤差校正公式 57
五、由 t 考驗值推估併組標準差 58
六、相關係數效果值分析 59
七、併組標準差的不同估計方法 61
八、筆者研發的 Cohen's d EXCEL 增益集 61

Chapter 04　單因子ANOVA的效果值分析　　67

一、變異數分析效果值指標 69
二、通用 η_G^2、ω_G^2 71
三、單因子獨立樣本 74
四、單因子相依樣本 85
五、單因子 ANCOVA 的效果值分析 90
六、ANOVA 分析中效果值指標的選擇 92
七、非對稱性信賴區間的建立 94

Contents

| Chapter 05 | 雙因子ANOVA的效果值分析 | 109 |

一、獨立樣本...112
二、重複量數...123
三、混合設計模式...130
四、變異數分析的對比效果值分析...140
五、η_G^2 對比效果值與 Cohen's d 值或 r 值的互換.................151

| Chapter 06 | 通用 η_G^2 對比效果值分析 | 153 |

一、單因子事後考驗的效果值估計...155
二、雙因子事後考驗的效果值估計...166
三、通用 η_G^2 計算器（GES）之簡介................................184
四、GES 操作表單與研究設計..185

| Chapter 07 | 多變項分析的效果值分析 | 187 |

一、常用效果值指標...189
二、單因子多變項分析...193
三、雙因子多變項分析...205
四、混合模式 MANOVA 設計..217

Chapter 08　多元迴歸分析與多層次分析的效果值分析　233

一、多元迴歸效果值分析...235
二、多層次模式效果值分析...254

Chapter 09　隨機集群分析的效果值分析（上）　275

一、三種群聚內與群聚間變異量的估計............................277
二、集群效果值估計的類型與定義....................................279
三、集群分析的兩大研究設計..282
四、集群效果值的估計..283
五、集群效果值虛胖的其他三種簡易校正方法...................312

Chapter 10　隨機集群分析的效果值分析（下）　317

一、部分集群效果值標準差的選擇....................................319
二、三種樣本變異量的估計...320
三、母群效果值...321
四、樣本效果值...323
五、部分集群設計的資料分析方法....................................328

Contents

六、母群效果值估計之實例示範 329

七、樣本效果值估計之實例示範 352

八、集群隔宿設計下 Cohen's d_t 及 d_w 與 Hedges' g_t 及 g_w 間之轉換 374

九、各類母群效果值指標間之互換 375

十、應用軟體 376

Chapter 11 　SEM分析與成長模式分析的效果值分析

383

一、SEM 分析的效果值分析 385

二、潛在特質前、後測差異分析：重複量數設計 397

三、成長模式效果值分析 402

Chapter 12 　網路效果值計算器簡介與各類效果值間之轉換

417

一、網路效果值計算器 419

二、各類效果值間的轉換 430

三、ESCAL 線上效果值轉換表單 435

四、CMA 的效果值轉換表單 435

五、筆者研發的 ESC 效果值轉換器 437

附錄一　筆者研發的效果值分析軟體清單　　443

附錄二　如何解決無法開啟EXCEL增益集　　445

中英文參考書目　　447

中英文索引　　455

Chapter

01

効果値簡介

♣ **本章內容旨在回答以下問題：**

一、何謂效果值？它有哪三種主要用途？

二、何謂母群效果值？何謂樣本效果值？兩者主要差異何在？

三、為何效果值可以彌補顯著性考驗 p 值的不足？

四、為什麼進行整合分析時，常需使用標準化效果值？又為何在不同研究間的總變異量，需具有可匹配性？

五、何謂概括式效果值（或稱為通用效果值）？

六、何謂焦點式效果值？

七、效果值多大是大，多小是小，不易論斷，Cohen（1988）提出什麼判定標準？

八、為何 Ferguson（2009）建議在社會科學研究上，效果值的判定標準需要更提高些？

九、為何過去相關研究的效果值累積次數分配，可以作為解釋效果值的參照依據？

十、母群效果值的信賴區間均呈左右對稱嗎？

十一、效果值指標何時不須標準化？

一、效果值的意義與重要性

效果值（effect size），簡單地說，就是實驗效果大小或雙變項關係強度的量化指標，其值愈大，常代表著組平均數間之差異愈大，或雙變項間之關係愈強，前者來自因果性實驗研究，後者來自觀察性相關研究。效果值是描述統計，而 p 值（p-value）是推論統計，兩者之影響因素不同，效果值不易受樣本大小影響，而 p 值易受樣本大小影響。效果值反映了 (1) 變項相關性的強弱、(2) 變項差異性的多寡、(3) 勝算比、(4) 迴歸係數及 (5) 適配度的大小，最常見的效果值就是組平均數差異或標準化平均數差異值（standardized mean difference）。過去量化研究中，接納或拒絕虛無假設的顯著性考驗模式（Fisher 氏的 significance testing 或 Neyman-Pearson 氏的 hypothesis testing），似乎已成為量化研究不可或缺的下決策工具。不過，此種二分法之顯著性考驗，並無法回答差異有多大或關係有多強（Gliner, Vaske, & Morgan, 2001），因而研究者常只關心虛無假設的考驗結果或 p 值是否小於既定的 α，而忽略了效果值的分析（Rojewski, 1999；Thompson, 1996, 1998；李茂能，2010）。此外，許多研究者錯把 p 值當作效果值大小的指標，例如：他們常認為 $p < .05$ 比 $p < .01$ 來得不重要。因此，常導致把虛無假設考驗的結果，視為研究價值的唯一指標及誤把 p 值大小看成效果值大小的迷思。

一個研究達到統計的既定顯著水準，可能係樣本過大所致，只要樣本過大，微小的處理效果，即使沒有臨床上的應用價值，也會推翻虛無假設；反之，未達到統計的既定顯著水準，可能係樣本過小所致，很大的處理效果也可能無法推翻虛無假設，亦即重要的效果卻出現不顯著之統計結論（李茂能，2002）。茲舉一單一樣本 t 考驗實例說明之：假設 $H_0：\mu_0 = 100$，$\bar{x} = 102$，$sd = 15$，$\alpha = .05$：$t = \dfrac{\bar{x} - \mu_0}{\dfrac{sd}{\sqrt{n}}} = \dfrac{102 - 100}{\dfrac{15}{\sqrt{n}}} = \dfrac{2}{\dfrac{15}{\sqrt{n}}}$，可見 t 值的大小會受到 $\sqrt{n}$ 大小的影響，例如：當 $n = 25$ 時，$t = .67$，此時 p 值大於 $.05$，無法推翻 H_0；但當 $n = 625$ 時，$t = 3.3$，此時 p 值已小於 $.05$；又當 $n \to \infty$ 時，$t \to \infty$；當 $t \to \infty$ 時，$p \to 0$，可見只要樣本過大，微小的處理效果也會推翻虛無假設。以下再以表 1-1 & 表 1-2 之分析結果，驗證樣本大小對於 p 值的影響力。

表 1-1 SPSS 獨立樣本的統計考驗摘要表（N = 1509）

獨立樣本檢定

		變異數相等的 Levene 檢定		平均數相等的 t 檢定						
		F 檢定	顯著性	t	自由度	顯著性 (雙尾)	平均差異	標準誤差異	差異的 95% 信賴區間	
									下界	上界
Highest Year of School Completed	假設變異數相等	11.226	.001	3.887	1508	.000	.602	.155	.298	.906
	不假設變異數相等			3.824	1276.454	.000	.602	.157	.293	.911

　　表 1-1 SPSS 摘要表之依變項為最高受教年限，自變項為性別。t 考驗結果顯示男女受教育的年限差為 .602，達到 .05 的顯著水準（p = .000）。如果從該筆資料（N = 1509），隨機抽樣 12% 的受試者，其分析結果如表 1-2 之 SPSS 摘要表所示，t 考驗結果顯示男女受教育的年限差為 .778，未達到 .05 的顯著水準（p = .072）。由此觀之，p 值乃是樣本大小的函數。相同的研究問題會因樣本大小的顯著差異，使得統計上的顯著結果變成不顯著，而導致重要效果的研究結論變成不重要。

表 1-2 SPSS 獨立樣本的統計考驗摘要表（N = 182）

獨立樣本檢定

		變異數相等的 Levene 檢定		平均數相等的 t 檢定						
		F 檢定	顯著性	t	自由度	顯著性 (雙尾)	平均差異	標準誤差異	差異的 95% 信賴區間	
									下界	上界
Highest Year of School Completed	假設變異數相等	6.584	.011	1.813	181	.072	.778	.429	-.069	1.624
	不假設變異數相等			1.771	152.999	.079	.778	.439	-.090	1.645

　　由前述實例也凸顯出，研究之前樣本規劃的重要性，如果樣本規劃不可行，不管結果有無達到統計上的既定顯著水準，研究者均需報告效果值，以利評估最後結論的有效性。因此，身為一個量化的研究者不僅要問資料分析結果在統計上的顯著性與否，尚需考慮本質上其效果值有多大，才能正確評估其在臨床上或應用上的價值。統計上的顯著性，並不一定等於實務上具有應用價值。為彌補顯著性考驗之缺失（p 值設計上的缺陷），不少國際期刊已要求作者報告效果值，Grisson & Kim（2012）及 Warne（2017）就指出很多不同領域的學術團體或期刊已要求作者提供效果值資訊：例如：AERA、British Psychological Society、APA、Communication Monographs、Educational and Psychological Measurement & Human Communication Research 等。

二、效果值的類別

基本上，效果值可分為兩類：(1) 仍保留原變項測量單位的未標準化效果值與 (2) 去除測量單位的標準化效果值（standardized effect sizes）。未標準化效果值的優點是容易計算、不受變異量之影響及保留更多資料情境的資訊。未標準化效果值如已具跨研究之可比較性（例如：具有共同測量單位的度、量、衡與貨幣），這些測量單位為眾人所熟悉，就不需再進行標準化了。有些效果值本身已無測量單位（unit-free of measurement），如 Pearson 積差相關（本身即為標準化的指標）、勝算比（odds ratio, OR）、相對風險（relative risk, RR）也不需再進行標準化，可以直接進行研究間效果值的比較與整合。有些效果值指標（如樣本平均數間差異量）係來自於不同測量量尺或植基於武斷的測量單位，若想在研究間具有可比較性與可整合性，就須經標準化過程（目的使其具有共同量尺），以去除特定量尺的依賴性。經標準化的分數才具有無測量單位的特性，方能進行跨研究的比較與整合分析。例如：測量相同英文能力的 IELTS & TOEFL 的成績，因使用不同量尺根本無法直接比較兩者分數的高低，如欲直接進行比較，需將原始分數轉換成常態化標準分數。傳統上，最常見的標準化方法是轉換成 z 分數或 t 分數。

如果依照估計參數的來源，效果值可分為潛在效果值（latent effect size）與樣本效果值（sample effect size）。利用 HLM 分析之母群參數（如 μ & σ），計算而得的效果值稱為母群效果值；利用 SEM 分析所得的母群參數（或經信度偏差、全距減縮之校正過），估計出來的效果值也稱為母群效果值或潛在效果值，常以希臘字母 δ 表示之；而利用樣本統計量（如 $\bar{x}$ & sd）計算而得的效果值，稱為樣本效果值（Enzmann, 2015）。其實，潛在效果估計值因考慮到測量誤差，通常比樣本效果估計值來得高（Leonhart, Wirtz, & Bengel, 2008）。

如果依照資料來源的類別，效果值又可分為六大類（Stukas & Cumming, 2014）：

(1) 變項間關聯性或解釋百分比指標，例如：Cohen's f^2、r、β、ϕ、R^2、ω^2（η^2 校正值）、η^2。其中，f^2、R^2、ω^2 & η^2 為概括式效果值（omnibus effect sizes）或稱為包裹式效果值，其餘為焦點式效果值（focused/targeted effect sizes），焦點式效果值不僅提供了效果值的大小，也提供了效果值的方向或型態。

(2) 組間差異的效果值指標，例如：Cohen's d（使用併組標準差）、f & w; Glass delta（使用控制組標準差），與 Hedges' g（Cohen's d 校正值），均為焦點式效果值。

(3) 勝算比或風險指標，例如：勝算比（OR）、相對風險（RR）等。

(4) 比率的平均效果值指標。

(5) 迴歸係數，亦為焦點式效果值。

(6) 適配度指標，例如：SEM 中的 RMSEA。

以上，第 (1) 類係變異導向（r 家族）的效果值係數，可以處理雙變項均為連續變項間的相關性問題；第 (2) 類可為原始分數的差異分數（d 家族），亦可轉化為標準化的差異分數，可以處理二分類別變項與連續變項間的差異性問題；第 (3)、(4) 類為處理雙變項均為類別變項的效果值指標（李茂能，2002）。

以上這些效果值皆為相對性指標而非絕對性指標，常被用來進行跨研究與跨設計的比較，不過仍需注意所抽樣的母群與情境是否相同，否則可能會喪失掉可比較性的基礎（Olejnik & Algina, 2003）。

至於單一個案研究（single-case study），常見的效果值指標有 SMD（standardized mean difference）、NAP（% of all pairwise comparisons across phases A & B）、IRD（improvement rate difference）、PND（% of non-overlapping data），因超出本書探討範圍，在此不予詳述，有需要的讀者，可先參閱 Parker, Vannest, & Davis（2011）的論文，文中極力推薦統計分析軟體：WinPepi（Abramson, 2010），而且提供了上述非重疊性效果值指標的百分等級標準，可作為效果值大小的判定。

三、何時效果值不須標準化

未標準化的效果值保留著原有操弄變項的測量單位，因此標準化可能會移除原有變項背後的重要資訊，而無法傳達原有變項的意義與價值。由此觀之，雖然標準化的效果值常被推薦用於樣本規劃、研究效果比較與整合分析之中，但效果值在初始研究報告（primary research reporting）中不一定千篇一律要標準化（Pek & Flora, 2018）。以下這些情境，效果值就不須標準化。

（一）測量單位為眾人所熟悉

具有共同測量單位的度、量、衡與貨幣，這些測量單位已為大家所熟知，就不須標準化。

（二）不須做跨研究比較的初始研究結果

例如：服用阿斯匹靈的病人出現心臟病的勝算比爲服用安慰劑者的 0.55 倍（$OR = 0.55$）。如果將之轉換爲 $r = .03$，就會失去或模糊掉原有量尺的有意義資訊。因此，標準化會去除量尺與研究設計資訊，可能會失去原有效果值的明確意義（Pek & Flora, 2018）。在初始研究中，如果未標準化的效果值已能直接回答研究問題，就不須標準化。

（三）預測變項具有相同測量單位或爲類別變項

在多元迴歸分析時，假如預測變項的測量單位相同或預測變項爲類別變項，就不可使用標準化迴歸係數，進行變項相對重要性的解釋。例如：研究者欲利用一個人的教育年限（X_1）與工作經驗年限（X_2）去預測其年收入（$\hat{Y}$），設其迴歸方程式爲：$\hat{Y} = 200 + 200X_1 + 100X_2$，由未標準化迴歸係數可知：每多增加一年的教育年數，可增加 200 元收入（工作經驗年限保持恆定），而每多增加一年的工作經驗，才增加 100 元收入（教育年數保持恆定）；換言之，教育年限對於年收入的影響力是工作經驗年限的 2 倍（Pek & Flora, 2018）。教育年限與工作經驗年限的測量單位均爲年限（year），假設預測變項的標準差分別爲 2 & 10，而效標的標準差爲 400。如將前述之未標準化迴歸係數，利用相關變項的標準差進行標準化：$\beta_1 = 200 * \frac{2}{400} = 1.0$，$\beta_2 = 100 * \frac{10}{400} = 2.5$。由標準化迴歸係數可知：每增加一個教育年限的標準差，可增加效標的一個標準差收入，而每增加一個工作經驗年限的標準差，可增加效標的 2.5 個標準差收入。由此可推知：工作經驗年限對於年收入的影響力，爲教育年限的 2 倍，前後之結論互爲矛盾。爲何會導致完全相左之結論，主因在於教育年限與工作經驗年限原本就植基於相同量尺，事實上即可直接進行比較，如再經標準化又會導致它們植基於不同量尺，導致無法進行相對性的比較。由此觀之，在多元迴歸分析時，假如預測變項的測量單位相同時，未標準化迴歸係數就不需再進行標準化，就能直接用來進行比較與解釋。

另外，當多元迴歸分析時，假如類別預測變項（含交互作用項）進行標準化，將破壞原先虛擬變項的解釋性。以林清山（2002，p. 396）的三種教學方法（電視、編序、啟發）的學習成績資料爲例，自變項經過虛擬編碼之後，利用 SPSS 進行線性迴歸分析，可獲得如表 1-3 的結果。

表 1-3　電視、編序、啟發教學對於學習成績的迴歸分析

模式		未標準化係數		標準化係數	t	顯著性
		B 之估計值	標準誤差	Beta 分配		
1	(常數)	74.000	5.823		12.709	.000
	Group1	-4.000	8.235	-.162	-.486	.642
	Group2	-17.000	7.703	-.737	-2.207	.063

a. 依變數: score

由表 1-3 的未標準化係數，可建構以下之迴歸方程式：$Y = 74 - 4 * \text{Group1} - 17 * \text{Group2}$。式中，當 Group1 & Group2 均為 0 時，截距 74 係控制組（啟發組）的平均數。Group1 之迴歸係數「-4」為第一組（電視）平均數與控制組平均數之差（70 - 74）；而 Group2 之迴歸係數「-17」為第二組（編序）平均數與控制組平均數之差，因此第二組之平均數為 57。這些類別變項之未標準化係數，如果進行標準化，其標準化迴歸係數（-.162 & -.737），即會破壞原有編碼變項的解釋功能與意義。

（四）組間具有顯著異質性時

由表 1-4 百分比平均差異量（mean difference for percentage difference）可知：實際與標示之卡路里熱量之差異，在本地（local）、地區性（regional）與全國性（national）配銷食物上，他們之間具有明顯之差異，其中以本地配銷食物的卡路里標示最不確實，其次為地區性。本地與地區性配銷食物的卡路里不正確標示的差異為 57，本地與全國性配銷食物的卡路里不正確標示的差異為 -82，地區性與全國性配銷食物的卡路里不正確標示的差異為 25。在初始研究中，如果未標準化的效果值已能直接回答研究問題，就不須標準化。

表 1-4　本地、地區性與全國性配銷間之食物包裝上的卡路里熱量與實際食物卡路里熱量的百分比平均差異量分析

Descriptive Statistics, Confidence Intervals, and Significance Levels of Mean Differences for Percentage Difference between Actual and Reported Caloric Content of Foods

Food distribution	M	SD	95% CI	Contrast	Mean difference	95% CI
Local (n = 8)	82	84	[54, 109]	versus regional	57	[13, 100]
Regional (n = 12)	25	16	[3, 48]	versus national	25	[-10, 60]
National (n = 20)	0	11	[-17, 17]	versus local	-82	[-121, -41]

註：取自 Pek & Flora (2018)，表中卡路里百分比差異 $= \dfrac{實際 - 包裝}{實際} \times 100\%$，以卡路里百分比差異作為標示不實之指標。

注意，本地配銷之食物，其食物卡路里標示不實的標準差（SD = 84）與地區性、全國性配銷食物之標準差的差異（SD 分別為 16 & 11）很大，違反了變異數同質性之基本假設，如仍使用併組標準差進行效果值的標準化，會導致效果值的扭曲與誤用，請看以下的實例說明。

將表 1-4 中的描述統計量（平均數、標準差與樣本大小），輸入筆者研發的 Cohen's d 計算器（Cohen's d 計算器的操作，請參見圖 1-1 & 圖 1-2），就可獲得相似的效果值（1.839 & 1.9146）；亦即本地與全國性配銷食物間的標示不實之差異跟地區性與全國性配銷食物間的差異，沒有什麼不同，但原本標示不實的平均數差異比約為 3.3 倍（82/25）。由此可見，如果強將前述的平均差異量，轉換成標準化的 d 值，所得的結論完全不同。

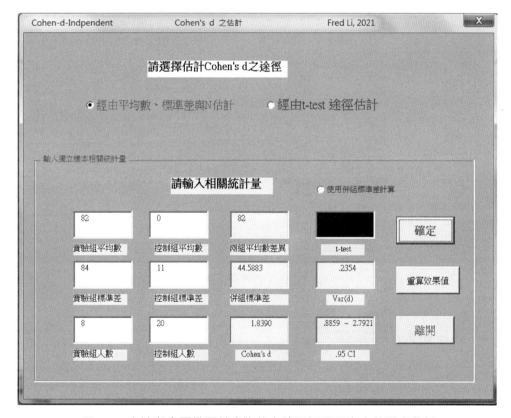

圖 1-1　本地與全國性配銷食物的卡路里標示不實之差異度分析

另外，由圖 1-1 與圖 1-2 可知，本地與全國性配銷食物的卡路里差異標示度的併組標準差為 44.5883，而地區性與全國性配銷食物的卡路里差異標示度的

併組標準差為 13.0576，足見三者的標準差差異甚大。如以全國性配銷當作參照組，進行卡路里差異標示度的整合分析，應以全國性配銷的標準差進行標準化，其標準化效果值分別為 7.4545（82/11）與 2.2727（25/11），卡路里標示差異度之比約為 3.3 倍（7.4545/2.2727），與之前的平均數差異比相同。

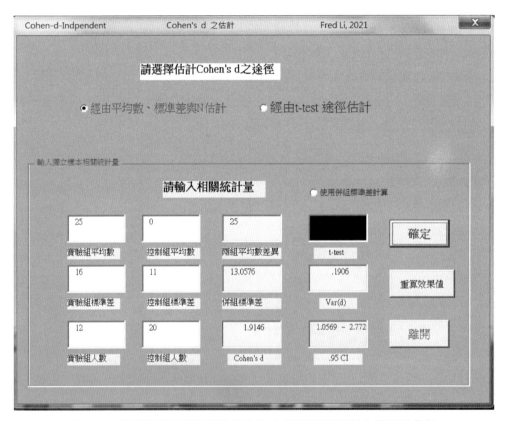

圖 1-2　地區性與全國性配銷食物的卡路里標示不實之差異度分析

四、效果值大小的解釋

效果值分析包含效果值的計算與解釋，效果值的估計固然重要，如何利用效果值在相關的情境中去解釋，才是核心工作。效果值的解釋旨在針對特定研究問題，進行在理論上、實務上、臨床上、醫療上或管理上實質意義（substantive significance）或價值的解釋。一般來說，效果值愈大，其研究變項的影響力愈大，研究發現的貢獻愈大。不過，因研究者通常不易分辨效果值多大是大，多小是小，Cohen（1988）乃根據過去變態 & 社會心理學期刊的研究結果，提出

常用效果值大（large）、中（moderate）、小（small）的質化判定標準（benchmark），以供研究者參考，茲摘要如表 1-5 所示。這些質化判定標準的標籤，在臨床心理學上可能改用輕微（mild）、中度（moderate）、嚴重（severe），進行詮釋。不過，賦予效果值大、中、小的分類標準，雖已廣為採納但亦存在一些爭議（Bosco, Aguinis, Singh, Field, & Pierce, 2015），並非各領域皆適用，研究者須依本身的專業領域或依研究對象、情境的異同，就實質的意義或重要性，或視該研究之相關性或因果性，進行適切的分類與解釋。例如：在社會科學研究上通常為非因果性的觀察研究，其研究設計可能不夠嚴謹，或測量的依變項之信、效度不佳，Ferguson（2009）就建議將表 1-5 中的標準加以提高，才進行解釋（內容請參見表 1-15 的判定標準，《量化資料分析：SPSS 與 EXCEL》，李茂能，2015）。表 1-5 中設定標準的解釋，最常見的是把第一個截斷值視為最小切割值，第二個截斷值視為最大切割值，例如：假如積差相關的值小於 0.1，即視為微不足道的效果值；假如積差相關的值落於 0.1 ～ 0.3 的全距間，即視為小效果值；假如積差相關的值落於 0.3 ～ 0.5 的全距間，即視為中效果值；假如積差相關的值大於 0.5，即視為大效果值。另外一種設定標準的解釋方式採形心式，例如：積差相關的值落於 0.24 ～ 0.36 的全距間（視 .30 為形心），即視為中效果值。

表 1-5　**Cohen、Chen & Olivier** 等建議之效果值大小判定標準的摘要表

效果值	應用	小	中	大	非常大
積差相關（r）、ϕ		0.1	0.3	0.5	0.7
Cramer's v	列聯表	0.1	0.3	0.5	
Cohen's w	卡方	0.1	0.3	0.5	
Difference in arcsines	比率比較	0.2	0.5	0.8	
η^2、ω^2、ε^2、η_p^2、ω_p^2、ε_p^2	ANOVA、MANOVA	.01	.06	.14	
R^2	多元迴歸	.02	.13	.26	
Cohen's d	t 考驗	0.2	0.5	0.8	1.3
Odds Ratios	2 x 2 表格	1.44	2.47	4.25	10
Odds Ratios[1]（非暴露組機率為 .05）	2 x 2 表格	1.52	2.74	4.72	
Odds Ratios[2]（非暴露組機率為 .10）	2 x 2 表格	1.46	2.50	4.14	
Relative Risk[3]	2 x 2 表格	1.22	1.86	3.00	

註：上標 1 & 2 取自 Chen, Cohen, & Chen（2010），上標 3 取自 Olivier, May, & Bell（2017），其餘為 Cohen（1988）的設定標準。

　　近年來，有些研究者利用整合分析結果的效果值分配，利用第 25、第 50 & 第 75 百分等級，進行效果值大、中、小的實徵定義，發現過去 Cohen（1988）的標準無法適用於各個學術領域；其中 Plonsky & Oswald（2014）的第二外語研究發現，Cohen's *d* 過去的解釋標準似乎過於寬鬆而有些低估了，其他的研究發現 Cohen's *d* 過去的解釋標準似乎過於嚴苛而高估了，例如：Bosco, Aguinis, Singh, Field, & Pierce（2015），針對 2 個應用心理學期刊（*Journal of Applied Psychology* and *Personnel Psychology*）接近 15 萬筆相關係數進行分析，發現 Cohen 的標準比較嚴苛。整體而言，15 萬筆相關係數之效果值分配的第 25、第 50 & 第 75 百分等級，分別為 0.07、0.16、0.32，該研究並就特定變項間之情境細分成 20 種情境導向（context-specific）的判斷標準，有需要的讀者請自行參閱該文章的 Table 2。

　　Gignac & Szodorai（2016）根據過去 6 個人格心理學期刊（*Personality and Individual Differences*、*Psychological Bulletin*、*Journal of Research in Personality*、*Journal of Personality and Social Psychology*、*Journal of Personality*, and *Intelligence*）上之整合分析的 708 筆相關係數（*r*）資料，發現 Cohen（1988）在 1980 年代提出的常用效果值大（large）、中（moderate）、小（small）的判定標準太嚴苛，因為相關係數絕對值的分配呈現正偏態，只有 2.7% 的相關係數等於或大於 0.50，其第 25、第 50 & 第 75 百分等級分別為 0.11、0.19 & 0.29。表 1-6 中真分數 *r* 資料，係信度校正的母群真分數相關係數（*r*），取自於過去整合分析的 345 筆相關係數（*r*）資料，真分數相關係數絕對值的分配亦呈現正偏態，只有 11.9% 的相關係數等於或大於 0.50，其第 25、第 50 & 第 75 百分等級分別為 0.16、0.25 & 0.37。他們從常模的觀點，建議將這 3 個百分等級之判定標準依序解釋為較小（relatively small）、典型（typical）與較大（relatively large）。

　　Brydges（2019）則針對 10 個頂尖老人學期刊（生物醫學 & 心理社會學研究）上的整合分析結果，分析其抽樣分配，不分期刊整體而言，其效果值分配的第 25、第 50 & 第 75 百分等級，相關係數部分分別為 0.12、0.20、0.32，Cohen's *d* 部分分別為 0.16、0.38、0.76；就生物醫學而言，其效果值分配的第 25、第 50 & 第 75 百分等級，Cohen's *d* 分別為 0.12、0.26、0.49；就心理社會學而言，其效果值分配的第 25、第 50 & 第 75 百分等級，Cohen's *d* 分別為 0.17、0.43、0.84。

　　另外，Kinney, Eakman, & Graham（2020）依據 99 篇有關復健醫療上的整合分析結果，分析其抽樣分配，不分期刊整體而言，其效果值分配的第 25、第 50 & 第 75 百分等級，Cohen's *d* 分別為 0.14、0.31、0.61；如依 RTSS（Rehabilitation Treatment Specification System）分類研究，其效果值分配的第 25、第 50 & 第 75 百分等級，就器官功能而言，Cohen's *d* 分別為 0.15、0.36、0.67，就技巧 & 習性而言，Cohen's *d* 分別為 .13、.28、.55，就心理表徵而言，Cohen's *d* 分別為 0.08、0.19、0.41，就多元組合而言，Cohen's *d* 分別為 .14、.31、.55。

　　最近，Lovakov & Agadullina（2021）則針對社會心理學期刊（e.g. *Journal of Personality and Social Psychology*, or *Personality and Social Psychology Review*）上的 134 篇整合分析結果，分析其抽樣分配，其效果值分配的第 25、第 50 & 第 75 百分等級，相關係數部分分別為 0.12、0.24、0.41，Cohen's *d* 部分分別為 0.15、0.36、0.65。

　　效果值指標本身並無實質意義，在相關的情境中，利用參照架構（例如：效果值的累積次數分配），進行解釋才有意義，例如：所觀察的效果值與其他研究有何差異？如有差異，差異有多少？為何如此？以上這六個近期不同領域的研究文獻中，各自效果值的累積次數分配可作為解釋效果值的依據。這六個不同學術領域的大、中、小的判斷準據，摘要如表 1-6 所示。

　　綜合上述之新進研究發現，除了 Plonsky & Oswald（2014）的第二外語研究之外（可能係出版偏差所致），可以推知 Cohen's *d* 過去的解釋標準，似乎有些高估了，而且各家或各學術領域標準不一，可能係因時代變遷、測量工具的改善導致效果值的判斷標準因而改變，研究者似乎需要依據自己研究領域的現況，進行較適切之調整。另外，根據過去不同研究性質的整合分析結果，Kraft（2019）就發現相關性觀察研究之效果值，通常比來自因果性的實驗效果值來得大。因此，研究者亦須根據自己的研究性質係相關性或因果性，進行效果值大小的判斷與解釋。研究者除了參考上述準據，進行效果值的大、中、小的意義與重要性之詮釋時，也應考慮該效果值的信賴區間及待整合特質的變異性。以 Cohen's *d* 為例，如果該特質的變異量不大，即使組間差異量不大，也可能獲得大效果；反之，如果該特質的變異量很大，即使組間差異量很大，也可能無法獲得較大的效果值。因此，研究者於報告 *d* 值時，也應提供該效果值的標準化單位（standardizer）資訊。此外，這些效果值判斷之準據有點武斷

表 1-6　相關係數 & 平均數差異效果值在不同學術領域的判斷標準

判斷標準	相關係數			平均數差異		
	小	中	大	小	中	大
相對應百分位數	25	50	75	25	50	75
Cohen（1988）標準	0.10	0.30	0.50	0.20	0.50	0.80
第二外語研究[1]						
初始研究[a]	0.25	0.37	0.54	0.45	0.71	1.08
				組間對比[b]		
整合分析	0.25	0.37	0.68	0.38	0.52	0.92
				組內對比[c]		
整合分析				0.61	1.06	1.42
應用心理學[2]	0.07	0.16	0.32			
人格心理學[3]	0.11	0.19	0.29（觀察分數 r）			
	0.16	0.25	0.37（真分數 ρ）			
老人學[4]	0.12	0.20	0.32	0.16	0.38	0.76
生物醫學[4]				0.12	0.26	0.49
心理社會學[4]				0.17	0.43	0.84
復健研究[5]				0.14	0.31	0.61
器官功能[5]				0.15	0.36	0.67
技巧 & 習性[5]				0.13	0.28	0.55
心理表徵[5]				0.08	0.19	0.41
多元組合[5]				0.14	0.31	0.55
社會心理學[6]	0.12	0.24	0.41	0.15	0.36	0.65

註：上標 a 代表初始研究係根據 236 個組間對比，上標 b 代表整合分析係根據 67 個組間對比，上標 c 代表整合分析係代表根據 25 個組內對比。上標 1 係取自 Plonsky, & Oswald（2014）的研究，上標 2 係取自 Bosco, Aguinis, Singh, Field, & Pierce（2015）的研究，上標 3 係取自 Gignac & Szodorai（2016）的研究，上標 4 取自 Brydges（2019）的研究，上標 5 取自 Kinney, Eakman, & Graham（2020）的 RTSS 分類研究，上標 6 取自 Lovakov & Agadullina（2021）的研究。

與主觀，也不是放諸四海皆準（Warne, 2017），研究者進行解釋時，需保留點彈性與自主性，這些準據只能當作最後的選項，最好先將新的處理效果與過去的相關研究效果之次數分配（例如：製作效果值的累積百分比，參見 Morris

& Fritz, 2013）或外在效標（external referents）（例如：焦慮與抽菸），進行比較與評估（Thompson, 2007），再根據自己研究領域之情境，進行適切性的解釋。例如：本研究的 d 值大過於 68% 的過去相關研究結果，就比本研究 d 值為中效果值來得貼切，又如 COVID-19 新藥的開發，其治療效果可能不是很大（如 $d = 0.15$），但別無他藥可用，如此微小效果值亦具有重大的意義，至少可以救活一些病人。可見效果值大、中、小的歸類與重要性並不一定成正比。Cohen（1988）也指出：使用這些既定之準據，乃是如果研究的新發現並無法與過去的相關研究結果進行比較時，所採取的權宜措施，此種措施乃是一種絕對性的解釋，而根據起點行為或過去類似的研究發現作比較，進行相對性的意義闡釋，可能更具應用上之價值。

　　總而言之，一般來說，效果值愈大，其重要性愈大，但是研究者應永遠關切自己研究效果的現實情境，在因果性的實驗研究中，其理論性、應用性及經濟性，亦應列入考量。譬如：跟過去的研究發現相比，該效果值是比較大或比較小或相當一致？該項研究結果對於研究對象具有多大的重要性（實務性或臨床上之應用性）、經濟實惠（經濟性）嗎？該效果值大到可以支持或駁斥一個理論（理論性價值）嗎？該效果值可以大到在日常生活中亦可注意到或影響一個人的生活（實務性）嗎？如能回答這些問題，比起只給效果值一個大、中、小的標籤，更能周到地去解釋效果值（Warne, 2017）。其實，因大部分的實驗研究並無法進行全面性的實驗，其特定因子的觀察效果值很有可能並不大（單獨個別因子僅能詮釋全體變異量的一小部分）。假如全部的因子一起考慮進去，很有可能就呈現出顯著的效果。因此，進行多因子多變項的整合分析，常可看出效果值的全貌，而單因子的小效果值也不能全盤否定它潛在的應用價值。

　　另外，效果值的報告，除了數字、文字之外，也可利用圖表進行呈現與解釋。Fukunaga, Kusama, & Ono（2014）針對研究設計特徵與臨床發展經驗與五種藥物實驗效果間之關係進行研究，他們將五種藥物實驗與醫療效果差異的效果值繪製成盒鬚圖，參見圖 1-3，簡潔、直觀、人人易懂。盒鬚圖中，盒子上方、中間與下方之橫線，分別為百分等級 75、50 & 25 的位置，上下盒鬚為極大值或極小值，盒子上下方的圓圈為極端值〔超過 1.5 倍的四分位差（Q3-Q1）〕。

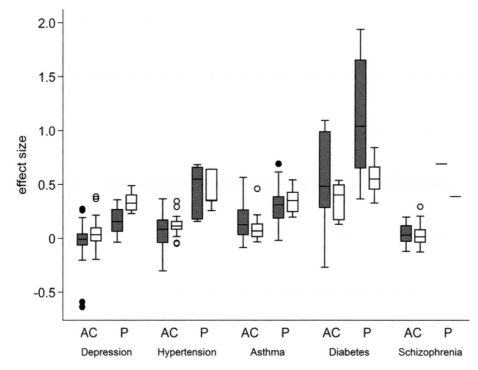

圖 1-3 **Fukunaga, Kusama & Ono**（2014）五種藥物實驗效果之效果值盒鬚圖
註：AC 表主動控制組，P 表安慰劑組。

五、效果值的用途及其信賴區間

在運用上，效果值的主要用途有三（Aarts, Akker, & Winkens, 2014）：描述研究的應用價值（回答研究問題）、規劃未來新研究的樣本大小（計算統計考驗力）與用來進行整合分析（研究發現的比較與累積）。其中統計考驗力的大小，端視以下四大因素而定：效果值大小、α 大小、誤差變異量大小與樣本大小。進行樣本規劃時，研究者推估母群效果值的方法有三（Howell, 2007）：臨床上或應用上的最低效果值、Cohen 的經驗法則（例如：相關係數效果值的小、中、大決斷值為：0.1、0.3、0.5）& 先前研究結果。因此，規劃新研究的樣本大小時，需有預期效果值大小的資訊。惟篇幅限制，本書將側重於各類常用效果值的估計方法與應用，樣本規劃及整合分析則僅作簡介。對於整合分析感興趣者，可參閱筆者的部落格：https://mao-neng-fredli.blogspot.com。

任何抽樣研究的最終目標在於母群效果值，而非含有抽樣誤差及測量誤差的樣本效果值。因此，研究者除了報告效果值的點估計量之外，亦須提供母群效果值的信賴區間。如同一般統計量，效果值亦受到抽樣誤差或測量誤差而出現不穩定現象，此時建立母群效果值的信賴區間，不僅可以用來評估母群效果值的不確定程度，亦即其可能出現的範圍，而且亦可供研究者進行假設考驗的推論。信賴區間的寬窄與樣本大小、測量誤差具有密切關係，當樣本愈大、測量誤差或變異愈小，母群效果值的信賴區間就會隨著變窄，而反映出估計效果值的精確度愈高（也可能反映相關理論的發展已較成熟，因而信賴區間變窄了）。母群效果值信賴區間的建立，需視其統計量的抽樣分配是否左右對稱而定。例如：樣本平均數差異的效果值或其標準化的 d 值，如果樣本夠大的話，就可利用左右對稱的常態分配或標準化常態分配，建立左右對稱的效果值信賴區間。不過，像 η^2、ω^2 的效果值統計量，就不會服從左右對稱的抽樣分配（Kelly, 2007）。計算此類效果值的信賴區間端賴非對稱性 F 抽樣分配（non-central F distribution）的運用或使用 Bootstrapping 方法建立之（Kromrey & Bell, 2010）。欲建立非對稱的效果值信賴區間並不容易，很慶幸 SAS（EFFECT option in Proc GLM）& STATA（esize，esizei 指令）目前已可提供效果值的信賴區間。

六、效果值估計的多元面貌與整合分析

效果值是整合分析（meta-analysis）的標的，也是整合分析的靈魂。整合分析乃是整合不同研究的效果值，而這些研究皆須來自於操作相同的獨立變項，且蒐集相似的結果變項。整合分析尚可分析效果值異質性的來源，提升統計決策的正確性。不過，效果值的定義並非唯一性，有時可能來自於平均差異量，有時可能來自於平均改變量。研究者在進行整合分析時，應確知效果值的估計，是否回答相同問題、是否來自相同的研究設計或相同的統計方法。來自不同研究設計的效果值（例如：ANOVA vs. ANCOVA），可能出現重大差異；又就重複量數資料而言，來自單變項與多變項分析的效果值，亦可能會有所不同（ANOVA vs. MANOVA）。另外，不同類的效果值指標（例如：r & d），在整合分析前，應先以某一類指標為基準（例如：出現最多或最能反映研究問題者，當作共同量尺），進行轉換。

　　欲進行有效的整合分析，效果值間要具有可比較性，不同研究間的總變異量需具有可匹配性（matched variability）。換言之，同類的效果值且來自相同的研究設計或統計方法，才能有效進行整合分析，否則會出現不同研究間的總變異量無法匹配的問題。Olejnik & Algina（2000）就指出：效果值估計的可比較性會受到各研究所使用研究設計的干擾，譬如：單變項統計與否、平衡設計與否、異質性與否、包含共變項或測量變項與否、因素隨機與否、測量信度與樣本夠大與否，均會干擾效果值估計的正確性。研究者如欲進行整合分析，以上這些干擾因素應設法加以排除或控制，以確保可比較性，如果無法加以排除或控制時，所得之結果在應用時，應更保守與謹慎。

Chapter

02

類別性變項的
效果值分析

♣ **本章內容旨在回答以下問題：**

一、勝算比與相對風險比的意義爲何？

二、勝算比與相對風險比的使用時機爲何？何者讀者較易理解？

三、爲何勝算比較適合用於回溯性或病例對照研究中？

四、爲具有可比較性，勝算比與相對風險比需要再標準化嗎？

五、OR & RR 估計值的抽樣分配並非常態分配，研究者通常會如何處理，使其抽樣分配能逼近常態分配？

♣ **本章應用軟體：**

一、ESS 計算器：計算各種效果值指標

二、OSU 勝算比、相對風險比網路計算器

三、Wilson 計算器：計算各種效果值指標

　　類別性變項分析的主要統計方法為卡方考驗（Chi-square test）。卡方考驗有四個常見的效果值指標：Phi（ϕ）、Odds ratio（OR）、Risk ratio（RR）& Cramer's V（V）。其中 ϕ & RR、OR 僅適用於 2x2 的列聯表，V 則適用於更大的列聯表。本章首先探討在實證醫學上，兩個最常見類別性變項的效果值指標：勝算比（odds ratio, OR）與相對風險比（relative risk/risk ratio, RR）；其中，OR 最常用於省時、省力的事後回溯（病例對照）的研究上，RR 則較適合於世代研究（cohort study，或稱追蹤研究）及 RCT（randomized controlled trials）研究上。勝算比與相對風險比為非標準化效果值指標，不需再進行標準化，就具有跨研究可比較性。本章文末，則在探究效果值指標 ϕ & V 的定義與解釋。為了研究者應用上之便利，本章也會介紹幾種網路效果值計算器及筆者研發的 ESS 增益集，並進行實例演示。

一、風險、勝算的定義與解釋

　　一個事件（如疾病）的發生機率，可以風險（risk）或勝算（odds）來解釋，其定義參見公式 2-1 & 公式 2-2：

$$風險（risk）= 發生某一事件的 \% \qquad 公式 2\text{-}1$$

$$勝算（odds）= \frac{發生某一事件的可能性}{某一事件不發生的可能性} \qquad 公式 2\text{-}2$$

　　因此，風險是百分比（%, proportion），而勝算是相對性比率（ratio）。勝算比（odds ratio, OR）是一種特殊類型的比率，分子與分母的和為 1，勝算比乃是兩個勝算的比率（ratio of two odds），其比較單位為勝算（odds）。

　　相對風險比（risk ratio, RR）乃是兩個風險的比率（ratio of two risks），其比較單位為比率（%）。跟相對風險比具有密切關係的是風險差（risk difference, RD），它是兩個風險的差，兩組發生機率之差。

　　在實證醫學上，RR、OR、RD 的解釋為：

= 1　代表無論有無暴露於假設因素中，發生不良結果的機率或可能性，兩組間無差異，

> 1　代表暴露於假設因素時，導致不良結果的機率或可能性會增加，

< 1　代表暴露於假設因素時，導致不良結果的機率或可能性會減少。

　　至於風險差，等於 0 時，表示兩組（實驗組與控制組）間，其發生機率無差異。

　　假設有 100 人暴露於 COVID-19 病毒中，其中 50 人有戴口罩，其餘 50 人未戴口罩。經過抗原快篩之後，當中有 10 個戴口罩者、15 個未戴口罩者感染了 COVID-19 病毒，那麼戴口罩者與未戴口罩者會得到新冠肺炎的相對風險比（RR）為：

　　戴口罩者風險（＝ 10/50）除以未戴口罩者風險（＝ 15/50），即為相對風險比：$RR = \dfrac{\%_{戴口罩}}{\%_{未戴口罩}} = \dfrac{\frac{10}{50}}{\frac{15}{50}} = \dfrac{0.2}{0.3} = 0.67$，可見戴口罩者得到新冠肺炎的風險（百分比或 %）僅為未戴口罩者的 0.67 倍；換言之，未戴口罩者得到新冠肺炎的風險（百分比或 %）為戴口罩者的 1.5 倍（0.3/0.2）。至於，$RD = \%_{戴口罩} - \%_{未戴口罩} = 20\% - 30\% = -10\%$，可見戴口罩者可降低 10% 得新冠肺炎的風險。

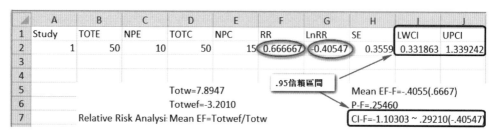

圖 2-1　ESS 計算表單報表：RR

　　如利用筆者研發的計算器 ESS（李茂能，2015），亦可以獲得相對風險比（RR）為 .67，其 .95 信賴區間為 .332 ～ 1.340（參見圖 2-1 右上角）；因為此信賴區間包含 1，戴口罩者與未戴口罩者得到新冠肺炎的風險，何者為高，還不是很確定。此外，RR 估計值的抽樣分配並不服從常態分配，研究者常會取自然對數，使其抽樣分配逼近常態分配。因此，Ln（RR）為 –.405，而其 .95 信賴區間為 –1.103 ～ .292（參見圖 2-1 右下角）；因為此信賴區間也包含 0，戴口罩者與未戴口罩者得到新冠肺炎的風險，何者為高，還不是很確定。

前例如以勝算比（OR）估計之：

戴口罩者勝算（= 10/40）除以未戴口罩者勝算（= 15/35），即為勝算比：

$$OR = \frac{勝算_{戴口罩}}{勝算_{未戴口罩}} = \frac{\frac{10}{40}}{\frac{15}{35}} = \frac{7}{12} = 0.583$$（參見圖 2-3），可見戴口罩者得到新冠肺

炎的勝算是未戴口罩者的 0.583 倍。

由於勝算比的概念，一般人不易了解，建議讀者改用風險差或將它轉換成相對風險比，再進行解釋，轉換公式為：

$$RR = \frac{OR}{(1 - P_{ref}) + (P_{ref} * OR)}$$ 公式 2-3

公式 2-3 中，P_{ref} 為參照組流行率。根據前述 OR 之相關資訊，帶入公式

2-3，可得：$RR = \frac{0.583}{\left(1 - \frac{15}{50}\right) + \left(\frac{15}{50} * 0.583\right)} = \frac{0.583}{0.874} = 0.666$

由此公式可推知：當 P_{ref} 低於 0.1 時，OR & RR 的值將逐漸接近，當等於 0 時，兩者之值將合而為一。研究者亦可利用網路計算器估計之，網址為：https://clincalc.com/Stats/ConvertOR.aspx，參見圖 2-2 之操作介面。

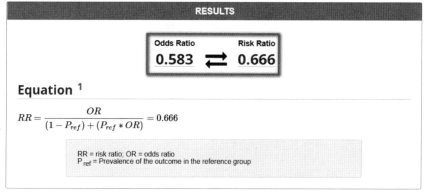

圖 2-2　勝算比與相對風險比之轉換器

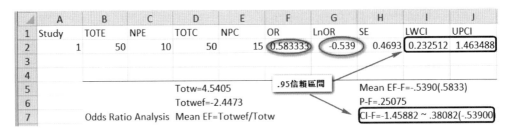

圖 2-3　ESS 計算器報表：OR

　　如利用筆者的計算器 ESS，亦可以獲得勝算比（OR）為 .583，其 .95 信賴區間為 .233 ～ 1.463（參見圖 2-3 右上角）：因為此信賴區間包含 1，戴口罩者與未戴口罩者得到新冠肺炎的勝算比，何者為高，還不是很確定。因為 OR 估計值的抽樣分配並不服從常態分配，研究者常會取自然對數，使其抽樣分配逼近常態分配。因此，Ln(OR) 為 –.539，而其 .95 信賴區間為 –1.459 ～ .381（參見圖 2-3 右下角）；另外，此信賴區間也包含 0，戴口罩者與未戴口罩者得到新冠肺炎的勝算比，何者為高，尚未明確。

　　現以表 2-1 處理組別（戴口罩與否）與事件出現（得到新冠肺炎與否）之交叉分析表為例（表中 a、b、c、d 為各細格之人數），進行 OR、RR & RD 的定義說明，請參見公式 2-4 ～公式 2-6。

表 2-1　處理組別與事件出現之交叉分析表

	得到肺炎	未得到肺炎	總計
戴口罩組（E）	a	b	a + b
未戴口罩組（C）	c	d	c + d
總計	a + c	b + d	N = a + b + c + d

1. OR 之定義，如公式 2-4：

$$勝算比 = \frac{勝算_E}{勝算_C} = \frac{\dfrac{a}{c}}{\dfrac{b}{d}} = \frac{\dfrac{a}{b}}{\dfrac{c}{d}} = \frac{ad}{bc} \qquad 公式\ 2\text{-}4$$

由公式 2-4 可知，勝算比為兩個勝算的比值。

2. RR 之定義，如公式 2-5：

$$相對風險比 = \frac{\dfrac{a}{a+b}}{\dfrac{c}{c+d}}$$ 公式 2-5

由公式 2-5 可知，相對風險比為兩個風險（發生機率）的比值。

3. RD 之定義，如公式 2-6：

$$風險差 = \frac{a}{a+b} - \frac{c}{c+d}$$ 公式 2-6

由公式 2-6 可知，風險差為兩個風險（發生機率）的差異值。

二、OR、RR 使用時機

　　RR 除了比較為一般人所理解之外，相對風險比較適合於「由因觀察果」的世代研究（cohort study）或前瞻性研究（prospective study）中，假如使用在「由果推因」的事後回溯性研究（retrospective study）或病例對照研究（case-control study）中，可能會得到錯誤的結論。例如：在疾病的事後回溯性研究中，研究者要先選定疾病組與非疾病組的人，然後去回溯他們暴露的狀態，此時「出現疾病的機率乃由研究者所決定」，當然不能直接以 $a/(a + b)$ 去除以 $c/(c + d)$，因為 a 跟 c 都是研究者一開始時就決定的染病組，參見公式 2-5。因此，勝算比（OR）比較適合用於回溯性或病例對照的研究中。

　　利用相對風險比（RR）於追蹤危險因子時，一開始就須把受試者分成暴露組（exposed group）與非暴露組（unexposed group），然後進行追蹤一段時間，此時暴露組得病的比率（%）為 $\dfrac{a}{a+b}$，非暴露組得病的比率（%）為 $\dfrac{c}{c+d}$，這兩組的相對性比率（%）即為相對風險比。比起事後回溯性研究，此種研究較費時、費力。

三、OR、RR & RD 標準誤的計算

　　因為 OR & RR 估計值的抽樣分配並非常態分配，研究者通常會取自然對數，使其抽樣分配逼近常態分配，而且計算變異數時也變得相對簡單。Ln(OR)

的標準誤（SE_{LnOR}）計算，請參見公式 2-7；Ln(RR) 的標準誤（SE_{LnRR}）計算，請參見公式 2-8；Ln(RD) 標準誤 SE_{LnRD} 的計算，請參見公式 2-9，式中各參數（a、b、c、d）的定義，請參見表 2-1。

$$SE_{LnOR} = \sqrt{\frac{1}{a} + \frac{1}{b} + \frac{1}{c} + \frac{1}{d}}$$

公式 2-7

$$SE_{LnRR} = \sqrt{\left(\frac{1}{a} + \frac{1}{c}\right) - \left(\frac{1}{a+b} + \frac{1}{c+d}\right)} = \sqrt{\frac{b}{a} \times \frac{1}{a+b} + \frac{d}{c} \times \frac{1}{c+d}}$$

公式 2-8

$$SE_{LnRD} = \sqrt{\frac{\frac{a}{a+c}\left(1 - \frac{a}{a+c}\right)}{a+c} + \frac{\frac{b}{b+d}\left(1 - \frac{b}{b+d}\right)}{b+d}}$$

公式 2-9

公式 2-7～公式 2-9，可用來建立 OR、RR & RD 的 .95 或 .99 等之信賴區間。

四、實用的效果值計算器

本節提供了幾個實用之效果值計算器，以方便研究者運用。

（一）勝算比、相對風險比網路計算器

Uanhoro 計算器，下載網址：https://effect-size-calculator.herokuapp.com/

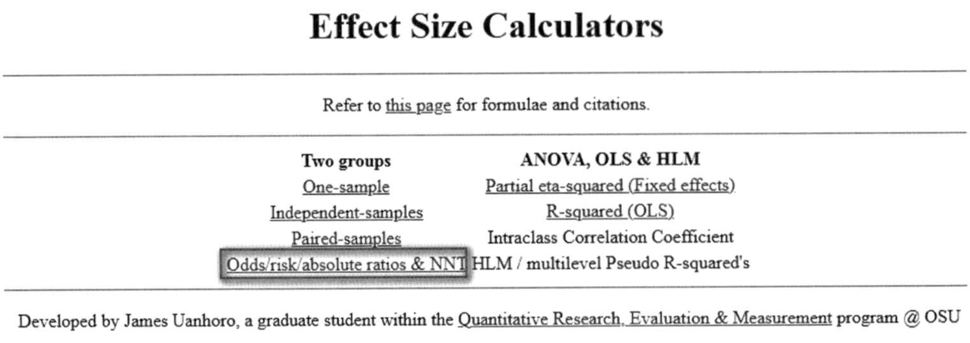

Effect Size Calculators

Refer to this page for formulae and citations.

Two groups	ANOVA, OLS & HLM
One-sample	Partial eta-squared (Fixed effects)
Independent-samples	R-squared (OLS)
Paired-samples	Intraclass Correlation Coefficient
Odds/risk/absolute ratios & NNT	HLM / multilevel Pseudo R-squared's

Developed by James Uanhoro, a graduate student within the Quantitative Research, Evaluation & Measurement program @ OSU

圖 2-4　勝算比 & 相對風險比網路計算器網頁

從圖 2-4 的網頁中，點選「Odds/risk/absolute ratios & NNT」，就可出現圖 2-5 的計算結果視窗。接著，將示範如何利用公式 2-5 & 公式 2-6，手算估計 OR & RR 的 .95 信賴區間。以圖 2-5 的 OR 值（5.3796）為例：

首先，取 OR 值（5.3796）的自然對數：Ln(5.3796) = 1.683，其次利用公式 2-7 求 出 標 準 誤：$\sqrt{\frac{1}{a}+\frac{1}{b}+\frac{1}{c}+\frac{1}{d}} = \sqrt{\frac{1}{83}+\frac{1}{72}+\frac{1}{3}+\frac{1}{14}} = \sqrt{.4307} = .656$，接 著估計 OR 的 .95 信賴區間：1.683 ± 1.96 * .656（下限：.396，上限：2.969），最後，再利用自然對數的反函數，轉換成原始 OR 數據（下限：1.486，上限：19.470）。同樣地，讀者如欲計算 RR 之 .95 信賴區間，請利用公式 2-6 求出標準誤（.529）之後，自行手算估計之。

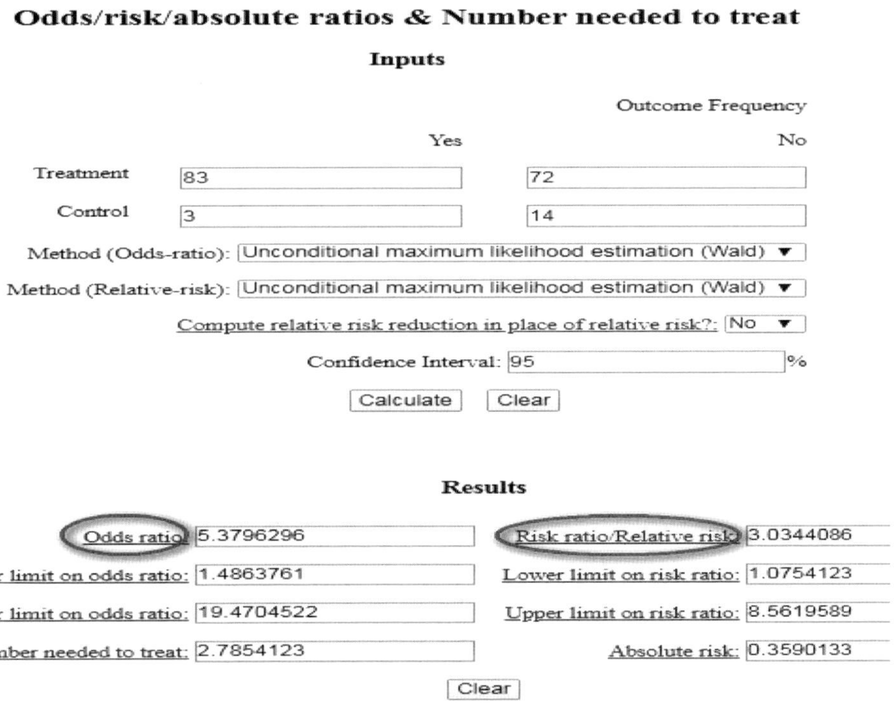

Odds/risk/absolute ratios & Number needed to treat

Inputs

		Yes	Outcome Frequency No
Treatment		83	72
Control		3	14

Method (Odds-ratio): Unconditional maximum likelihood estimation (Wald) ▼
Method (Relative-risk): Unconditional maximum likelihood estimation (Wald) ▼
Compute relative risk reduction in place of relative risk?: No ▼
Confidence Interval: 95 %

[Calculate] [Clear]

Results

Odds ratio	5.3796296	Risk ratio/Relative risk	3.0344086
Lower limit on odds ratio:	1.4863761	Lower limit on risk ratio:	1.0754123
Upper limit on odds ratio:	19.4704522	Upper limit on risk ratio:	8.5619589
Number needed to treat:	2.7854123	Absolute risk:	0.3590133

[Clear]

圖 2-5　勝算比 & 相對風險比網路計算器

（二）雙向效果值互換網路計算器

Dr. Wilson 計算器，下載網址：http://www.campbellcollaboration.org/escalc/html/EffectSizeCalculator-OR1.php

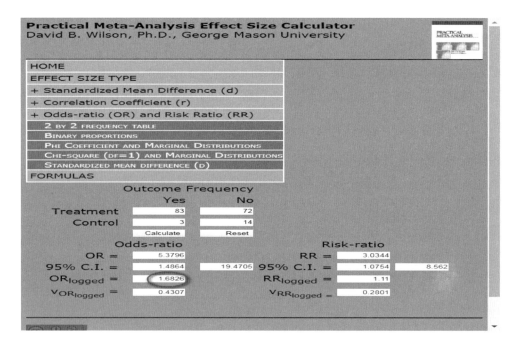

圖 2-6　勝算比 & 相對風險比互換之網路計算器網頁

研究者如欲進行 OR 與 Cohen's d 的互換，可利用公式 2-10。

$$d = \frac{\sqrt{3}}{\pi} \times LnOddsRatio = \frac{Ln(OddsRatio)}{1.81}, \pi = 3.14159 \qquad \text{公式 2-10}$$

公式 2-10 係根據 Chinn（2000）的計算公式，可將 Odds 轉換成 Cohen's d 值，以利於研究結果之整合與效果值大小的比較或解釋，以下為利用圖 2-6 中之勝算比（5.3796），換算為 Cohen's d 的例子。

$$d = \frac{Ln(5.3796296)}{1.81} = \frac{1.6826}{1.81} = .930$$

至於 OR 與 Cohen's d 變異量之互換，請參見公式 2-11。

$$V_d = \frac{3}{\pi^2} \times V_{OddsRatio} \qquad \text{公式 2-11}$$

根據圖 2-6 的 OR 變異量（.4307），利用公式 2-11 將此變異量轉換為 Cohen's d 的變異量（.1309），參見圖 2-7。

$$V_d = \frac{3}{\pi^2} * .4307 = .1309$$

圖 2-7 之內容，係從 Cohen's d 值轉換為勝算比的結果，互換的結果因割捨稍有誤差（5.3796 vs. 5.4023）。

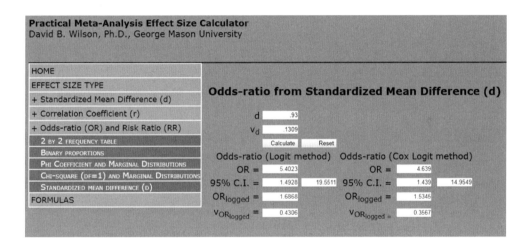

圖 2-7　Cohen's d 值與勝算比互換之網路計算器網頁

（三）整合分析軟體 ESS

整合分析軟體 ESS，係李茂能（2015）隨書附贈的應用軟體，參見圖 2-8。本軟體除了計算效果值之外，也能自動進行整合分析，圖 2-9 係 ESS 程式整合分析結果的表單。

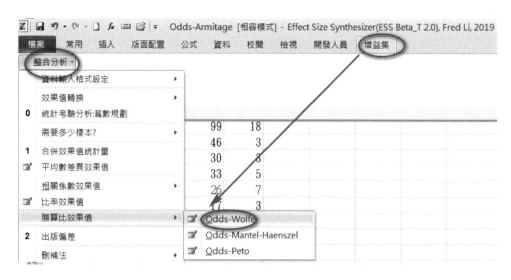

圖 2-8　勝算比 & 相對風險比 **EXCEL** 估計程式

　　ESS 的操作，首先，點選圖 2-8 左側的選單「勝算比效果值」之後，可點選「Odds-Wolfe」，再利用按鈕「是」與「否」選擇待輸出的效果值（Odds Ratio

or Relative Risk）：　　　　　　　　　　　　　　，兩類效果值（OR & RR）輸出

結果如圖 2-9 & 圖 2-10 所示。

　　根 據 圖 2-9 的 計 算 結 果， 以 Study 1 為 例， $SE_{OR} = \sqrt{.4307} = .6563$，Ln(5.37963) = 1.68262，請讀者自行比對手算之計算結果，底部係 OR 整合分析的輸出結果。

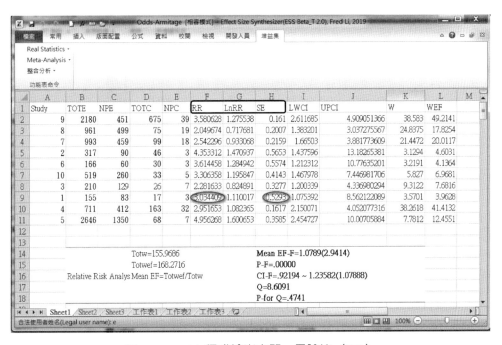

圖 2-9　ESS 程式輸出表單：勝算比（OR）

根據圖 2-10 計算結果，以 Study 1 為例，$SE_{RR} = \sqrt{.2801} = .5293$，Ln(3.034409) = 1.110017，請讀者自行比對手算之計算結果，底部係 RR 整合分析的輸出結果。

圖 2-10　ESS 程式輸出表單：風險比（RR）

五、效果值指標 ϕ & V 的定義與解釋

ϕ 僅適用於 2x2 的交叉列聯表，V 則適用於更大的交叉列聯表，兩者可用來測量類別變項間的關聯強度。

（一）效果值 ϕ 的定義

效果值 ϕ 定義於公式 2-12：

$$\phi = \sqrt{\frac{\chi^2}{n}} \qquad\qquad 公式\ 2\text{-}12$$

式中，n 為觀察值個數。ϕ 效果值指標，文獻上的 Cohen's w 係數，事實上就是 ϕ 係數。ϕ 相當於積差相關 Pearson r，其值 0.1 代表小效果值，0.3 代表中效果值，0.5 代表大效果值。

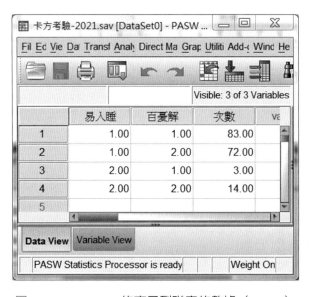

圖 2-11　**SPSS 2x2 的交叉列聯表的數據（n=172）**

注意，圖 2-11 之次數資料（次數欄位）需先加權之後，再利用 SPSS 的副程式 Crosstabs，求得表 2-2 & 表 2-3 之報表。

表 2-2 **2x2** 的交叉列聯表的 **SPSS** 報表：卡方考驗

	數值	自由度	漸近顯著性 (雙尾)	精確顯著性 (雙尾)	精確顯著性 (單尾)
Pearson卡方	7.898[a]	1	.005		
連續性校正[b]	6.528	1	.011		
概似比	8.504	1	.004		
Fisher's精確檢定				.009	.004

利用表 2-2 之卡方數據，根據公式 2-12，可求得：$\phi = \sqrt{\dfrac{\chi^2}{n}} = \sqrt{\dfrac{7.898}{172}} = .214$。

表 2-3 **2x2** 的交叉列聯表的 **SPSS** 報表：效果值

		數值	漸近標準誤[a]	近似 T 分配[b]	顯著性近似值
以名義量數為主	Phi值	.214			.005
	Cramer's V 值	.214			.005
	列聯係數	.210			.005
以間隔為主	Pearson R 相關	.214	.064	2.860	.005[c]

由表 2-3 可知，效果值 ϕ 為 0.214，屬於小效果值，比起前面大效果值的 OR 值，ϕ 係數被低估了（因為似乎 n=172 過大了）。由公式 2-12 可知，ϕ 易受到樣本大小 n 之影響，且當邊緣分配不相等時，其效果值也會低估，建議研究者使用 OR 指標（Haddock & Rindskopf, 1998）。

（二）效果值 Cramer's V 的定義

效果值 Cramer's V 定義於公式 2-13：

$$V = \sqrt{\frac{\chi^2}{n*df}}$$

公式 2-13

式中，df = min (r-1, c-1)，取最小者。

ϕ & Cramer's V 效果值大小的判定標準，如表 2-4 所示：

表 2-4 ϕ & Cramer's V 的效果值大小判定標準表

Df	small	medium	large
1	0.10	0.30	0.50
2	0.07	0.21	0.35
3	0.06	0.17	0.29
4	0.05	0.15	0.25
5	0.04	0.13	0.22

註 1：細格內之數據係根據 $V=\dfrac{\phi}{\sqrt{df}}$ 之關係求得，例如：$\dfrac{0.10}{\sqrt{2}}=0.07$，其餘依此類推。

註 2：當 $df=1$ 時，即為 ϕ 效果值大小的判定標準。

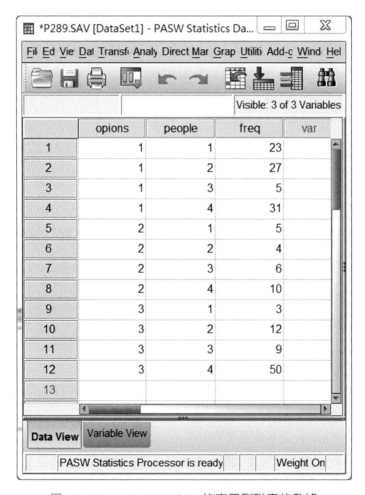

圖 2-12 SPSS Cramer's V 的交叉列聯表的數據

註：修訂自林清山（2003）。

圖 2-12 之次數資料（freq 欄位）需先加權之後，再利用 SPSS 的副程式 Crosstabs，求得表 2-5 & 表 2-6 的報表。

表 2-5　**3x4 交叉列聯表的 SPSS 報表：卡方考驗**

	數值	自由度	漸近顯著性（雙尾）
Pearson卡方	31.662[a]	6	.000
概似比	33.191	6	.000

根據 $\phi = V * \sqrt{df}$，帶入表 2-6 之數據可得：$\phi = .293 * \sqrt{2} = .414$（式中，df= min(3-1, 4-1)=2）。同樣地，根據 $V = \sqrt{\dfrac{\chi^2}{n*df}}$ 的公式，可求得：$V = \sqrt{\dfrac{31.66}{185*2}} = .293$。

表 2-6　**3x4 的交叉列聯表的 SPSS 報表：效果值**

		數值	漸近標準誤[a]	近似 T 分配[b]	顯著性近似值
以名義量數為主	Phi值	.414			.000
	Cramer's V 值	.293			.000
	列聯條數	.382			.000
以間隔為主	Pearson R 相關	.361	.064	5.243	.000[c]

當樣本統計量的抽樣分配不明時，拔靴法（bootstrap results）常被用來估計標準誤與建立信賴區間。SPSS Crosstabs 就提供拔靴法，以建立信賴區間，參見圖 2-13。

利用圖 2-13 的拔靴法設定視窗，可以建立效果值指標 ϕ & V 的標準誤與信賴區間，參見表 2-7。實際操作時，請點開 SPSS Crosstabs 視窗中的「Bootstrap...」按鈕，以打開拔靴法的設定視窗，輸入待抽樣的次數（如 1000）& 信心水準（如 95%），並點選信賴區間估計法（如 Percentile）。

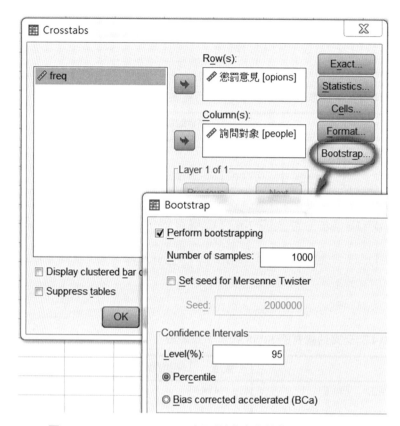

圖 2-13　**SPSS Crosstabs** 交叉列聯表的拔靴法設定視窗

表 2-7　**3x4** 的交叉列聯表的 **SPSS** 報表：拔靴法（**bootstrap results**）

		自助法[a]			
				95% 信賴區間	
	數值	偏差	標準誤差	較低	較高
以名義量數為主　Phi值	.414	.025	.067	.314	.575
Cramer's V 值	.293	.018	.048	.222	.407
有效觀察值的個數	185	0	0	185	185

a. Unless otherwise noted, bootstrap results are based on 1000 bootstrap samples

　　由表 2-7 可知，ϕ & Cramer's V 的點估計值為 .414 & .293，其 .95 的信賴區間分別為：.314 ～ .575 & .222 ～ .407。表 2-7 底部註解 a，說明拔靴法樣本的內定抽樣次數為 1000。

Chapter

03

---

t 考驗與相關性指標
的效果值分析

♣ **本章內容旨在回答以下問題：**

一、Cohen's *d* 值是平均數差異的效果值指標，其標準化的方法有哪三種？

二、Cohen's *d* 的抽樣分配通常是呈現左右不對稱，有何簡潔方法可處理此問題？

三、使用非對稱性 *t* 分配估計效果值的信賴區間，基本上需要有哪兩個步驟？

四、何謂對比分析？它與 Cohen's *d* 值有何異同點？

五、Cohen's *d* 值與 *t* 考驗的關係為何？又 *t* 考驗結果也可用來推估併組標準差嗎？

六、重複量數下的效果值估計，主要有三種分析方法，哪一種方法最適合於進行整合分析？

七、常用併組標準差的估計方法有哪些？

八、常用的相關係數效果值指標有哪些？

九、為何 Pearson 積差相關，常須將它轉換成 Fisher's *z*？

十、Cohen's *d* 與 Hedges' *g*，何者較適合於整合分析？

♣ **本章應用軟體：**

一、Cummings 的 ESCI 非對稱性 *t* 分配計算器

二、Hedges' *g* 計算表單

三、Fisher's *z* 計算表單

四、Cohen's *d* 增益集

本章旨在探討平均數差異與相關性指標效果值，兩者均是焦點式效果值（focused effect sizes）指標，均可提供效果值的大小與方向之資訊；文中並說明 Cohen's *d* 值與 *t* 考驗間之關係。為了研究者應用上之便利，除了筆者研發的 Cohen's *d* 增益集之外，本章也會介紹幾種實用之網路效果值計算器及 Cummings 研發的 ESCI 增益集（Cummings & Calin-Jageman, 2017），並進行實例演示。

一、Cohen's *d* 值的定義

Cohen's *d* 是一種標準化平均數差異值（standardized mean difference）的指標，因為已去除對於特定量尺的依賴，進行解釋時，已不需考慮測量單位為何；換言之，標準化效果值，研究者不需要知道測量單位是什麼，就能進行解釋。茲就單一組別與雙組獨立樣本之 Cohen's *d* 值，定義如公式 3-1 & 公式 3-6 所示。

（一）單一組別

$$d = \frac{\overline{X} - \mu_0}{s} \qquad \text{公式 3-1}$$

公式 3-1 中，$\overline{X}$ 為樣本平均數，s 為樣本標準差，μ_0 係來自於虛無假設 H_0：$\mu = \mu_0$ 的參照值。

Cohen's *d* 的抽樣分配通常是呈現非對稱性 *t* 分配（H_1 為真的抽樣分配，以非對稱性參數 L 為中心的分配），通常因左右不對稱，CI 之計算過程較繁瑣，研究者可運用圖 3-5 & 圖 3-6 之 ESCI 計算器。當 Cohen's *d* 變異如果沒有很大，樣本也沒很小，資料分配也成常態，其變異量可由公式 3-2 估計之。

$$V(d) = \frac{1}{n} = \frac{d^2}{2*n} \qquad \text{公式 3-2}$$

公式 3-2 中，$V(d)$、n 分別表研究的變異量及樣本大小。假設 $d = 1.357$，$n = 10$，其 $V(d) = \frac{1}{10} + \frac{1.357^2}{2*10} = .192$，因而 $V(d) = .438$，則其 .95 的信賴區間為：$1.357 \pm 1.96 * .438(.499 \sim 2.215)$。

讀者如有 Cummings 的 ESCI 非對稱性 *t* 分配計算器（參見圖 3-1 & 圖 3-2，下載網址：https://thenewstatistics.com/itns/esci/），即可下載網頁中的軟體，求

得 Cohen's d 較精確的信賴區間：.464 ～ 2.214，此信賴區間通常並非左右對稱。使用非對稱性（non-central）t 分配估計效果值的信賴區間，基本上需要有兩個步驟：建立 NCP（Λ）的信賴區間與轉換為效果值 d 的信賴區間。為何要先建立 Λ 的信賴區間，主要係因非對稱性 t 分配，近似於以 Λ 值為中心的抽樣分配。

第一個步驟須利用公式 3-3，以獲得非對稱性參數 NCP 的信賴區間。

$$t = \text{Cohen's } d * \sqrt{N} \qquad\qquad 公式\ 3\text{-}3$$

利用上例資料與公式 3-3，可得 $t = 1.357 * \sqrt{10} = 4.29$，以此 t 值作為 Λ 的估計值，利用 ESCI 求得此 Λ 值的 .95 信賴區間分別為：7 & 1.47（$\Lambda_{\text{上}}$ & $\Lambda_{\text{下}}$），參見圖 3-1 & 圖 3-2 的右上角。利用 ESCI 求得此 Λ 值的上、下限之前，使用者須先針對自由度、t 值，利用圖中之調整鈕進行大小設定，接著調整圖 3-1 的 Λ 值直到右側機率為 .025 為止，而圖 3-2 中的 Λ 值則調整到右側機率為 .975 為止，就可獲得 $\Lambda_{\text{上}}$ & $\Lambda_{\text{下}}$ 的估計值。

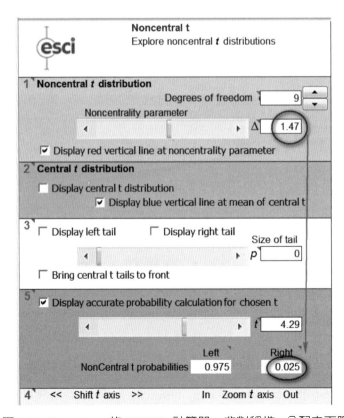

圖 3-1　**Cummings** 的 **EXCEL** 計算器：非對稱性 t 分配之下限

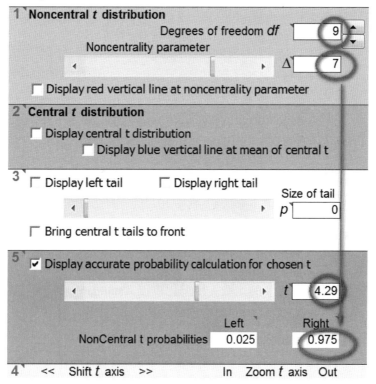

圖 3-2　**Cummings** 的 **EXCEL** 計算器：非對稱性 *t* 分配之上限

　　第二個步驟須利用公式 3-4 & 公式 3-5，將 Λ 值的 .95 信賴區間轉換成 Cohen's *d* 的 .95 信賴區間，以獲得效果值 *d* 的信賴區間（.464 ～ 2.214）。

1. 上信賴區間：$\dfrac{\Lambda_{\text{上}}}{\sqrt{N}}$　　　　　　　　　　　　　　　　　公式 3-4

　　$\dfrac{7}{\sqrt{10}} = 2.214$，Λ 值取自圖 3-2。

2. 下信賴區間：$\dfrac{\Lambda_{\text{下}}}{\sqrt{N}}$　　　　　　　　　　　　　　　　　公式 3-5

　　$\dfrac{1.47}{\sqrt{10}} = .464$，Λ 值取自圖 3-1。

（二）雙組獨立樣本

雙組獨立樣本之 Cohen's d，也是一種標準化平均數差異值的指標，計算如公式 3-6 所示（Cohen,1988）。

$$d = \frac{\overline{X}_E - \overline{X}_C}{S_{pooled}}$$　　　　公式 3-6

公式 3-6 中 $\overline{X}_E$、$\overline{X}_C$ 代表實驗組與控制組的樣本平均數，其併組標準差之計算（S_{pooled} 又稱為 standardizer），如公式 3-7 所示（或參閱公式 3-29），適用於組間具有變異同質性時，否則須使用控制組標準差（求得 d 值即為 Glass's $\triangle$），此即有名的 Fisher 組內標準差公式（參見 p. 277，Hunter & Schmidt, 2004）。

$$S_{pooled} = \sqrt{\frac{(n_E - 1)(SD_E)^2 + (n_C - 1)(SD_C)^2}{n_E + n_C - 2}}$$　　　　公式 3-7

假如涉及三組以上之間的比較，標準化單位（standardizer）可以用只涉及兩個平均數之對比（contrast）的併組標準差或所有群組的併組標準差（適用於組間具有變異同質性）取代之，計算方法如公式 3-9（Olejnik & Algina, 2000），它係公式 3-7 的延伸。

Cohen's d 是一種沒有測量單位的標準化效果值指標，因而利用各種不同測量工具測得的結果，均可以加以整合與比較。另外，Cohen's d 的抽樣分配通常是呈現非對稱性 t 分配，因為左右不對稱，CI 之計算過程繁瑣，研究者可運用圖 3-5 & 圖 3-6 之 ESCI 計算器。當 Cohen's d 變異如果沒有很大，樣本也沒很小，資料分配也成常態，其變異量可由公式 3-8 估計之（Hedges & Olkin, 1985），本近似法獲得的信賴區間，係左右對稱的信賴區間。

$$V(d) = \frac{n_E + n_C}{n_E \, n_C} + \frac{d^2}{2(n_E + n_C)}$$　　　　公式 3-8

公式 3-8 中，如將 $V(d)$ 開根號，即為該研究之標準誤（SE），可用以建立該研究效果值的信賴區間。

二、對比分析的計算流程

　　研究者在進行 ANOVA 分析之後，如欲進行事後的焦點對比分析，本質上也是 Cohen's *d* 值的估計。Olejnik & Algina（2000）指出，當研究設計涉及測量變項（如性別）時，併組細格變異量會下降，因而會導致在不同研究設計上，效果值會失去可比較性。由圖 3-3 的流程可知，焦點對比分析如涉及測量因子時，研究者需忽略測量因子的存在，將其視為單因子設計去計算細格變異量，以獲得較適切的變異量，不作如此調整，會高估效果值。由此觀之，研究者在進行 Cohen's *d* 值的整合分析時，需考慮研究設計是否相同，其效果值才具跨研究比較性。

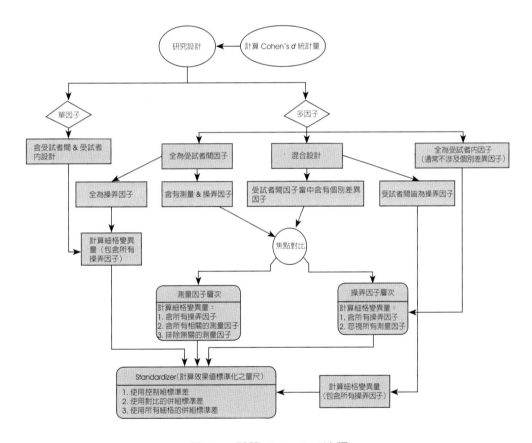

圖 **3-3** 計算 **Cohen's** *d* 流程

註：圖解自 Olejnik & Algina（2000）。

　　圖 3-3 的流程圖，係筆者整理 Olejnik & Algina（2000）論文的精華，此圖旨在勾勒出計算 Cohen's d 統計量的基本流程，計算的焦點放在對比（contrast），它僅涉及兩個平均數之差異。由此摘要流程圖可以看出：(1) 研究設計中是否包含測量因子（個別差異因子）是關鍵，如果未包含測量因子，計算 Cohen's d 將變得更簡單，(2) 在受試者內設計中，通常不會採用個別差異因子，(3) 在單因子設計上，計算過程較單純，(4) 含有測量因子的對比，計算細格變異量得特別小心。Cohen's d 值乃是一對平均數差異的標準化指標，標準化的方法有三，請參見圖 3-3 底部 Standardizer 視窗；當組間的變異量具有同質性時，可選用方法 2（使用對比的併組標準差）& 方法 3（使用所有細格的併組標準差）計算 standardizer，否則使用方法 1（使用控制組標準差）。第 3 種併組變異數的計算公式（Olejnik & Algina,2000）如公式 3-9 所示，其平方根即為併組標準差：

$$S^2_{pooled} = \frac{(n_1-1)*s_1^2 + 1 + \cdots + (n_J-1)*s_J^2}{(n_1-1)+\cdots+(n_J-1)} \qquad \text{公式 3-9}$$

　　在單因子 ANOVA 下，併組變異數等於誤差均方和（error mean square, MSE）。由公式 3-9 可知：只要知道各組的樣本大小（n）及變異量（S^2），就可估計出併組變異數。公式 3-9 是一通用公式，公式 3-7 則是只包含兩組的特例。假如兩組的標準差與樣本大小都相同或非常類似，可取兩組標準差的平均數即可。

　　依此相同的概念，Olejnik & Algina（2003）更進一步推廣至 Generalized η^2 & φ^2，此效果值指標不受研究設計的影響，適用於利用變異解釋比率詮釋效果值大小的 ANOVA & MANOVA。基本上，計算 Generalized η^2 時，其分母包含效果 & 誤差平方和。當研究設計含有測量因子時（如性別），會導致誤差平方和變小，因此需要將與性別有關的平方和加入分母中。之前，在計算 Cohen's d 值時，如遇研究設計涉及測量變項（如性別）時，研究者須忽略測量因子的存在，當作單因子設計看待去計算細格變異量。此種作法，就如同在計算 Generalized η^2 時，將與測量因子有關的平方和加入分母中，具有異曲同工之妙（參見公式 4-6 之分母）。有關 Generalized η^2 & φ^2 之細節，請看本書第四～六章。

三、Cohen's *d* 值與 *t* 考驗的關係

Cohen's *d* 值與 *t* 考驗具有極密切的關係。公式 3-6 中的 *d* 值如再除以 $\sqrt{\dfrac{1}{n_1}+\dfrac{1}{n_2}}$，即為 *t* 考驗統計量（參見公式 3-10）；反之，*t* 考驗統計量如乘以 $\sqrt{\dfrac{1}{n_1}+\dfrac{1}{n_2}}$，即為 Cohen's *d* 值（參見公式 3-11）。這就是為什麼研究者若知道雙組樣本大小 & *t* 考驗結果，就可計算出 Cohen's *d* 值。

$$t=\frac{\bar{x}_1-\bar{x}_2}{\sqrt{S_{pooled}^2\left(\dfrac{1}{n_1}+\dfrac{1}{n_2}\right)}}$$
公式 3-10

公式 3-10 中分母為平均數差異之標準誤：$SE_{\bar{x}_1-\bar{x}_2}$，公式 3-10 經過轉換，可以獲得 Cohen's *d* 值，參見公式 3-11。

$$\text{Cohen's } d = t * \sqrt{\frac{1}{n_1}+\frac{1}{n_2}}$$
公式 3-11

公式 3-10 中，分母為平均數差異之標準誤（the standard error of mean differences），本公式適用於組間變異數相等時，如組間變異數不相等時，請改用公式 3-12。

$$t=\frac{\bar{x}_1-\bar{x}_2}{\sqrt{\dfrac{s_1^2}{n_1}+\dfrac{s_2^2}{n_2}}}$$
公式 3-12

以下將以獨立樣本與重複量數之實例，說明 Cohen's *d* 值與 *t* 考驗的關係。圖 3-4 實例係獨立樣本 *t* 考驗間之資料（使用 group & average 變項），以便研究者進行 Cohen's *d* 值的推導。

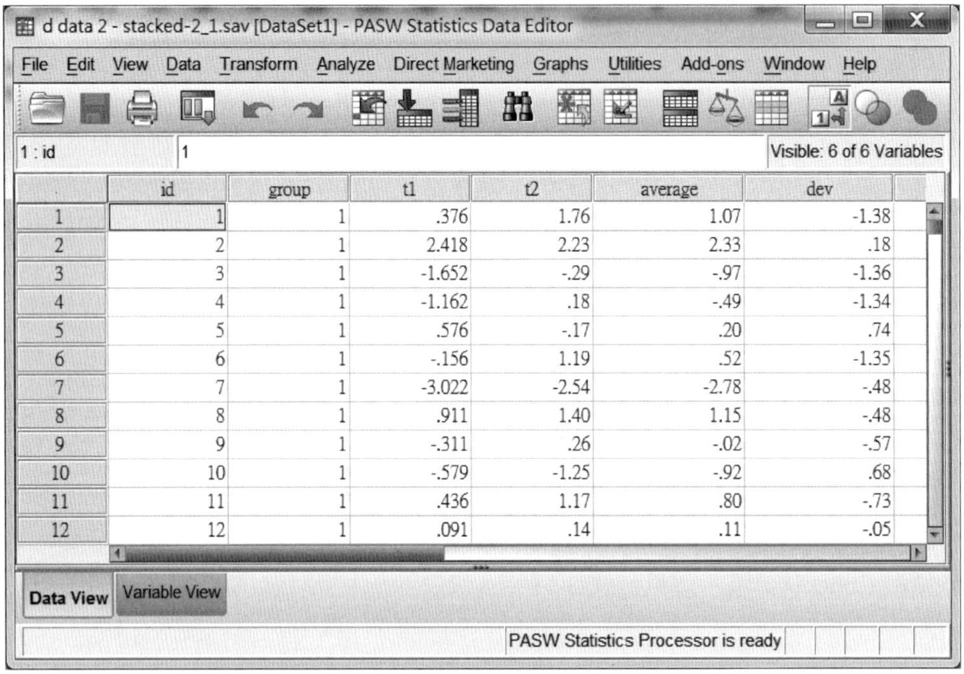

	id	group	t1	t2	average	dev
1	1	1	.376	1.76	1.07	-1.38
2	2	1	2.418	2.23	2.33	.18
3	3	1	-1.652	-.29	-.97	-1.36
4	4	1	-1.162	.18	-.49	-1.34
5	5	1	.576	-.17	.20	.74
6	6	1	-.156	1.19	.52	-1.35
7	7	1	-3.022	-2.54	-2.78	-.48
8	8	1	.911	1.40	1.15	-.48
9	9	1	-.311	.26	-.02	-.57
10	10	1	-.579	-1.25	-.92	.68
11	11	1	.436	1.17	.80	-.73
12	12	1	.091	.14	.11	-.05

圖 3-4　**SPSS 示範 *t* 考驗資料檔案**

（一）SPSS 獨立樣本 *t* 考驗

茲以表 3-1 中的描述統計 & 獨立樣本 *t* 考驗之 SPSS 報表為例，示範 Cohen's *d* 的計算過程與結果。

表 3-1　SPSS 獨立樣本 *t* 考驗報表

```
T-TEST GROUPS=group(1 2)
  /MISSING=ANALYSIS
  /VARIABLES=average
  /CRITERIA=CI(.95).
```

Group Statistics

	group	N	Mean	Std. Deviation	Std. Error Mean
average	1	100	.1855	.99001	.09900
	2	100	.0047	.91669	.09167

$$\sqrt{\frac{.99001^2}{100}+\frac{.91669^2}{100}}=\sqrt{.018204}=.13492$$

Independent Samples Test

		Levene's Test for Equality of Variances		t-test for Equality of Means					95% Confidence Interval of the Difference	
		F	Sig.	t	df	Sig. (2-tailed)	Mean Difference	Std. Error Difference	Lower	Upper
average	Equal variances assumed	1.290	.257	1.340	198	.182	.18076	.13492	-.08531	.44683
	Equal variances not assumed			1.340	196.839	.182	.18076	.13492	-.08532	.44684

利用公式 3-7，可以計算出併組標準差：

$$S_{pooled} = \sqrt{\frac{.99001^2(100-1) + .91669^2(100-1)}{100+100-2}} = \sqrt{.91022} = .95405$$

至於平均數差異的標準誤，亦可利用公式 3-10 中的分母求得：

$$SE_{\bar{x}_1 - \bar{x}_2} = \sqrt{\frac{S_{pooled}^2}{100} + \frac{S_{pooled}^2}{100}} = S_{pooled} * \sqrt{\frac{1}{100} + \frac{1}{100}} = .95405 * \sqrt{\frac{1}{100} + \frac{1}{100}} = .13492$$

接著，利用公式 3-11，透過表 3-1 中之 *t* 值，可求得 Cohen's *d* 值：

$$\text{Cohen's } d = 1.34 * \sqrt{\frac{1}{100} + \frac{1}{100}} = 1.34 * 0.1414 = .1895$$

如果直接利用 S_{pooled}，透過公式 3-6 可求得 Cohen's *d* 的值為：

$$\text{Cohen's } d = \frac{.18076}{.95405} = .1895$$

可見 Cohen's *d* 值，也可經由 *t* 考驗間接求得。

此外，帶入公式 3-8，可求得變異量：$V_{di}^2 = \frac{100+100}{100*100} + \frac{.1895^2}{2(100+100)} = .0201$；據此，可求得 *d* 值的 .95 上、下信賴區間值：$d \pm 1.9645 * .1417(-.089 \sim .468)$，樣本過大，*t* 分配即會逼近 *z* 分配，因此截斷值可採 *z* 分配的 1.9645。

另外，假如讀者有 Cummings 的非對稱性 *t* 分配 ESCI 計算器（如圖 3-5 ～圖 3-7），即可求得 Cohen's *d* 的較精確之 .95 信賴區間：$-.089 \sim .467$，此信賴區間並非左右對稱，而本法需先估計上、下區間的 Λ 值（非對稱性參數，NCP）。使用非對稱性 *t* 分配估計效果值的信賴區間，基本上需有以下兩個步驟：

(1) 建立 Λ 的信賴區間。

(2) 轉換為效果值的信賴區間。

第一個步驟須利用公式 3-13 的 *t* 值，獲得非對稱性參數（NCP）的信賴區間。為何要先建立 Λ 的信賴區間，係因非對稱性 *t* 分配，近似於以 Λ 值為中心的抽樣分配。

$$t = \frac{Cohen's\ d}{\sqrt{\dfrac{1}{n_1} + \dfrac{1}{n_2}}}$$ 公式 3-13

茲舉一實例說明：假設 $t = \dfrac{0.189}{\sqrt{\dfrac{1}{100} + \dfrac{1}{100}}} = 0.189 * \sqrt{50} = 1.336$，以此 t 值作為

Λ 的估計值，求得此 Λ 值的 .95 信賴區間分別為：3.29913 & −.6296（$Λ_上$ & $Λ_下$，參見圖 3-6 底部）。

第二個步驟須利用公式 3-14 & 公式 3-15 進行轉換，以獲得效果值 d 的信賴區間（−.089 ～ .467），參見圖 3-6 底部。

1. 下信賴區間：$Λ_下 * \sqrt{\dfrac{1}{n_1} + \dfrac{1}{n_2}}$ 公式 3-14

$-\dfrac{.6296}{\sqrt{50}} = -.089$

2. 上信賴區間：$Λ_上 * \sqrt{\dfrac{1}{n_1} + \dfrac{1}{n_2}}$ 公式 3-15

$\dfrac{3.2991}{\sqrt{50}} = .467$

具體言之，研究者使用 Cummings ESCI 計算器時，首先需在圖 3-5 左側視窗內微調所需之量數之後（d 值 & 樣本人數，可利用小視窗內之拉桿與微調三角鈕調整之），再分別按下圖 3-5 右側視窗底部之「Find LL」&「Find UL」兩個按鈕後，就可自動試求得 d 值之最佳的 .95 上、下信賴區間（−.089 ～ .467）值，參見圖 3-6 右側或左側視窗之底部。因為 Cohen's d 變異沒有很大，樣本也不小，利用非對稱性 t 分配求得之變異量與利用公式 3-8 求得的變異量相同。因此，兩種方法求得的 .95 上、下信賴區間將相同。

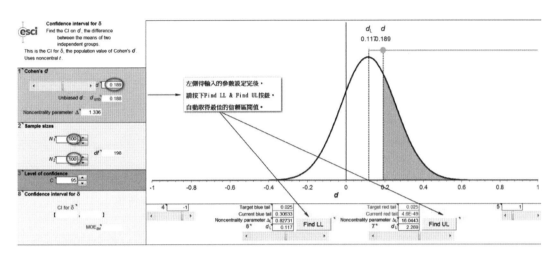

圖 3-5　非對稱性參數（**NCP**）的信賴區間估計：非對稱性 *t* 分配

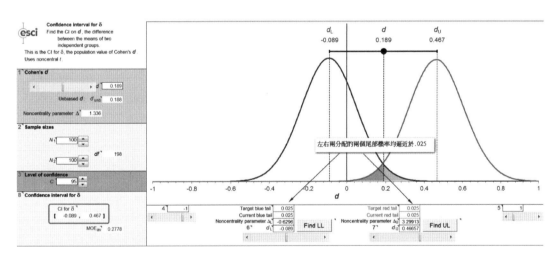

圖 3-6　**Cohen's** *d* 信賴區間的估計：利用非對稱性 *t* 分配

假如讀者能善用 R 套件 MBESS（Kelley, 2020），也可輕易求得非對稱性 *t* 分配的 NCP 信賴區間，操作指令如圖 3-7 所示。

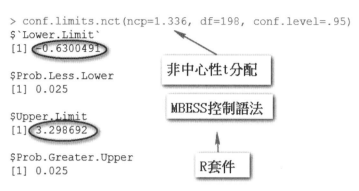

圖 3-7　R 套件 **MBESS**：非對稱性 *t* 分配的 **NCP** 信賴區間

前述第一個步驟：獲得非對稱性參數（NCP）的信賴區間，只要一行指令即可取得，利用 NCP 的上、下信賴區間，接著，利用公式 3-14 & 公式 3-15，即可轉換為效果值 *d* 的上、下信賴區間。

（二）SPSS **重複量數** *t* **考驗**

前節獨立樣本的 *t* 考驗的效果值估計核心，在平均數差異量（mean difference），本節則在探討重複量數 *t* 考驗的平均改變量（mean change）效果值。重複量數 *t* 考驗，文獻上主要有三種分析途徑（Lakens, 2013）：A 途徑 - 差異分數法、B 途徑 - 校正相關差異分數法 & C 途徑 - 標準差平均法；其中 A 途徑適用於統計考驗力分析，B 途徑適用於整合分析。相關指標之信賴區間的計算公式，請參見 https://github.com/stonegold546/cohens_d_calculators/blob/master/README.md。以上 A、B & C 三種途徑，依序說明如下。

1. **差異分數法**

差異分數法（或稱為併組標準差法），旨在考驗虛無假設：$H_0 : \mu_{x1} - \mu_{x2} = 0$，亦即前後平均數差異為 0 的虛無假設。本法求得的效果值，不適合與獨立樣本的效果值進行整合分析，否則會有高估現象。以下利用差異分數法所求得的效果值，將以 Cohen's d_z 稱之。

以表 3-2 SPSS 報表的原始分數數據（t1 & t2 變項）為例，說明 Cohen's d_z 值的計算公式與計算過程。

表 3-2　**SPSS 重複量數 *t* 考驗報表（原始分數途徑）**

✦ T-Test

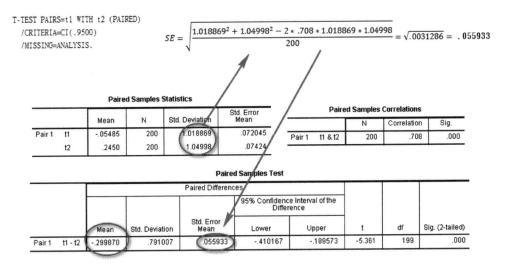

表 3-2 係 SPSS 重複量數分析的結果，平均數差異為 −.299870，其 SE 為 .055933。此併組標準差（SE）值，可由公式 3-16 求得，實際演算說明，請看表 3-2 頂端 SE 之加註說明：

$$SE = \sqrt{\frac{SD_1^2 + SD_2^2 - 2 * r * SD_1 * SD_2}{N}}$$　公式 3-16

差異分數的標準差（SD），可由 $SE * \sqrt{N}$ 求得。以表 3-2 內之數據為例，$SD = SE * \sqrt{N} = .05593 * \sqrt{200} = .791$。事實上，對於重複量數分析而言，研究者也可改用差異分數分析途徑（利用圖 3-4 中 dev 變項），兩者分析結果完全相同，參見表 3-3。

表 3-3　**SPSS** 描述統計報表（差異分數途徑）

```
DESCRIPTIVES VARIABLES=dev
  /STATISTICS=MEAN STDDEV MIN MAX.
```

Descriptives

[DataSet2] C:\Users\F\Desktop\Effect size\data_for_d_from_mixed_ML_models\d data 2 - stacked-2_1.sav

Descriptive Statistics

	N	Minimum	Maximum	Mean	Std. Deviation
dev	200	-2.27	1.62	-.2999	.79101
Valid N (listwise)	200				

Paired Samples Correlations

		N	Correlation	Sig.
Pair 1	t1 & t2	200	.708	.000

　　利用表 3-2 的數據，差異分數的標準差，可由 $\sqrt{SD_1^2 + SD_2^2 - 2 * r * SD_1 * SD_2}$ 求得：$SD_{diff} = \sqrt{1.018869^2 + 1.04998^2 - 2 * .708 * 1.018869 * 1.04998} = .791$（參見表 3-3）

　　據此，Cohen's d_z 值為：

$$\frac{.299870}{.791} = .379$$

Cohen's d_z 值，亦可由公式 3-17（參照公式 3-11）直接求得：

$$\text{Cohen's } d_z = \frac{t}{\sqrt{n}} = \frac{5.36}{\sqrt{200}} = .379 \qquad \text{公式 3-17}$$

　　如欲使用常態分配估計 Cohen's d 的變異量，可利用公式 3-2 求得，接著即可求得 Cohen's d 的信賴區間：

$$V_d = \left(\frac{1}{200} + \frac{.379^2}{2 * 200} \right) = .005359$$

$$.379 \pm 1.96 * \sqrt{.005359}$$

$$= .379 \pm 1.96 * .00732 \rightarrow .236 \sim .522$$

　　圖 3-8 內容則係 R 套件 MBESS：非對稱性 *t* 分配的語法程式（https://rdrr.io/cran/MBESS/）與分析結果，只要在一行程式中輸入 ncp 參數、自由度與信心水準，即可求得 NCP = 5.36 信賴區間的上、下 NCP 值。根據這兩個上、下 NCP 值即可轉換為 Cohen's *d* 值的上、下信賴區間（.235 ～ .522），前後兩種估計法的結果甚為接近。

```
> conf.limits.nct(ncp=5.361,df=199,conf.level=.95)
$`Lower.Limit`
[1] 3.325289

$Prob.Less.Lower
[1] 0.025

$Upper.Limit
[1] 7.38411

$Prob.Greater.Upper
[1] 0.025
```

圖 3-8　**R 套件 MBESS：非對稱性 *t* 分配的語法程式**

　　利用公式 3-4 & 公式 3-5，驗算 NCP 的 .95 信賴區間：

(1) 下信賴區間：$NCP_{下} * \sqrt{\dfrac{1}{n}}$

$$\frac{3.325}{\sqrt{200}} = .235$$

(2) 上信賴區間：$NCP_{上} * \sqrt{\dfrac{1}{n}}$

$$\frac{7.384}{\sqrt{200}} = .522$$

2. 校正相關差異分數法

　　為利於跨越組間受試與組內受試之研究設計而具有可比較性，重測法之併組標準差，如校正相關性將更適合於進行整合分析，參見公式 3-18：式中分母為差異分數的標準差，而 $\sqrt{2*(1-r)}$ 為校正相關性之因子，注意當 $r = 0.5$ 時，校正功能即消失，將與 A 途徑求法結果相同；當 $r > 0.5$ 時，A 途徑求法結果將大於 B 途徑與 C 途徑求法的結果；當 $r < 0.5$ 時，A 途徑求法之結果將小於 B 途徑與 C 途徑求法之結果。利用校正相關之差異分數法求得的效果值，將以 Cohen's d_{rm} 稱之。

$$\text{Cohen's } d_{rm} = \frac{\overline{x}_1 - \overline{x}_2}{\sqrt{SD_1^2 + SD_2^2 - 2 * r * SD_1 * SD_2}} * \sqrt{2 * (1 - r)} \qquad \text{公式 3-18}$$

經過公式 3-18 的校正之後，Cohen's d_{rm} 將與獨立樣本的原始分數量尺具有可比較性（Morris & DeShon, 2002），有利於跨越組間受試與組內受試之整合分析。公式 3-18 需使用到相關係數 r，因研究者經常未提供，可利用公式 3-19 間接求得（Morris & DeShon, 2002）。

$$r = \frac{SD_{pre}^2 + SD_{post}^2 + SD_D^2}{2 * SD_{pre} * SD_{post}} \quad (SD_D^2 \text{ 為差異分數變異量}) \qquad \text{公式 3-19}$$

式中 SD_D^2 差異分數變異量的定義，如公式 3-20 所示：

$$SD_D^2 = \frac{n * (\overline{x}_{post} - \overline{x}_{pre})^2}{t_{RM}^2} \qquad \text{公式 3-20}$$

當 $SD_1 = SD_2 = SD$ 時，公式 3-18 會等於公式 3-21：

$$\text{Cohen's } d_{rm} = \frac{\overline{x}_1 - \overline{x}_2}{\sqrt{2 * SD^2 - 2 * r * SD^2}} * \sqrt{2 * (1 - r)} \qquad \text{公式 3-21}$$

$$= \frac{\overline{x}_1 - \overline{x}_2}{\sqrt{2 * SD^2 (1 - r)}} * \sqrt{2 * (1 - r)}$$

$$= \frac{\overline{x}_1 - \overline{x}_2}{\sqrt{SD^2 * 2 * (1 - r)}} * \sqrt{2 * (1 - r)} = \frac{\overline{x}_1 - \overline{x}_2}{\sqrt{SD^2}} = \frac{\overline{x}_1 - \overline{x}_2}{SD}$$

以表 3-2 之資料為例，依公式 3-18，其 Cohen's d_{rm} 值：

$$\left(\frac{-.299870}{.791}\right) * \sqrt{2 * (1 - .708)} = -.379 * .764 = -.2896$$

因此，下節忽略相關性的標準差平均法，為本節校正相關差異分數法的特例。

遇小樣本時，Cohen's d_{rm} 通常會高估，可利用相依樣本公式 3-22 加以校正。

$$\text{Hedges' } g = \text{Cohen's } d * \left(1 - \frac{3}{4*(df)-1}\right) \qquad \text{公式 3-22}$$

$$= \text{Cohen's } d * \left(1 - \frac{3}{4*(n-1)-1}\right)$$

$$\text{Hedges' } g_{RM} = -.2896 * (1 - 0.003774) = -.2885$$

Cohen's d_{rm} 的變異量，參見公式 3-23：

$$V_{rm} = \left(\frac{1}{n} + \frac{d_{rm}^2}{2*n}\right) * 2 * (1-r) \qquad \text{公式 3-23}$$

本例的 Cohen's d_{rm} 的變異量為：

$$= \left(\frac{1}{200} + \frac{.2896^2}{2*200}\right) * 2 * (1 - .708) = .00521 * .584 = .003$$

據此，Cohen's d_{rm} 的 .95 信賴區間為 −.3973 ∼ −.1821。

3. 標準差平均法

標準差平均法漠視相關性，算法與獨立樣本相同（在重複量數之下，n1 = n2），本法非不得已（如無相關係數資訊可用）盡量少用，參見公式 3-24。利用忽略相關性之標準差平均法求得的效果值，將以 Cohen's d_{AV} 稱之。

$$\text{Cohen's } d_{AV} = \frac{\bar{x}_1 - \bar{x}_2}{\sqrt{\dfrac{SD_1^2 + SD_2^2}{2}}} \qquad \text{公式 3-24}$$

因為 Cohen's d_{AV} 係樣本估計值，且當樣本小於 20 時，常出現高估現象，研究者須利用 Hedges' *g* 之公式 3-22 進行校正。以圖 3-9 頂端之描述統計資料為例，手算驗算 Cohen's d_{AV} 值如下。

Cohen's d_{AV} 值為：

$$= \frac{.245 - (-.05485)}{\sqrt{\dfrac{1.04998^2 + 1.018869^2}{2}}} = \frac{.29985}{\sqrt{\dfrac{1.04998^2 + 1.018869^2}{2}}} = \frac{.29985}{1.03454} = .2898$$

利用公式 3-22 可求得 Hedges' g：

$$\text{Hedges' } g_{AV} = .2898 * \left(1 - \frac{3}{4*(200-1)-1}\right) = .2898 * (1 - 0.003774) = .2887$$

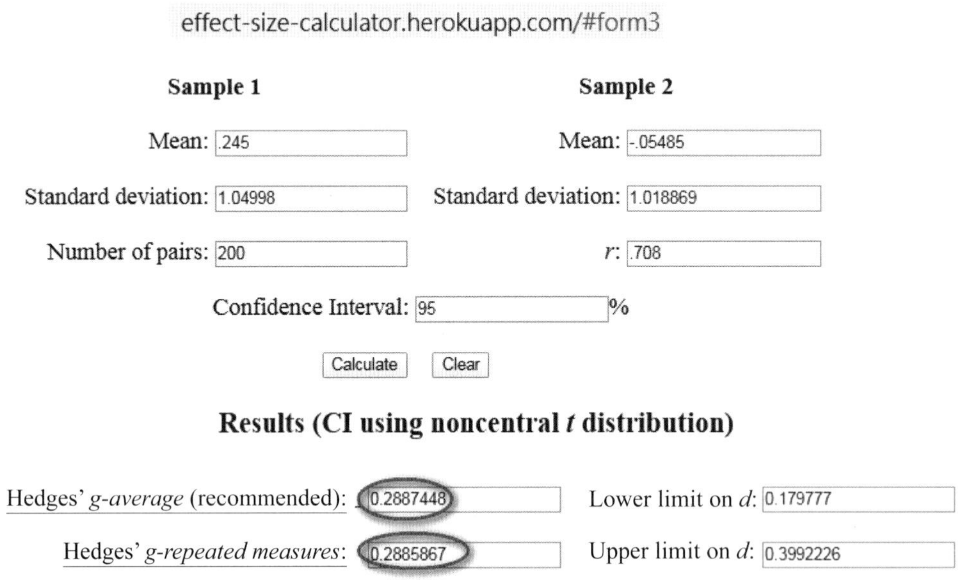

effect-size-calculator.herokuapp.com/#form3

Sample 1	Sample 2
Mean: 245	Mean: -.05485
Standard deviation: 1.04998	Standard deviation: 1.018869
Number of pairs: 200	r: .708

Confidence Interval: 95 %

Calculate　Clear

Results (CI using noncentral *t* distribution)

Hedges' *g-average* (recommended): 0.2887448　Lower limit on *d*: 0.179777

Hedges' *g-repeated measures*: 0.2885867　Upper limit on *d*: 0.3992226

圖 3-9　**Hedges' g_{AV} 計算表單：Paired-samples**

圖 3-9 係 Hedges' g_{AV} 計算表單，可快速求得 Hedges' g_{AV} 值 & 非對稱性信賴區間，只要輸入雙組平均數、標準差、N 與相關係數，即可求得。該計算器下載網址：https://effect-size-calculator.herokuapp.com/。

最後，值得注意的是，Cuijpers, Weitz, Cristea, & Twisk（2017）曾指出，利用單組或雙組（含控制組）前、後測平均數差異量，所計算出來的效果值，因會偏估 SMD（standardized mean difference），最好避免進行整合分析；主要理由有二：

1. 前、後測分數具有相關

   解決資料不獨立的問題，可以使用前述的校正相關差異分數法，計算效果值。不過通常前後的相關係數，通常報告中並不提供，可能只有利用過去文獻上的相關資訊或以固定值（例如：.50）取代之。

2. 許多與治療無關的干擾變項（如憂鬱症的自然康復、受試者特質、實驗情境），通常無法加以控制或排除，導致處理效果與干擾效果無法有效區分開

來,即使有含控制組的雙組前、後測設計,亦無法避免。

四、Hedges & Olkin（1985）之抽樣誤差校正公式

由於當樣本數 $N < 20$ 時,Cohen's d 值會有高估現象,因此有必要根據各研究的樣本大小予以加權(合理的假設是:樣本較大的研究估計值比較準確),以獲取不偏估計值 g,公式 3-25 係獨立樣本時,根據 N 加以校正的公式(小樣本校正公式),相依樣本時請參見公式 3-22。因而,Cohen's d 適合於統計考驗力分析,而 Hedges' g 途徑則適用於整合分析。

$$\text{Hedges' } g = \text{Cohen's } d * \left(1 - \frac{3}{4 * df - 1}\right) = \text{Cohen's } d * \left(1 - \frac{3}{4 * N - 9}\right) \qquad \text{公式 3-25}$$

公式 3-25 中,$N = N_E + N_C$,$df = N - 2$,而計算 Hedges' g 值的抽樣變異數,定義如公式 3-26 或公式 3-27 所示。

$$V_{gi}^2 = \frac{N_E + N_C}{N_E N_C} + \frac{g_i^2}{2(N_E + N_C)} \qquad \text{公式 3-26}$$

$$V_{gi}^2 = V_{di}^2 * \left(1 - \frac{3}{4 * df - 1}\right)^2 \qquad \text{公式 3-27}$$

圖 3-10 係 Hedges' g 的計算器,根據示範實例之平均數、標準差與樣本大小之計算結果。

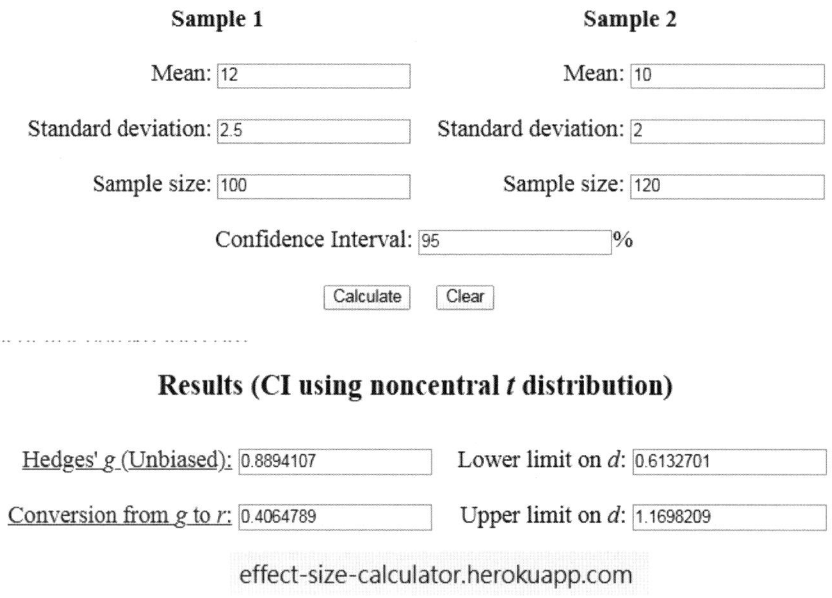

圖 3-10　**Hedges' *g* 計算表單**

　　圖 3-10 係 Hedges' *g* 計算表單，可快速求得 Hedges' *g* 值 & 非對稱性之信賴區間，只要輸入雙組平均數、標準差與 *N*，即可求得。該計算器下載網址：https://effect-size-calculator.herokuapp.com/。

　　以圖 3-10 上方之資料為例，依據公式 3-6 可求得：

$$\text{Cohen's } d = \frac{12-10}{\sqrt{\dfrac{(99*2.5^2)+(119*2^2)}{100+120-2}}} = .8925$$

　　依據公式 3-25 可求得：Hedges' $g = .8925 * \left(1 - \dfrac{3}{4*220-9}\right) = .8894$

　　利用公式 3-26 可求得 Hedges' *g* 變異數：$\dfrac{100+120}{100*120} + \dfrac{.8894^2}{2*(100+120)} = .0183 + .0018$

$= .0201$，就能估計出 .95 信賴區間：$.8894 \pm 1.9645 * \sqrt{.0201}$，如欲估計非對稱性之信賴區間，請使用圖 3-10 之計算器。

五、由 *t* 考驗值推估併組標準差

　　有些論文並未提供各組之標準差，只有提供組間人數、平均數、*t* 考驗統計

量或標準誤（SE）。此時，研究者可以利用 t 考驗統計量，間接取得併組標準差（S_{pooled}），以便計算 Cohen's d 值（參閱公式 3-28 ～公式 3-30）。

$$t=\frac{\bar{x}_1-\bar{x}_2}{\sqrt{S_{pooled}^2\left(\frac{1}{N_1}+\frac{1}{N_2}\right)}}=\frac{\bar{x}_1-\bar{x}_2}{SE_{\bar{x}_1-\bar{x}_2}}=\frac{\bar{x}_1-\bar{x}_2}{S_{pooled}\sqrt{\left(\frac{1}{N_1}+\frac{1}{N_2}\right)}}$$ 公式 3-28

$$=\frac{\bar{x}_1-\bar{x}_2}{S_{pooled}}*\frac{1}{\sqrt{\left(\frac{1}{N_1}+\frac{1}{N_2}\right)}}$$

由公式 3-28 可知：$SE_{\bar{x}_1-\bar{x}_2}$，可由公式 3-29 推導取得：

$$S_{pooled}=\frac{SE_{\bar{x}_1-\bar{x}_2}}{\sqrt{\left(\frac{1}{N_1}+\frac{1}{N_2}\right)}}$$ 公式 3-29

假如作者未提供 $SE_{\bar{x}_1-\bar{x}_2}$，也可利用公式 3-30 間接取得（參照公式 3-10）：

$$S_{pooled}=\frac{(\bar{x}_1-\bar{x}_2)}{t}*\frac{1}{\sqrt{\left(\frac{1}{N_1}+\frac{1}{N_2}\right)}}$$ 公式 3-30

六、相關係數效果值分析

最常見的相關係數指標有：Pearson 積差相關、點二系列相關、ϕ 相關、四分相關、多分相關與等級相關，這些指標都因測量層次不同，而有其適用之對象。例如：積差相關適合於雙變項均為連續變項時；而 ϕ 相關適合於雙變項均為二分的類別變項。相關係數可能來自於不同的研究設計、來自於同一時間的橫斷式相關、來自於縱貫式相關，或來自於實驗研究的因果相關。因此，在將來整合分析結果的解釋時，也會因研究設計的不一樣而回答不同的研究問題。相關係數的統計指標相當多，在此僅介紹最常用的 Pearson 積差相關係數。Pearson 積差相關係數大小，因不受測量單位的影響，所以沒有標準化的問題，可以直接作為效果值指標進行整合分析。過去有不少研究者直接利用各研究之原始相關係數，以公式 3-31 計算其平均效果值。

$$\bar{r} = \frac{\sum_{i=1}^{k} r_i n_i}{\sum_{i=1}^{k} n_i} \qquad \text{公式 3-31}$$

而計算 Pearson r 值的抽樣變異數,請使用公式 3-32:

$$V_i^2 = \frac{(1 - r_i^2)^2}{n_i} \qquad \text{公式 3-32}$$

不過,相關係數的抽樣分配左右不對稱(當 $\rho \neq 0$ 時),常會使用 Fisher z 以逼近常態分配,因而須將 r 轉換成 Fisher z。茲將 Fisher z 轉換的處理方法與過程,說明如下:

1. 將 r 值轉換成 Fisher z 分數

其轉換公式,參見公式 3-33:

$$z = \frac{1}{2} \ln \frac{1+r}{1-r} \qquad \text{公式 3-33}$$

2. 計算 Fisher z 值的抽樣變異數

Fisher z 值的抽樣變異數,如公式 3-34 所示:

$$V^2 z_i = \frac{1}{n_i - 3} \qquad \text{公式 3-34}$$

最後,圖 3-11 之網路計算表單,係用來示範將 $r(.5)$ 轉換為 Fisher $z(.549)$ 的實例:

psychometrica.de/correlation.html

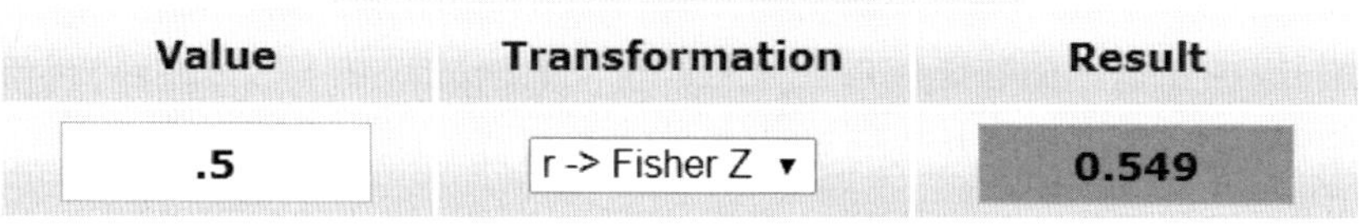

Value	Transformation	Result
.5	r -> Fisher Z ▾	0.549

圖 3-11　**Fisher** z 計算表單

七、併組標準差的不同估計方法

計算 Cohen's *d* 的關鍵是併組標準差或稱標準化單位（standardizer），茲將常用的併組標準差公式，羅列於公式 3-35 ～公式 3-38（Fritz, Morris, & Richler, 2012），以利研究者快速參考。

1. SD & N 均相近時

$$S_p = \frac{s_1 + s_2}{2} \qquad\qquad 公式 3-35$$

2. SD 不同 但 N 相近時

$$S_p = \sqrt{\frac{s_1^2 + s_2^2}{2}} \qquad\qquad 公式 3-36$$

3. SD & N 均顯著差異時

$$S_p = \sqrt{\frac{ss_1 + ss_2}{df_1 + df_2}} \qquad\qquad 公式 3-37$$

公式 3-37 中，$SS = df * S^2$，或 $SS = df * SE^2 * N$。

4. 多重比較 & SD 相近時

$$S_p = \sqrt{MSE} \qquad\qquad 公式 3-38$$

公式 3-38 中，MSE（組內變異數）為誤差項均方（mean square），在 ANOVA 分析的報表中，可以輕易找到它，其平方根即為併組標準差。

八、筆者研發的 Cohen's *d* EXCEL 增益集

Cohen's *d* EXCEL 增益集，係根據圖 3-12 之 Cohen's *d* 估計方法與流程進行設計，主要關鍵在於研究設計是獨立樣本或相依樣本，其次才是要用描述統計或推論統計。

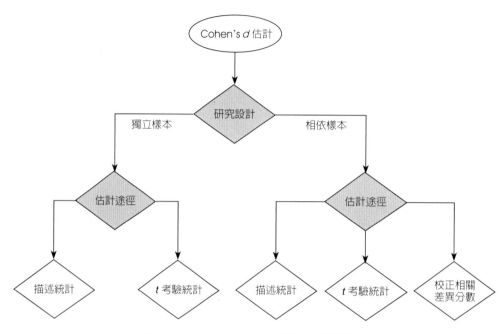

圖 3-12　**Cohen's _d_** 之估計方法與流程

　　操作時，先點選 EXCEL「增益集」，再從 Cohen-d 的選單中，點選獨立樣本或重複量數（相依樣本），即可進入實際之操作介面。

圖 3-13　**Cohen's _d_ EXCEL** 增益集之起始畫面

　　以下將就獨立樣本或重複量數，各舉一個範例進行示範。

（一）獨立樣本

　　研究者點選獨立樣本的選單之後，就會出現圖 3-14 的操作介面，接著，假如要經由平均數、標準差與 N 進行估計，點選它之後，會出現標準

化單位（參見圖 3-14 內小視窗）與是否要由電腦計算併組標準差的選單：

，假如選擇使用併組標準差作為標準化單位（輸入代碼

為 2）且選擇按鈕是（Y）而讓電腦計算之，就會出現如圖 3-15 的輸入畫面（灰色或黑色的視窗，不須輸入任何資料），等待研究者於純白色的小視窗內輸入描述統計資料，灰色視窗為結果顯示區。

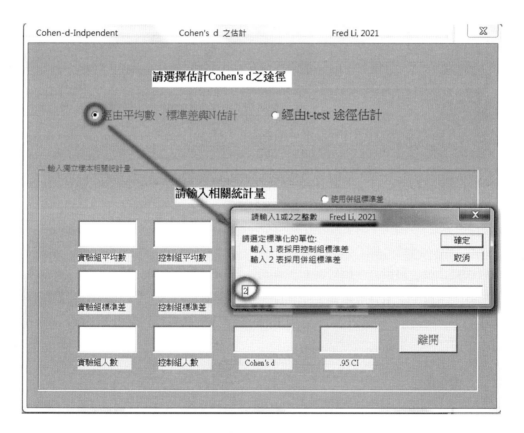

圖 3-14　**Cohen's *d* EXCEL** 增益集獨立樣本操作介面（一）

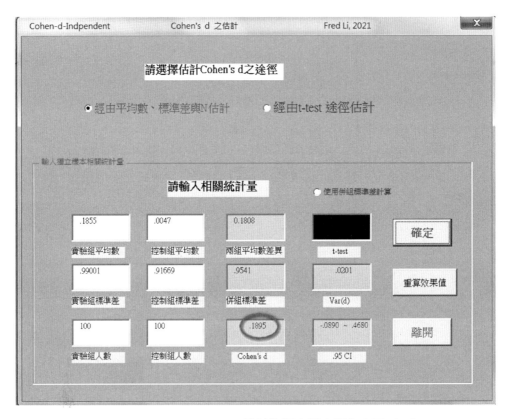

圖 3-15　**Cohen's** *d* **EXCEL** 增益集獨立樣本操作介面（二）

　　資料輸入之後，按下「確定」鈕，即可出現分析結果。如果資料輸入錯誤，請直接更正後，再按下「確定」鈕，即可出現新的分析結果；如果另有他筆資料要估計，請按下「重算效果值」鈕，即可清空視窗之內容，等待新資料的輸入。圖 3-15 內的資料係取自表 3-1，請比對前後之分析結果，所估計出的 Cohen's *d* 值應無不同。

（二）重複量數

　　研究者點選重複量數的選單之後，就會出現如圖 3-16 的操作介面，接著，假如要利用差異分數進行估計，點選它之後，會出現詢問是否要自行輸入平均數差異分數之數據，如果選擇讓電腦計算（輸入代碼為 2），就會出現如圖 3-17 輸入畫面（灰色或黑色的視窗，不須輸入任何資料），等待研究者於純白色的小視窗內輸入描述統計資料，灰色視窗為結果顯示區。

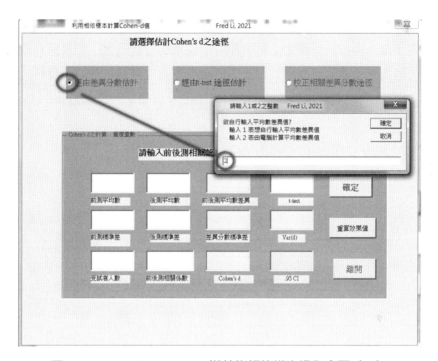

圖 3-16　**Cohen's *d* EXCEL** 增益集相依樣本操作介面（一）

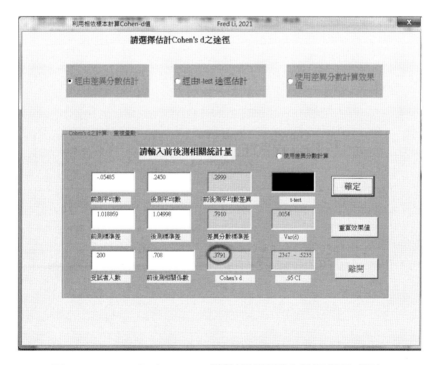

圖 3-17　**Cohen's *d* EXCEL** 增益集相依樣本操作介面（二）

　　資料輸入之後，按下「確定」鈕，即可出現分析結果。如果資料輸入錯誤，請直接更正後，再按下「確定」鈕，即可出現新的分析結果；如果另有他筆資料要估計，請按下「重算效果值」鈕，即可清空視窗之內容，等待新資料的輸入。圖 3-17 內的資料係取自表 3-2，請比對前後之分析結果，所估計出的 Cohen's d 值應無不同。

Chapter

04

單因子ANOVA的
效果值分析

♣ **本章內容旨在回答以下問題：**

一、何謂概括式效果值（omnibus effect sizes）？它能提供效果值的方向或型態嗎？

二、變異數分析（ANOVA）中，常用的效果值指標有哪些？

三、$\eta^2 \cdot \omega^2 \cdot \eta_p^2 \cdot \omega_p^2 \cdot \eta_G^2 \, \& \, \omega_G^2$ 的適當使用時機為何？

四、如何由 F 值及自由度求得概括式效果值？

五、為何通用 η_G^2 或 ω_G^2 的效果值指標優於其他效果值指標？

六、為何以研究中的操弄因子與測量因子會干擾效果值的估計？

七、變異數分析的組內變異量，其平方根（即為併組標準差），可用以計算標準化效果值嗎？

八、非對稱性參數（λ）的上、下限估計，其用途何在？

♣ **本章應用軟體：**

一、ENCI（Estimation for Non-central CI）增益集：

　　用以估計 $\eta^2 \cdot \omega^2 \cdot \varepsilon^2 \cdot \eta_p^2 \cdot \varepsilon_p^2 \, \& \, \eta_G^2$ 等概括式效果值，及其非對稱性信賴區間。

二、GES（Generalized Eta-Squared）計算器：對比分析專用。

三、Trigo 的 η_G^2 計算器。

四、Lakens' EXCEL 效果值計算表單。

五、R 套件 MBESS：非對稱性參數（λ）上、下限的估計。

♣ **「雙因子」與「二因子」名稱通用，本書採「雙因子」敘述。**

本章主要在簡介單因子變異數分析常用的效果值指標：η^2（Eta^2）、ω^2（Omega^2）、ε^2（Epsilon^2）、η_p^2（partial Eta^2）、ω_p^2（partial omega^2）&ε_p^2（partial Epsilon^2），它們都是概括式效果值（omnibus effect sizes）指標。這些概括式效果值並無法提供效果值的方向性，研究者如欲獲得效果值的方向性，可改用迴歸分析〔變異數分析是迴歸分析的特例，請參見筆者（2011）AMOS 專書第八章之實例分析〕，利用迴歸係數進行分析。此外，也特別介紹了 Olejnik & Algina（2003）所提議的通用 η_G^2（Generalized Eta^2），該效果值指標可免除因不同研究設計特徵所衍生的影響。為了研究者應用上之便利，本章也會介紹幾種網路效果值計算器及筆者研發 ENCI（Estimation for Non-central CI）增益集，此 EXCEL 增益集，旨在估計上述效果值指標及其非對稱性信賴區間，並進行實例演示。

一、變異數分析效果值指標

基本上，變異數分析（ANOVA）常用的效果值指標有：η^2、ω^2、ε^2、η_p^2、ω_p^2 & ε_p^2，這些指標皆為相對性處理效果的指標。前三者適用於單因子變異數分析，後三者適用於多因子變異數分析（尤其適用於具有相同研究設計的比較）。在單因子變異數分析時，超過兩個以上平均數間之比較時，最常用的概括式效果值指標為 η^2，它是處理效果的離均差平方和（SS_{effect}）與總離均差平方和（SS_{total}）的比率。在單因子 ANOVA 下，η^2、ε^2、ω^2 是 F 值與自由度（df_{den} 與 df_{num}）的函數，詳見公式 4-1～公式 4-4，利用這些摘要統計量計算效果值進行整合分析，較為便利：

$$\eta^2 = \frac{F}{F + \dfrac{df_{den}}{df_{num}}} \qquad\qquad 公式\ 4\text{-}1$$

當 df_{num} 自由度等於 1 時，η^2 的平方根等於相關係數 r（有利於進行效果值之比較或整合）；當 df_{num} 大於 1 時，η^2 等於 R^2。當 $df_{num} = 1$ 時，F 考驗即為 t 考驗。因此，$df_{den} = N - 2$，為 t 考驗之自由度。由此觀之，公式 4-1 可簡化為公式 4-1-1，適用於 t 考驗。

$$\eta^2 = \frac{t^2}{t^2 + (N-2)} \qquad\qquad 公式\ 4\text{-}1\text{-}1$$

$$\eta_p^2 = \frac{F * df_{effect}}{(F * df_{effect}) + df_{error}}$$ 公式 4-2

上式中 df_{effect} 為待估計效果值的自由度，df_{error} 為誤差項的自由度。

$$\varepsilon^2 = \frac{F - 1}{F + \frac{df_{den}}{df_{num}}}$$ 公式 4-3

$$\omega^2 = \frac{F - 1}{F + \frac{df_{den} + 1}{df_{num}}}$$ 公式 4-4

另外，η^2 & ε^2 的關係，如公式 4-5（Grissom & Kim, 2012）所示：

$$\varepsilon^2 = \eta^2 - \frac{df_{num}}{df_{den}} (1 - \eta^2)$$ 公式 4-5

單因子變異數分析時，Levine & Hullett（2002）指出 Fisher（1928）曾批評 η^2（樣本依賴）不適用於小樣本時進行效果值之估計，因為它常會高估，但當較大樣本時，偏差則會縮小；Okada（2013）透過模擬研究，建議最好使用 ε^2，其次使用 ω^2，為降低高估之威脅，兩者計算式中之分子均為 F-1。另外，這些概括式效果值的估計，即使處理效果相同，會隨著研究設計的不同（如在單因子或雙因子之下）而變動。為了解決此問題，η_p^2、ω_p^2 & ε_p^2 因應而生，基本上，這些指標只涉及處理效果成分與誤差成分的變異量。換言之，在多因子設計之下，η_p^2、ω_p^2 & ε_p^2 意指依變項的變異量在排除其他獨立變項效果之後，可由某一特定獨立變項所能解釋到的比率或變異的解釋量（variance explained）。本質上，它們係一種決定係數（coefficient of determination），是一種關聯強度的效果值指標，且會調整小樣本或多個變項數之偏差，類似於 adjusted R^2。

不過，對於屬性變項（如性別）而言，在不同設計上對於依變項，其影響力應該相同，將此類變異量從分母中加以排除實屬不當。因為屬性變項的變異在其他類似的研究中，不管在理論模式中是否有包含，屬性變項的變異也應該都存在於誤差項中。因此，如排除掉它，常高估了 η_p^2 或 ω_p^2。

為解決上述問題，Olejnik & Algina（2003）提議採用通用（generalized）指標：η_G^2、ω_G^2，它們只排除會增加依變項變異量的非焦點因子（factor of no interest）（非效果值估計的對象爲非焦點因子），如此才能使得此效果值與在沒有操弄該因子設計上的效果值，具有效果值可比較性（comparability of effect sizes）。由此觀之，η_G^2 或 ω_G^2 較適合於研究間效果值的比較或進行整合分析。

二、通用 η_G^2、ω_G^2

Olejnik & Algina（2003）認爲研究設計的特徵（如操弄變項或屬性變項）會嚴重影響到變異解釋比的估計，而導致 η_p^2、ω_p^2 估計的偏誤，因此他們建議改用通用的 η_G^2 或 ω_G^2（generalized Eta^2 或 Omega^2）。這兩個新提議的指標，係植基於研究資料，包含兩種變異源：研究中的操弄因子（manipulated factors）與個別差異因子（測量因子，measured factors）。個別差異常爲研究者無法操弄之因素，係指受試者的持久性（如性別）或一時性（如動機）的特徵或無法控制的實驗情境（如設備品質）特徵所致。他們認爲測量因子之變異源需加以控制（納入其變異量，參見公式 4-6 分母中的 ΣSS_{Meas}），研究效果估計值才能進行跨研究設計的比較與整合；假如研究設計中所有的因子皆爲操弄因子，而無個別差異的測量因子，η^2、ω^2 與 η_G^2、ω_G^2 之數值將一致。計算 η_G^2、ω_G^2 的首要任務，就是決定哪些因子或共變項是操弄因子或是測量因子（屬性變項）；其次，才利用公式 4-6 之基本公式去計算 η_G^2。估計 ω_G^2 的概念與估計 η_G^2 的概念完全相同，請讀者自行參閱 Olejnik & Algina（2003）的論文（公式 7），此處不再贅述。

$$\eta_G^2 = \frac{SS_{effect}}{\delta * SS_{effect} + \Sigma SS_{Meas} + \Sigma SS_k}$$ 公式 4-6

公式 4-6 中，假如待估計的效果（SS_{effect}）爲操弄因子，對於整體變異量具有貢獻，因而其係數 $\delta = 1$，其餘的非焦點因子（factor of no interest），其係數 $\delta = 0$。SS_{Meas} 表示所有涉及測量因子或測量因子與其他操弄變項的交互作用項之變異源；SS_k 表示所有涉及受試者或共變項的變異源。公式 4-6 也間接意謂著：非焦點操弄因子之變異量（含非焦點操弄因子之交互作用）須從分母中加以排除。研究者如欲運用到重複設計上，相關公式請參見 Bakeman（2005）文章與圖 4-2，而運用到三因子變異數分析上的公式，請詳見 Olejnik & Algina（2003）論文。爲利於研究者實務上之應用，筆者提供了計算 η_G^2 及其信賴區間的 EXCEL 增益集：Estimation for Non-central CI（簡稱 ENCI）。本增益集均包含四大研究

設計模式，適用於單因子 & 雙因子獨立樣本及重複量數樣本設計，詳見圖 4-1 & 圖 4-2 的常用應用情境及其具體 η_G^2 的估計流程。

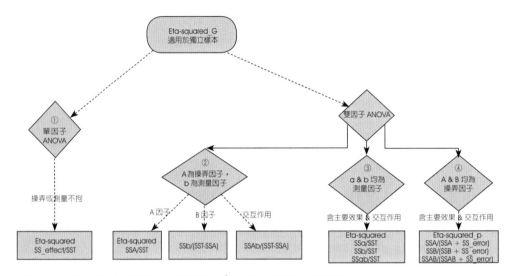

圖 4-1　獨立樣本單因子 & 雙因子 η_G^2 計算流程圖（改編自 **Olejnik & Algina, 2003**）

　　流程圖 4-1 中，大寫 A、B 代表受試者間操弄因子（a manipulated between-subjects factor），小寫 a、b 代表受試者間測量因子（a measured between-subjects factor）。另外，流程圖 4-1 中的混合模式②（一為操弄，一為測量）之內定設定：A 為操弄因子、b 為測量因子。因此，研究者應用時，務必將操弄因子以大寫英文字母標示，測量因子以小寫英文字母標示。

　　流程圖 4-2 中，大寫 A 代表受試者間操弄因子，小寫 a 代表受試者間測量因子，P & Q 代表受試者內因子（within-subjects factors），係重複測量因子。

　　不過，值得注意的是，就單因子受試者間設計而言，不管該因子是操弄變項或測量變項，η_G^2、ω_G^2 將與 η^2、ω^2 及 η_p^2、ω_p^2 完全相同。就多因子受試者間設計而言，研究設計如只涉及操弄變項，η_G^2、ω_G^2 亦將與 η^2、ω^2 & η_p^2、ω_p^2 完全相同；如研究設計涉及測量變項，η_G^2、ω_G^2 的估計值將小於 η^2、ω^2 & η_p^2、ω_p^2。

　　Trigo Sanchez & Martinez Cervantes（2016），根據 Olejnik & Algina（2003）的 η_G^2，推導在變異數分析之後，如何進行單純主要效果、事後比較或事前比較的 η_G^2、ω_G^2 分析，值得整合分析者細讀。η_G^2、ω_G^2 值的平方根，也許更適合與 r 值進行整合分析，因為如果使用 η_p^2 的整合分析，可能會因高估而出現異質性。更

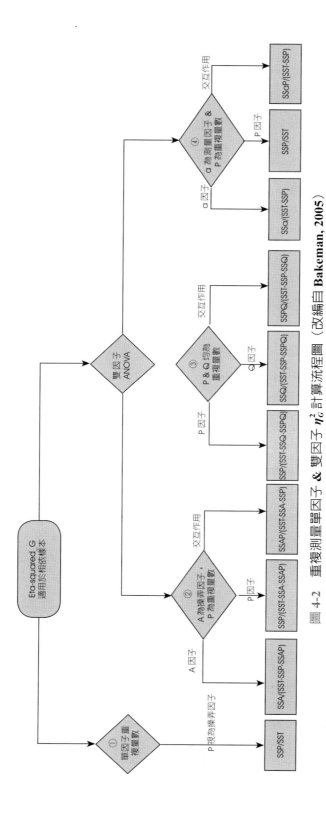

圖 4-2　重複測量單因子 & 雙因子 η_G^2 計算流程圖（改編自 Bakeman, 2005）

多雙因子 η_G^2、ω_G^2 的效果值的對比分析細節與應用，請繼續參閱第六章，在該章中筆者將進一步提供事後的對比效果值分析程式。

以下將依獨立樣本、相依樣本與共變數分析，依序針對各類效果值指標逐一細論之，效果值指標的估算與非中心性信賴區間的建立，將利用筆者設計的 ENCI 表單，進行說明與驗算。

三、單因子獨立樣本

（一）η^2 & η_p^2

η^2（Eta-squared），相當於迴歸分析中的 R^2 值。它是總變異量（SS_{total}）中歸因於某一效果（SS_{effect}）的比率，最適合於單一研究內不同因素間之比較，但 η_p^2 在多因子設計且樣本較小時易高估。η^2 值介於 0～1 之間，因為容易計算與解釋，它是研究報告中最常見的效果值指標（Levine & Hullett, 2002）。單因子獨立樣本時，η^2 定義如表 4-1 中的公式 4-7；至於單因子獨立樣本時，η_p^2 定義則如公式 4-8 所示。在單因子 ANOVA 設計中，SS_{effect} + SS_{error} 與 η^2 的分母 SS_{total} 相同。因此，在單因子 ANOVA 設計中，事實上並無計算 η_p^2 的必要；在多因子設計中，它等於淨相關的平方值。η_p^2 不適合於單一研究內不同因素間之相對性比較，因為基準點變異量（η_p^2 分母的定義）不同。適用於單因子相依樣本的 η^2 公式 4-9 & η_p^2 公式 4-10，將於本章第四節中進行討論。

表 **4-1** 單因子變異數分析下 $\boldsymbol{\eta^2}$、$\boldsymbol{\eta_p^2}$ 效果值的定義

ANOVA 設計	η^2	η_p^2
單因子獨立樣本	$\dfrac{SS_{effect}}{SS_{total}}$ 公式 4-7	$\dfrac{SS_{effect}}{SS_{effect} + SS_{error}}$ 公式 4-8
單因子相依樣本	$\dfrac{SS_{time}}{SS_{total}}$ 公式 4-9	$\dfrac{SS_{time}}{SS_{time} + SS_{time \times subject}}$ 公式 4-10

以表 4-2 之 SPSS 報表資料為例（取自林清山，2003），示範 η^2 & η_p^2 的估計過程與結果。

表 4-2　SPSS 單因子變異數分析摘要表

Descriptive Statistics

Dependent Variable:成績

教學法	Mean	Std. Deviation	N
演講	5.00	1.581	5
自學	5.40	1.140	5
啟發	8.00	1.225	5
編序	7.20	1.483	5
Total	6.40	1.789	20

Tests of Between-Subjects Effects

Dependent Variable:成績

Source	Type III Sum of Squares	df	Mean Square	F	Sig.	Partial Eta Squared
Corrected Model	30.800[a]	3	10.267	5.476	.009	.507
Intercept	819.200	1	819.200	436.907	.000	.965
method	30.800	3	10.267	5.476	.009	.507
Error	30.000	16	1.875			
Total	880.000	20				
Corrected Total	60.800	19				

a. R Squared = .507 (Adjusted R Squared = .414)

註 1：呈現研究報告時，SS_{total} 請使用在 SPSS 報表中不包含截距項的 Corrected Total（60.8），總自由度亦請使用 Corrected Total 下的自由度（19）。

註 2：表 4-2 誤差項的 MS 值（1.875）的平方根即為併組標準差，可用來計算組間平均數差異的效果值。

根據表 4-2 的資料，利用公式 4-7，可求得 η^2：

$$\eta^2 = \frac{SS_{effect}}{SS_{total}} = \frac{30.8}{60.8} = .507$$

$\eta^2 = .507$，代表教學方法可以解釋 50.7% 的整體總變異量。它亦可利用公式 4-1，求得：$\eta^2 = \dfrac{F}{F + \dfrac{df_{den}}{df_{num}}} = \dfrac{5.476}{5.476 + \dfrac{16}{3}} = \dfrac{5.476}{10.809} = .507$

研究者如欲計算 η^2 的效果值及其非對稱性信賴區間，請利用筆者所開發的 EXCEL 增益集軟體計算表單：ENCI（李茂能，2021），參見圖 4-3。由此表單可知：η^2 的效果值為 .507，其 .95 的信賴區間為 .054 ～ .66，更多 ENCI 操作步

驟請查閱本章文末之說明。值得一提的是，F 考驗係單尾的統計考驗，如欲利用信賴區間進行統計顯著性考驗（檢查有無包含 0），需使用 1-2a 的信賴區間。例如：慣用的 .05 顯著水準，需使用 .90 的信賴區間，才能獲得與 F 考驗完全一致的結果。依此，本例需使用 1-2a 的非對稱性信賴區間：.105 ～ 629，參見圖 4-3。

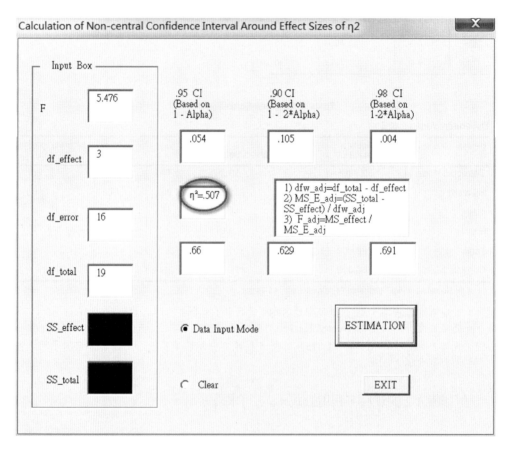

圖 4-3　η^2 的效果值及其非對稱性信賴區間之計算表單：ENCI（Li, 2021）

利用公式 4-8，可求得 η_p^2：

$$\eta_p^2 = \frac{SS_{effect}}{SS_{effect} + SS_{error}} = \frac{30.8}{30.8 + 30} = \frac{30.8}{60.8} = .507$$

由上述結果觀之，在單因子 ANOVA 設計中，η^2、η_p^2 與 η_G^2（η_G^2 參見圖 4-7），三者因分母皆相同所計算出來的值均相同（.507）。不過，筆者建議單因子設計

中，還是使用 η^2 的名稱為佳。另外，讀者不難發現 η_p^2 的分母，在不同因子設計上可能不同（基準點不同），不適合用來進行同一研究中，在不同因子間相對貢獻的比較。

透過公式 4-2，變異數分析效果值 η_p^2 及其信賴區間的計算，亦可使用圖 4-4 之 James Uanhoro 的計算器，其網址：https://effect-size-calculator.herokuapp.com/#partial-eta-squared-fixed-effects；分析結果與筆者之 ENCI 程式表單的計算結果完全相同。

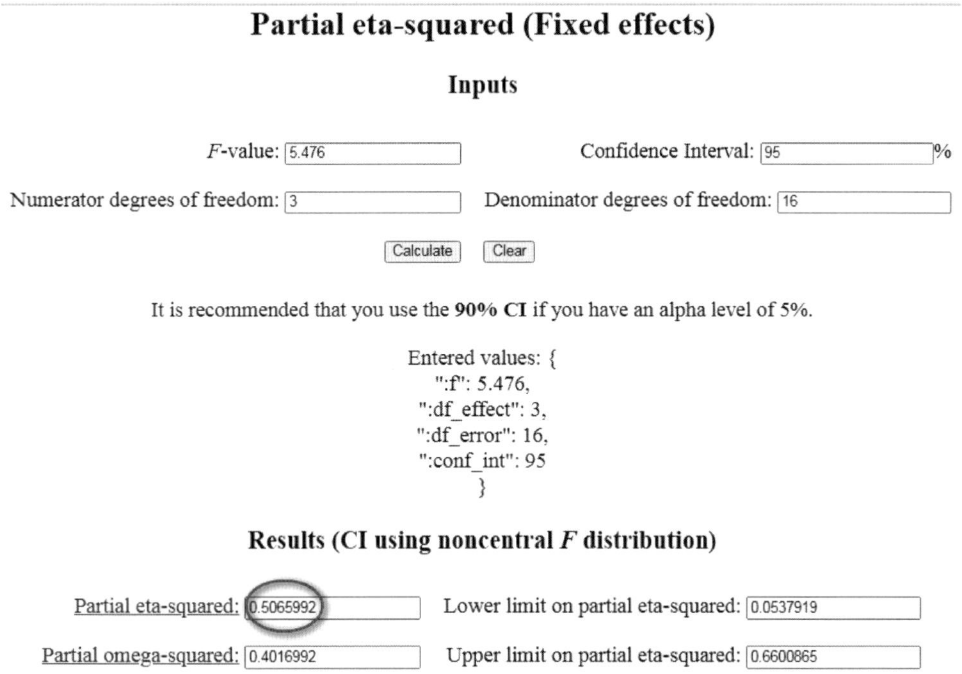

Partial eta-squared (Fixed effects)

Inputs

F-value: 5.476   Confidence Interval: 95 %

Numerator degrees of freedom: 3   Denominator degrees of freedom: 16

Calculate   Clear

It is recommended that you use the **90% CI** if you have an alpha level of 5%.

Entered values: {
  ":f": 5.476,
  ":df_effect": 3,
  ":df_error": 16,
  ":conf_int": 95
}

Results (CI using noncentral *F* distribution)

Partial eta-squared: 0.5065992   Lower limit on partial eta-squared: 0.0537919

Partial omega-squared: 0.4016992   Upper limit on partial eta-squared: 0.6600865

圖 4-4　**James Uanhoro** 設計的網路效果值計算表單

（二）ω^2

ω^2（Omega-squared）係指依變項的總變異量中，可由獨立變項（例如：SS_A）或交互作用項（雙因子的 SS_{AB}）解釋到的比率，單因子 ANOVA 設計定義，如表 4-3（Maxwell & Delaney, 2004）中的公式 4-11 & 公式 4-12。ω^2，通常介於 0～1 之間，為母群效果值之估計量，適用於單因子設計，當出現負值時可設定為 0。在多因子設計中，請使用 ω_p^2。適用於單因子相依樣本的 ω^2 公式 4-12，將於本章第四節中進行討論。

表 4-3 單因子變異數分析下 ω^2 效果值的定義

ANOVA 設計	ω^2	ω_p^2
單因子獨立樣本	$$\frac{df_{effect}(MS_{effect} - MS_{error})}{SS_{total} + MS_{error}} =$$ $$\frac{SS_{effect} - df_{effect} * MS_{error}}{SS_{total} + MS_{error}}$$ 公式 4-11	NA
單因子相依樣本	$$\frac{df_{time}(MS_{time} - MS_{time \times subject})}{SS_{total} + MS_{subject}}$$ 公式 4-12	NA

註：ENCI 不提供單因子變異數分析下之 ω_p^2。

仍以表 4-2 之 SPSS 報表資料為例，示範 ω^2 的估計過程與結果，利用公式 4-11，可求得：$\omega^2 = \dfrac{SS_{effect} - (df_{effect} * MS_{error})}{SS_{total} + MS_{error}} = \dfrac{30.8 - 3 * 1.875}{1.875 + 60.8} = \dfrac{25.175}{62.675} = .40$

亦可利用公式 4-4，求得 $\omega^2 = \dfrac{F - 1}{F + \dfrac{df_{den} + 1}{df_{num}}} = \dfrac{5.476 - 1}{5.476 + \dfrac{17}{3}} = \dfrac{4.476}{11.143} = .40$

圖 4-5 係筆者設計的 EXCEL 效果值及其信賴區間估計的結果：$\omega^2 = .402$，其 .95 的非對稱性信賴區間為 0 ～ .584。

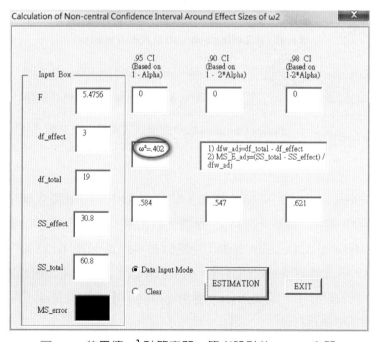

圖 4-5 效果值 ω^2 計算表單：筆者設計的 **ENCI** 表單

（三）ε^2 & ε_p^2

ε^2（Epsilon squared）與 ω^2 最大不同在分母的組成，表 4-4 公式 4-13 中的分母，只有總變異量所組成（SS_{total}），通常 $\omega^2 > \varepsilon^2$（比較公式 4-11 & 公式 4-13 分母的異同點）。ε^2 相當於迴歸分析中的 R_{adj}^2 值，ε^2 定義如公式 4-13 所示。適用於單因子相依樣本的 ε^2（公式 4-15）& ε_p^2（公式 4-16），將於本章第四節中進行討論。

表 4-4 單因子變異數分析下 ε^2 & ε_p^2 效果值的定義

ANOVA 設計	ε^2	ε_p^2
單因子獨立樣本	$\dfrac{SS_{effect} - df_{effect} * MS_{error}}{SS_{total}}$ 公式 4-13	$\dfrac{SS_{effect} - df_{effect} * MS_{error}}{SS_{effect} + SS_{error}}$ 公式 4-14
單因子相依樣本	$\dfrac{SS_{time} - df_{time} * MS_{time \times subject}}{SS_{total}}$ 公式 4-15	$\dfrac{SS_{time} - df_{time} * MS_{time \times subject}}{SS_{time} + SS_{time \times subject}}$ 公式 4-16

註：$SS_{effect} = df_{effect} * MS_{effect}$；$SS_{time} = df_{time} * MS_{time}$。

仍以表 4-2 之 SPSS 報表資料為例，示範 ε^2 的估計過程與結果，利用公式 4-13 可求得 ε^2：$\varepsilon^2 = \dfrac{30.8 - 3 * 1.875}{60.8} = .414$

亦可利用公式 4-3，求得 $\varepsilon^2 = \dfrac{F - 1}{F + \dfrac{df_{den}}{df_{num}}} = \dfrac{5.476 - 1}{5.476 + \dfrac{16}{3}} = \dfrac{4.476}{10.809} = .414$

又利用公式 4-14，可求得 $\varepsilon_p^2 = \dfrac{30.8 - 3 * 1.875}{30.8 + 30} = .414$

圖 4-6 係利用 ENCI 計算效果值 ε^2 及其信賴區間的表單，在表單右側欄位中呈現了三種信賴區間的分析結果：其中 $\varepsilon^2 = .414$ 及其 .95 的非對稱性信賴區間為 0 ~ .596，ε^2 與手算結果相同。

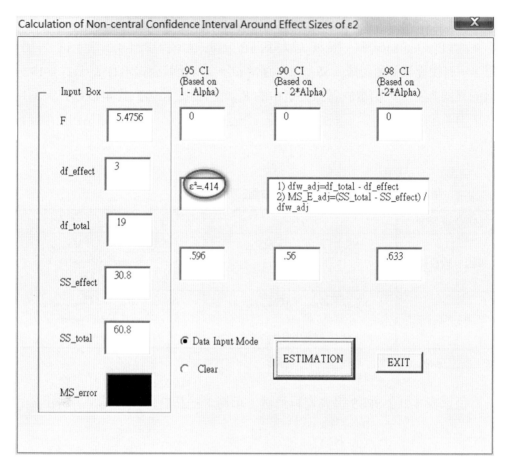

圖 4-6　效果值 ε^2 計算表單：筆者設計的 **ENCI** 表單

（四）η_G^2

　　通用效果值指標，η_G^2 由 Olejnik & Algina（2003）所創用，最適合於跨研究間的比較，尤其具有不同的研究設計時。此指標端視研究中是否含有測量變項而定，如果沒有測量變項，η_G^2 將與 η^2 相同。η_G^2 的定義，再度簡述如下：

　　由公式 4-6，$\eta_G^2 = \dfrac{SS_{effect}}{\delta * SS_{effect} + \Sigma SS_{Meas} + \Sigma SS_k}$，可推知：

　　如果該單因子研究設計係操弄變項，$\Sigma SS_{Meas} = 0$，$\delta = 1$，$SS_{effect} = SS_A$；因此，$\eta_G^2 = \eta^2$；如果該單因子係測量變項，$\Sigma SS_{Meas} = SS_{effect}$，$\delta = 0$，同樣的，$\eta_G^2 = \eta^2$。仍以表 4-2 之 SPSS 報表資料為例，$\eta_G^2$ 的估計值及其信賴區間如圖 4-7 所示：$\eta_G^2 = $

.507，其 .95 的非對稱性信賴區間為 .054 ～ .66，η_G^2 的 ENCI 估計值及其信賴區間與圖 4-3 的 η^2 結果完全相同。因而，就單因子 ANOVA 受試者間設計而言，不管該因子是操弄變項或測量變項，η_G^2 將與 η^2 及 η_p^2 完全相同。

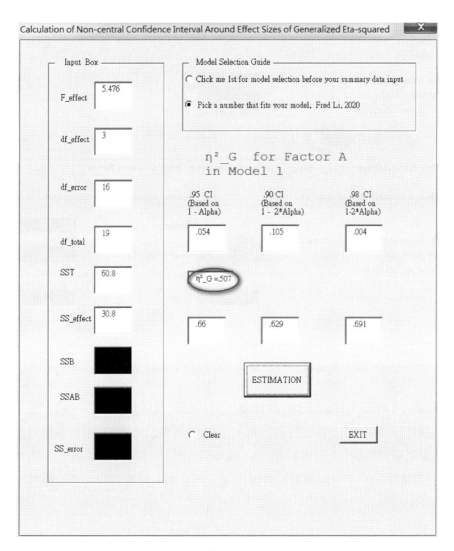

圖 4-7　**ENCI 效果值 η_G^2 計算表單：單因子分析表單**

　　研究者亦可利用 Trigo Sanchez 的 EXCEL 計算器（Trigo Sanchez & Martinez Cervantes, 2016）計算 η_G^2，參見圖 4-8，下載網址：https://personal.us.es/trigo/suppmaterials.htm。

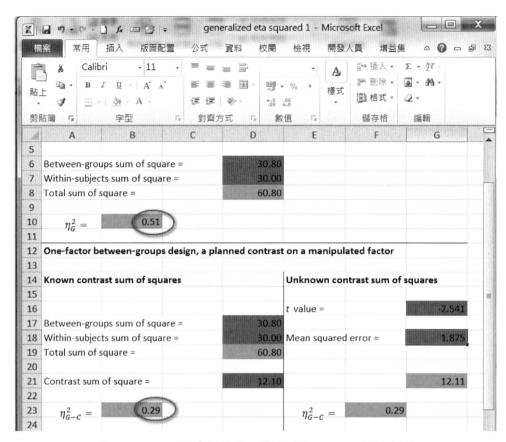

圖 4-8　**Trigo** 的 η_G^2 計算器：操弄因子 **EXCEL** 設計表單

　　由圖 4-8 可知：Trigo 的 η_G^2 計算器，可以估計整個組間的效果值，也可只估計對比的效果值（進行事後對比分析）。如以表 4-2 之 SPSS 報表資料為例，圖 4-8 示範了 η_G^2 的估計過程與結果：η_G^2 為 0.51（整個組間的效果值）。如欲考驗第一組與第四組的平均數差異，其對比 $\eta_{G\text{-}c}^2$ 為 0.29，計算過程所需之數據，請參見圖 4-8。

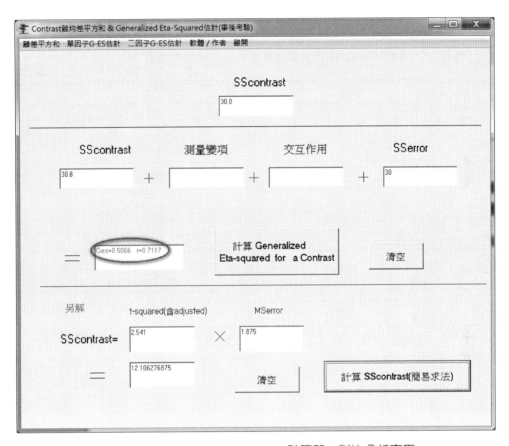

圖 4-9　**Generalized Eta-Squared** 計算器：對比分析專用

　　以上 η_G^2（0.51）& $\eta_{G\text{-}C}^2$（0.29），亦可由筆者（2021）開發的 VBA 軟體：「Generalized Eta-Squared」計算器（簡稱 GES），輕鬆求得，參見圖 4-9 & 圖 4-11，此分析程式包含三個副程式，第一個副程式「離均差平方和」係為計算對比分析的先備程式，求得此離均差平方和之後，才能進行後續副程式二（單因子）與副程式三（雙因子）的對比分析。GES 不僅可以估計整體概括式的 η_G^2，亦可估計對比式的 η_G^2。估計對比式 η_G^2 時，需先求得對比離均差平方和（$SS_{contrast}$），GES 提供了兩個計算途徑：一為利用 t 值途徑，參見圖 4-9 底部視窗的簡易求法，另一途徑為使用圖 4-10 的 GES 對比的離均差平方和計算表單，此表單係由圖 4-9 的第一個副程式「離均差平方和」所開啟。更多 GES 的操作細節與步驟，請參閱本章文末的簡介。

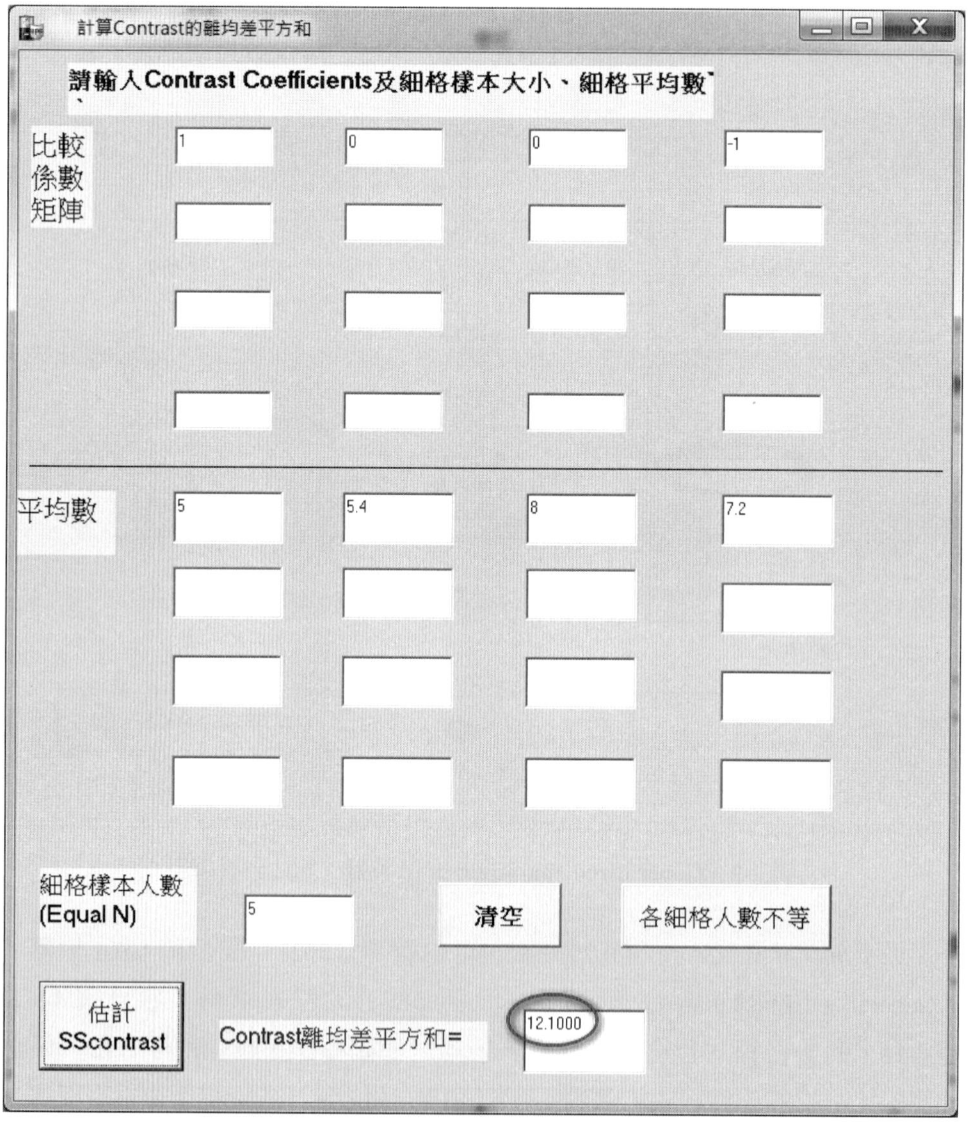

圖 4-10　**GES** 對比的離均差平方和計算表單

　　圖 4-10 係對比離均差平方和計算表單，研究者必須輸入比較係數、各組平均數 & 各細格樣本人數。當求得對比離均差平方和（$SS_{contrast}$）之後，就可輸入圖 4-11 的 $SS_{contrast}$ 空格中，計算該對比 η^2_{G-C}，此為整合分析的適用指標。

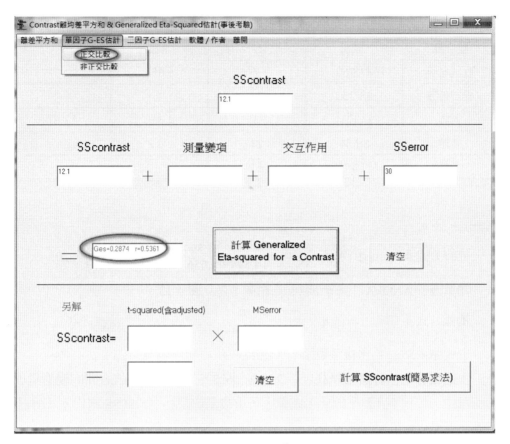

圖 4-11　**GES** 對比 η_G^2 計算表單

四、單因子相依樣本

本節將利用表 4-5 的變異數分析結果（取自林清山，2003），利用表 4-1、表 4-3 & 表 4-4 中之相依樣本公式，逐一說明在單因子相依樣本下之 η^2、ω^2、ε^2 & η_G^2 的計算過程與結果。

表 4-5 單因子相依樣本變異數分析摘要表

變異源	SS	df	MS	F
受試者間	47.969	7	6.853	
受試者內	23.250	24		
色調	14.594	3	4.865	11.81
殘差	8.656	21	.412	
全體	71.219	31		

（一）η^2 & η_p^2

依據公式 4-9，可求得 $\eta^2 = \dfrac{SS_{time}}{SS_{total}} = \dfrac{14.594}{14.594 + 8.656 + 47.969} = \dfrac{14.594}{71.219} = .205$

在單因子 ANOVA 下，η^2 將與 η_G^2 相同，參見圖 4-13。

依據公式 4-10，可求得 $\eta_p^2 = \dfrac{SS_{time}}{SS_{time} + SS_{time\ x\ subject}} = \dfrac{14.594}{14.594 + 8.656} = .628$

上式中，SS_{time} 為重複量數因子（色調）。

上述兩者之估計值相差甚巨（.205 vs. .628），η_p^2 未將受試者間的變異量放入分母中，似乎不合理。因此，在單因子重複量數設計中，SPSS 報告 η_p^2 似乎不恰當，還是以報告 η^2 為妥。

（二）ω^2

根據 SPSS 報表 4-5，可估計出 SS_t：

$$SS_t = 14.594 + 8.656 + 47.969 = 71.219$$

再利用公式 4-12，可求得 $\omega^2 = \dfrac{df_{time}(MS_{time} - MS_{time\ x\ subject})}{SS_{total} + MS_{subject}} = \dfrac{3*(4.865 - .412)}{71.219 + 6.853}$

$= \dfrac{13.359}{78.072} = .17$

前述 η^2、ω^2 & η_G^2，亦可以利用 Lakens（2013）的 EXCEL 計算表單，一併輕易取得，參見圖 4-12 & 圖 12-11。

η_G^2 for (P; within)	
Main Within	
SS_P	MS_P
14.594	4.865
SS_{Ps}	MS_{Ps}
8.656	0.412
SS_s	MS_s
47.969	6.853
F-ratio	df effect
11.80825	3
η_G^2	N
0.20492	32
η_p^2	ω_p^2
0.62770	0.503297
η^2	ω^2
0.20492	0.171111

圖 4-12　**EXCEL** 效果值計算表單：**Calculating_effect_sizes**

註：取自 Lakens（2013）。

（三）ε^2 & ε_p^2

ε^2（Epsilon squared）的定義，如前述公式 4-15：

$$\varepsilon^2 = \frac{SS_{time} - df_{time} * MS_{time \, x \, subject}}{SS_{total}}$$

上式中，$SS_{time} = df_{time} * MS_{time}$

ε_p^2（partial epsilon squared）的定義，如前述公式 4-16，較適用於多因子設計。

$$\varepsilon_p^2 = \frac{SS_{time} - df_{time} * MS_{time \, x \, subject}}{SS_{time} + SS_{time \, x \, subject}}$$

仍以表 4-5 之 SPSS 報表為解說實例，利用公式 4-15 & 公式 4-16 可求得 ε^2 & ε_p^2：

$$\varepsilon^2 = \frac{3*(4.865 - .412)}{71.219} = .188$$

$$\varepsilon_p^2 = \frac{3*(4.865 - .412)}{14.594 + 8.656} = \frac{13.359}{23.25} = .575$$

（四）η_G^2

η_G^2 的定義，就相依樣本單因子而言（Bakeman, 2005），參見公式 4-17：

$$\eta_G^2 = \frac{SS_A}{SS_A + SS_S + SS_{SA}} \qquad \text{公式 4-17}$$

表 4-6　SPSS 描述統計摘要表

Descriptive Statistics

	Mean	Std. Deviation	N
紅	2.88	1.458	8
黃	2.63	1.408	8
綠	3.50	1.195	8
藍	4.37	1.598	8

SPSS 並未直接提供 $SS_S + SS_{SA}$（受試者間及殘差），研究者可利用表 4-6 中各變項之描述統計，利用公式 4-18 獲得：

$$(n-1)\Sigma_{j=1}^{J}S_j^2 \qquad \text{公式 4-18}$$

$$= (8-1) * (1.458^2 + 1.408^2 + 1.195^2 + 1.598^2) = 7 * (2.126 + 1.982 + 1.428 + 2.554)$$

$$= 7 * (8.09) = 56.63$$

或利用前述表 4-5 之相關數據，求得 $SS_S + SS_{SA}$：

$$= 47.969 + 8.656 = 56.625$$

最後，根據公式 4-17，即可求得：

$$\eta_G^2 = \frac{14.594}{14.594 + 56.629} = .205$$

此 η_G^2 指標，適合於跨研究設計間（含組間及組內設計）之整合分析用，它可由圖 4-13 的 ENCI 計算表單求得，ENCI 可提供三種信心水準的非對稱性信賴區間（.90、.95、.98）。

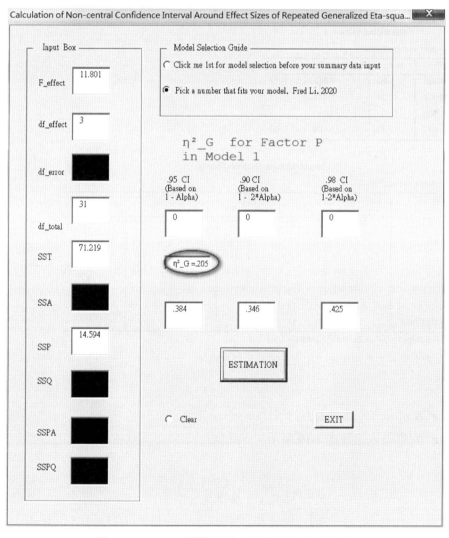

圖 4-13　**ENCI 計算表單：重複量數分析專用**

五、單因子 ANCOVA 的效果值分析

表 4-7 為 SPSS 共變數分析結果（取自林清山，2003），以下將以此報表資料，逐一說明 η^2、ω^2、ε^2 & η_G^2 的計算過程與結果。除了主要效果值分析之外，本節也將論及事後考驗的對比效果值分析，以便與 Cohen's d 橋接，進行整合分析。

（一）主要效果值分析

表 4-7　**SPSS 變異數分析摘要表：ANCOVA**

Descriptive Statistics

Dependent Variable:數學成績

教學方法1	Mean	Std. Deviation	N
演講法	4.50	1.871	6
編序法	12.00	1.414	6
啟發法	13.00	1.549	6
Total	9.83	4.190	18

Tests of Between-Subjects Effects

Dependent Variable:數學成績

Source	Type III Sum of Squares	df	Mean Square	F	Sig.	Partial Eta Squared
Corrected Model	281.447^a	3	93.816	77.018	.000	.943
Intercept	59.832	1	59.832	49.119	.000	.778
x	22.447	1	22.447	18.428	.001	.568
a	114.941	2	57.470	47.180	.000	.871
Error	17.053	14	1.218			
Total	2039.000	18				
Corrected Total	298.500	17				

a. R Squared = .943 (Adjusted R Squared = .931)

註：a 為自變項：教學方法，X 為共變項：智力成績。

1. η^2 & η_p^2

η^2 的定義，如公式 4-19 所示：

$$\eta^2 = \frac{SS_{effect}}{SS_{total}} = \frac{114.941}{298.5} = .385 \qquad \text{公式 4-19}$$

η_p^2 的定義，如公式 4-20 所示：

$$\eta_p^2 = \frac{SS_{effect}}{SS_{effect} + SS_{error}} = \frac{114.941}{114.941 + 17.053} = .871 \qquad \text{公式 4-20}$$

本例子說明了在單因子共變數分析中，使用 η_p^2 會高估效果值，SPSS 報告 η_p^2 似屬不當。Levine & Hullett（2002）就指出當遇樣本較小時，η_p^2 比 η^2 高估更多。因此，他們建議最好不要使用 η_p^2。由此觀之，η^2 & η_p^2 不適合併在一起進行整合分析，放在一起易產生異質性的問題，因而導致多做了不必要的調節變項分析。

2. ω^2

ω^2 的定義，如公式 4-21 所示：

$$\omega^2 = \frac{SS_{effect} - (df_{effect})(MS_{error})}{MS_{error} + SS_{total}} = \frac{114.941 - 2 * 1.218}{1.218 + 298.5} = \frac{112.505}{299.718} = .375 \qquad \text{公式 4-21}$$

3. ε^2

ε^2 的定義，如公式 4-22 所示：

$$\varepsilon^2 = \frac{SS_{effect} - (df_{effect})(MS_{error})}{SS_{total}} = \frac{114.941 - 2 * 1.218}{298.5} = .377 \qquad \text{公式 4-22}$$

由公式 4-21 & 公式 4-22 可知，主要差異處在分母，ε^2 估計值會比 ω^2 高估一些，但通常差異不大。

4. η_G^2

η_G^2 的定義，如公式 4-23 所示，式中 $SS_{covariate}$ 為共變項 X 的離均差平方和。

$$\eta_G^2 = \frac{SS_A}{SS_A + SS_{covariate} + SS_{s/Cells}} \qquad \text{公式 4-23}$$

$$\eta_G^2 = \frac{114.941}{114.941 + 22.447 + 17.053} = \frac{114.941}{154.441} = .744$$

ANCOVA 分析的基本假設（斜率同質性）違反時，效果值的估計較麻煩。有一變通方法，研究者可利用 Johnson-Neyman 法，將受試者分成高、中、低三群，各群組分別進行 ANCOVA 分析，再計算各群組的效果值。

（二）對比效果值分析

對比效果值分析（effect size in contrast analysis），係事後考驗的效果值分析，本質上在估計 Cohen's d 值。因此，對比效果值分析如涉及併組標準差，因有些研究報告可能只提供各組平均數、組內均方值、組間均方值與 F 值，並未提供各組標準差，而導致無法求取平均數差異分數之效果值。此時，可由公式4-24 之 F 考驗的定義，即能推知併組標準差（假設各組的變異量具有同質性）。

$$F = \frac{SS_b/df_b}{SS_w/df_w} = \frac{MS_b}{MS_w} = \frac{組間變異量}{組內變異量}$$ 公式 4-24

公式 4-24 中分母的平方根，即為併組標準差，可用以計算各配對組間平均數差異的標準化效果值。

以表 4-7 中 Error 項的均方（Mean Square）1.218 為例，開根號後，其值為1.10。研究者即可應用此值當分母，求取各對教學方法平均數間的標準化效果值。以表 4-7 與表 4-8 的資料，實例解說如下。

以演講法與編序法之事後對比（contrast）效果值分析為例：

1. 假設該組間具有變異同質性

Cohen's $d = \dfrac{12.66 - 6.15}{\sqrt{(1.218)}} = 5.90$（1.218取自表 4-7 的誤差項，Mean Square）。

2. 假設全部組間未具有變異同質性

Cohen's $d = \dfrac{12.66 - 6.15}{\sqrt{\dfrac{1}{6} + \dfrac{1}{6}}} \cdot \dfrac{1}{.678} = \dfrac{6.51}{1.174} = 5.55$（.678 取自表 4-8 的標準誤，Std Error）。

單因子變異數分析的事後對比效果值分析，如欲知更多計算細節，請參看本書第三章 & 第六章。

六、ANOVA 分析中效果值指標的選擇

ANOVA 分析中，存在著多元的效果值指標，例如：$\eta^2 \cdot \omega^2 \cdot \varepsilon^2 \cdot \eta_p^2 \cdot \omega_p^2 \cdot \varepsilon_p^2 \cdot \varepsilon_G^2$ & ω_G^2，為便利研究者的選用，Lakens（2013）曾提供表 4-9 之正確選用時機。

表 4-8　**SPSS ANCOVA** 分析摘要表：調整平均數

教學方法1

Estimates　調整後平均數

Dependent Variable:數學成績

教學方法1	Mean	Std. Error	95% Confidence Interval	
			Lower Bound	Upper Bound
演講法	6.150[a]	.592	4.880	7.421
編序法	12.660[a]	.476	11.639	13.681
啟發法	10.689[a]	.702	9.184	12.195

a. Covariates appearing in the model are evaluated at the following values: 智力 = 5.50.

Pairwise Comparisons

Dependent Variable:數學成績

(I) 教學方法1	(J) 教學方法1	Mean Difference (I-J)	Std. Error	Sig.[a]	95% Confidence Interval for Difference[a]	
					Lower Bound	Upper Bound
演講法	編序法	-6.510[*]	.678	.000	-7.963	-5.056
	啟發法	-4.539[*]	1.121	.001	-6.944	-2.134
編序法	演講法	6.510[*]	.678	.000	5.056	7.963
	啟發法	1.971	.941	.055	-.047	3.989
啟發法	演講法	4.539[*]	1.121	.001	2.134	6.944
	編序法	-1.971	.941	.055	-3.989	.047

Based on estimated marginal means

表 4-9　$\eta^2 \cdot \omega^2 \cdot \eta_p^2 \cdot \omega_p^2 \cdot \eta_G^2$ & ω_G^2 使用時機摘要表

效果值（偏差較大）	效果值（偏差較小）	用途
η^2	ω^2	同一研究內效果值之比較
η_p^2	ω_p^2	適用於統計考驗力分析（樣本規劃）或跨研究效果值之比較（需具相同之實驗設計）
η_G^2	ω_G^2	適用於跨研究設計的整合分析

註：ε^2 & ε_p^2 的用途，同 ω^2 & ω_p^2。

上述各類效果值中，η_G^2 & ω_G^2 這兩個效果值指標有兩大特點：

第一、在不同研究設計間，具有可比較性（comparable），適合用於整合分析。第二、可以利用 Cohen 的效果值大、中、小的標準（其下限值分別為 .26、.13、.02）進行解釋（Olejnik & Algina, 2003），值得推介使用。

七、非對稱性信賴區間的建立

由於樣本效果值也會因抽樣誤差而變動，通常研究者會計算其信賴區間，以估計其不確定性的上、下限。有些樣本效果值統計量，像平均數差異值，樣本過大的話，就會服從對稱性 Z 抽樣分配；有些樣本效果值統計量，像 η^2 & ω^2，就不會服從對稱性 F 抽樣分配。因此，計算此類效果值的信賴區間，除了 bootstrapping 法之外，必須使用到非對稱性抽樣分配。除了 SAS 之外，常用的套裝統計軟體（如 SPSS）並不提供此類效果值的信賴區間，導致計算及運用上的困擾與麻煩。因此，開發相關的操作軟體有其必要性，筆者乃參酌 Kromrey and Bell（2010）的 SAS 程式設計及 Nelson（2016）的非對稱性 F 分配 VBA 函數，設計本套 ENCI 的增益集，以利研究者計算 η^2 等常見效果值及其非對稱性信賴區間，其理論基礎與操作實務說明如下。

（一）理論基礎

非對稱性信賴區間的估計，涉及以下兩大步驟：

1. F 分配之上、下信賴區間邊界之非對稱性參數（λ）的搜尋

研究者可利用以下網站，下載 R 套件 MBESS 快速求得：https://rdrr.io/cran/MBESS/ 或 https://rdrr.io/cran/MBESS/man/conf.limits.ncf.html。

R 套件實例示範：MBESS 語法 conf.limits.ncf（F.value = 5, conf.level = .95, df.1 = 5, df.2 = 100）

利用此程式，可求得非中心性參數（λ）上、下限值的輸出結果（5.353713, 45.27611），請參見圖 4-14。

利用公式 4-1，可求得：$\eta^2 = \dfrac{5}{5 + \dfrac{100}{5}} = .2$（利用圖 4-14 中程式之內容為例）

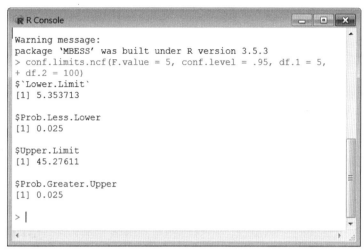

圖 4-14　**MBESS** 的輸出結果：**NCP** 的上、下限值

2. 利用公式 4-25，將非對稱性參數的信賴區間的上、下端點值，轉換成 η^2 的信賴區間端點值

$$\eta^2 = \frac{\lambda}{\lambda + df_1 + df_2 + 1}\qquad\qquad\text{公式 4-25}$$

上式中，df_1、df_2 爲 F 分配的分子及分母的自由度。

利用圖 4-14 內非對稱性參數（λ）的上、下限數據（5.353713, 45.27611），η^2（.2）的 .95 信賴區間端點值爲：

$$\eta^2 = \frac{5.353713}{5.353713 + 100 + 5 + 1} = .048\ （下限）$$

$$\eta^2 = \frac{45.27611}{45.27611 + 100 + 5 + 1} = .299\ （上限）$$

（二）ENCI 在單因子與雙因子 ANOVA 分析上之實務操作步驟： η^2_G

筆者開發軟體 ENCI（李茂能，2021）的最大特色爲非對稱性信賴區間的估算（包含三種不同信心水準），其實務操作步驟說明如下。

1. 打開 EXCEL 增益集 ENCI 表單

圖 4-15 係 ANOVA 分析中計算效果值的 EXCEL 增益集（ENCI），打開該增益集之後，可以發現 8 種常用概括性效果值的計算選單，就可選擇待估計的效果值分析副程式。以下 Generalized η^2 之示範實例，將選擇適用於獨立樣本的「Non-central CI for Independent Generalized η^2」副程式（依據圖 4-1 分析模式選單設計），如果你的研究設計爲相依樣本，請選用「Non-central CI for Repeated Generalized η^2」副程式（依據圖 4-2 分析模式選單設計）。

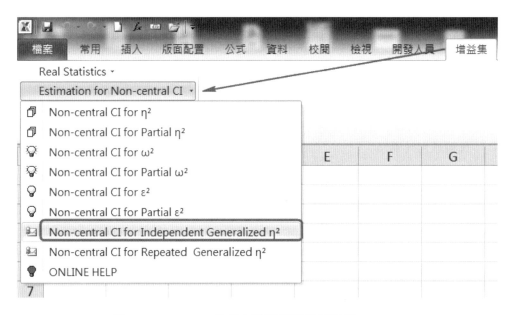

圖 4-15　**ANOVA** 分析中效果值計算增益集：**ENCI**

2. 點選待估計的效果值分析副程式

選擇「Non-central CI for Independent Generalized η^2」副程式之後，即可進行分析模式的選擇。研究者需正確選擇分析模式，因此 ENCI 的先備工作就是，點開圖 4-16 右上角 ANOVA 分析模式選單之流程與說明，再進行模式代碼的輸入，請參閱圖 4-17 的四個待選模式的代碼。圖 4-17 底部亦提供了相關的估計公式，讀者可善加利用。

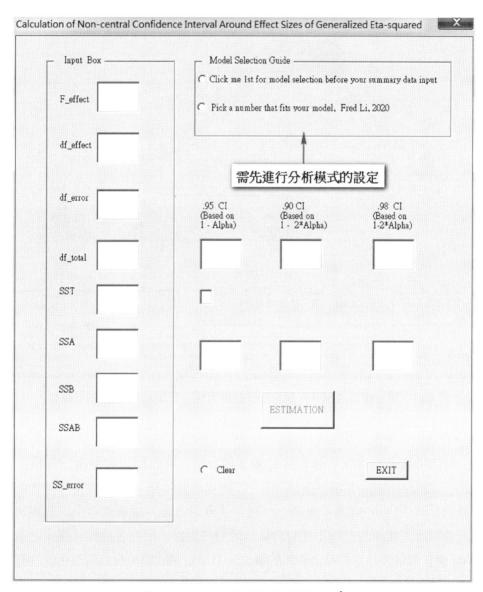

圖 4-16　**ENCI** 分析模式的設定：η_G^2

3. 分析模式的選擇

　　研究者請先點選圖 4-16 右上角中的選目：Click me 1st for model selection before your summary data input，即會出現圖 4-17 的獨立樣本 ANOVA 分析模式流程圖（取自圖 4-1），包含單因子 & 雙因子 ANOVA 設計；此外，分析模式選擇時尚須考慮分析的變項係測量因子或操弄因子；請使用者詳閱此流程圖，並記住流程節點之阿拉伯數字代號。

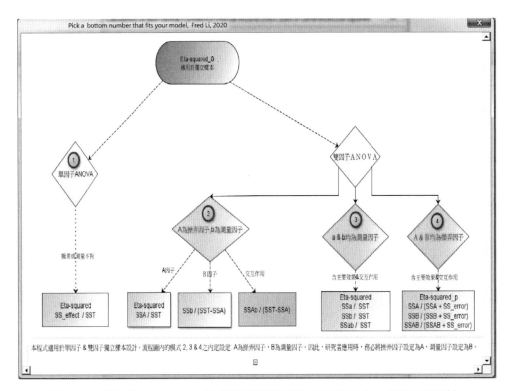

圖 4-17　獨立樣本 **ANOVA** 分析模式選單流程（含單因子 **&** 雙因子設計）

(1) 單因子分析視窗

假如研究者欲進行單因子的 η_G^2 效果值分析，請先點選圖 4-18 中的選目：
◉ Pick a number that fits your model, Fred Li, 2020，即會出現圖 4-18 內的小視窗，接著在其中輸入代號「1」，如圖 4-19 所示，按下「確定」鈕，接著就會出現圖 4-20，研究者即可在此圖的左側小視窗內輸入所需之數據。研究者於模式選定之後，ENCI 會自動幫您設定待輸入資料的欄位，不須用到的欄位會出現黑色的視窗，將無法輸入資料。

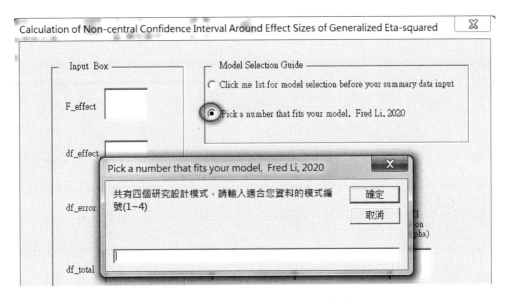

圖 4-18　分析模式的設定視窗（一）

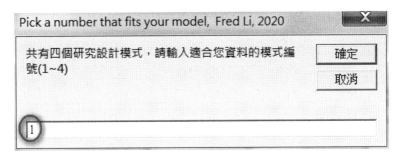

圖 4-19　分析模式的設定視窗（二）

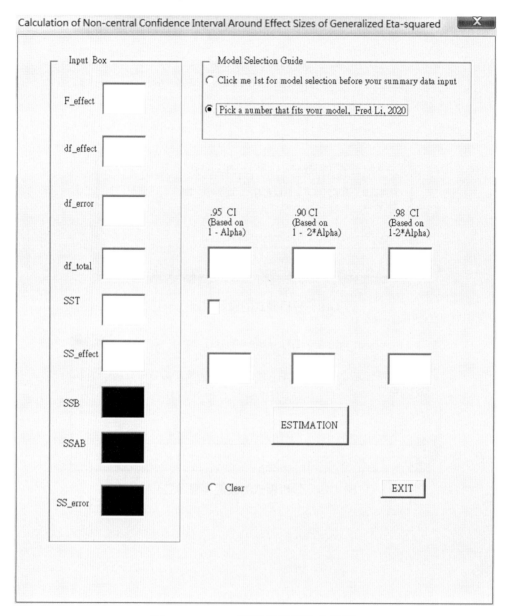

圖 4-20　**ENCI** 單因子分析空白表單

研究者如欲再分析另一模式之效果值，請務必利用圖 4-20 底部之「Clear」按鈕，事先清空先前在圖 4-20 左側所輸入的數據與清除相關設定。

(2) 雙因子分析視窗

研究者先點選圖 4-18 中的選目：⊙ Pick a number that fits your model, Fred Li, 2020，如果輸入代碼爲 4，即是雙因子均爲操弄因子的效果值分析，參見圖 4-21，適用於

計算雙因子 ANOVA 分析下的效果值估計以及其信賴區間的計算。

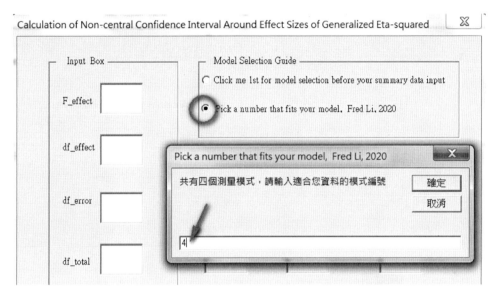

圖 4-21　**ENCI** 雙因子分析設定代碼實例

研究者於進行雙因子分析時，需要進一步確認待分析的效果值是 A 因子、B 因子或兩者的交互作用。假如待分析的對象是 A 因子，就在圖 4-22 內小視窗中輸入代碼「1」；如為 B 因子，請輸入代碼「2」；如為交互作用 AB，請輸入代碼「3」。

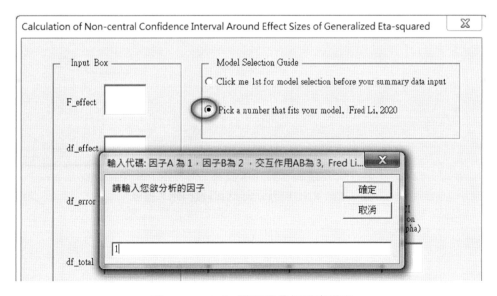

圖 4-22　**ENCI** 雙因子分析設定視窗

接著按下「確定」鈕，接著就會出現圖 4-23 的 ENCI 雙因子分析的資料輸入視窗，研究者即可在此圖的左側小視窗內輸出所需之數據。

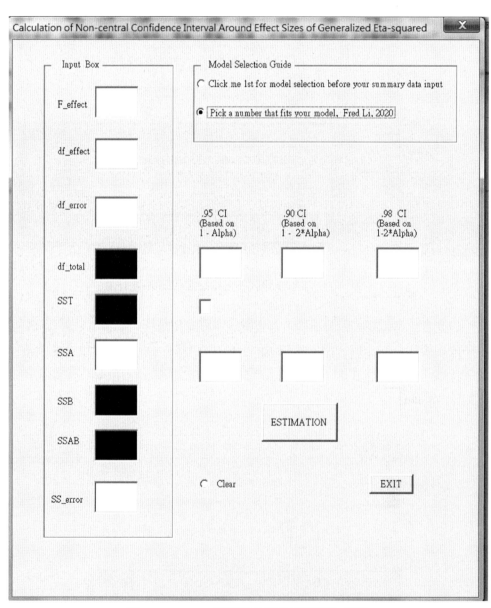

圖 4-23　**ENCI** 雙因子分析的資料輸入視窗

4. 輸入所需的數據資料

如果示範實例為單因子 ANOVA，當分析模式設定完成之後，即可在 ENCI 表單的左側輸入視窗中輸入所需的數據資料，參見圖 4-24，出現空白的欄位均需填入數據資料，該表單之右側為輸出視窗。

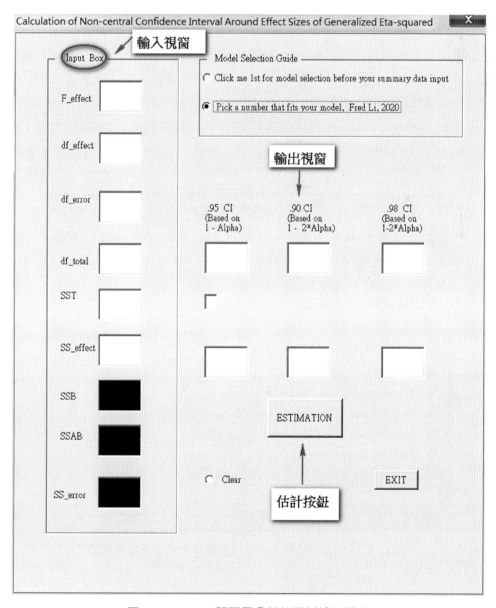

圖 4-24　**ENCI** 單因子分析的資料輸入視窗

5. 結果輸出

按下圖 4-24 中的「ESTIMATION」估計按鈕，就可獲得單因子分析的模式 1 實例示範之輸出結果，請參見圖 4-7；至於雙因子分析的模式 4，其輸出結果，請參見下章圖 5-8。

（三）ENCI 在單因子與雙因子 ANOVA 分析上之操作介面：η^2、ω^2、ε^2、η_p^2、ω_p^2、ε_p^2

本節旨在說明如何利用 ENCI，進行在單因子與雙因子上，η^2、ω^2、ε^2、η_p^2、ω_p^2、ε_p^2 等效果值指標的估計，參見圖 4-25 中前六個選擇表單，注意這六個副程式，目前僅適用於計算獨立樣本的效果值分析。

單因子與雙因子 ANOVA 的效果值估計所需的資訊不同，需要不同的輸入畫面。因此，ENCI 會要求使用者進行單因子或雙因子 ANOVA 分析模式的選擇。

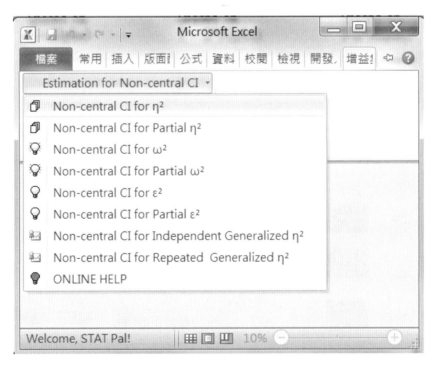

圖 4-25　**ANOVA** 分析中效果值計算之 **ENCI** 增益集選單

　　單因子或雙因子分析模式的選擇，請利用圖4-26底端的按鈕：

○ Data Input Mode ，點選此按鈕之後，就會出現圖4-26中的小視窗，詢問「是單因子ANOVA？」，如果您的分析屬於單因子設計，請點選是（Y）；如果您的分析屬於雙因子設計，請點選否（N）。點選是（Y），就會出現如圖4-27單因子ANOVA輸入畫面；如點選否（N），就會出現如圖4-28雙因子ANOVA輸入畫面。

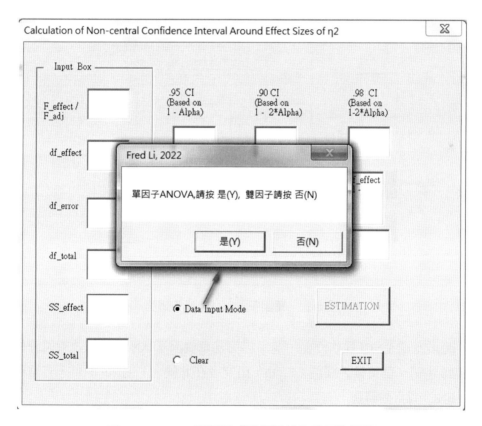

圖4-26　ENCI 單因子或雙因子輸入畫面的選單

圖 4-27 之 ENCI 操作介面，適用於本章單因子 ANOVA 的效果值分析。

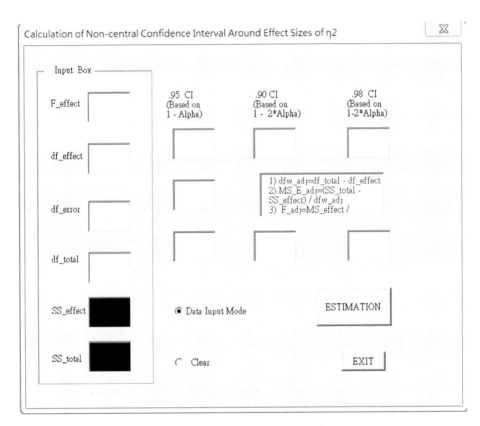

圖 4-27　單因子 **ANOVA** 輸入畫面

　　圖 4-28 之 ENCI 操作介面，適用於第五章雙因子 ANOVA 的效果值分析。圖 4-28 中第一個待輸入欄位：F_adj，研究者在此輸入 F_effect 即可，有需要調整，ENCI 會自動調整。

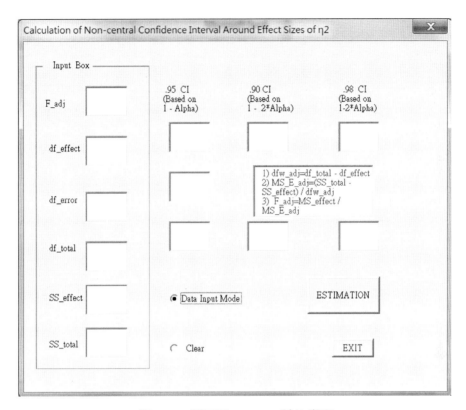

圖 4-28　雙因子 **ANOVA** 輸入畫面

　　ENCI 在估計效果值的非對稱性信賴區間時，因需搜尋最佳的非對稱性參數

(λ) 上、下限的估計值，例如：　　　　　，　　　　　，常需花費一些

時間，請耐心等候。

雙因子ANOVA的
效果值分析

♣ 本章內容旨在回答以下問題：

一、概括性效果值指標 η^2、ω^2、ε^2、η_p^2、ω_p^2、ε_p^2 中，何者適用於單因子變異數分析，何者適用於多因子變異數分析？

二、η^2 & η_p^2 的異同點何在？又其各自優、缺點何在？

三、SPSS 並未提供概括性效果值指標的信賴區間，ENCI 軟體可以提供嗎？

四、GES 軟體的兩大功能為何？

五、η_G^2 對比效果值與 Cohen's d 值或 Pearson's r 值，應如何互換？

♣ 本章應用軟體：

一、ENCI 增益集表單：估計 η^2、ω^2、ε^2、η_p^2、ω_p^2、ε_p^2 與其非對稱性信賴區間

二、Lakens' EXCEL 效果值估計表單

三、Trigo's EXCEL 估計 η_G^2 增益集

四、GES 對比效果值（η_G^2）分析軟體（含估計離均差平方和）

♣「雙因子」與「二因子」名稱通用，本書採「雙因子」敘述。

本章係前一章之延續，旨在敘說雙因子 ANOVA 下，三種研究設計：獨立樣本、重複量數與混合模式的效果值分析。除了 SPSS，筆者設計之概括性效果值的非對稱性信賴區間計算表單（ENCI，請參見圖 5-1）及通用性效果值估計軟體（GES，參見圖 5-19），進行實例演示之外，讀者可以利用以下幾種網路效果值計算器，驗證 ENCI 運算的正確性。它們下載的 http 網址為：

https://doomlab.shinyapps.io/mote/

https://www.aggieerin.com/shiny-server/tests/epsilon.html（Tutorial）

https://osf.io/vbdah/

常用的變異數分析概括性效果值指標為：η^2、ω^2、ε^2、η_p^2、ω_p^2 及 ε_p^2，前三者適用於單因子變異數分析，而後三者適用於多因子變異數分析；不過，本章將特別推介 Olejnik & Algina（2003）的通用性效果值 η_G^2。在單因子以上之 ANOVA 時，η_p^2、ε_p^2、ω_p^2 也是 F 值與相關自由度（分子：df_{num} 與分母：df_{den}）的函數，參見公式 5-1～公式 5-4。

$$\eta_p^2 = \frac{F}{F + \dfrac{df_{den}}{df_{num}}} \qquad\qquad 公式\ 5\text{-}1$$

$$\eta_p^2 = \frac{F * df_{effect}}{(F * df_{effect}) + df_{error}} \qquad\qquad 公式\ 5\text{-}2$$

公式 5-2 中 df_{effect} 為待估計效果值的自由度，df_{error} 為誤差項的自由度。當所有因子均為操弄因子時，公式 5-2 亦適用於 η_G^2，此時 $\eta_G^2 = \eta_p^2$。

$$\varepsilon_p^2 = \frac{F - 1}{F + \dfrac{df_{error}}{df_{effect}}} \qquad\qquad 公式\ 5\text{-}3$$

$$\omega_p^2 = \frac{df_{effect} * (F - 1)}{df_{effect} * (F - 1) + N} \qquad\qquad 公式\ 5\text{-}4$$

公式 5-4 中，N 為樣本大小，η_p^2 與 ε_p^2 的關係如下，參見公式 5-5（Grissom & Kim, 2012）。

$$\varepsilon_p^2 = \eta_p^2 - \frac{df_{num}}{df_{den}}(1 - \eta_p^2) \qquad\qquad 公式\ 5\text{-}5$$

以下將以表 5-3 的 SPSS 摘要表為例，進行雙因子獨立樣本效果值的分析；以表 5-6 & 表 5-7 的 SPSS 摘要表為例，進行雙因子重複量數效果值的分析；以表 5-9 的摘要表為例，進行混合設計效果值的分析。

一、獨立樣本

首先，介紹最常用且計算單純的 η^2 與 η_p^2 效果值，其主要效果與交互作用的定義，摘要如表 5-1。

表 5-1 雙因子獨立樣本變異數分析下 η^2 及 η_p^2 效果值的定義

ANOVA 設計	因素	η^2	η_p^2
雙因子組間	A	$\dfrac{SSA}{SS_{total}}$ 公式 5-6	$\dfrac{SSA}{SSA + SS_{error}}$ 公式 5-7
雙因子組間	B	$\dfrac{SSB}{SS_{total}}$ 公式 5-8	$\dfrac{SSB}{SSB + SS_{error}}$ 公式 5-9
雙因子組間	AB	$\dfrac{SSAB}{SS_{total}}$ 公式 5-10	$\dfrac{SSAB}{SSAB + SS_{error}}$ 公式 5-11

根據表 5-1 的右側欄位內容，讀者不難發現 η_p^2 的分母，在不同因子上可能顯著不同（基準點不同），不適合用來在同一研究中，進行不同因子的相對貢獻量的比較。η^2 的分母在不同因子上均相同，其基準點相同（均為 SS_{total}），因而研究者如欲在同一研究中，進行不同因子的相對貢獻量之比較，請使用 η^2。

（一）η^2 與 η_p^2

由表 5-1 可知：η^2 與 η_p^2（partial Eta squared）最大不同在分母的組成，前者分母為 SS_{total}，此為總變異量，而後者分母係由效果項（例如：SSA、SSB、SSAB）與誤差項變異量所組成（$SS_{effect} + SS_{error}$），此僅為部分變異量（partial variance）。η^2 & η_p^2 在主要效果及交互作用下的相關定義，如公式 5-6～公式 5-11 所示。

1. 不管是主要效果或交互作用，表 5-1 內公式 η^2 的通用定義（獨立樣本 & 重複量數均適用），可由公式 5-12 表示：

$$\eta^2 = \frac{SS_{effect}}{SS_{total}}$$

公式 5-12

以表 5-2 單因子 ANOVA SPSS 報表爲例，在單因子模式下 SPSS 報表中的「Partial Eta Squared」，事實上係「Eta Squared」。

$$\eta^2 = \frac{101.4}{246} = .412$$

表 5-2　單因子 ANOVA SPSS 報表實例

Dependent Variable:學習成就

Source	Type III Sum of Squares	df	Mean Square	F	Sig.	Partial Eta Squared
Corrected Model	101.400ᵃ	2	50.700	9.467	.001	.412
Intercept	1080.000	1	1080.000	201.660	.000	.882
b	101.400	2	50.700	9.467	.001	.412
Error	144.600	27	5.356			
Total	1326.000	30				
Corrected Total	246.000	29				

a. R Squared = .412 (Adjusted R Squared = .369)

註：修訂自林清山（2003）。

因爲 SPSS 並未提供 η^2 信賴區間，前述 η^2 的 .95 非對稱性信賴區間（.103 ~ .585，參見圖 5-1），可由筆者設計的 ENCI 增益集求得（操作方法與步驟，請參見第四章文末說明）；注意圖 5-1 內的 F 值係單因子下的 F 值，估計信賴區間需用到它。

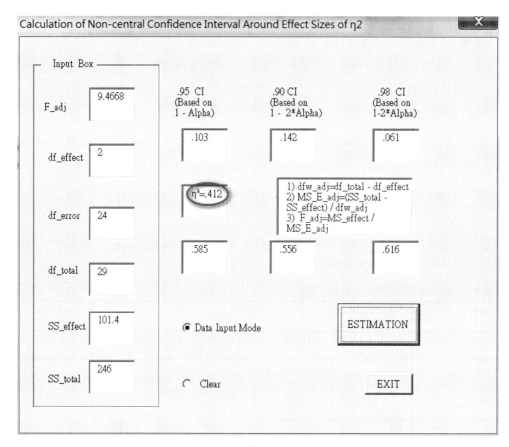

圖 5-1　**ENCI** 增益集表單：η^2 及其非對稱性信賴區間的估計

2. 不管是主要效果或交互作用，表 5-1 內公式 η_p^2 的通用定義（獨立樣本 & 重複量數均適用），可由公式 5-13 表示之：

$$\eta_p^2 = \frac{SS_{effect}}{SS_{effect} + SS_{error}} \qquad\text{公式 5-13}$$

　　前述 η^2 的計算最簡單、容易解釋，且所有變異量成分（含誤差項）的效果值，加總之和一定為 1，適合進行同一研究內效果值的比較；但 η^2 有一缺點，每新增一個變項到模式中，其解釋百分比就會下降，導致無法進行單變項效果值的跨研究比較。η_p^2 可以解決此一缺點，且可以解決不同實驗設計（例如：在單因子與多因子中）會產生不同 η^2 的困惑。

表 5-3　雙因子 **ANOVA SPSS** 報表解說實例（修訂自林清山，**2003**）

Dependent Variable:學習成就

Source	Type III Sum of Squares	df	Mean Square	F	Sig.	Partial Eta Squared
Corrected Model	148.400[a]	5	29.680	7.298	.000	.603
Intercept	1080.000	1	1080.000	265.574	.000	.917
a	4.800	1	4.800	1.180	.288	.047
b	101.400	2	50.700	12.467	.000	.510
a * b	42.200	2	21.100	5.189	.013	.302
Error	97.600	24	4.067			
Total	1326.000	30				
Corrected Total	246.000	29				

a. R Squared = .603 (Adjusted R Squared = .521)

註 1：就通用公式 5-12 之單因子 A 而言，$SS_{effect} = SS_A$，$df_{effect} = a - 1$；就雙因子中交互作用項而言，$SS_{effect} = SS_{AB}$，$df_{effect} = (a-1)(b-1)$。

註 2：表中 A 因子為教室氣氛，B 因子為教學方法，均為操弄因子。

註 3：在 SPSS 報表中，SS_{total} 請使用不包含截距項的 Corrected Total。

根據表 5-3 的 Sum of Squares 數據，就教學方法的效果值而言，利用公式 5-13，可求得：

$$\eta_p^2 = \frac{101.4}{101.4 + 97.6} = .51$$

或根據表 5-3 的 F 考驗數據，利用公式 5-1，也可求得：

$$\eta_p^2 = \frac{F}{F + \dfrac{df_{den}}{df_{num}}} = \frac{12.467}{12.467 + \dfrac{24}{2}} = \frac{12.467}{24.467} = .51$$

如利用公式 5-2，也可求得：

$$\eta_p^2 = \frac{F * df_{effect}}{F * df_{effect} + df_{error}} = \frac{12.467 * 2}{12.467 * 2 + 24} = \frac{24.934}{48.934} = .51$$

因為 SPSS 並未提供 η_p^2 信賴區間，前述 η_p^2 的 .95 非對稱性信賴區間（.174 ～ .663），可由 James Uanhoro 設計的網路計算器（下載網址：https://effect-size-calculator.herokuapp.com/#partial-eta-squared-fixed-effects）或由筆者設

計的 ENCI 增益集求得，參見圖 5-2。ENCI 具體操作步驟，請參閱第四章文末說明。

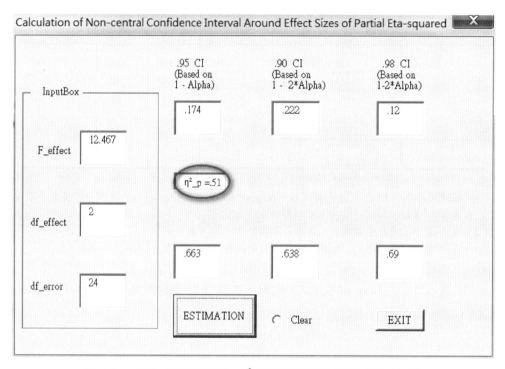

圖 5-2　ENCI 增益集表單：η_p^2 及其非對稱性信賴區間的估計

（二）ω^2 & ω_p^2

　　在雙因子 ANOVA 分析中，ω^2 的定義，如公式 5-14 ～公式 5-16 所示；ω_p^2（partial Omega squared）的定義，如公式 5-17 ～公式 5-19 所示（Maxwell & Delaney, 2004）。

表 5-4　變異數分析獨立樣本下 ω^2、ω_p^2 效果值的公式

ANOVA 設計	因素	ω^2	ω_p^2
雙因子組間	A	$\dfrac{df_A\,(MS_A - MS_{error})}{SS_{total} + MS_{error}}$ 公式 5-14	$\dfrac{df_A\,(MS_A - MS_{error})}{SS_A + (N_{total} - df_A) * MS_{error}}$ 公式 5-17

表 5-4 （續）

ANOVA 設計	因素	ω^2	ω_p^2
雙因子組間	B	$\dfrac{df_B\,(MS_B - MS_{error})}{SS_{total} + MS_{error}}$ 公式 5-15	$\dfrac{df_B\,(MS_B - MS_{error})}{SS_{AB} + (N_{total} - df_B)*MS_{error}}$ 公式 5-18
雙因子組間	AB	$\dfrac{df_{AB}\,(MS_{AB} - MS_{error})}{SS_{total} + MS_{error}}$ 公式 5-16	$\dfrac{df_{AB}\,(MS_{AB} - MS_{error})}{SS_{AB} + (N_{total} - df_{AB})*MS_{error}}$ 公式 5-19

註：$SS_A = df_A * MS_A$，$SS_B = df_B * MS_B$，$SS_{AB} = df_{AB} * MS_{AB}$。

以下茲依主要效果與交互作用效果之分項，逐一針對 ω^2、ω_p^2 進行實例演算之解說。

1. 根據表 5-3 的離均差平方和（SS）等數據，就教學方法（B）的效果值而言，利用公式 5-15 可求得 ω^2（.373）。

$$\omega^2 = \frac{df_B\,(MS_B - MS_{error})}{SS_{total} + MS_{error}} = \frac{2*(50.7 - 4.067)}{246 + 4.067} = \frac{93.266}{250.067} = .373$$

因為 SPSS 並未提供 ω^2 信賴區間，前述 ω^2 的 .95 非對稱性信賴區間（.035～.546），可由筆者設計的 ENCI 增益集求得，參見圖 5-3。

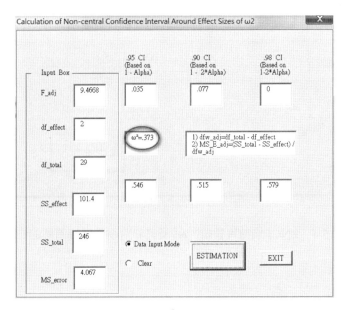

圖 5-3　**ENCI** 增益集表單：ω^2 及其非對稱性信賴區間的估計

2. 利用公式 5-18，可求得教學方法效果值 ω_p^2。

$$\omega_p^2 = \frac{101.4 - 2 * 4.067}{(30 - 2) * 4.067 + 101.4} = \frac{93.266}{215.276} = .43$$

或根據表 5-3 的 F 考驗數據，利用公式 5-4，也可求得 ω_p^2：

$$\omega_p^2 = \frac{df_{effect} * (F - 1)}{df_{effect} * (F - 1) + N} = \frac{2 * (12.467 - 1)}{2 * (12.467 - 1) + 30} = \frac{22.934}{52.934} = .43$$

因為 SPSS 並未提供信賴區間，前述 ω_p^2 的 .95 非對稱性信賴區間（.102 ～ .626），可由筆者設計的 ENCI 增益集求得，參見圖 5-4。

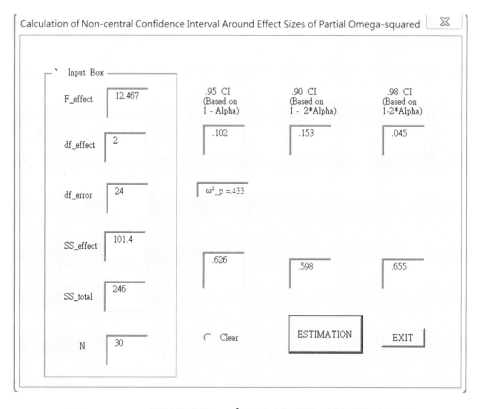

圖 5-4　**ENCI 增益集表單**：ω_p^2 及其非對稱性信賴區間的估計

3. 根據表 5-3 的「Sum of Squares」等數據，欲取得交互作用效果值，請利用公式 5-16，可求得 ω^2（.136）。

$$\omega^2 = \frac{df_{AB}(MS_{AB} - MS_{error})}{SS_{total} + MS_{error}} = \frac{2*(21.1-4.067)}{246+4.067} = \frac{34.066}{250.067} = .136$$

4. 利用公式 5-19，根據表 5-3 可求得交互作用效果值 ω_p^2（.218）。

$$\omega_p^2 = \frac{2*(21.1-4.067)}{42.2+(30-2)*4.067} = \frac{34.066}{156.076} = .218$$

圖 5-5 係筆者設計軟體 ENCI 之實例應用，顯示交互作用效果值 ω_p^2 與手算結果相同（.218），其 .95 非對稱性信賴區間為 .0 ～ .453。

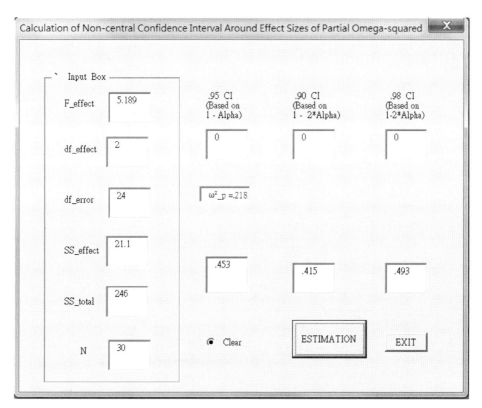

圖 5-5　ENCI 增益集表單：ω_p^2 及其非對稱性信賴區間的估計

（三）ε^2 & ε_p^2

1. ε^2 的定義，如通用公式 5-20（適用於不同研究設計）：

$$\varepsilon^2 = \frac{SS_{effect} - df_{effect} * MS_{error}}{SS_{total}} = \frac{df_{effect}(MS_{effect} - MS_{error})}{SS_{total}} \qquad 公式\ 5\text{-}20$$

以下解說實例仍以表 5-3 之 SPSS 報表為例，根據表 5-3 的「Sum of Squares」等數據，就教學方法（B 因子）之效果值而言，利用公式 5-20 可求得 ε^2：

$$\varepsilon^2 = \frac{101.4 - 2 * 4.067}{246} = .379$$

圖 5-6 係筆者設計軟體 ENCI 之實例應用，顯示出 ε^2 效果值與手算結果相同（.379），其 .95 非對稱性信賴區間為 .036 ～ .555。

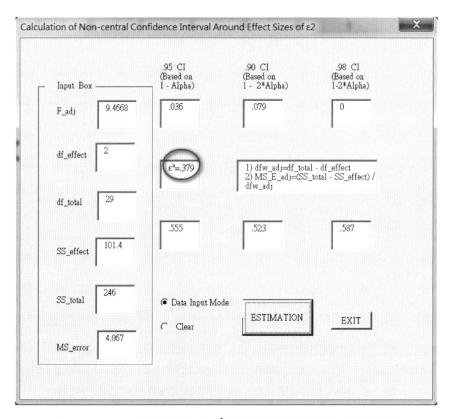

圖 5-6　**ENCI 增益集表單**：ε^2 及其非對稱性信賴區間的估計

2. ε_p^2（partial Epsilon squared）適用於多因子設計，定義如公式 5-21～公式 5-23 所示，這三種計算途徑，均可求得 ε_p^2。以表 5-3 的 B 因子教學方法效果值為例：

(1) ε_p^2 之定義，如通用公式 5-21（適用於不同研究設計）

$$\varepsilon_p^2 = \frac{SS_{effect} - df_{effect} * MS_{error}}{SS_{effect} + SS_{error}}$$
公式 5-21

以表 5-3 的教學方法效果值為例：

$$\varepsilon_p^2 = \frac{101.4 - 2 * 4.067}{101.4 + 97.6} = \frac{93.266}{199} = .469$$

(2) 根據 F 考驗數據，利用公式 5-22（仿自公式 5-3）

$$\varepsilon_p^2 = \frac{F - 1}{F + \frac{df_{error}}{df_{effect}}}$$
公式 5-22

$$\varepsilon_p^2 = \frac{12.467 - 1}{12.467 + \frac{24}{2}} = \frac{11.467}{24.467} = .469$$

(3) 利用公式 5-23 進行 η_p^2 & ε_p^2 互換（仿自公式 5-5）

$$\varepsilon_p^2 = \eta_p^2 - (1 - \eta_p^2) * \frac{df_{num}}{df_{den}}$$
公式 5-23

以表 5-3 的教學方法效果值為例：

$$\varepsilon_p^2 = .51 - (1 - .51)\left(\frac{2}{24}\right) = .51 - .041 = .469$$

圖 5-7 係筆者設計軟體 ENCI 之實例應用，顯示出 ε_p^2 效果值與手算結果相同（.469），其 .95 非對稱性信賴區間為 .105～.635。

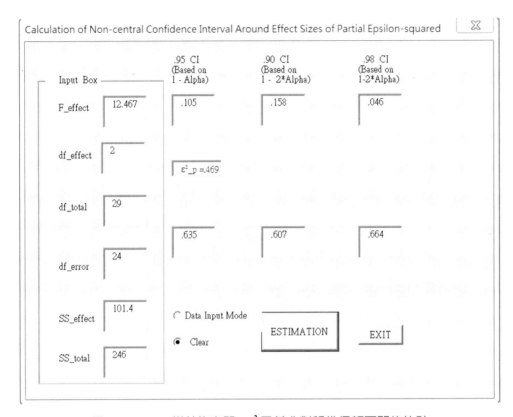

圖 5-7　**ENCI** 增益集表單：ε_p^2 及其非對稱性信賴區間的估計

(四) η_G^2

　　本節將只以筆者所研發的程式：ENCI，進行表 5-3 之通用效果值指標 η_G^2 實例演算，ENCI 操作步驟請看第四章文末說明。表 5-3 中，A 因子為教室氣氛，B 因子為教學方法，因為 A & B 均為操弄因子，所以選用圖 4-1 流程圖中的第四個分析模式。以 B 因子的效果值為例，η_G^2 的計算公式，請參見表 6-19。

$$\eta_G^2=\frac{101.4}{101.4+97.6}=\frac{101.4}{199}=.51$$

　　當所有因子均為操弄因子時，$\eta_G^2=\eta_p^2$；因此，公式 5-2 亦適用於 η_G^2，$\eta_G^2=\frac{2*12.467}{2*12.467+24}=\frac{24.934}{24.934+24}=\frac{24.934}{48.934}=.51$。由此觀之，$\eta_G^2$ 為改良版的 η_p^2。

　　圖 5-8 係 ENCI 的 η_G^2 輸出結果：.51，其 .95 信賴區間為 .174 ～ .663。

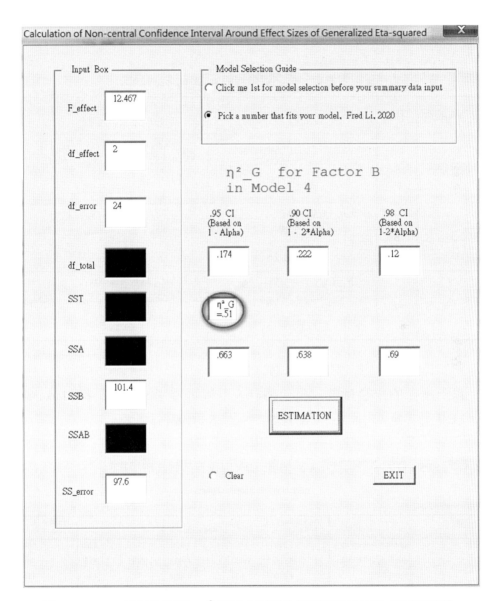

圖 5-8　**ENCI** 增益集表單：η_G^2 及其非對稱性信賴區間的估計（教學方法）

二、重複量數

表 5-5 係雙因子 ANOVA 設計下 ω^2、ω_p^2 之定義（包含兩個主要效果與一個交互作用），這兩因子皆為重複量數，參見公式 5-24 ～公式 5-29（Maxwell & Delaney, 2004）。至於 η^2、η_p^2 之定義，參見公式 5-12 & 公式 5-13；ε^2、ε_p^2 之定義，

參見公式 5-20 & 公式 5-21。

表 5-5　雙因子重複量數變異數分析之效果值的 ω^2 & ω_p^2 計算公式

ANOVA 設計	因素	ω^2	ω_p^2
雙因子組內	A	$$\frac{df_A\,(MS_A - MS_{A\,x\,subject})}{SS_{total} + MS_{subject}}$$ 公式 5-24	$$\frac{df_A\,(MS_A - MS_{A\,x\,subject})}{SS_A + SS_{A\,x\,subject} + SS_{subject} + MS_{subject}}$$ 公式 5-25
雙因子組內	B	$$\frac{df_B\,(MS_B - MS_{B\,x\,subject})}{SS_{total} + MS_{subject}}$$ 公式 5-26	$$\frac{df_B\,(MS_B - MS_{B\,x\,subject})}{SS_B + SS_{B\,x\,subject} + SS_{subject} + MS_{subject}}$$ 公式 5-27
雙因子組內	AB	$$\frac{df_{AB}\,(MS_{AB} - MS_{AB\,x\,subject})}{SS_{total} + MS_{subject}}$$ 公式 5-28	$$\frac{df_{AB}\,(MS_{AB} - MS_{AB\,x\,subject})}{SS_{AB} + SS_{AB\,x\,subject} + SS_{subject} + MS_{subject}}$$ 公式 5-29

註：$SS_{subject}$ 在 SPSS 報表中，請參看表 5-7 的受試者間效果考驗的 Type III Sum of Squares。

　　以下本節的重複量數效果值估計，不管是透過 SPSS 或利用 Lakens 的 EXCEL 的計算器，均依表 5-6 & 表 5-7 內之 SS 數據計算而來。

表 5-6　SPSS 雙因子（信號：A & 強度：B）重複量數報表解說實例

Tests of Within-Subjects Effects

Measure:MEASURE_1

Source		Type III Sum of Squares	df	Mean Square	F	Sig.	Partial Eta Squared
信號	Sphericity Assumed	4.800	1	4.800	.783	.426	.164
	Greenhouse-Geisser	4.800	1.000	4.800	.783	.426	.164
	Huynh-Feldt	4.800	1.000	4.800	.783	.426	.164
	Lower-bound	4.800	1.000	4.800	.783	.426	.164
Error(信號)	Sphericity Assumed	24.533	4	6.133			
	Greenhouse-Geisser	24.533	4.000	6.133			
	Huynh-Feldt	24.533	4.000	6.133			
	Lower-bound	24.533	4.000	6.133			
強度	Sphericity Assumed	101.400	2	50.700	14.520	.002	.784
	Greenhouse-Geisser	101.400	1.178	86.070	14.520	.013	.784
	Huynh-Feldt	101.400	1.379	73.547	14.520	.008	.784
	Lower-bound	101.400	1.000	101.400	14.520	.019	.784
Error(強度)	Sphericity Assumed	27.933	8	3.492			
	Greenhouse-Geisser	27.933	4.712	5.928			
	Huynh-Feldt	27.933	5.515	5.065			
	Lower-bound	27.933	4.000	6.983			

表 5-6 （續）

Error(強度)	Sphericity Assumed	27.933	8	3.492			
	Greenhouse-Geisser	27.933	4.712	5.928			
	Huynh-Feldt	27.933	5.515	5.065			
	Lower-bound	27.933	4.000	6.983			
信號 * 強度	Sphericity Assumed	42.200	2	21.100	5.199	.036	.565
	Greenhouse-Geisser	42.200	1.565	26.961	5.199	.052	.565
	Huynh-Feldt	42.200	2.000	21.100	5.199	.036	.565
	Lower-bound	42.200	1.000	42.200	5.199	.085	.565
Error(信號*強度)	Sphericity Assumed	32.467	8	4.058			
	Greenhouse-Geisser	32.467	6.261	5.186			
	Huynh-Feldt	32.467	8.000	4.058			
	Lower-bound	32.467	4.000	8.117			

註：修訂自林清山（2003）。

表 5-7　**SPSS** 雙因子重複量數報表：受試者間效果考驗

Tests of Between-Subjects Effects

Measure:MEASURE_1
Transformed Variable:Average

Source	Type III Sum of Squares	df	Mean Square	F	Sig.	Partial Eta Squared
Intercept	1080.000	1	1080.000	341.053	.000	.988
Error	12.667	4	3.167			

註：修訂自表 16-13，林清山（2003）。

　　首先，根據表 5-6 & 表 5-7 之 SPSS 變異數分析報表，其總變異量（含組內 & 組間）為：$SS_T = 4.8 + 24.533 + 101.4 + 27.933 + 42.2 + 32.467 + 12.667 = 246$

　　而總自由度為：

$$df_T = N - 1 = 30 - 1 = 29$$

　　接著，以表 5-6 中 B 因子（強度）的效果值估計為例，各類效果值的估計結果，羅列如下：

1. 利用通用公式 5-12：

$$\eta^2 = \frac{SS_{effect}}{SS_{total}} = \frac{101.4}{246} = .41 \text{（參見表 5-8 EXCEL 表單之估計結果）}$$

2. 利用通用公式 5-13：

$$\eta_p^2 = \frac{SS_{effect}}{SS_{effect} + SS_{error}} = \frac{101.4}{101.4 + 27.933} = \frac{101.4}{129.333} = .784 \text{（參見表 5-8 EXCEL 表單之}$$

估計結果）

3. 利用公式 5-26，$\omega^2 = \dfrac{df_B(MS_B - MS_{B \times subject})}{SS_{total} + MS_{subject}}$

$$\omega^2 = \frac{2 * (50.7 - 3.492)}{246 + \dfrac{12.67}{4}} = \frac{94.416}{249.168} = .379$$

4. 利用公式 5-27，$\omega_p^2 = \dfrac{df_B(MS_B - MS_{B \times subject})}{SS_B + SS_{B \times subject} + SS_{subject} + MS_{subject}}$

$$\omega_p^2 = \frac{2 * (50.7 - 3.492)}{101.4 + 32.47 + 12.67 + 3.107} = \frac{94.416}{149.707} = .63$$

5. 根據公式 5-20：$\varepsilon^2 = \dfrac{2 * (50.7 - 3.492)}{246} = \dfrac{94.416}{246} = .384$

研究者可利用 ENCI 計算 ε^2 & ε_p^2。

6. 根據公式 5-21：$\varepsilon_p^2 = \dfrac{2 * (50.7 - 3.492)}{101.4 + 27.933} = \dfrac{94.416}{129.333} = .73$

表 5-8 係 Lakens 計算表單的計算結果，該表單之操作方法請參見第 12 章，其下載網址為：https://osf.io/vbdah/(Lakens, 2013)，該表單可以提供三種效果值指標：η^2、η_p^2、η_G^2。讀者不難發現，這三種效果值指標中，因為計算 η_G^2 的分母大於 η_p^2，η_p^2 會大於 η_G^2。

以上係主要效果（B 因子）的計算實例，A 因子（參見公式 5-24 & 公式 5-25）、交互作用項（參見公式 5-28 & 公式 5-29）同理自行試算，相關之 ω^2 & ω_p^2 計算公式，詳見表 5-5。重複量數的因子通常為操弄變項，因而雙因子重複量數的 η_G^2 計算通式，可定義如公式 5-30 所示（Bakeman, 2005）：

$$\eta_G^2 = \frac{SS_{effect}}{SS_{effect} + SS_{subject} + SS_{errorA} + SS_{errorB} + SS_{errorAxB}} \qquad \text{公式 5-30}$$

根據表 5-6 & 表 5-7 之變異數分析報表，利用公式 5-30，可求得 η_G^2。

7. A 因子之 $\eta_G^2 = \dfrac{4.8}{4.8 + 12.667 + 24.533 + 27.933 + 32.467} = \dfrac{4.8}{102.4} = .047$

表 5-8 計算效果值的 **EXCEL** 表單

η_G^2 for (P; within) X (Q; within)			
Main Within P	**Main Within Q**	**Interaction**	**Between**
SS_P	SS_Q	SS_{PQ}	SS_s
4.8	101.4	42.2	12.667
SS_{Ps}	SS_{Qs}	SS_{PQs}	
24.533	27.933	32.467	
MS_P	MS_Q	MS_{PQ}	
4.8	50.7	21.1	
MS_{Ps}	MS_{Qs}	MS_{PQs}	
6.133	3.492	4.058	
F-ratio	F-ratio	F-ratio	
0.782651231	14.51890034	5.199605717	
η_G^2	η_G^2	η_G^2	
0.04688	0.50955	0.30186	
η_p^2	η_p^2	η_p^2	
0.16364	0.78402	0.56518	
η^2	η^2	η^2	
0.01951	0.41220	0.17154	

註：採用 Lakens（2013）的 EXCEL 計算表單。

透過公式 5-30，可以具體推知 A 因子、B 因子 & 交互作用項的明確演算公式，詳如公式 5-31～公式 5-33。例如：A 因子之效果值，也可利用公式 5-31 求得：

$$\eta_G^2 = \frac{SS_A}{SS_T - SS_B - SS_{AB}} \quad (SS_T = SS_A + SS_B + SS_{AB} + SS_{subject} + SS_{errorA} + SS_{errorB} + SS_{errorAxB})$$

公式 5-31

另外，圖 4-2 底部之計算公式，亦請查考。

利用公式 5-31 可求得，$\eta_G^2 = \frac{4.8}{246 - 101.4 - 42.2} = \frac{4.8}{102.4} = .047$。

透過 ENCI 增益集表單，可以同時求得 A 因子 .95 之信賴區間（0～.58），參見圖 5-9。ENCI 重複量數 η_G^2 之操作，請先參閱圖 4-2 之模式分流與設定。

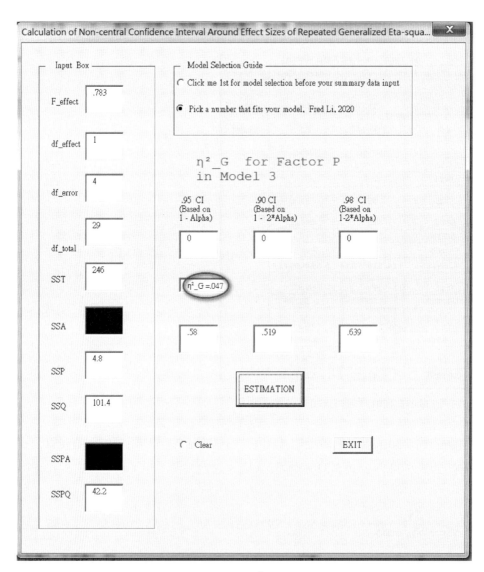

圖 5-9　**ENCI** 增益集表單：**A** 因子 η^2_G 及其非對稱性信賴區間的估計

8. B 因子之 $\eta^2_G = \dfrac{SS_B}{SS_T - SS_A - SS_{AB}}$　　　　　　　　　　　公式 5-32

利用公式 5-32，可求得 $= \eta^2_G = \dfrac{101.4}{246 - 4.8 - 42.2} = \dfrac{101.4}{199} = .510$

透過 ENCI 增益集表單，可以同時求得 B 因子之 .95 之非對稱性信賴區間（.242 ～ .868），參見圖 5-10。

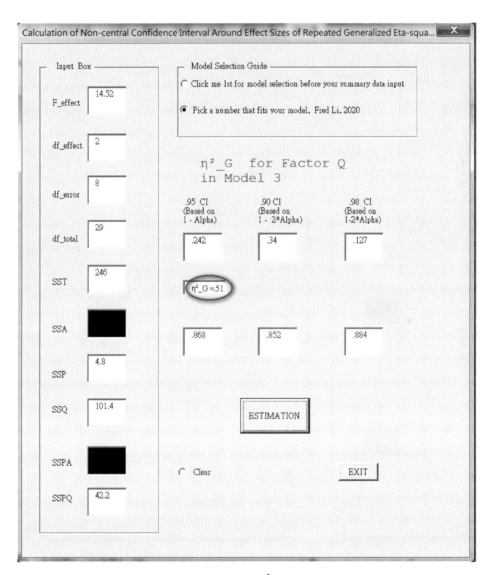

圖 5-10　**ENCI** 增益集表單：**B** 因子 η_G^2 及其非對稱性信賴區間的估計

9. AB 交互作用之 $\eta_G^2 = \dfrac{SS_{AB}}{SS_T - SS_A - SS_B}$　　　　　　　公式 5-33

利用公式 5-33，可求得 $= \eta_G^2 = \dfrac{42.2}{246 - 101.4 - 4.8} = \dfrac{42.2}{139.8} = .302$

透過 ENCI 增益集表單，可以同時求得交互作用項之 .95 非對稱性信賴區間
（0 ～ .738），參見圖 5-11。

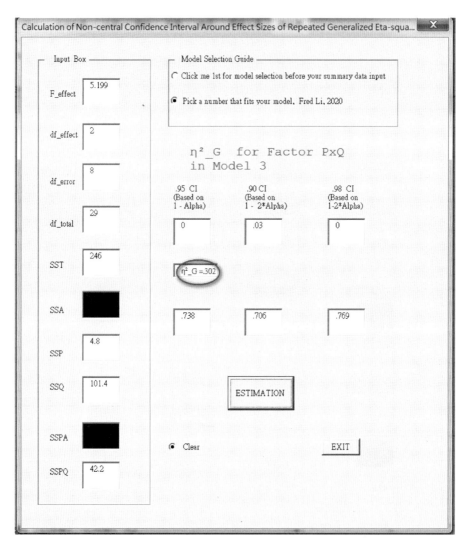

圖 5-11　**ENCI** 增益集表單：交互作用 η_G^2 及其非對稱性信賴區間的估計

三、混合設計模式

　　混合設計係含有一個獨立樣本的受試者間因子（between-subject effect）及一個相依樣本的受試者內（或稱重複量數）因子（within-subject effect），此為分割區設計（split-plot design）。以林清山（2003）表 16-8 之資料為例，a 為組別（回饋組 & 無回饋組），colors 為重複量數（紅、綠、黃），分析結果如表 5-9 所示。

表 5-9 SPSS 變異數分析報表實例（$N = 30$）

Tests of Within-Subjects Effects

Measure:MEASURE_1

Source		Type III Sum of Squares	df	Mean Square	F	Sig.	Partial Eta Squared
colors	Sphericity Assumed	101.400	2	50.700	13.430	.000	.627
	Greenhouse-Geisser	101.400	1.974	51.361	13.430	.000	.627
	Huynh-Feldt	101.400	2.000	50.700	13.430	.000	.627
	Lower-bound	101.400	1.000	101.400	13.430	.006	.627
colors * a	Sphericity Assumed	42.200	2	21.100	5.589	.014	.411
	Greenhouse-Geisser	42.200	1.974	21.375	5.589	.015	.411
	Huynh-Feldt	42.200	2.000	21.100	5.589	.014	.411
	Lower-bound	42.200	1.000	42.200	5.589	.046	.411
Error(colors)	Sphericity Assumed	60.400	16	3.775			
	Greenhouse-Geisser	60.400	15.794	3.824			
	Huynh-Feldt	60.400	16.000	3.775			
	Lower-bound	60.400	8.000	7.550			

Tests of Between-Subjects Effects

Measure:MEASURE_1
Transformed Variable:Average

Source	Type III Sum of Squares	df	Mean Square	F	Sig.	Partial Eta Squared
Intercept	1080.000	1	1080.000	232.258	.000	.967
a	4.800	1	4.800	1.032	.339	.114
Error	37.200	8	4.650			

以下將依 η^2 & η_p^2、ω^2 & ω_p^2、ε^2 & ε_p^2、η_G^2 的順序，根據表 5-9 中 SPSS 變異數分析結果，示範各效果值指標在主要效果 & 交互作用項（colors*a）上之計算過程與結果。

（一）η^2 & η_p^2

雙因子混合模式下之 η^2 & η_p^2 之計算公式，摘要如表 5-10。

表 5-10 雙因子混合模式變異數分析之效果值的 η^2 & η_p^2 計算公式

ANOVA 設計	因素	η^2	η_p^2
雙因子混合設計	A（between）	$\dfrac{SS_A}{SS_A + SS_{subject/A}}$ 公式 5-34	$\dfrac{SS_A}{SS_A + SS_{subject/A}}$ 公式 5-35
雙因子混合設計	B（within）	$\dfrac{SS_B}{SS_B + SS_{AB} + SS_{B \times subject/A}}$ 公式 5-36	$\dfrac{SS_B}{SS_B + SS_{B \times subject/A}}$ 公式 5-37
雙因子混合設計	AB	$\dfrac{SS_{AB}}{SS_{AB} + SS_B + SS_{B \times subject/A}}$ 公式 5-38	$\dfrac{SS_{AB}}{SS_{AB} + SS_{B \times subject/A}}$ 公式 5-39

註：$SS_{subject/A}$ 為受試者間誤差平方和（error sum of square），$SS_{B \times subject/A}$ 為受試者內誤差平方和。

首先，計算出總變異量：$SS_T = 101.4 + 42.2 + 60.4 + 4.8 + 37.2 = 246$。

利用公式 5-34 ～公式 5-39，可以求得各類相關效果值（參見表 5-9、表 5-11 不同軟體之估計結果）如下：

$$\eta^2 = \frac{4.8}{4.8 + 37.2} = .114 \text{（受試者間 a 因子）}$$

$$\eta^2 = \frac{101.4}{101.4 + 60.4 + 42.2} = .497 \text{（受試者內 colors 因子）}$$

$$\eta^2 = \frac{42.2}{101.4 + 42.2 + 60.4} = \frac{42.2}{204} = .207 \text{（交互作用）}$$

注意在表 5-9 報表中，SPSS 提供的 Partial Eta-squared，為淨效果值。

$$\eta_p^2 = \frac{4.8}{4.8 + 37.2} = .114 \text{（a 因子）}$$

$$\eta_p^2 = \frac{101.4}{101.4 + 60.4} = .627 \text{（colors 因子）}$$

$$\eta_p^2 = \frac{42.2}{42.2 + 60.4} = \frac{42.2}{102.6} = .411 \text{（交互作用）}$$

表 5-11 係 Lakens（2013）的混合設計效果值估計表單，該表單可以提供三種效果值指標：η^2、η_p^2、η_G^2。

表 5-11　**EXCEL** 混合設計效果值計算表單（**A** 因子為操弄變項）

η_G^2 for (A; between) X (P; within)		
Main Between	*Main Within*	*Interaction*
SS_A	SS_P	SS_{PA}
4.8	101.4	42.2
$SS_{s/A}$	$SS_{Ps/A}$	
37.2	60.4	
MS_A	MS_P	MS_{PA}
4.8	50.7	21.1
$MS_{s/A}$	$MS_{Ps/A}$	
4.65	3.775	
df_A	df_P	df_{PA}
1	2	2
F-ratio	*F-ratio*	*F-ratio*
1.032258065	13.43046358	5.589403974
η_G^2	η_G^2	η_G^2
0.04688	0.50955	0.30186
η_p^2	η_p^2	η_p^2
0.11429	0.62670	0.41131
η^2	η^2	η^2
0.11429	0.49706	0.20686

註：取自 Lakens（2013）。

（二）ω^2 & ω_p^2

雙因子混合模式下之 ω^2 & ω_p^2 之計算公式，摘要如表 5-12（Maxwell & Delaney, 2004）。

表 5-12 雙因子混合模式變異數分析之效果值的 ω^2 & ω_p^2 計算公式

ANOVA 設計	因素	ω^2	ω_p^2
雙因子混合設計	A（between）	$\dfrac{df_A(MS_A - MS_{subject/A})}{SS_{total} + MS_{subject/A}}$ 公式 5-40	$\dfrac{df_A(MS_A - MS_{subject/A})}{SS_A + SS_{subject/A} + MS_{subject/A}}$ 公式 5-41
雙因子混合設計	B（within）	$\dfrac{df_B(MS_B - MS_{B \times subject/A})}{SS_{total} + MS_{subject/A}}$ 公式 5-42	$\dfrac{df_B(MS_B - MS_{B \times subject/A})}{SS_B + SS_{B \times subject/A} + SS_{subject/A} + MS_{subject/A}}$ 公式 5-43
雙因子混合設計	AB	$\dfrac{df_{AB}(MS_{AB} - MS_{B \times subject/A})}{SS_{total} + MS_{subject/A}}$ 公式 5-44	$\dfrac{df_{AB}(MS_{AB} - MS_{B \times subject/A})}{SS_{AB} + SS_{B \times subject/A} + SS_{subject/A} + MS_{subject/A}}$ 公式 5-45

註：$MS_{subject/A}$ 為受試者間誤差均方和（error mean square），$MS_{B \times subject/A}$ 為受試者內誤差均方和。

　　根據表 5-9 SPSS 變異數分析報表，說明如何計算交互作用效果值的 ω^2 & ω_p^2 如下，其餘主要效果則從略，請讀者自行試算。

1. 利用公式 5-44，可求得交互作用效果值 ω^2：

$$\omega^2 = \frac{df_{AB}(MS_{AB} - MS_{B \times \frac{subject}{A}})}{SS_{total} + MS_{\frac{subject}{A}}} = \frac{2(21.1 - 3.775)}{246 + 4.65} = \frac{34.65}{250.65} = .14$$

2. 利用公式 5-45

$$\omega_p^2 = \frac{df_{AB}(MS_{AB} - MS_{B \times subject/A})}{SS_{AB} + SS_{B \times subject/A} + SS_{subject/A} + MS_{subject/A}} = \frac{2(21.1 - 3.775)}{42.2 + 60.4 + 37.2 + 4.65}$$

$$= \frac{2 * 17.325}{144.45} = .24$$

　　以上手算 ω^2 & ω_p^2 的結果與圖 5-12 & 圖 5-13 之 MOTE 計算表單估計結果，完全相同。MOTE 計算表單的下載網址為：https://shiny.rstudio.com/gallery/mote-effect-size.html。

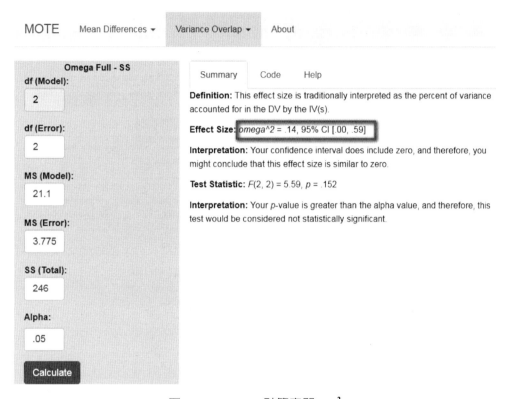

圖 5-12　**MOTE** 計算表單：ω^2

　　MOTE ω^2 計 算 表 單，不 僅 提 供 ω^2 與 其 .95 的 非 對 稱 性 信 賴 區 間（.00～.59），並進行統計考驗結果的解釋（$p = .152$）。

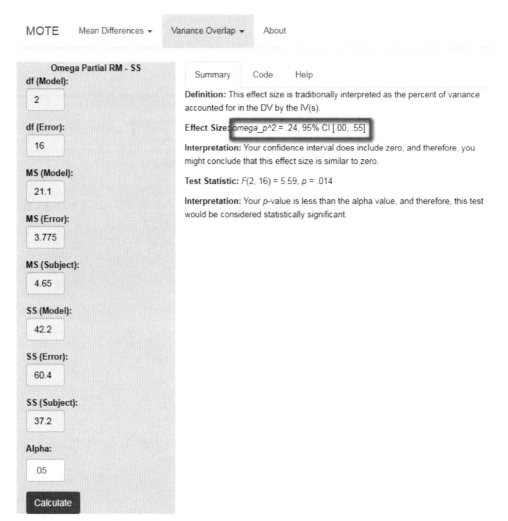

圖 5-13　**MOTE** 計算表單：ω_p^2

　　MOTE ω_p^2 計算表單，不僅提供 ω_p^2 與其 .95 的非對稱性信賴區間（.00 ～ .55），並進行統計考驗結果的解釋（$p = .014$）。

（三）ε^2 & ε_p^2

1. 根據通用公式 5-20，可求得交互作用效果值

$$\varepsilon^2 = \frac{df_{effect}\,(MS_{effect} - MS_{error})}{SS_{total}} = \frac{2(21.1 - 3.775)}{246} = \frac{2 * 17.325}{246} = .14$$

以上手算 ε^2 與圖 5-14 之 MOTE ε^2 計算表單估計結果相同。MOTE 可提供 ε^2 與其 .95 的非對稱性信賴區間，並進行統計考驗結果的解釋。另外，研究者亦可利用 ENCI 進行估計。

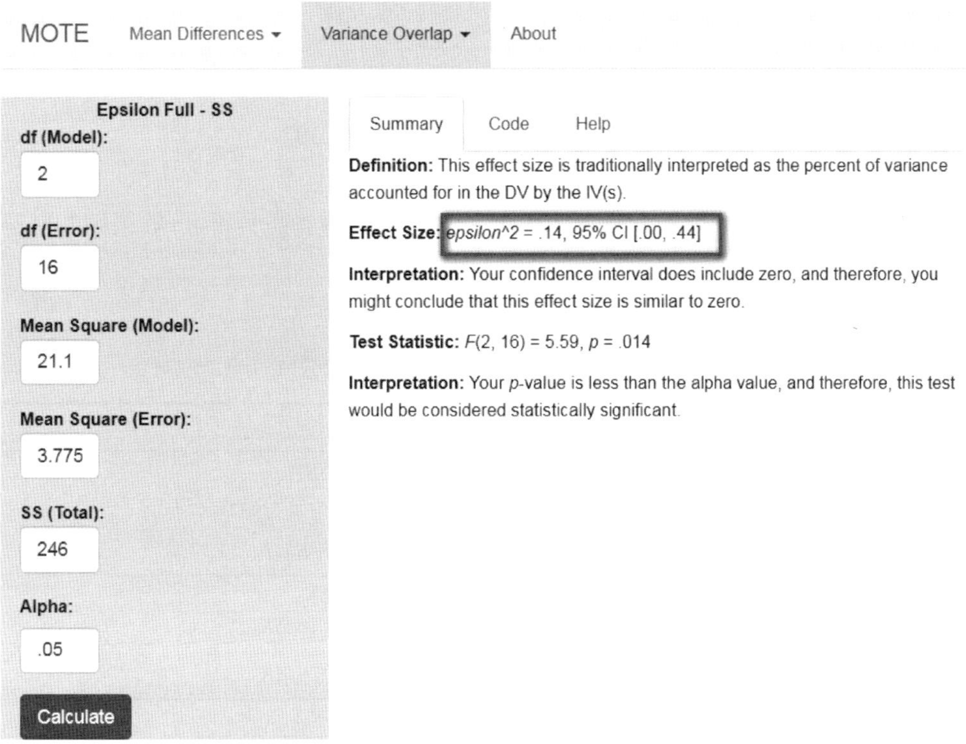

圖 5-14　**MOTE** ε^2 計算表單

2. 根據通用公式 5-21，可求得交互作用效果值：

$$\varepsilon_p^2 = \frac{2(21.1 - 3.775)}{42.2 + 60.4} = \frac{2 * 17.325}{102.6} = .34$$

另外，也可根據公式 5-3，求得交互作用效果值：

$$\varepsilon_p^2 = \frac{F - 1}{F + \dfrac{df_{error}}{df_{effect}}} = \frac{5.589 - 1}{5.589 + \dfrac{16}{2}} = \frac{4.589}{13.589} = .34$$

（四）η_G^2

　　根據第四章公式 4-6 可知：本例組間回饋因子 A 係操弄變項，其 $\Sigma SS_{Meas} = 0$，因此 A 因子交互作用項之變異源，不需加入分母變異量中，η_p^2 的交互作用效果

（colors*a）之計算，可由公式 5-46（取自公式 5-33）求得。

$$\eta_G^2 = \frac{SS_{AB}}{SS_T - SS_A - SS_B} = \frac{42.2}{246 - 4.8 - 101.4} = \frac{42.2}{139.8} = .302 \qquad \text{公式 5-46}$$

或利用公式 5-47，亦可求得 η_G^2。

$$\eta_G^2 = \frac{42.2}{42.2 + 60.4 + 37.2} = \frac{42.2}{139.8} = .302$$

假如組間因子 A 係操弄變項，雙因子混合模式變異數分析 η_G^2 效果值的計算公式（Bakeman, 2005），摘要如表 5-13 所示。

表 5-13　雙因子混合模式變異數分析之效果值的 η_G^2 計算公式

ANOVA 設計	因素	η_G^2
雙因子混合設計	A (between)	$\dfrac{SS_A}{SS_A + SS_{subject/A} + SS_{B \times subject/A}}$ 公式 5-47
雙因子混合設計	B (within)	$\dfrac{SS_B}{SS_B + SS_{subject/A} + SS_{B \times subject/A}}$ 公式 5-48
雙因子混合設計	AB	$\dfrac{SS_{AB}}{SS_{AB} + SS_{subject/A} + SS_{B \times subject/A}}$ 公式 5-49

註：$SS_{subject/A}$ 為受試者間誤差平方和（error sum of square），$SS_{B \times subject/A}$ 為受試者內誤差平方和。

η_G^2 的交互作用效果之手算估計結果（.302），請參見表 5-11 中 EXCEL 表單與圖 5-15 中 ENCI 之估計結果，兩者估計結果完全相同，其餘主要效果則從略，請讀者利用公式 5-47 & 公式 5-48，自行試算。

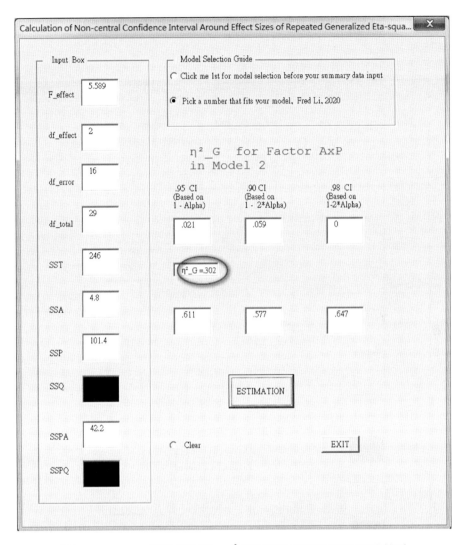

圖 5-15　**ENCI** 增益集表單：η_G^2 及其非對稱性信賴區間的估計

另外，根據公式 4-6 可知：假如組間因子 A 係測量變項，$\delta = 0$，且 $\Sigma SS_{Meas} \neq 0$（因此 A 因子交互作用項之變異源，需加入分母變異量中），η_G^2 的計算可由公式 5-50（推演自公式 4-6）求得。

$$\eta_G^2 = \frac{SS_A}{SS_T - SS_B} \qquad 公式\ 5\text{-}50$$

$$\eta_G^2 = \frac{4.8}{246 - 101.4} = \frac{4.8}{144.6} = .033$$

η_G^2 的估計結果，亦請參見圖 5-16 之 ENCI 估計結果，η_G^2 的 .95 信賴區間為：0 ～ .475。

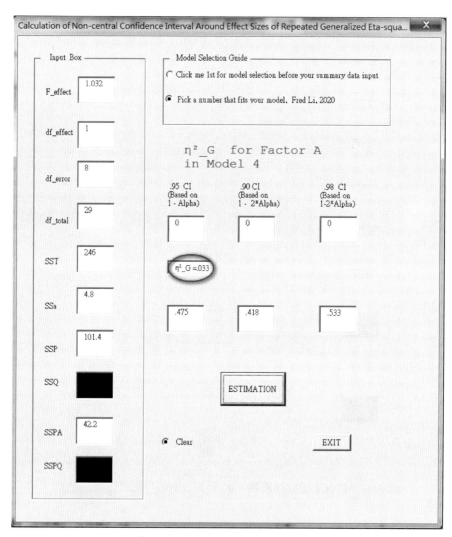

圖 5-16　**ENCI** 增益集表單：η_G^2 及其非對稱性信賴區間的估計

四、變異數分析的對比效果值分析

為了利於跟 Cohen's d 值進行整合分析，本節特別介紹雙因子變異數分析後的對比效果值分析，更多細節，請參見第六章。根據第四章表 4-9 的建議，變異

數分析的對比效果值分析指標，要以 η_G^2 最適用於跨研究的整合分析。因此，以下將只以 η_G^2 爲整合分析對象。

茲以圖 5-17 的雙因子獨立樣本資料爲例，示範如何利用網路上的 EXCEL 增益集及筆者研發 VB 軟體 GES 進行估計 η_G^2，爲求連貫性，分析內容將包含主要效果、交互作用及其後之對比效果值分析。

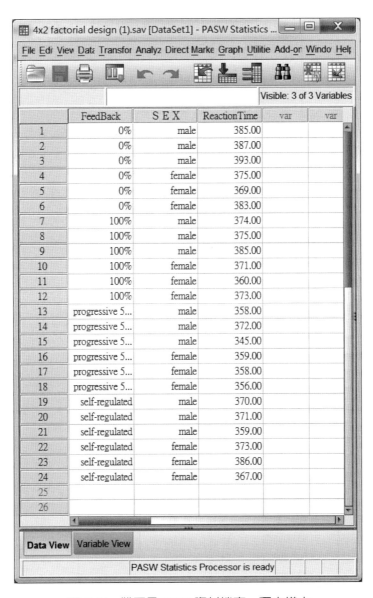

圖 5-17 雙因子 **SPSS** 資料檔案：獨立樣本

表 5-14 & 表 5-15 係根據圖 5-17 資料，利用 SPSS 所跑出來的描述統計與 ANOVA 分析結果。

表 5-14　SPSS 描述統計（feedback x sex）

Descriptive Statistics

Dependent Variable:reaction time

feedback	sex	Mean	Std. Deviation	N
0%	male	388.3333	4.16333	3
	female	375.6667	7.02377	3
	Total	382.0000	8.64870	6
100%	male	378.0000	6.08276	3
	female	368.0000	7.00000	3
	Total	373.0000	8.02496	6
progressive 50%	male	358.3333	13.50309	3
	female	357.6667	1.52753	3
	Total	358.0000	8.60233	6
self-regulated	male	366.6667	6.65833	3
	female	375.3333	9.71253	3
	Total	371.0000	8.83176	6
Total	male	372.8333	13.84218	12
	female	369.1667	9.68441	12
	Total	371.0000	11.83216	24

表 5-15　SPSS 雙因子 ANOVA 分析結果

Tests of Between-Subjects Effects

Dependent Variable:ReactionTime

Source	Type III Sum of Squares	df	Mean Square	F	Sig.	Partial Eta Squared
Corrected Model	2268.000[a]	7	324.000	5.445	.002	.704
Intercept	3303384.000	1	3303384.000	55519.059	.000	1.000
FeedBack	1764.000	3	588.000	9.882	.001	.649
SEX	80.667	1	80.667	1.356	.261	.078
FeedBack * SEX	423.333	3	141.111	2.372	.109	.308
Error	952.000	16	59.500			
Total	3306604.000	24				
Corrected Total	3220.000	23				

a. R Squared = .704 (Adjusted R Squared = .575)

本示範實例的 A 因子（FeedBack）係操弄因子，而 B 因子（SEX）則爲測量因子，此爲 Ab 設計（英文字母大寫表示操弄因子，英文字母小寫表示測量因子）。

（一）EXCEL 增益集

Trigo EXCEL 估計 η_G^2 增益集：https://personal.us.es/trigo/suppmaterials.htm（Trigo Sanchez & Martinez Cervantes, 2016），適合進行雙因子 ANOVA 分析，內含四種研究設計之分析。如果主要效果分析（參見圖 5-18）達到既定的顯著水準之後，可進一步進行事後對比分析，參見圖 5-20。點選圖 5-18 之 EXCEL 表單底部的 omnibus tests 選目之後，即可進行主要效果分析。圖 5-18 中 EXCEL 藍色區塊所需要輸入的資料，係取自表 5-15 中的離均差平方和（Type III Sum of Squares），研究者於輸入所需資料之後，即可立即輸出 η_G^2。因爲示範實例的 A 因子（FeedBack）係操弄因子，而 B 因子（SEX）則爲測量因子，因此分析結果要看 Ab 設計中的輸出資料（參見圖 5-18 左下角）。

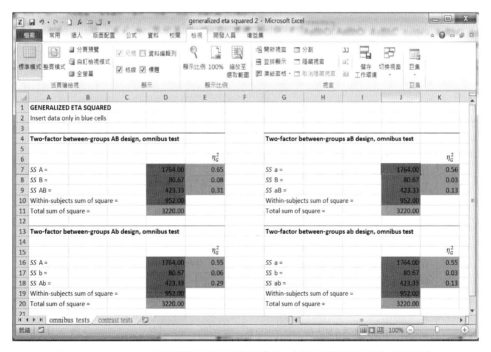

圖 5-18　EXCEL 增益集之主要效果分析（含四種研究設計之結果）
註：英文字母大寫表示操弄因子，英文字母小寫表示測量因子。

　　如果利用筆者（2021）設計之 GES 軟體，亦可估計出主要效果或交互作用效果的 η_G^2，參見圖 5-19。本示範實例，A 因子係操弄因子（FeedBack），而 B 因子則爲測量因子（SEX），此爲 Ab 設計。因此，在圖 5-19 中須點選「交互作用下」之「Ab 設計」選單，之後再輸入相關數據。以該設計的交互作用之效果值爲例，圖中 GES 估算結果爲 0.29，與利用公式 5-49 的手算結果相同：

$\eta_G^2 = \dfrac{423.33}{423.33 + 80.67 + 952} = \dfrac{423.33}{1456} = 0.29$〔SEX 因子爲測量因子，其變異量（80.67）不可排除於分母變異量之外〕；或利用公式 5-50：

$$\eta_G^2 = \frac{423.33}{3220 - 1764} = \frac{423.33}{1456} = 0.29$$

　　研究者於使用 GES 軟體時，只要在可以輸入資料的欄位中，輸入資料即可獲得 η_G^2，不須煩惱到底需在哪一空格中填入離均差平方和（SS），讓使用者免去記誦計算 η_G^2 的繁瑣公式。

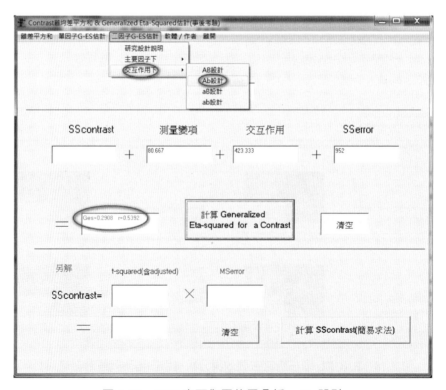

圖 5-19　**GES** 交互作用效果分析：**Ab** 設計

　　圖 5-19 係 EXCEL 增益集對比分析的輸入表單，上方為 η_G^2 的估計表單，下方為 $SS_{contrast}$ 的簡易求法表單（參見公式 6-1 之說明），對比分析所需的對比離均差平方和：507、80.67 & 65.33，可利用 GES 軟體代勞，操作方法請分別參閱下節或第六章之說明。研究者選定一個研究設計模式（如 Ab 設計）之後，即會自動幫您設定表單中必須輸入之空格，不需要的空格資訊即會設定為失效而無法輸入資料，讓使用者輕鬆完成估計。

　　圖 5-20 顯示了四種研究設計之對比分析結果，應用此 EXCEL 對比分析表單（點選該表單底部的 contrast tests 選目），研究者在選定所需的研究設計之後，須在藍色方塊的空格內輸入對比分析的對比離均差平方和。

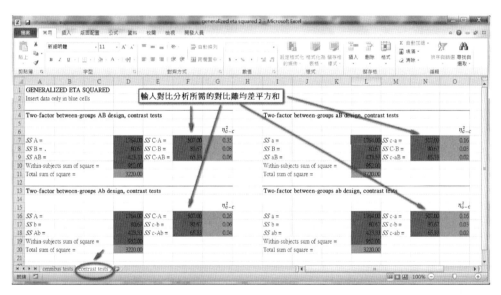

圖 5-20　　**EXCEL** 增益集對比分析結果（含四種研究設計之結果）

（二）GES 對比效果值分析軟體

　　除了主要效果之估計外，GES 軟體（李茂能，2021）亦具有兩大功能：一為計算對比分析所需的離均差平方和（SS），二為計算對比（contrast）分析的 η_G^2 效果值，η_G^2 對比效果值可與 Cohen's d 值進行整合，轉換公式請看本章末節。

　　圖 5-21 係計算對比分析之前，計算離均差平方和的表單。圖 5-21 上方的比較係數矩陣，顯示共有四組資料，此例的比較係數為 0、0、1、-1，意謂著欲進行第三組與第四組的平均數對比考驗。圖 5-21 下方則須提供各組的平均數及細

格樣本人數，方能計算出前述對比分析的離均差平方和，此例估計結果為 507.00
（利用表 5-14 的描述統計量）。本節之對比效果值分析，將針對 A 因子之對比
分析、B 因子之對比分析與 AB 交互作用之對比分析，逐一介紹之。

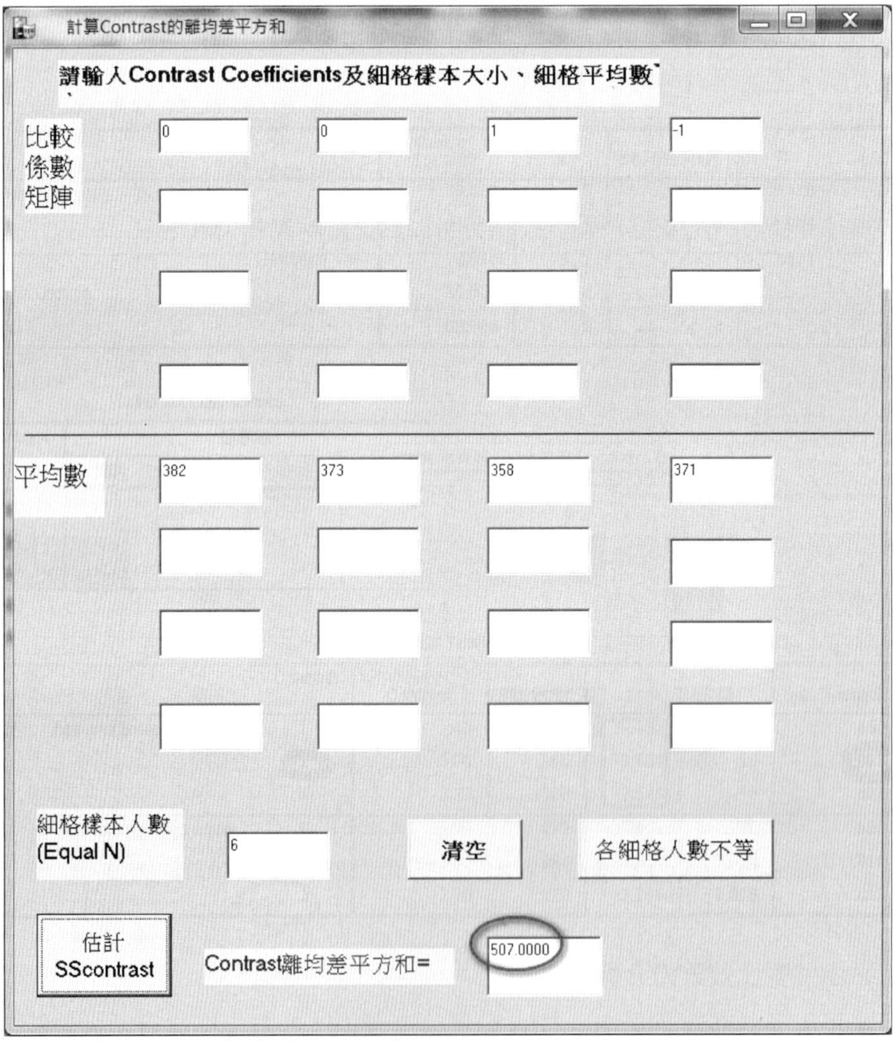

圖 5-21　A 因子對比分析所需 SS 的計算表單

研究者有了圖 5-21 中 A 因子下對比分析之離均差平方和（507.00）之後（參
見公式 6-1 之說明），就可計算對比分析的 η_G^2 效果值（.2583），參見圖 5-22 的
η_G^2 計算表單。

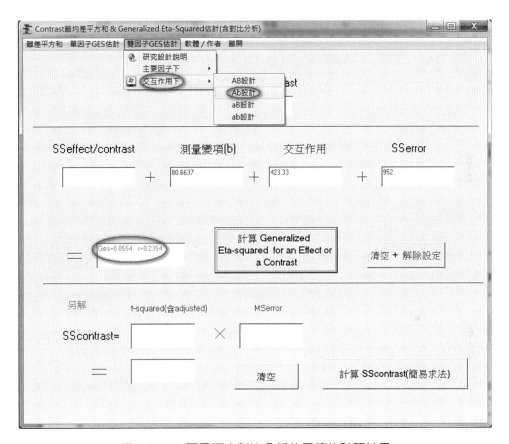

圖 5-22　A 因子下之對比分析效果值的計算結果

　　圖 5-22 係 EXCEL 增益集對比分析的輸入表單，上方為 η_G^2 的估計表單，下方為 $SS_{contrast}$ 的簡易求法表單（參見公式 6-1 之說明）。本示範實例，A 因子係操弄因子（FeedBack），而 B 因子則為測量因子（SEX），此為 Ab 設計。因此，在圖 5-22 的副程式表單中須點選「交互作用下」之「Ab 設計」選單，之後再於空格中輸入離均差平方和之相關數據。

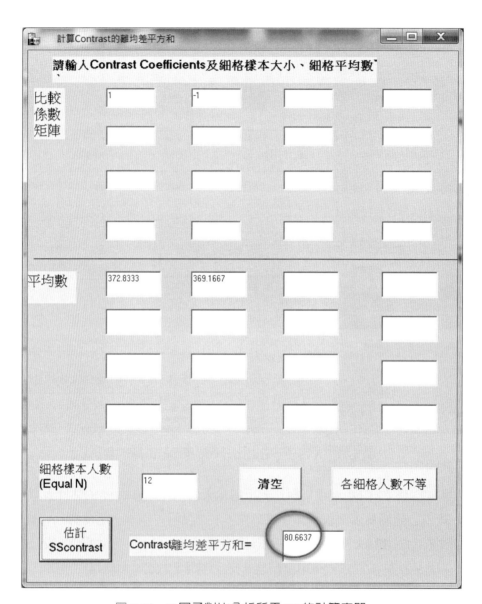

圖 5-23　**B** 因子對比分析所需 **SS** 的計算表單

　　研究者有了圖 5-23 中 B 因子（性別為測量因子）下對比分析（對比係數為 1、-1）之離均差平方和（80.6637）之後，將相關的離均差平方和等數據輸入圖 5-24 上半部空格中，就可計算出 B 因子之對比效果值 η_G^2，參見圖 5-24 的 η_G^2 計算結果（.0554）。

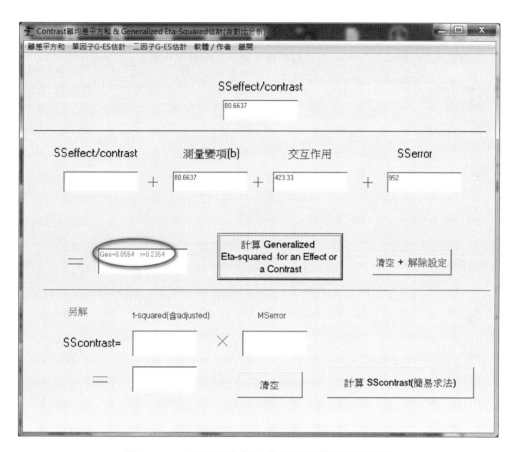

圖 5-24　**B**因子下之對比分析效果值的計算結果

　　以下圖5-25交互作用分析的GES操作過程與方法同前例，不再贅述。注意，圖 5-25 上半欄位中之交互作用對比分析係數（1、–1、–1、1），代表欲了解 A 因子中第三種與第四種回饋方式之差異性是否男、女（b 因子）有別。研究者選定一個研究設計模式（如 Ab 設計）之後，即會自動幫您設定表單中，哪些空格之資訊您必須輸入資料，不需要的空格資訊即會設定爲失效而無法輸入資料。

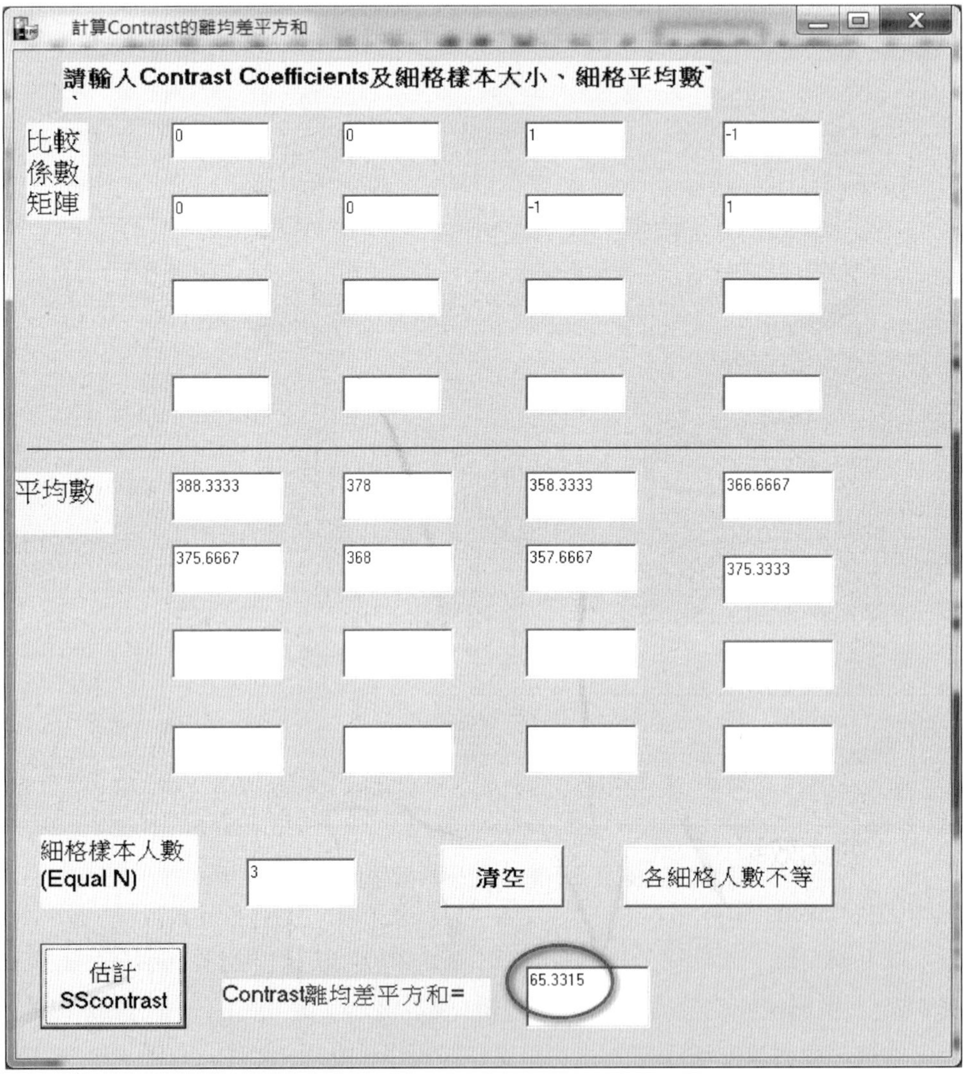

圖 5-25　交互作用下對比分析之 **SS：Ab** 設計表單

　　根據圖 5-25 估計出來的交互作用 SS 為 65.3315，利用此數據就可求得交互作用下之對比效果值，參見圖 5-26 中 GES 交互作用下之對比分析結果（.0449）；此為微小效果值，反映出第三種與第四種回饋方式之差異性，不會因男、女而有顯著差異。

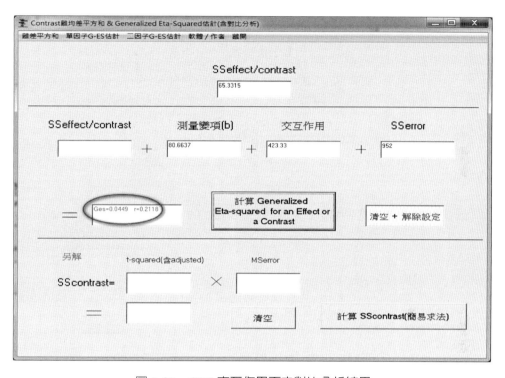

圖 5-26   **GES** 交互作用下之對比分析結果

五、η_G^2 對比效果值與 Cohen's d 值或 r 值的互換

根據 Lakens（2013）的建議，η_G^2 對比效果值最適合與 Cohen's d 值或 Pearson's r 值進行整合分析。為利於整合分析研究者的應用，茲將相關轉換公式彙整於公式 5-51 ～公式 5-54，更多細節請參閱本書第十二章。公式 5-51 ～公式 5-54 中，η_G^2 亦可替換為 η^2。

$$d^2 = \frac{4 * \eta_G^2}{1 - \eta_G^2} \text{（等組適用）} \qquad\qquad 公式\ 5\text{-}51$$

實例說明：以前例交互作用效果值 .0449 為例（參見圖 5-26）

$d^2 = \dfrac{4 * \eta_G^2}{1 - \eta_G^2} = \dfrac{4 * .0449}{1 - .0449} = \dfrac{.1796}{.9551} = .188$，取其平方根，$d = .4336$。

$$d^2 = \frac{4 * \eta_G^2 * 4\left(\dfrac{\bar{n}-1}{\tilde{n}}\right)}{1-\eta_G^2} \ (n_1 \neq n_2) \qquad\qquad 公式\ 5\text{-}52$$

$$\eta_G^2 = \frac{d^2}{d^2+4} \ (等組適用) \qquad\qquad 公式\ 5\text{-}53$$

$$\eta_G^2 = \frac{d^2}{d^2+4\left(\dfrac{\bar{n}-1}{\tilde{n}}\right)} \ (n_1 \neq n_2) \qquad\qquad 公式\ 5\text{-}54$$

公式 5-54 中，$\bar{n}$ 為平均數，$\tilde{n}$ 為調和平均數（$=\dfrac{2}{\dfrac{1}{n_1}+\dfrac{1}{n_2}}$）。

$$r = \frac{d}{\sqrt{d^2+4}} \ (等組適用) \qquad\qquad 公式\ 5\text{-}55$$

Cohen's d 值亦可透過公式 5-55，與 Pearson's r 值進行互換。

實例說明：以前述 d 值 .4336 為例

$$r = \frac{d}{\sqrt{d^2+4}} = \frac{.4336}{\sqrt{.4336^2+4}} = \frac{.4336}{\sqrt{4.188}} = .2119$$

由此觀之，η_G^2 對比效果值等於 r^2，例如本例：$.0449 = .2119^2$。

因為效果值變異量的計算，以 Pearson's r 值最為便捷（只需 N & r，參見公式 3-32、公式 3-34），筆者建議研究者先將 η_G^2 對比效果值轉換成 Cohen's d 值之後，再轉換成 Pearson's r 值或 Fisher's z 值，以利進行整合分析。

通用 η_G^2 對比效果值分析

♣ 本章內容旨在回答以下問題：

一、測量因子係本質因子（intrinsic factor）或外在因子（extrinsic factor）？

二、為何於估計效果值時，需分辨研究設計中是否包含測量因子？

三、何謂正交比較與非正交比較？

四、為何進行對比效果值分析，需先估計每一對比之離均差平方和？

五、如何利用 t 值 & MS_{error} 或利用比較係數 & 組平均數求得離均差平方和？

六、如何利用 SPSS & GES 求得離均差平方和？

♣ 本章應用軟體：

一、SPSS 統計套裝軟體

二、GES 對比分析軟體：估計離均差平方和 & η_G^2 專用

　　研究者於效果值估計時，就測量因子（measured factors）屬性變項（如性別，係無法操弄的因子）而言，它應在不同設計上（如組間或組內、單因子或多因子）對於依變項產生相同的影響力，如將屬性變項的變異量從分母中加以排除，實屬不當。在其他類似的研究中，不管理論模式中是否包含屬性變項，屬性變項的變異應該都存在於誤差項中；因此，排除它會高估效果值。為尋求一個不受研究設計干擾的效果值指標，Olejnik & Algina（2003）倡議通用性（generalized）η_G^2 & ω_G^2，它們只排除會增加依變項變異量的非焦點因子（factor of no interest），如此才能使得此效果值與沒有操弄該因子設計上的效果值，具有研究間的可比較性。

　　其次，一般研究者通常僅報告整體性的效果值（如最常用的 η_p^2），很少繼續論及主要效果後之事後考驗（post hoc comparisons）或交互作用後之簡單效果（simple effects）的對比分析（Fritz, Morris, & Richler, 2012）。Lakens（2013）曾指出 η_G^2 & ω_G^2 最適用於跨研究設計的整合分析。為此，本章特針對單因子 & 雙因子 ANOVA 之通用性 η_G^2 的對比效果值分析（以便與 Cohen's d 進行整合），利用 SPSS & 筆者研發的對比效果值計算表單（Gennernalized Eta-squared，簡稱 GES），進行理論上與應用上之實例解說。研究者如需估計 ω_G^2，可使用 Gil et al.（2013）的 SAS 計算程式：Gen_Omega2。

一、單因子事後考驗的效果值估計

　　平均數間的比較常透過比較係數來進行，各對比較係數的特性可分為正交比較（orthogonal contrasts）與非正交比較（non-redundant contrasts）。正交比較係指各對平均數比較互為獨立而不重疊，非正交比較則是各對平均數比較間具有重疊現象。各對正交比較或非正交比較係數之和應為 0（$\sum_j^k c_j = 0$），但各對正交比較係數之相對應係數之乘積和也應為 0（$\sum_j^k c_{ij} c_{i'j} = 0$）。

（一）正交比較

假設研究者欲對四個平均數，提出三個正交比較係數（$\varphi 1 \sim \varphi 3$）：

$$
\begin{array}{lrrrr}
\varphi 1: & 3 & -1 & -1 & -1 \\
\varphi 2: & 0 & 2 & -1 & -1 \\
\varphi 3: & 0 & 0 & 1 & -1
\end{array}
$$

以上各對正交比較係數之和皆爲 0，例如：就 $\varphi 1$ 而言，

$$\sum_{j}^{4} c_j = 3 - 1 - 1 - 1 = 0$$

且 $\varphi 1$、$\varphi 2$、$\varphi 3$ 之相對應係數之乘積和亦均爲 0：例如：

$$\sum_{j}^{4} c_{1j} c_{2j} = 3 * 0 + (-1 * 2) + (-1) * (-1) + (-1) * (-1) = 0$$

$$\sum_{j}^{4} c_{1j} c_{3j} = 3 * 0 + (-1 * 0) + (-1) * 1 + (-1) * (-1) = 0$$

對比效果值分析，需先估計每一對比離均差平方和（$SS_{contrast}$），而計算每一對比（contrast）離均差平方和，主要有兩種途徑（利用 t 值或比較係數），視研究者的資料方便性選擇之。

1. 利用 t 值 & MSerror 計算離均差平方和

以前述 $\varphi 1$ 爲例，其比較係數爲 3、–1、–1、–1，透過圖 6-1 的 SPSS 對比係數設定視窗，利用「Coefficients」小視窗，依序進行比較係數的輸入。

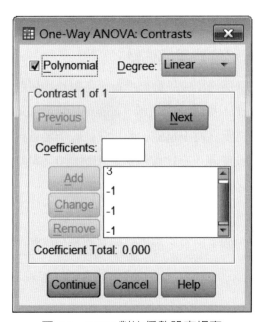

圖 6-1　SPSS 對比係數設定視窗

研究者可以利用圖 6-1 的 SPSS 對比係數設定視窗內的「Next」按鈕，繼續進行下一個對比係數的設定（如 $\varphi 2$ & $\varphi 3$）。接著，按下執行鈕「Continue」以獲取表 6-1 之 SPSS 報表。

表 6-1 SPSS 統計報表

ANOVA

成績

			Sum of Squares	df	Mean Square	F	Sig.
Between Groups	(Combined)		30.800	3	10.267	5.476	.009
	Linear Term	Contrast	21.160	1	21.160	11.285	.004
		Deviation	9.640	2	4.820	2.571	.108
Within Groups			30.000	16	1.875		
Total			60.800	19			

Contrast Coefficients

Contrast	教學法			
	演講	自學	啟發	編序
1	3	-1	-1	-1
2	0	2	-1	-1
3	0	0	1	-1

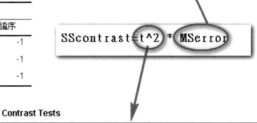

$SScontrast=t^2 * MSerror$

Contrast Tests

		Contrast	Value of Contrast	Std. Error	t	df	Sig. (2-tailed)
成績	Assume equal variances	1	-5.60	2.121	-2.640	16	.018
		2	-4.40	1.500	-2.933	16	.010
		3	.80	.866	.924	16	.369
	Does not assume equal variances	1	-5.60	2.345	-2.388	5.873	.055
		2	-4.40	1.334	-3.298	9.283	.009
		3	.80	.860	.930	7.724	.381

註：數據取自表 14-1，林清山（2003）。

以表 6-1 的 SPSS 摘要表資料為例，利用表中 t 值 & MSerror，每一對對比的離均差平方和計算，可由公式 6-1 求得：

$$SS_{contrast} = t^2 * MS_{error}$$

公式 6-1

$$C1 : (-2.64)^2 * 1.875 = 13.07$$

$$C2 : (-2.933)^2 * 1.875 = 16.13$$

$$C3 : (.924)^2 * 1.875 = 1.6$$

茲將以上三對正交比較估計之離均差平方和，摘要於表 6-2 中：

表 6-2 SPSS 變異數分析報表：含對比 SS

Source	SS	df	MS	F	t	p
Between Group	30.8	3	10.267	5.476		.009
C1：	13.07	1	13.07		−2.64	.018
C2：	16.13	1	16.13		−2.933	.010
C3：	1.6	1	1.6		.924	.369
Within Group	30.0	16	1.875			
Total	60.8	19				

註：在正交比較下，$SS_{total} = SS_{C1} + SS_{C2} + SS_{C3}$。

2. 利用比較係數 & 各組平均數，透過筆者自行研發軟體（GES），計算等組及不等組之離均差平方和的計算公式，參見公式 6-2 ～公式 6-5。

(1) $SS_{contrast} = \dfrac{n(\sum a_i \bar{y})^2}{\sum a_i^2}$（等組公式） 公式 6-2

如果只有單純的比較（a simple contrast），可以簡化為公式 6-3：

$$SS_{contrast} = \frac{n(\bar{Y}_i - \bar{Y}_j)^2}{2}$$ 公式 6-3

(2) $SS_{contrast} = \dfrac{(\sum a_i \bar{y})^2}{\sum \dfrac{a_i^2}{n_i}}$（不等組公式） 公式 6-4

如果只有單純的比較，可以簡化為公式 6-5：

$$SS_{contrast} = \frac{(\bar{Y}_i - \bar{Y}_j)^2}{\dfrac{1}{n_i} + \dfrac{1}{n_j}}$$ 公式 6-5

上式中，a_i 為比較係數，n_i 為各組樣本大小。

表 6-3 SPSS 描述統計報表

成績

	N	Mean	Std. Deviation
演講	5	5.00	1.581
自學	5	5.40	1.140
啟發	5	8.00	1.225
編序	5	7.20	1.483
Total	20	6.40	1.789

以表 6-3 的 SPSS 摘要表資料為例，將比較係數、細格人數 & 各組平均數，輸入筆者研發軟體 GES 的對比分析操作介面（圖 6-2），可快速計算出 $SS_{contrast}$。注意，細格人數如果不相等，需利用圖 6-2 右下角的「各細格人數不等」按鈕，進行內部運算。

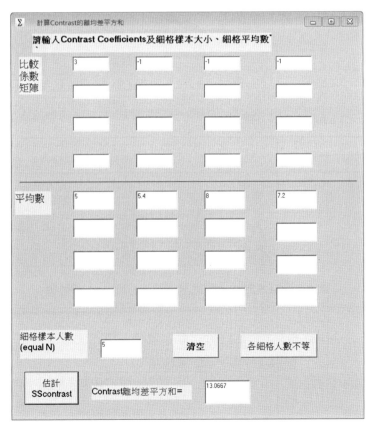

圖 6-2 GES 對比分析計算表單：離均差平方和（SS）的計算

如以前述 $\varphi 1$ 為例，其比較係數為 3、–1、–1、–1，各組的平均數為 5、5.4、8、7.2，利用公式 6-2 可計算出 $SS_{contrast}$：

$$\frac{n(\Sigma a_i \bar{y})^2}{\Sigma a_i^2} = \frac{5*(3*5-5.4-8-7.2)^2}{3^2+(-1)^2+(-1)^2+(-1)^2} = \frac{5*(-5.6)^2}{12} = 13.0667$$

圖 6-2 上半端比較係數 3、–1、–1、–1，相當於表 6-1 SPSS 報表中第一個對比係數，其對比的 $SS_{contrast}$ 為 13.07，此值與圖 6-2 底部的 $SS_{contrast}$ 值 13.0667 相近。如果各細格人數不等時，請改按「各細格人數不等」之按鈕，其對比 $SS_{contrast}$ 的計算，請參見公式 6-4。

將前述計算出來的對比離均差平方和 & 誤差項離均差平方和，帶入圖 6-3 之輸入視窗中，即可計算出 η_G^2，此值的平方根即為 r 係數。在單因子的設計下，$SS_{contrast}$ 均為主要效果的對比（contrast）離均差平方和。

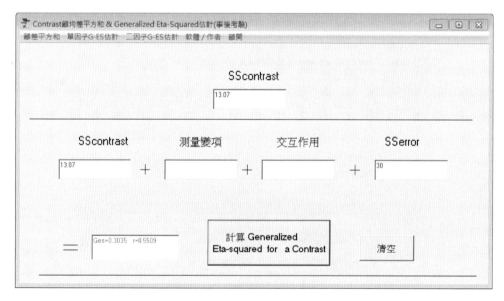

圖 6-3　GES 對比分析計算表單之介面：η_G^2 的計算

研究者於運用圖 6-3 之對比分析計算表單時，請先使用滑鼠點選特定選單（單因子 GES 估計），程式會自動設定所需輸入的空

格，如果係不需使用到的空格，會自動失效，該空格研究者將無法輸入任何數據。以 C1 正交比較為例，點選「正交比較」選單之後，在圖 6-3 對比分析計算表單的適當空格處，填寫 13.07 & 30 就可取得 C1 對比 $\eta_G^2 = .3035$。

研究者於執行了一次 η_G^2 的計算後，務必按下「清空」鈕，方能正確進行下一個對比效果值的估計。

（二）非正交比較

假設研究者欲對四個平均數，提出三個非正交比較係數（$\varphi1 \sim \varphi3$）：

$$\varphi1: \quad 1 \quad -1 \quad 0 \quad 0$$
$$\varphi2: \quad 1 \quad 0 \quad -1 \quad 0$$
$$\varphi3: \quad 1 \quad 0 \quad 0 \quad -1$$

以上各對正交比較係數之和皆為 0，但各對正交比較係數（$\varphi1$、$\varphi2$、$\varphi3$）之相對應係數之乘積和並不為 0。

$$\sum_{j}^{4} c_{1j}c_{2j} = 1*1 + (-1*0) + 0*(-1) + 0*0 = 1$$
$$\sum_{j}^{4} c_{1j}c_{3j} = 1*1 + (-1*0) + 0*(0) + 0*(-1) = 1$$

實際 SPSS 應用範例：將 $\varphi1$ 比較係數（1、–1、0、0），依序輸入於圖 6-4 的「Coefficients」視窗中。

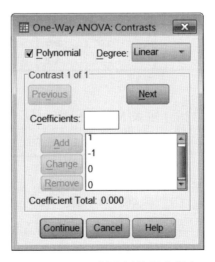

圖 6-4　**SPSS** 對比係數設定視窗

研究者可以利用圖 6-4 的 SPSS 對比係數設定視窗的「Next」按鈕，繼續進行下一個對比係數的設定（如 $\varphi2$ & $\varphi3$），最後按下「Continue」就可獲得三個對比（contrasts）的 t 考驗統計分析結果，如表 6-4 所示。

表 6-4　SPSS 對比假設考驗報表

ANOVA

成績

			Sum of Squares	df	Mean Square	F	Sig.
Between Groups	(Combined)		30.800	3	10.267	5.476	.009
	Linear Term	Contrast	21.160	1	21.160	11.285	.004
		Deviation	9.640	2	4.820	2.571	.108
Within Groups			30.000	16	1.875		
Total			60.800	19			

Contrast Coefficients

Contrast	教學法			
	演講	自學	啟發	編序
1	1	-1	0	0
2	1	0	-1	0
3	1	0	0	-1

Contrast Tests

		Contrast	Value of Contrast	Std. Error	t	df	Sig. (2-tailed)
成績	Assume equal variances	1	-.40	.866	-.462	16	.650
		2	-3.00	.866	-3.464	16	.003
		3	-2.20	.866	-2.540	16	.022
	Does not assume equal variances	1	-.40	.872	-.459	7.275	.660
		2	-3.00	.894	-3.354	7.529	.011
		3	-2.20	.970	-2.269	7.968	.053

以表 6-4 資料為例，利用 t 值 & MSerror，進行每一對對比的 $SS_{contrast}$ 計算，可由公式 6-1 手算求得 Contrast 1 ～ Contrast 3 的離均差平方和：

$$SS_{contrast} = t^2 * MS_{error}$$

$$C1：(-.462)^2 * 1.875 = .40$$

$$C2：(-3.464)^2 * 1.875 = 22.50$$

$$C3：(-2.54)^2 * 1.875 = 12.10$$

如以 C2 對比為例，利用表 6-3 之描述統計，亦可使用筆者研發之 GES 計算表單，輸入比較係數（1、0、–1、0）、平均數（5、5.4、8、7.2）與樣本人數（5），可快速取得 C2 之對比 $SS_{contrast}$，參見圖 6-5 的結果（22.50）。

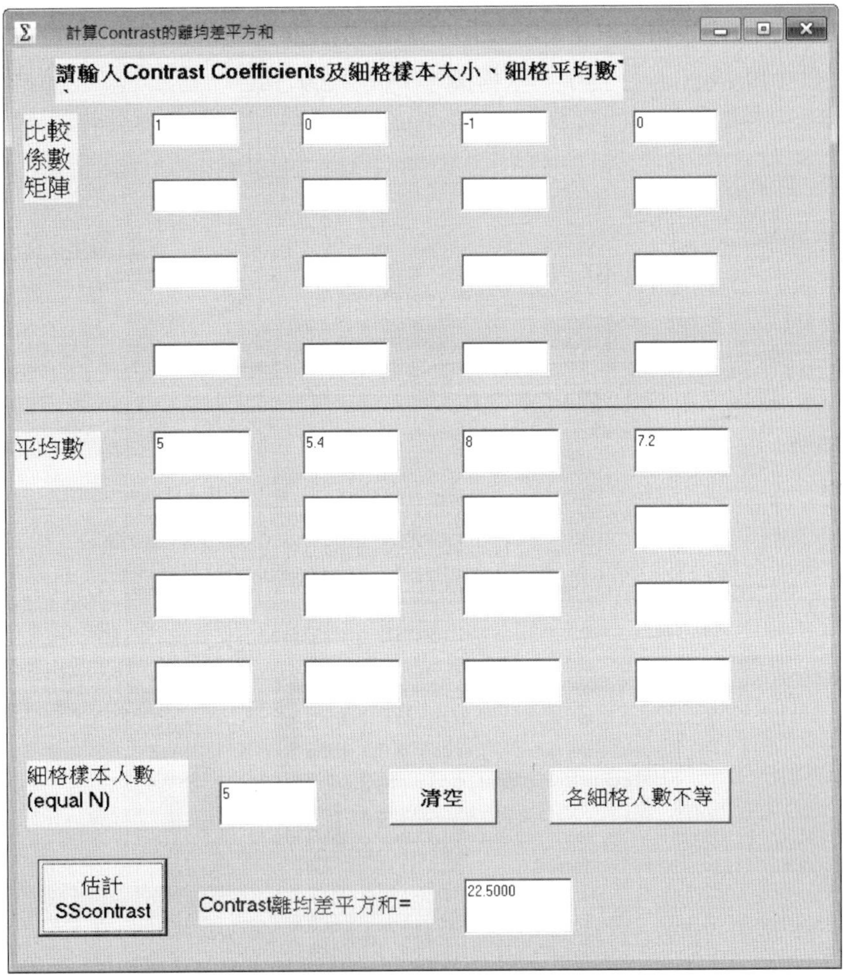

圖 6-5　**GES** 對比分析計算表單：對比 **C2** 離均差平方和（**SS**）的計算

以上 C1 ～ C3 所求得的 SS 係非正交比較之數據，在非正交比較時，因每對比較間具有重疊性，必須調整犯第一類型錯誤的機率，以控制整體犯第一類型錯誤的機率在既定的顯著水準（如 0.05 或 0.01）之內。常用的調整方法為 Bonferroni 調整法：$\alpha/(\text{# of contrasts})$。因而，$t_{adj} = t((\text{# of contrasts})* p, df)$，例如：

以表 6-4 之 C2 爲例，其 t 值爲 –3.464, df = 16, p 值爲 .003，t_{adj} = $t(3 * .003,16)$ = 2.9714。如果調整的 p 值大於 1.0（可設定爲 1），t_{adj} = 0。

實際的運用，可使用 SPSS 內定 IDF.T 函數（參見圖 6-6）或網路計算表單求得（參見表 6-5）。SPSS 內定 IDF.T 函數中的參數，prob 表累進機率（本例含有 3 個比對，3 * .003），如爲雙尾 p 值需除以 2(.009/2 = .0045)，df 表誤差項之自由度，以 Contrast 2 爲例，求得調整 t 值爲 2.9714。

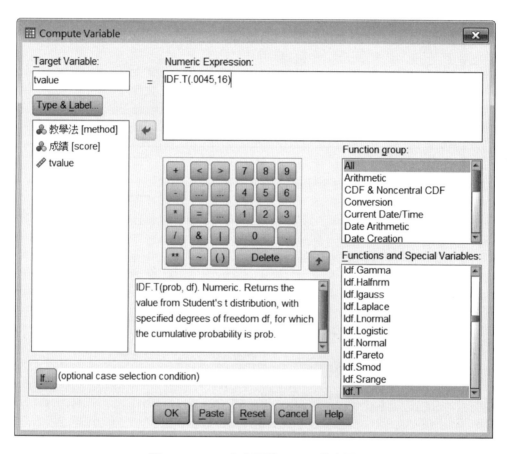

圖 6-6　**SPSS** 內定函數 **IDF.T** 的應用

研究者亦可利用網路計算器（如 https://statpages.info/pdfs.html）去計算，以 Contrast 2 爲例，輸入 df & p 值，即可求得調整 t 值爲 2.9714，參見表 6-5 之輸入順序與輸出結果。

表 6-5 網路計算器報表：調整 t 值

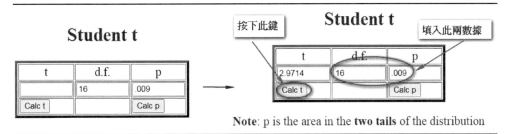

依此類推，再以 Contrast 3 爲例，其 p 值爲 .022（取自表 6-4），可求得調整 t 值爲 1.9732，Contrast 1 的調整 p 值大於 1.0（可設定爲 1），t_{adj} 也因而設定爲 0。

取得調整 t 值之後，再利用公式 6-1 求出 C1 ～ C3 非正交比較之 $SS_{contrast}$：

$$C1：(0)^2 * 1.875 = 0$$
$$C2：(-2.9714)^2 * 1.875 = 16.55$$
$$C3：(-1.9732)^2 * 1.875 = 7.30$$

以上 C1 ～ C3 之 $SS_{contrast}$，也可利用 GES 軟體自動求得。以 Contrast 2 爲例，研究者可運用圖 6-7 下方之 $SS_{contrast}$ 計算器，輸入 2.9714 & 1.875 後，按下簡易求法按鈕，即可求得 C2 之 $SS_{contrast}$：16.55。求得 C1 ～ C3 之 SS 之後，即可利用 GES 程式計算出各對比的 η_G^2。以 Contrast 2 爲例，研究者可運用圖 6-7 上方之對比分析計算器，使用滑鼠點選特定選單（單因子 GES 估計），點選「非正交比較」選單之後，在圖 6-7 對比分析計算器的適當空格處，填寫 16.55 & 30 就可取得 C1 對比 $\eta_G^2 = 0.3556$（$r = 0.5963$）。

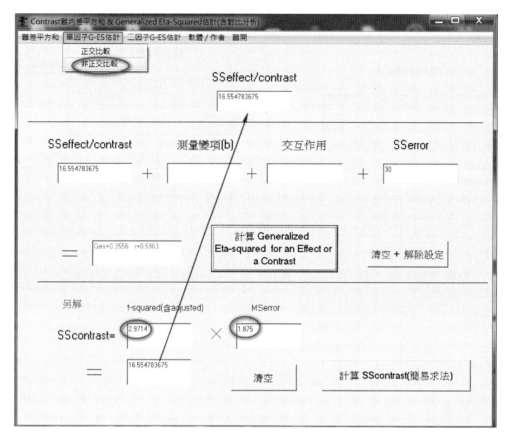

圖 6-7　**GES** 對比分析計算表單：**C2** 之 η_G^2 的計算

二、雙因子事後考驗的效果值估計

　　雙因子變異數分析事後考驗，涉及主要效果與交互作用之後的對比效果值估計。如同單因子 ANOVA 事後考驗的效果值估計，各對比的離均差平方和（SS值）之計算方法也有兩種途徑，一為利用比較係數 & 平均數，另為利用 t 值 & MS_{error}；前者可運用筆者開發的 GES 程式進行估計，以加速進行計算各對比的 SS 值，後者將利用 SPSS 的語法程式進行估計。本節將示範兩個 Helmert 氏正交對比，其輸出結果中的 p 值，可以用來計算對比的 SS 值。因為 η_G^2 的計算涉及操弄因子與測量因子之分辨，η_G^2 對比的計算，將依此兩類，逐一說明之。

（一）A & B 皆為操弄因子

1. 利用比較係數 & 平均數

以下主要效果與交互作用之事後考驗效果值的估計，將以表 6-6 之雙因子描述統計報表為例，進行示範說明。

表 6-6　SPSS 雙因子描述統計報表

Dependent Variable:學習成就

教室氣氛	教學方法	Mean	Std. Deviation	N
嚴肅	演講	7.20	2.168	5
	自學	3.20	1.483	5
	啟發	6.40	2.608	5
	Total	5.60	2.667	15
輕鬆	演講	5.00	2.121	5
	自學	4.20	1.924	5
	啟發	10.00	1.581	5
	Total	6.40	3.180	15
Total	演講	6.10	2.331	10
	自學	3.70	1.703	10
	啟發	8.20	2.781	10
	Total	6.00	2.913	30

學習成就

	N	Mean	Std. Deviation
演講	10	6.10	2.331
自學	10	3.70	1.703
啟發	10	8.20	2.781
Total	30	6.00	2.913

註：取自表 16-3，林清山（2003）。

(1) 主要效果之後的對比效果值估計

表 6-7 主要效果之第一個正交對比係數矩陣（2、–1、–1），意謂著：研究者欲了解教學方法間之差異性〔b1 &（b2、b3）平均數〕是否不同；第二個正交對比係數矩陣（0、1、–1），意謂著：研究者欲了解教學方法間之差異性（b2 & b3）是否有不同。

表 6-7　主要效果之兩個正交對比係數

A	b1	b2	b3
	2	-1	-1

A	b1	b2	b3
	0	1	-1

　　利用表 6-6 & 表 6-7 之資料，就可利用筆者之 GES 程式進行各對比的離均差平方和（SS）值之計算，參見圖 6-8 ～圖 6-9。以第一個正交比較（C1）為例，在圖 6-8 的上方空白處輸入正交對比係數（2、–1、–1）及在圖 6-8 的下方空白處輸入三組之平均數（6.1、3.7、8.2）及細格樣本人數（均為 10 人）。接著，按下左側「估計 SS$_{contrast}$」之按鈕，即可獲得 B 因子 C1 之 SS（0.15）。有了 C1 之 SS 數據，讀者即可估計此對比之 η_G^2，請參閱圖 6-13 的 GES 計算表單的分析結果。

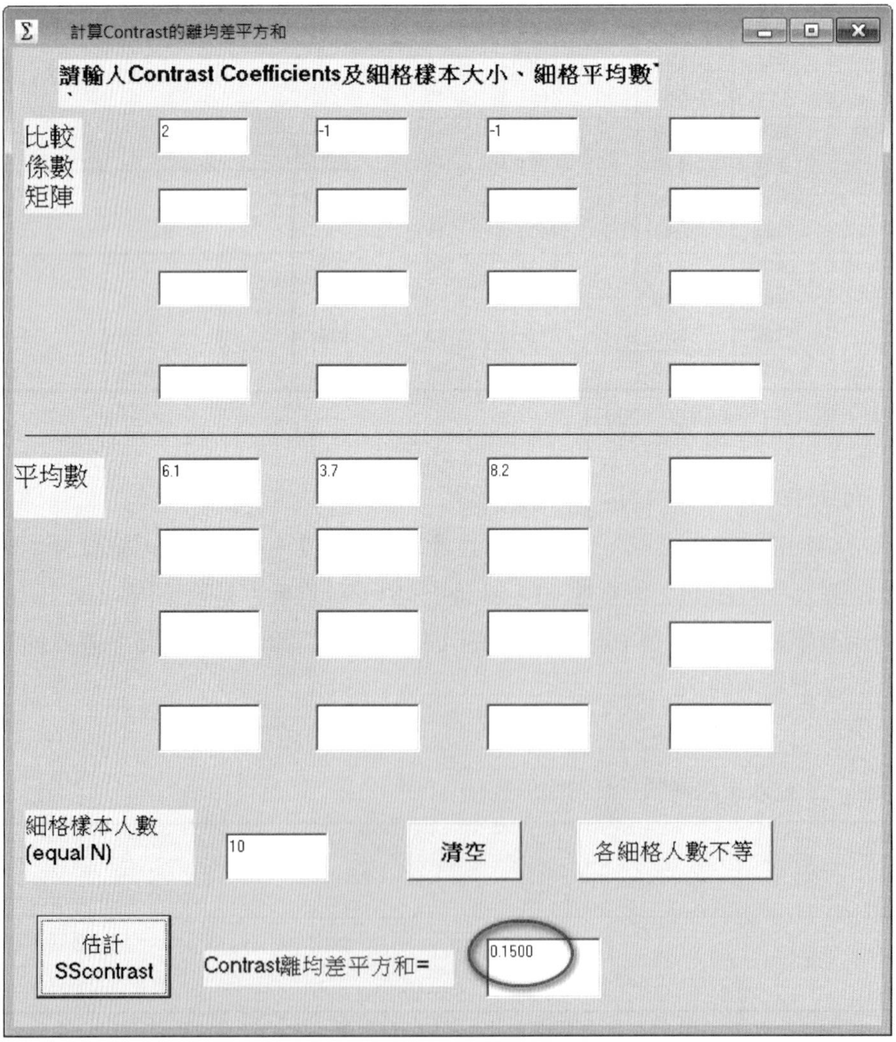

圖 6-8　**GES 對比分析計算表單：B 因子下 C1 離均差平方和（SS）的計算**

當細格人數相同時，請先輸入共同人數，再按左側「估計 $SS_{contrast}$」之按鈕；如果細格人數不相同時，請按右側「各細格人數不等」之按鈕，才能輸入各組不同之人數。

以第二個正交比較（C2）為例，在圖 6-9 的上方空白處輸入正交對比係數（0、1、–1）及在圖 6-9 的下方空白處輸入三組之平均數（6.1、3.7、8.2）及細格樣本人數（均為 10 人）。接著，按下左側「估計 $SS_{contrast}$」之按鈕，即可獲得 B 因子 C2 之 SS（101.25）。讀者如欲估計此對比之 η_G^2，請參閱圖 6-14 的 GES 計算表單的分析結果。

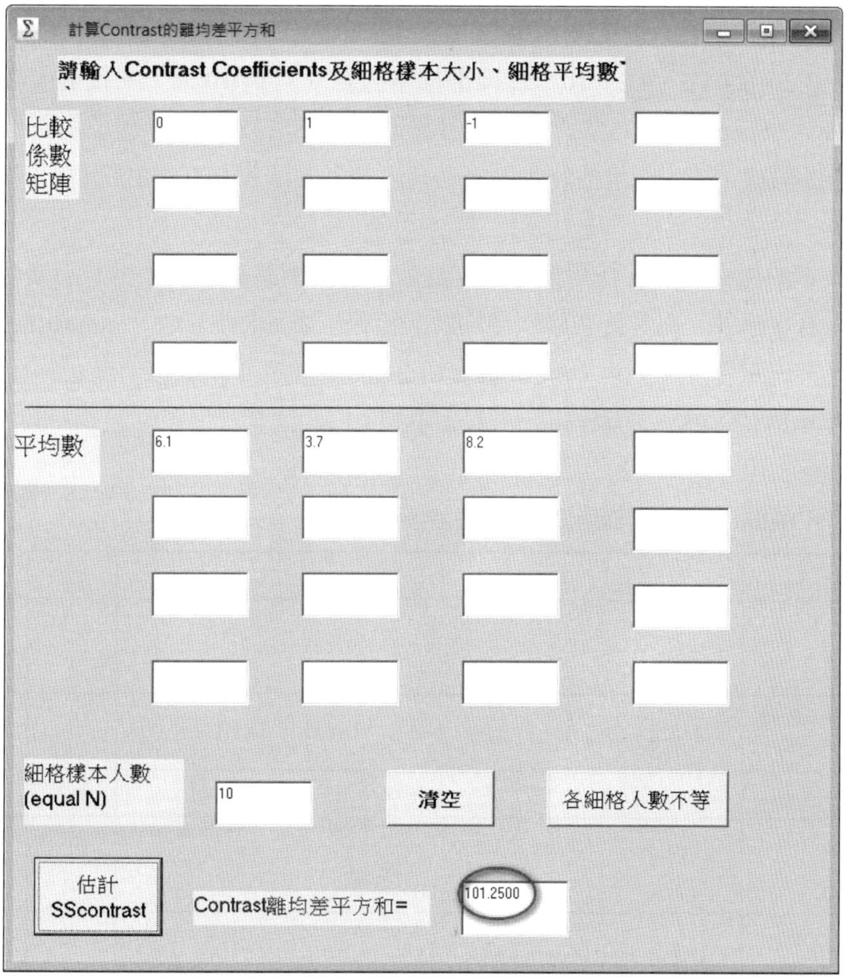

圖 6-9　GES 對比分析計算表單：B 因子下 C2 離均差平方和（SS）的計算

(2) 交互作用之後的對比效果值估計

表 6-8 交互作用之第一個正交對比係數矩陣（2、–1、–1、–2、1、1），意謂著：研究者想了解教學方法間之差異性〔b1 &（b2、b3）之平均數〕是否因教室氣氛之不同（a1 & a2）而有不同；第二個正交對比係數矩陣（0、1、–1、0、–1、1），意謂著：研究者想了解教學方法間之差異性（b2 & b3）是否因教室氣氛之不同（a1 & a2）而有不同。

利用表 6-6 之雙因子描述統計 & 表 6-8 之對比係數資料，就可利用筆者之 GES 程式進行各對比的離均差平方和（SS 值）之計算，參見圖 6-10～圖 6-11。以第一個正交比較（C1）為例，在圖 6-10 的上方空白處輸入正交對比係數（2、–1、–1、–2、1、1）及在圖 6-10 的下方空白處輸入各組學業成就之平均數（7.2、3.2、6.4、5、4.2、10）及細格樣本人數（均為 10 人）。接著，按下左側「估計 SScontrast」之按鈕，即可獲得 C1 之 SS（33.75）。有了交互作用下 C1 之 SS 數據，讀者即可估計此對比之 η_G^2，請參閱圖 6-15 的 GES 計算表單的分析結果。

表 6-8 中，Helmert 氏對比係正交比較（在平衡設計下），為該因素各層次（最後層次除外）與其後各層次平均數的比較；表 6-8 中，C1 Contrast Estimate 的差異平均觀察值為 9.0，C2 Contrast Estimate 的差異平均觀察值為 2.6，估計結果與表 6-13 的 SPSS 交互作用分析報表中的 L1 & L2 對比分析結果相一致。

表 6-8　Helmert 氏交互作用項之正交對比係數

	b1	b2	b3
a1	2	–1	–1
a2	–2	1	1
C1 Contrast Estimate	2*7.2 – 2*5.0 – 1*3.2 + 1*4.2 – 1*6.4 + 1*10 = 9.0		
	b1	b2	b3
a1	0	1	–1
a2	0	–1	1
C2 Contrast Estimate	0*7.2 + 0*5.0 + 1*3.2 – 1*4.2 –1*6.4 + 1*10 = 2.6		

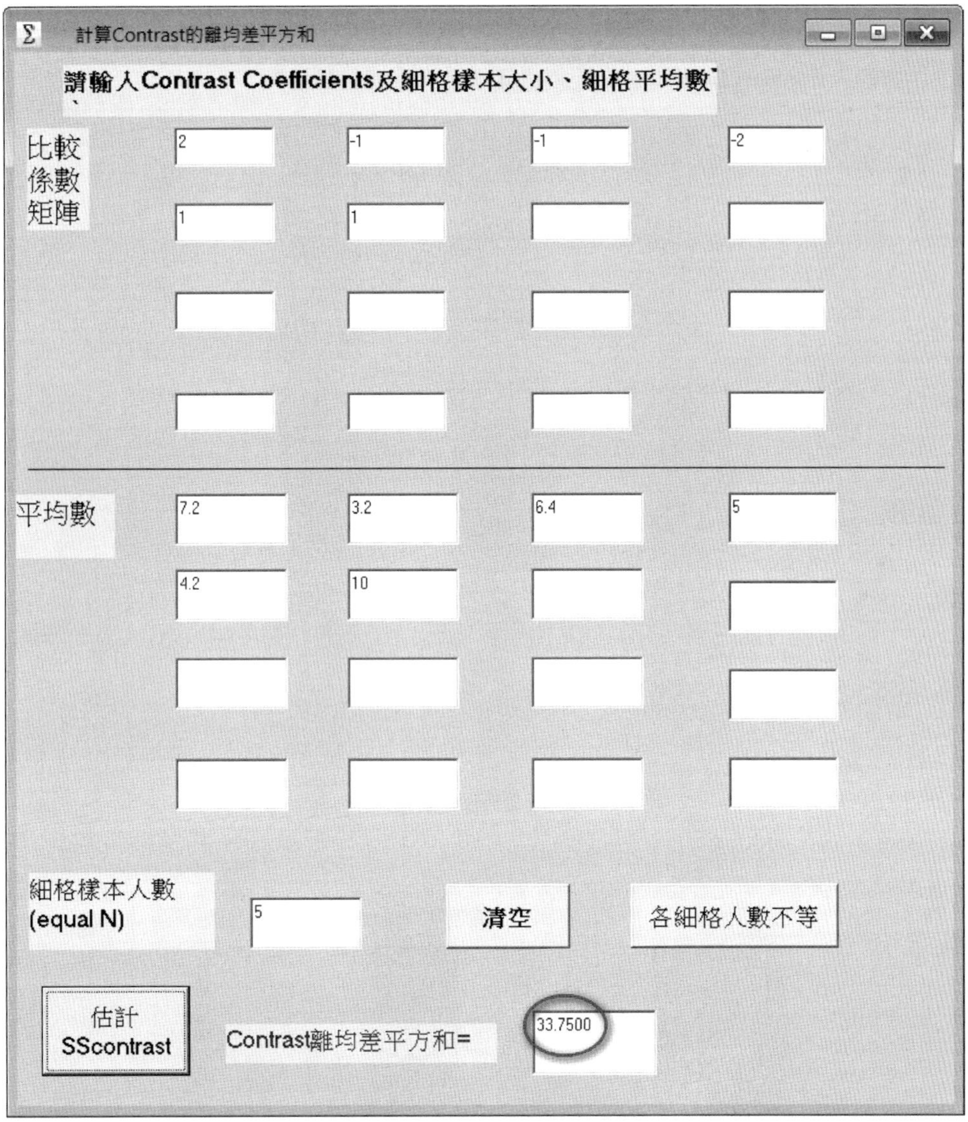

圖 6-10　GES 對比分析計算表單：AxB 因子下 C1 離均差平方和（SS）的計算

　　再以第二個正交比較（C2）為例，在圖 6-11 的上方空白處輸入正交對比係數（0、1、−1、0、−1、1）、在圖 6-11 的下方空白處輸入各組之平均數（7.2、3.2、6.4、5、4.2、10）及細格樣本人數（均為 5 人）。接著，按下左側「估計 SScontrast」之按鈕，即可獲得交互作用下 C2 之 SS（8.45）。讀者如欲估計此對比之 η^2_G，請參閱圖 6-16 的 GES 計算表單的分析結果。

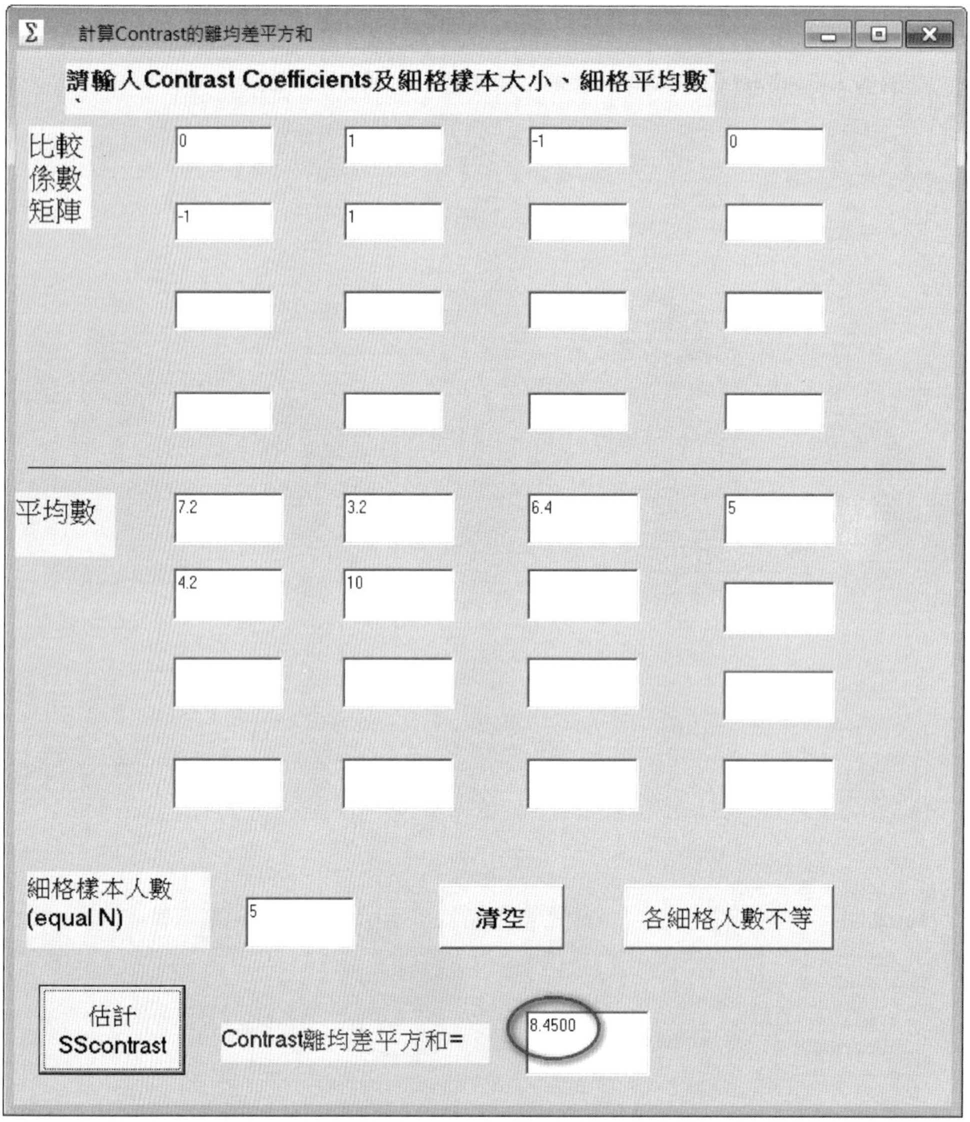

圖 6-11　GES 對比分析計算表單：**AxB** 因子下 **C2** 離均差平方和（**SS**）的計算

2. 利用 *t* 值 & MS_{error}

　　利用表 6-8 中 Helmert 氏交互作用項之兩個正交對比係數，在表 6-9 SPSS 語法程式設計中，利用 CONTRAST & LMATRIX 指令，進行主要效果及交互作用之後的各對比假設考驗，考驗結果請參見表 6-11 ～表 6-13。

表 6-9   **SPSS** 語法程式：交互作用對比分析

```
GET FILE='D：\spss 資料檔案 \P371.SAV'.
UNIANOVA y BY a b
 /CONTRAST（a）=Simple
 /CONTRAST（b）=Helmert
 /LMATRIX a*b 2 -1 -1 -2 1 1; a*b 0 1 -1 0 -1 1
 /METHOD=SSTYPE（3）
 /INTERCEPT=INCLUDE
 /POSTHOC=a b（LSD）
 /CRITERIA=ALPHA（0.05）
 /PRINT DESCRIPTIVE
 /DESIGN=b a a*b.
```

　　表 6-9 中 CONTRAST(a) = Simple 這一行程式，旨在 A 因子上進行簡單比較，而 CONTRAST(b) = Helmert 這一行程式，表在 B 因子上，欲進行 Helmert 正交比較，而 LMATRIX 指令，係針對交互作用項的兩個對比分析而設。以下主要效果與交互作用之對比分析，將以表 6-10 之 SPSS 雙因子 ANOVA 報表為例，進行示範說明。

表 6-10   **SPSS** 雙因子 **ANOVA** 報表

Tests of Between-Subjects Effects

Dependent Variable:學習成就

Source	Type III Sum of Squares	df	Mean Square	F	Sig.	Partial Eta Squared
Corrected Model	148.400ª	5	29.680	7.298	.000	.603
Intercept	1080.000	1	1080.000	265.574	.000	.917
A	101.400	2	50.700	12.467	.000	.510
B	4.800	1	4.800	1.180	.288	.047
A * B	42.200	2	21.100	5.189	.013	.302
Error	97.600	24	4.067			
Total	1326.000	30				
Corrected Total	246.000	29				

　　a. R Squared = .603 (Adjusted R Squared = .521)

註：A 因子為教學方法，B 因子為教室氣氛。

表 6-11 SPSS 對比假設考驗報表：A 因子（教學方法）對比分析

Custom Hypothesis Tests #2

Contrast Results (K Matrix)

教學方法 Helmert Contrast		Depe…
		學習成就
Level 1 vs. Later	Contrast Estimate	.150
	Hypothesized Value	0
	Difference (Estimate - Hypothesized)	.150
	Std. Error	.781
	Sig.	.849
	95% Confidence Interval for Difference Lower Bound	-1.462
	Upper Bound	1.762
Level 2 vs. Level 3	Contrast Estimate	-4.500
	Hypothesized Value	0
	Difference (Estimate - Hypothesized)	-4.500
	Std. Error	.902
	Sig.	4.266326786084733E-5
	95% Confidence Interval for Difference Lower Bound	-6.361
	Upper Bound	-2.639

　　表 6-11 中，顯示了在 A 因子教學方法上，兩個 Helmert 氏正交對比：Level 1 vs. Later & Level 2 vs. Level 3，相關的 p 值分別為 .849 & .0000427，顯示只有自學與啟發教學方法（Level 2 vs. Level 3）對於學習成就具有顯著差異（$\alpha =$ .05）。不過，這項結論尚需視交互作用是否未具顯著性而定。

　　表 6-12 中，顯示了在 B 因子教室氣氛上，簡單對比：Level 1 vs. Level 2，其 p 值為 .288，顯示教學氣氛的嚴肅與輕鬆對於學習成就無顯著差異（$\alpha =$ .05）。不過，這項結論尚需視交互作用是否未具顯著性而定。

表 6-12　SPSS 對比假設考驗報表：B 因子（教室氣氛）對比分析

Custom Hypothesis Tests #1

Contrast Results (K Matrix)

教室氣氛 Simple Contrast[a]		Depe…
		學習成就
Level 1 vs. Level 2	Contrast Estimate	-.800
	Hypothesized Value	0
	Difference (Estimate - Hypothesized)	-.800
	Std. Error	.736
	Sig.	.288
	95% Confidence Interval for Difference　Lower Bound	-2.320
	Upper Bound	.720

a. Reference category = 2

表 6-13　SPSS 對比假設考驗報表：交互作用分析

Custom Hypothesis Tests #3

Contrast Results (K Matrix)[a]

Contrast		Depe…
		學習成就
L1	Contrast Estimate	9.000
	Hypothesized Value	0
	Difference (Estimate - Hypothesized)	9.000
	Std. Error	3.124
	Sig.	.00822
	95% Confidence Interval for Difference　Lower Bound	2.552
	Upper Bound	15.448
L2	Contrast Estimate	2.600
	Hypothesized Value	0
	Difference (Estimate - Hypothesized)	2.600
	Std. Error	1.804
	Sig.	.16237
	95% Confidence Interval for Difference　Lower Bound	-1.123
	Upper Bound	6.323

a. Based on the user-specified contrast coefficients (L') matrix number 1

表 6-13 中,顯示了在交互作用效果上,兩個正交對比(對比係數內容請參閱表 6-8)之相關 p 值,分別為 .00822 & .16237。第一個正交比較結果,意謂著:演講與非演講教學方法對於學習成就的成效會因教學氣氛而有所不同;第二個正交比較結果,意謂著:自學與啟發教學方法對於學習成就的成效,不會因教學氣氛而有所不同,請參閱表 6-6 雙因子描述統計摘要表。

其次,根據表 6-11 ～表 6-13 中的 p 值(sig)& 相關之自由度(df),利用網路計算表單:https://statpages.info/pdfs.html,求得 t 值(參見表 6-14 ～表 6-17 的輸出結果)之後,將之帶入公式 6-1〔$t^2 * MS_{error}$,就可計算出各對比之離均差平方和(SS)〕。

表 6-14　網路計算表單報表

Student t

t	d.f.	p
0.1925	24	.849
Calc t		Calc p

Note: p is the area in the **two tails** of the distribution

請在表 6-14 ～表 6-17 中,輸入 df & p 值,按下「Calc t」鍵,即可獲得 t 值。

表 6-15　網路計算表單報表

Student t

t	d.f.	p
4.9895	24	.0000427
Calc t		Calc p

Note: p is the area in the **two tails** of the distribution

表 6-16　網路計算表單報表

Student t

t	d.f.	p
2.8809	24	.00822
Calc t		Calc p

Note: p is the area in the **two tails** of the distribution

表 6-17　網路計算表單報表

Student t

t	d.f.	p
1.4415	24	.16237
Calc t		Calc p

Note: p is the area in the **two tails** of the distribution

接著，根據前述表 6-14 ～表 6-17 計算所得的 t 值，每一對 $SS_{contrast}$ 的計算，即可由公式 6-1 求得：

$$C1：(.1925)^2 * 4.067 = .15$$
$$C2：(4.9895)^2 * 4.067 = 101.25$$
$$C3：(1.4415)^2 * 4.067 = 8.45$$
$$C4：(2.8809)^2 * 4.067 = 33.75$$

表 6-18 係結合了表 6-10 與上述 C1 ～ C4 估計所得的各對比離均差平方和（SS），整理出來的 ANOVA 摘要表。

表 6-18 雙因子 ANOVA 報表 & η_G^2：含對比 SS

變異源	SS	df	MS	F	t	P	η_G^2
教學方法（A）	101.4	2	50.7	12.467		.000	.5095
C1：a1-a2,a3	0.15	1	0.15		.1925	.849	.0015
C2：a2-a3	101.25	1	101.25		4.9895	.0000427	.509
氣氛（B）	4.8	1	4.8	1.18		.288	.0469
A x B 交互作用	42.2	2	21.1	5.18		.013	.3019
C1：							
(a1-a2,a3)(b1,b2)	33.75	1	33.75		2.88	.008	.2569
C2：							
(a2-a3)(b1,b2)	8.45	1	8.45		1.44	.162	.080
組內誤差	97.6	24	4.067				
Total	246	30					

註：A & B 皆為操弄因子。

表 6-18 中最後一欄位，提供了在主要效果與交互作用下的 η_G^2 值。這些 η_G^2 的計算，係根據下節表 6-19 的計算公式，手動估計出來。讀者也可利用筆者設計的 GES 程式，輕易求得，參見圖 6-12 ～圖 6-16。例如：利用表 6-18 之主要效果與交互作用項的 SS 數據，進行以下四個對比效果值指標（圖 6-13 ～圖 6-16）的估計。因 A & B 因子皆係操弄因子，所以須點選圖 6-12 中「二因子 GES 估計」下之「AB 設計」之選目：

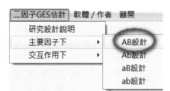

：之後，就會出現圖 6-12 的估計視窗。

圖 6-12 係 B 因子主要效果 η_G^2 的計算結果，因為 B 因子只有兩組，事實上亦為對比效果值。

在雙因子的設計（二因子 GES 估計表單）下，$SS_{contrast}$ 可為主要效果項的對比，亦可為交互作用項的對比。

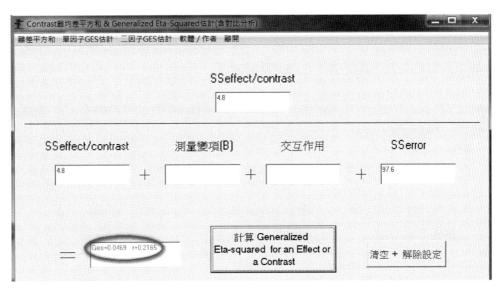

圖 6-12　GES 對比分析計算表單：B 因子主要效果之 η_G^2 的計算

(1) 教學方法下對比效果值指標

表 6-18 教學方法下之 C1 & C2 的 η_G^2（最後一個欄位），可利用圖 6-13 & 圖 6-14 的 GES 表單估計之；教室氣氛下的對比分析，請讀者自行試算之。

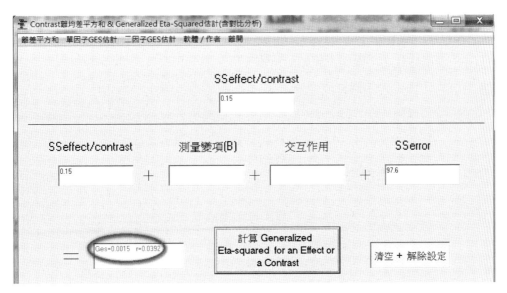

圖 6-13　GES 對比分析計算表單：A 因子下對比 C1 之 η_G^2 的計算

　　GES 對比分析的操作步驟，需先在圖 6-13 與圖 6-14 中分子（圖中橫線上方）與分母（圖中橫線下方）的空格中，輸入 $SS_{effect/contrast}$ & SS_{error} 等之 SS 數據，再按下計算估計鈕，即可求得 C1 & C2 的 η_G^2。

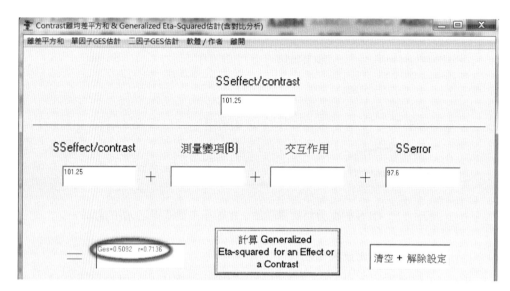

圖 6-14　**GES** 對比分析計算表單：**A** 因子下對比 **C2** 之 η_G^2 的計算

(2) 交互作用項下對比效果值指標

　　表 6-18 交互作用下之 C1 & C2 的 η_G^2（最後一個欄位），可由圖 6-15 & 圖 6-16 的 GES 表單估計之，操作步驟如前所述。

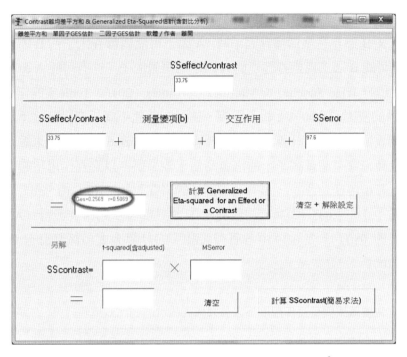

圖 6-15　**GES** 對比分析計算表單：交互作用 **C1** 之 η_G^2 的計算

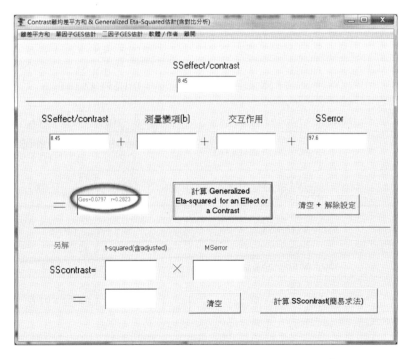

圖 6-16　**GES** 對比分析計算表單：交互作用 **C2** 之 η_G^2 的計算

（二）A＆B 並非完全為操弄因子

當 A＆B 並非完全為操弄因子時，A 因子可能為操弄因子而 B 因子為測量因子；也可能 B 因子為操弄因子而 A 因子為測量因子；亦有可能 A＆B 均為測量因子。仿照 Trigo Sanchez＆Martinez Cervantes（2016）Table 5 的作法，仍以表 6-18 內的雙因子 ANOVA 報表數據，估計在四種不同研究設計之下，對比效果值的變異情形，並將計算公式與估計範例摘要於表 6-19。一般來說，假如忽視研究設計中含有測量因子，通常會高估了效果值。以交互作用項的效果值為例（參見表 6-19 下半部），含有測量因子的研究設計（Ab、aB、ab），其效果值分別為：.058、.035、.034，均較完全未含測量因子的研究設計（AB）來得低（均低於 .080）。表 6-19 中各研究設計下的計算公式，係修訂自 Olejnik＆Algina（2003）的論文。

表 **6-19** 主要效果與交互作用項下之八大研究設計的對比效果值計算公式與實例

設計	對比（C or c）計算公式	以對比 2 為例
	C on A / c on a	C2 on A / c2 on a（C2：a2-a3）
AB	$\dfrac{SSC}{SSC+SS_{error}}$	$\dfrac{101.25}{101.25+97.6}=.509$
Ab	$\dfrac{SSC}{SSC+SSb+SSAb+SS_{error}}$	$\dfrac{101.25}{101.25+4.8+42.2+97.6}=.4118$
aB	$\dfrac{SSC}{SSa+SSaB+SS_{error}}$	$\dfrac{101.25}{101.25+42.2+97.6}=.4198$
ab	$\dfrac{SSC}{SSa+SSb+SSab+SS_{error}}$	$\dfrac{101.25}{4.8+101.4+42.2+97.6}=.412$
	C on AB or Ab / c on aB or ab	C2 on AB or Ab / c2 on aB or ab（C2：(a2-a3)(b1,b2)）
AB	$\dfrac{SSC}{SSC+SS_{error}}$	$\dfrac{8.45}{8.45+97.6}=.080$
Ab	$\dfrac{SSC}{SSb+SSAb+SS_{error}}$	$\dfrac{8.45}{4.8+42.2+97.6}=.058$
aB	$\dfrac{SSC}{SSa+SSaB+SS_{error}}$	$\dfrac{8.45}{101.4+42.2+97.6}=.035$
ab	$\dfrac{SSC}{SSa+SSb+SSab+SS_{error}}$	$\dfrac{8.45}{4.8+101.4+42.2+97.6}=.034$

Note：大寫字母代表操弄因子，小寫字母代表測量因子。

註：表中的對比效果值，可以利用筆者的對比分析計算表單（GES），輕鬆求得。

使用表 16-19 內之公式，研究者需分辨何者為焦點因素（target factor），何者為外圍因素（peripheral factor），效果值估計的對象因子為焦點因素。另外在多因子下，估計效果值時，必須審慎評估所涉及因子是本質因子（intrinsic factor）或外在因子（extrinsic factor）。外在因子通常為研究者操弄因子（manipulated factors），為外加到受試者身上的處理變項。本質因子在母群中為自然的變異因子或測量因子（measured factors），通常為分類因子，例如：性別、族別。假如外圍因素為研究者操弄的因子，研究者可以忽略其變異量；假如外圍因素為自然的變異因子，研究者須將其變異量納入總變異量中（Grissom & Kim, 2012）。細查一下表 6-19 中各公式的分母成分，應不難發現這些公式的基本運算邏輯。例如：研究設計中的操弄因子（大寫英文字母），相關的變異量就不應納入分母中，但組內誤差（SS_{error}）的變異量與操弄因子下對比的變異量則須納入分母中。

為利於讀者計算 A & B 並非完全為操弄因子之對比分析，將表 6-18 中的「教學氣氛」改設定為「性別」因子，因而 A 為操弄因子，B 為測量因子。依此研究設計，相關之 η_G^2 值呈現於最後一欄，有興趣的讀者可以利用筆者之 GES 計算表單，加以驗證。如與表 6-18 中各對比之 η_G^2 相對照，因為此例計算 η_G^2 的分母變大了，表 6-20 中各對比 η_G^2 值均變小了（例如：就 A 因子 C1 而言，.0015→.001，就 A 因子 C2 而言，.509→.4118）。

表 6-20 雙因子 ANOVA 報表 & η_G^2：含對比 SS

變異源	SS	df	MS	F	t	P	η_G^2
教學方法（A）	101.4	2	50.7	12.467		.000	.5095
C1：a1-a2,a3	0.15	1	0.15		.1925	.849	.001
C2：a2-a3	101.25	1	101.25		4.9895	.0000427	.4118
性別（B）	4.8	1	4.8	1.18		.288	.0332
A x B 交互作用	42.2	2	21.1	5.18		.013	.2918
C1：							
(a1-a2,a3)(b1,b2)	33.75	1	33.75		2.88	.008	.2334
C2：							
(a2-a3)(b1,b2)	8.45	1	8.45		1.44	.162	.0584
組內誤差	97.6	24	4.067				
Total	246	30					

註：A 為操弄因子，B 為測量因子。

三、通用 η_G^2 計算器（GES）之簡介

筆者開發之 GES（Generalized Effect Size）計算器之設計，旨在協助研究者進行主要效果值、交互作用效果值及對比（Contrast）效果值的計算：本分析程式的第一個表單（參見圖 6-17）係用以計算對比的離均差平方和，第二、三個表單（參見圖 6-18 之功能表單）係用以計算主要效果值、交互作用效果值及對比通用效果值的表單，但僅限於單因子 & 雙因子 ANOVA 設計。安裝時，請點擊 ，以開啟如圖 6-17 或圖 6-18 的操作介面。有些操作畫面或步驟已在前面介紹過，以下僅針對 GES 的主要操作表單進行簡介。

（一）計算對比 SS 的操作介面

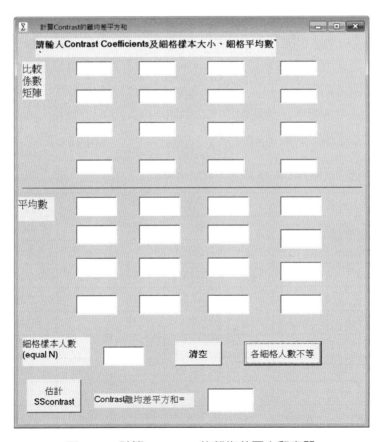

圖 6-17　計算 **Contrast** 的離均差平方和表單

由圖 6-17 可知，先備的資料爲比較係數、各組的平均數及樣本人數，如遇各組人數不等，請按下「各細格人數不等」按鈕，計算之。

（二）計算對比通用效果值

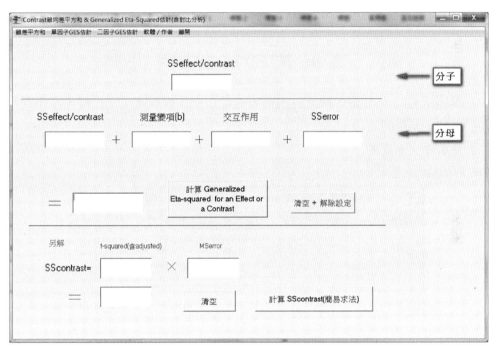

圖 6-18　計算對比通用效果值表單

由圖 6-18 可知，先備的資料爲各因子的離均差平方和（可透過圖 6-18 底部的簡易求法取得）。本軟體在研究者透過圖 6-19 ～圖 6-21，選定一個研究設計模式（如 Ab 設計）之後，即會自動幫您設定表單中，哪些空格之資訊，您必須輸入，不需要的空格資訊即會設定爲失效而無法輸入資料，讓使用者輕鬆完成估計。執行計算對比效果值之後，務必按下「清空＋解除設定」按鈕，再進行另一個對比效果值的計算。

四、GES 操作表單與研究設計

GES 操作表單主要有三：離均差平方和、單因子 GES 估計 & 雙因子 GES 估計，次表單則依研究設計而定，在單因子 GES 估計下有正交比較與非正交比較的選單，在雙因子 GES 估計下則有主要效果與交互作用的選單。

1. 單因子

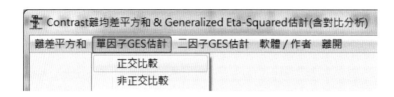

圖 6-19　單因子 **GES** 估計的表單

　　單因子 GES 估計時，研究者視需要進行正交比較或非正交比較，選擇所需要的表單，參見圖 6-19。

2. 雙因子主要效果

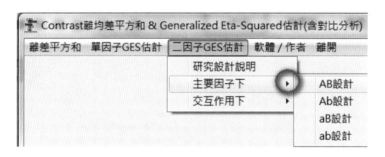

圖 6-20　雙因子主要效果之 **GES** 估計的表單

3. 雙因子交互作用

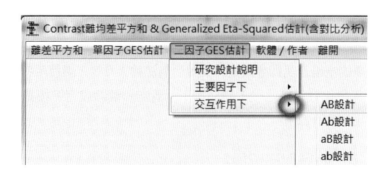

圖 6-21　雙因子交互作用之 **GES** 估計的表單

　　圖 6-20 & 圖 6-21 的二因子 GES 估計的表單設計，係根據表 6-19 的八種研究設計而規劃。

多變項分析的
效果值分析

♣ **本章內容旨在回答以下問題：**

一、多變項統計分析中，最常見的效果值指標有哪些？

二、η_p^2 值可透過 Wilks' Λ 求得嗎？

三、為何 Mahalanobis D^2 的平方根，相當於單變項標準化平均數差異值的指標？

四、Grissom & Kim（2012）為何推薦使用多變項 ω^2 當作效果值指標？

五、ω_{mult}^2 易產生高估現象，如何加以校正？

♣ **本章應用軟體：**

一、SPSS 統計套裝軟體

二、Real Statistics EXCEL 增益集

三、對比分析軟體：GES

在多變項統計分析中，最常見的效果值指標有三種（η_p^2、ω^2 & Mahalanobis D^2），前者爲樣本效果值，後兩者爲母群效果值。以下各節，首先定義這三種常用之效果值指標，接著將依單因子多變項、雙因子多變項 & 多變項混合設計等順序，利用實例說明如何獲得這三種常用之效果值指標。爲利於研究上的運用，除了 SPSS 統計分析軟體之外，文中將利用 Real Statistics Resource Pack（MANOVA 程式）免費軟體，說明如何估計效果值與報表的輸出。

一、常用效果值指標

（一）η_p^2

除了 ANOVA 之外，η_p^2（Partial η^2）也可作爲 MANOVA、MANCOVA 的效果值估計指標，其簡易估計公式如 7-1 所示：

$$\eta_p^2 = \frac{df_1 * F}{df_1 * F + df_2} \qquad \text{公式 7-1}$$

公式 7-1 中 df_1 爲組間自由度，df_2 爲組內自由度（或稱爲誤差項自由度），η_p^2 值在 MANOVA、MANCOVA 中，也可透過 Wilks'Λ 求得，參見公式 7-2：

$$\eta_p^2 = 1 - \Lambda^{\frac{1}{b}} \qquad \text{公式 7-2}$$

當只有兩組時，$b = 1$，$\eta_p^2 = 1 - \Lambda$。此時，η^2 亦可利用公式 7-3，轉換成 Cohen's d 值。

$$d = \sqrt{\frac{4\eta^2}{1 - \eta^2}} \qquad \text{公式 7-3}$$

公式 7-2 中，Wilks'Λ 的參數 b，其大小視依變項數目（k）或獨立變項組別數減一（$m - 1$）而定，看何者爲小即爲 b 的大小[min(k, m-1)]；或可利用公式 7-4 決定 b 之大小。

$$\text{假如 } k^2 + (m-1)^2 - 5 > 0，b = \sqrt{\frac{k^2(m-1)^2 - 4}{k^2 + (m-1)^2 - 5}}；\text{否則，} b = 1 \qquad \text{公式 7-4}$$

公式 7-4 中，k 為依變項個數，m 為組別數。

假如虛無假設為真，$df_1 = k(m-1)$，$df_2 = ab - c$（a、b、c 之參數定義，參見公式 7-4、公式 7-6 & 公式 7-7），根據 Wilks' Λ & 相關之自由度等參數，即可以算出 F 值，參見公式 7-5。

$$F = \frac{1 - \Lambda^{1/b}}{\Lambda^{1/b}} * \frac{df_2}{df_1} \sim F(df_1, df_2) \qquad \text{公式 7-5}$$

公式 7-5 中計算分母自由度（df_2）所需的 a & c 參數，可由公式 7-6 & 公式 7-7 求得：

$$a = n - m - \frac{k - m + 2}{2} \qquad \text{公式 7-6}$$

$$c = \frac{k(m-1) - 2}{2} \qquad \text{公式 7-7}$$

公式 7-6、公式 7-7 中，k 為依變項個數，m 為組別數，n 為總人數。

（二）Mahalanobis D^2

Mahalanobis D^2 的平方根，相當於單變項的標準化平均數差異值指標（Cohen's d 值 $= \frac{\bar{y}_1 - \bar{y}_2}{s}$），他們的定義型態相同，參見公式 7-8。當 $D^2 = .25 \sim .50$ 之間時，為小效果值；當 $D^2 = .50 \sim 1.0$ 之間，為中效果值；當 $D^2 \geq 1$ 時，為大效果值（Sapp, Obiakor, Gregas, & Scholze, 2007）。

$$D^2 = (\bar{y}_1 - \bar{y}_2)' S^{-1} (\bar{y}_1 - \bar{y}_2) \qquad \text{公式 7-8}$$

假設研究含有兩組及涉及兩個依變項，D^2 亦可以利用公式 7-9 求得。

$$D^2 = \frac{1}{1 - r_{12}^2} * (d_1^2 + d_2^2 - 2 * r_{12} * d_1 * d_2) \qquad \text{公式 7-9}$$

公式 7-9 中，d_1 & d_2 為在雙變項 y_1 & y_2 上，對比的單變項標準化平均數差異值，r_{12} 為雙變項的併組組內相關係數。

假設研究含有兩組以上及涉及兩個以上依變項，可以利用公式 7-10 求得。

$$D^2 = d'R^{-1}d \qquad\qquad 公式\ 7\text{-}10$$

公式 7-10 中，R 為併組組內相關矩陣，d 為對比的單變項標準化平均數差異值向量。

D^2 亦可透過 Wilks' Λ 求得，參見公式 7-11：

$$D^2 = \frac{df_{error} * (1 - \Lambda) * \Sigma\left(\frac{c_i^2}{n_i}\right)}{\Lambda} \qquad\qquad 公式\ 7\text{-}11$$

公式 7-11 中，$df_{error} = N_{total} - k$，$\Lambda$ 為來自簡單對比的 Λ，c_i^2 為對比係數的平方值。如為 3 群組之複雜的對比（complex contrast），可衍生出公式 7-12：

$$D^2 = \frac{(N_{total} - 3) * (1 - \Lambda) * \left[\frac{.5^2}{n_a} + \frac{.5^2}{n_b} + \frac{(-1)^2}{n_c}\right]}{\Lambda} \qquad\qquad 公式\ 7\text{-}12$$

注意上述透過 Wilks' Λ 取得之 Mahalanobis D^2，在不同研究設計間，D^2 可能不具有可比較性（Olejnik & Algina, 2000）。因此，可能的話，最好使用公式 7-9、公式 7-10 去計算（當 r_{12} 為正時，D^2 會下降；r_{12} 為負時，D^2 會上升），假如選用適當的併組組內相關矩陣（R），在不同研究設計間，D^2 就能具有可比較性。讀者欲進一步對 Mahalanobis D^2 深究的話，請再參閱 Grissom & Kim（2012）的效果值專書。

（三）ω^2

在 MANOVA、MANCOVA 分析中，Grissom & Kim（2012）曾推薦使用多變項 ω^2 & D^2（為母群效果值，偏差較小）當作效果值估計指標。本節將針對整體（overall）效果值 & 多變項對比效果值之公式，逐一介紹之。

1. 整體效果值分析

就整體效果值而言，可利用公式 7-13 計算之。

$$\omega^2_{mult} = 1 - \frac{N*\varLambda}{df_e + \varLambda}$$ 公式 7-13

公式 7-13 中，N 為樣本人數，$\varLambda$ 為 Wilks'lambda，而誤差項自由度定義如公式 7-14（假設有 3 個因子）。

$$df_e = N - k_a k_b k_c$$ 公式 7-14

公式 7-14 中，k_a 為因素 A 的層次，k_b 為因素 B 的層次，k_c 為因素 C 的層次；假如少於 3 個因素，不存在的因素的層次設定為 1（如：$k_a k_b 1$），假如超過 3 個因素，繼續連乘其餘因素之層次（如：$k_a k_b k_c k_d$）。Grissom & Kim（2012）也建議調整多變項 ω^2 以修正偏差，定義如公式 7-15：

$$\omega^2_{multadj} = \omega^2_{mult} - \left[\frac{(p^2 + q^2)(1 - \omega^2_{mult})}{3*N} \right]$$ 公式 7-15

公式 7-15 中，ω^2_{mult} 為未調整的多變項 ω^2，p 為依變項數，q 為處理效果的自由度，N 為樣本大小。當 ω^2 值小於 0 時，可設定為 0。公式 7-15 亦適用於 η^2_p，研究者只要將式中的 ω^2_{mult} 更換為 η^2_p 即可（Olejnik & Algina, 2000）。

2. 多變項對比（multivariate contrast）效果值分析

Grissom & Kim（2012）推薦使用多變項 ω^2 & D^2，D^2 之多元定義，如公式 7-8 ～ 公式 7-12 所示，而 ω^2 請參見公式 7-16 & 公式 7-17。

$$\omega^2_{mult} = 1 - \left[\frac{N_{contrast}*\varLambda}{df_{error} + \varLambda} \right]$$ 公式 7-16

公式 7-16 中，$df_{error} = N_{contrast} - K$（$K$ 為依變項數），$N_{contrast}$，涉及對比分析的樣本總人數（如簡單對比為：$N_{contrast} = n_a + n_b$）。

因為 ω^2_{mult} 易產生高估現象，如欲校正，請參用公式 7-17：

$$\omega^2_{multadj} = \omega^2_{mult} - \left[\frac{(p^2 + q^2)(1 - \omega^2_{mult})}{3*N_{contrast}} \right]$$ 公式 7-17

公式 7-17 中，p 為依變項數，q 為對比自由度（通常為 1）。不過，此校正公式也會因樣本過小而過度校正。

以下將依單因子多變項、雙因子多變項 & 多變項混合設計等順序，利用實例解說這三種常用效果值指標之計算與應用。

二、單因子多變項分析

本節統計分析，將利用 SPSS 及 Real Statistics，實例解說整體效果值 η_p^2、ω^2 & D^2 與其事後對比分析的過程及結果。

（一）SPSS 途徑

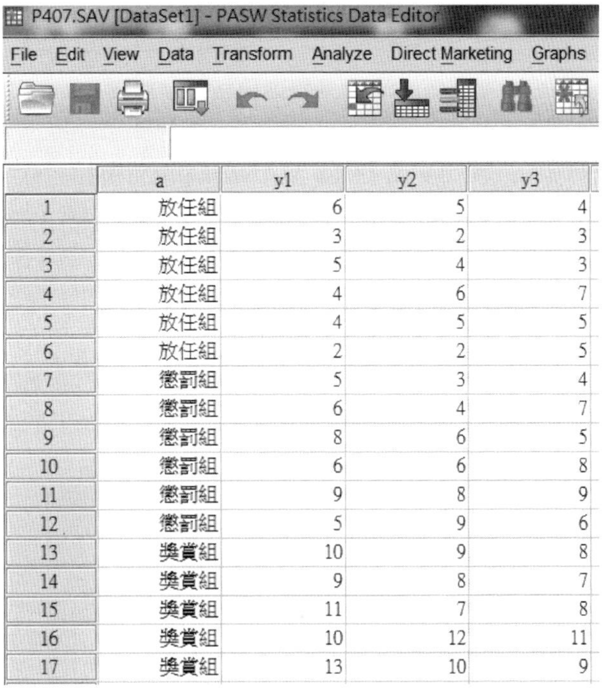

	a	y1	y2	y3
1	放任組	6	5	4
2	放任組	3	2	3
3	放任組	5	4	3
4	放任組	4	6	7
5	放任組	4	5	5
6	放任組	2	2	5
7	懲罰組	5	3	4
8	懲罰組	6	4	7
9	懲罰組	8	6	5
10	懲罰組	6	6	8
11	懲罰組	9	8	9
12	懲罰組	5	9	6
13	獎賞組	10	9	8
14	獎賞組	9	8	7
15	獎賞組	11	7	8
16	獎賞組	10	12	11
17	獎賞組	13	10	9

圖 7-1　實例解說資料：**SPSS** 檔案

圖 7-1 係實例解說的資料，取自林清山（1991），表 9-2-1：總人數 N = 17，組別數 K = 3，依變項數 P = 3。由圖 7-2 顯示：本例 Fixed Factor 之自變項（a）為實驗組別：放任組、懲罰組與獎賞組，依變項（Dependent Variables）為人格特質，含自主性、秩序性與客觀性（y1 ～ y3）。

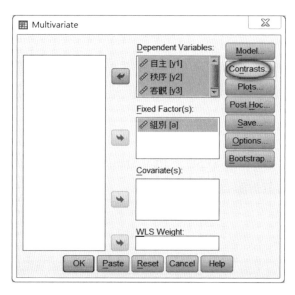

圖 7-2　**SPSS** 多變項分析設定視窗

　　依 照 公 式 7-13 之 定 義，整 體 MANOVA 效 果 值（ω^2）可 透 過 Λ、
N & df 求 得。因 而，以 下 將 利 用 SPSS 的 多 變 項 統 計 分 析 副 程 式：

，獲 得 Λ 以 求 取 效 果 值。圖 7-2 中 間 視 窗
中的設定，係根據圖 7-1 的相關變項，初步所需的多變項統計設定內容，包含依
變項（dependent variables）的選入與固定因素（fixed factor）的選擇。

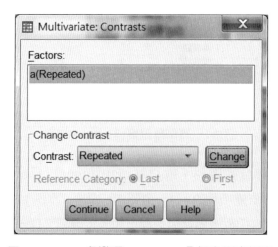

圖 7-3　**SPSS** 多變項 **Contrasts** 分析之設定視窗

接著，需打開圖 7-2 之比對「Contrasts」按鈕，以便開啟圖 7-3 之設定視窗。進行 Contrasts 分析設定（比較係數矩陣的選擇），本例選用重複比對（repeated contrasts），本例爲 3 組，因此重複比對將有第一組與第二組之對比分析 & 第二組與第三組之對比分析，參見圖 7-3 之設定。選定 Contrasts 分析設定之後，再按下「Change」&「Continue」按鈕。分析結果如表 7-1 ～表 7-4 所示，其中表 7-1 係基本描述統計報表，內含各依變項的平均數與標準差；表 7-2 係 SPSS 多變項統計分析報表；表 7-3 係在各依變項上之事後單變項變異數分析；而表 7-4 則爲單變項變異數分析之事後對比分析。

表 7-1　SPSS 基本描述統計報表

Descriptive Statistics

	組別	Mean	Std. Deviation	N
自主	放任組	4.00	1.414	6
	懲罰組	6.50	1.643	6
	獎賞組	10.60	1.517	5
	Total	6.82	3.087	17
秩序	放任組	4.00	1.673	6
	懲罰組	6.00	2.280	6
	獎賞組	9.20	1.924	5
	Total	6.24	2.840	17
客觀	放任組	4.50	1.517	6
	懲罰組	6.50	1.871	6
	獎賞組	8.60	1.517	5
	Total	6.41	2.293	17

由表 7-1 可知，本應用實例之總人數 $N = 17$，組別數 $K = 3$（放任組、懲罰組與獎賞組），依變項數 $P = 3$（自主、秩序與客觀）；表 7-2 則係 SPSS 多變項統計分析報表。

表 7-2　SPSS 多變項統計分析報表

Multivariate Tests[c]

Effect		Value	F	Hypothesis df	Error df	Sig.	Partial Eta Squared
Intercept	Pillai's Trace	.973	146.259[a]	3.000	12.000	.000	.973
	Wilks' Lambda	.027	146.259[a]	3.000	12.000	.000	.973
	Hotelling's Trace	36.565	146.259[a]	3.000	12.000	.000	.973
	Roy's Largest Root	36.565	146.259[a]	3.000	12.000	.000	.973
管教態度	Pillai's Trace	.833	3.092	6.000	26.000	.020	.416
	Wilks' Lambda	.189	5.205[a]	6.000	24.000	.001	.565
	Hotelling's Trace	4.182	7.666	6.000	22.000	.000	.676
	Roy's Largest Root	4.154	18.001[b]	3.000	13.000	.000	.806

根據表 7-2 的分析結果，利用公式 7-1，可求得 Wilks' Lambda 之多變項 η_p^2（Partial Eta Square）：

$$\eta_p^2 = \frac{df_1 * F}{df_1 * F + df_2} = \frac{5.205 * 6}{5.205 * 6 + 24} = \frac{31.23}{55.23} = .565$$

或利用公式 7-2：$\eta_p^2 = 1 - \Lambda^{\frac{1}{b}}$，也可求得 η_p^2。

利用公式 7-4，因為 $b = \sqrt{\frac{3^2 * (3-1)^2 - 4}{3^2 + (3-1)^2 - 5}} = 2$，所以可得：$\eta_p^2 = 1 - 1^{1/2} = 1 - \sqrt{.189} = 1 - .435 = .565$。

讀者如欲求得 ω^2，需先算出誤差項自由度為 (df_e)：$N - k_a = 17 - 3 * 1 = 14$（參見公式 7-14），再根據表 7-2 相關統計量，利用公式 7-13，可求得 ω^2：

$$\omega^2 = 1 - \frac{N * \Lambda}{df_e + \Lambda} = 1 - \frac{17 * .189}{14 + .189} = 1 - .226 = .774$$

因整體性的 MANOVA 分析結果，其 p 值為 .001（$\Lambda = .189$）& 效果值也蠻大的（$\omega^2 = .774$），研究者通常會繼續探究在各依變項上之事後單變項變異數分析，如表 7-3 所示。

表 7-3　在各依變項上之單變項變異數分析

Source	Dependent Variable	Type III Sum of Squares	df	Mean Square	F	Sig.	Partial Eta Squared
Corrected Model	自主	119.771[a]	2	59.885	25.639	.000	.786
	秩序	74.259[b]	2	37.129	9.486	.002	.575
	客觀	45.918[c]	2	22.959	8.414	.004	.546
Intercept	自主	834.769	1	834.769	357.393	.000	.962
	秩序	691.200	1	691.200	176.584	.000	.927
	客觀	720.300	1	720.300	263.984	.000	.950
管教態度	自主	119.771	2	59.885	25.639	.000	.786
	秩序	74.259	2	37.129	9.486	.002	.575
	客觀	45.918	2	22.959	8.414	.004	.546
Error	自主	32.700	14	2.336			
	秩序	54.800	14	3.914			
	客觀	38.200	14	2.729			
Total	自主	944.000	17				
	秩序	790.000	17				
	客觀	783.000	17				

　　利用公式 5-2，可求得自主性之 η^2：$\dfrac{119.771}{119.771+32.7}=\dfrac{119.771}{152.471}=.786$（$p=$ .000），其餘的依變項：秩序與客觀，同理可求得 η^2，參見表 7-3；至於自主、秩序與客觀等變項的事後對比分析，請參見表 7-4 的分析結果。

表 7-4　單變項變異數分析之 CONTRAST 分析結果：採取 Repeated Contrast 途徑

組別 Repeated Contrast		Dependent Variable		
		自主	秩序	客觀
Level 1 vs. Level 2	Contrast Estimate	-2.500	-2.000	-2.000
	Hypothesized Value	0	0	0
	Difference (Estimate - Hypothesized)	-2.500	-2.000	-2.000
	Std. Error	.882	1.142	.954
	Sig.	.013	.102	.055
	95% Confidence Interval for Difference　Lower Bound	-4.392	-4.450	-4.045
	Upper Bound	-.608	.450	.045
Level 2 vs. Level 3	Contrast Estimate	-4.100	-3.200	-2.100
	Hypothesized Value	0	0	0
	Difference (Estimate - Hypothesized)	-4.100	-3.200	-2.100
	Std. Error	.925	1.198	1.000
	Sig.	.001	.018	.054
	95% Confidence Interval for Difference　Lower Bound	-6.085	-5.769	-4.245
	Upper Bound	-2.115	-.631	.045

　　根據表 7-4 三個依變項的 p 值 & 自由度，可計算出 t 值（參見表 6-5），接著，研究者可用來計算事後考驗的效果值，計算細節請參閱第六章的單變項對比分析。至於 SPSS 的多變項對比分析 & 單變項對比分析，亦可透過表 7-5 SPSS 語法程式取得。表 7-5 的語法程式第二行：「CONTRAST（管教態度）= REPEATED」，旨在要求因素的每一層次（除了最後一個層次）與其後層次間之比較（Each level of the factor except the last is compared to the next level），此為非正交比較；第三行語法：「PARTITION（管教態度）」，旨在界定每一分割群的自由度（如未設定，內定為 1）；而第四行語法：「PRINT = SIGNIF（EFSIZE）PARAMETERS（EFSIZE）」，旨在要求效果值的輸出。根據表 7-5 的語法程式，即可獲得表 7-6 & 表 7-7 的 REPEATED 多變項對比 & 單變項對比分析的結果。

表 7-5　SPSS MANOVA 語法程式：REPEATED 對比分析

```
MANOVA Y1 Y2 Y3 BY 管教態度（1,3）
/CONTRAST（管教態度）= REPEATED
/PARTITION（管教態度）
/PRINT = SIGNIF（EFSIZE）PARAMETERS（EFSIZE）
/DESIGN = 管教態度（1），管教態度（2）.
```

表 7-6　多變項 & 單變項對比分析結果（第一個對比）：採取語法程式

```
EFFECT .. 管教態度(1)
Multivariate Tests of Significance (S = 1, M = 1/2, N = 5 )

Test Name       Value      Exact F    Hypoth. DF    Error DF    Sig. of F

Pillais        .42481     2.95416       3.00         12.00       .075
Hotellings     .73854     2.95416       3.00         12.00       .075
Wilks          .57519     2.95416       3.00         12.00       .075
Roys           .42481
Note.. F statistics are exact.
```

```
Multivariate Effect Size

TEST NAME     Effect Size

(All)            .42481
```

```
EFFECT .. 管教態度(1) (Cont.)
Univariate F-tests with (1,14) D. F.

Variable   Hypoth. SS   Error SS   Hypoth. MS   Error MS        F      Sig. of F   ETA Square

y1         18.75000     32.70000   18.75000     2.33571     8.02752     .013        .36443
y2         12.00000     54.80000   12.00000     3.91429     3.06569     .102        .17964
y3         12.00000     38.20000   12.00000     2.72857     4.39791     .055        .23904
```

表 7-6 中包含第一個對比的多變項 & 單變項對比分析結果，第一個對比的多變項效果值為 .42481，第一個對比的單變項（y1 ～ y3）效果值，依序為 .36443、.17964、.23904。因為各對比分析的自由度為 1，表 7-6 中 F 值開根號後即為 t 值，表 7-6 末欄位亦提供各個對比分析的效果值（η^2）。這些對比分析的效果值，其手算過程有兩種，茲依序說明如下：

以第一個單變項之 y1 對比分析在 y1 上的效果值（η^2）為例，可使用公式 7-1 求得：$\eta^2 = \dfrac{1*8.02752}{1*8.02752+14} = .36443$（公式 7-1）。

另外，研究者也可透過公式 6-1（$SS_{contrast} = t^2 \cdot MS_{error} = F \cdot MS_{error}$）求得。首先，需求得 $SS_{contrast} = 8.02752 * 2.336 = 18.7523$（數據取自表 7-6），此結果可在表 7-6 中 y1 的「Hypoth. SS」看到。據此，$\eta_p^2 = \dfrac{18.7523}{32.7+18.7523} = .3644$（參見公式 4-8），跟表 7-6 之分析結果（Eta Square）相同。研究者也可推估出在 y1 上之 Cohen's d：Cohen's $d = \dfrac{-2.50}{\sqrt{2.336}} = -1.636$（分母取自表 7-3 之 Mean Square & 分子取自表 7-4 之 Contrast Estimate）。

表 7-7 多變項 & 單變項對比分析結果（第二個對比）：採取語法程式

```
EFFECT .. 管教態度(2)
Multivariate Tests of Significance (S = 1, M = 1/2, N = 5 )

Test Name      Value      Exact F     Hypoth. DF    Error DF     Sig. of F

Pillais        .60352     6.08886     3.00          12.00        .009
Hotellings     1.52222    6.08886     3.00          12.00        .009
Wilks          .39648     6.08886     3.00          12.00        .009
Roys           .60352
Note.. F statistics are exact.

- - - - - - - - - - - - - - - - - - - - - - - - - - - - - - - - - - -
Multivariate Effect Size

TEST NAME     Effect Size

 (All)         .60352

- - - - - - - - - - - - - - - - - - - - - - - - - - - - - - - - - - -
EFFECT .. 管教態度(2) (Cont.)
Univariate F-tests with (1,14) D. F.

Variable   Hypoth. SS   Error SS   Hypoth. MS   Error MS      F      Sig. of F   ETA Square

y1         45.84545     32.70000   45.84545     2.33571   19.62802    .001       .58368
y2         27.92727     54.80000   27.92727     3.91429    7.13470    .018       .33758
y3         12.02727     38.20000   12.02727     2.72857    4.40790    .054       .23946
```

表 7-7 中包含第二個對比的多變項 & 單變項對比分析結果，第二個對比的多變項效果值（η^2）為 .60352，第二個對比的單變項（y1 ～ y3）效果值，依序為 .58368、.33758、.23946。因為各對比分析的自由度為 1，表 7-7 中 F 值開根號後即為 t 值，該表末欄位亦提供各個對比分析的效果值（ETA Square）。這些對比分析的效果值，其手算過程有兩種，茲依序說明如下：

以表 7-7 中之 Level 2 vs. Level 3 在 Y1 上的對比分析為例，利用公式 7-1 可求得：$\eta^2 = \dfrac{1 * 19.628}{1 * 19.628 + 14} = .5837$，其餘 Y2 & Y3 上之對比分析，其效果值的計算同理為之。

另外，研究者也可透過公式 6-1 求得：首先，需求得 $SS_{contrast} = 19.628 * 2.336 = 45.845$（參見表 7-7），此結果也可在表 7-7 中 y1 的「Hypoth. SS」看到。據此，$\eta_p^2 = \dfrac{45.845}{32.7 + 45.845} = .5837$（參見公式 4-8），跟表 7-7 之分析結果（Eta Square）相同。研究者也可推估出在 y1 上之 Cohen's $d = \dfrac{-4.1}{\sqrt{2.336}} = -2.68$（分母取自表 7-3 之 Mean Square & 分子取自表 7-4 之 Contrast Estimate）。

（二）EXCEL 增益集：Real Statistics

依照公式 7-12 之定義，整體 MANOVA 效果值（D^2）可透過 Λ & N 求得。同前一筆資料（圖 7-1），如欲進行計算 D^2 效果值及多變項對比分析，也可利用 Real Statistics Resource Pack EXCEL 增益集，其下載網址為：http://www.real-statistics.com/free-download/real-statistics-resource-pack/。

Real Statistics 的基本操作步驟，首先需打開圖 7-4 的「Data Analysis Tools」的主選單。

圖 7-4　**Real Statistics 增益集選單**

接著，點選圖 7-5 中的統計方法，圖中所點選出的是：單因子多變項統計
（Manova: One Factor）。

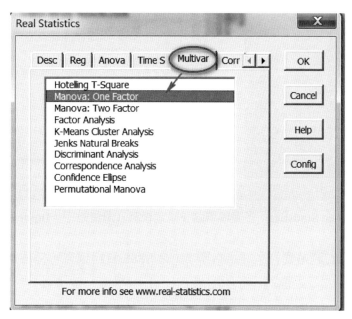

圖 7-5　**Real Statistics** 統計選單：多變項

其次，除了要備齊待分析之資料與名稱之外（參見圖 7-6 左側：SUBJECT,
Y1 ～ Y3），也需在圖 7-6 的設定視窗中，利用滑鼠或手動進行待分析資料
範圍的 Input Range 設定（A1：D18）、額外統計量輸出的設定（Significance
Analysis、Group Means、Contrast）& 結果輸出的起始細格之 Output Range 設定
（F2）。圖 7-6 右側輸入視窗中，請務必勾選「Contrast」以進行多變項對比分
析。

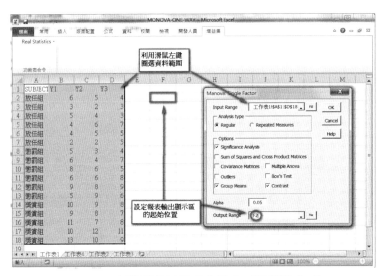

圖 7-6　**Real Statistics**：多變項單因子設定視窗（滑鼠設定「**Input Range**」）

　　圖 7-6 中的原始資料，亦出自圖 7-1 之 SPSS 資料檔案，係透過手動輸入，亦可透過事先建好之檔案，呼叫進來 EXCEL 表單中，參見圖 7-7，內含三個依變項 Y1 ～ Y3。

SUBJECT	Y1	Y2	Y3
1	6	5	4
1	3	2	3
1	5	4	3
1	4	6	7
1	4	5	5
1	2	2	5
2	5	3	4
2	6	4	7
2	8	6	5
2	6	6	8
2	9	8	9
2	5	9	6
3	10	9	8
3	9	8	7
3	11	7	8
3	10	12	11
3	13	10	9

圖 7-7　實例解說資料：**EXCEL** 檔案

註：SUBJECT 欄位之類別變項勿使用中文，否則 Real Statistics 會錯認組別順序，導致對比分析結果，有時會出現錯誤。

表 7-8　**Real Statistics** 單因子多變項分析報表

One-way MANOVA

	stat	F	df1	df2	p-value	part eta-sq
Pillai Trace	0.832757	3.091572	6	26	0.020224	0.416378608
Wilk's Lamb	0.188828	5.205072	6	24	0.001483	0.565456974
Hotelling Tr	4.181525	7.666129	6	22	0.000157	0.676455243
Roy's Lg Roo	4.154007					

　　因為表 7-8 中 Wilks' Λ 為 0.189（p < .01）達 .05 的顯著水準，可以繼續進行事後考驗。以下採用 repeated contrasts 比較為例，第一個對比之比較係數為（1、–1、0），第二個對比之比較係數為（0、–1、1），repeated contrasts 比較為非正交比較，請參閱表 7-9 & 表 7-10。具體言之，第一個多變項對比分析：旨在考驗第一組（自主）與第二組（秩序）平均數間之差異（$p = .075$），第二個多變項對比分析：旨在考驗第二組（秩序）與第三組（客觀）平均數間之差異（$p = .009$）。第一個對比之比較係數（1、–1、0），研究者需在表 7-9 中間的 Contrast 欄位下輸入此對比較係數，就可跑出對比之 Lambda 值（.575）及 D^2 效果值（3.45），參見表 7-9 右側；利用第二個對比之比較係數（0、–1、1），研究者需在表 7-10 中間的 Contrast 欄位下輸入此對比較係數，同樣可跑出對比之 Lambda 值（.396）及 D^2 效果值（7.81），參見表 7-10 右側。

表 7-9　**Real Statistics**：多變項單因子描述統計 & 多變項 **Contrast** 分析結果（一）

	Y1	Y2	Y3	Count		Contrast		H-contrast				Wilks	0.575195
1	4	4	4.5	6		1		18.75	15	15		# sample	17
2	6.5	6	6.5	6		-1		15	12	12		# dep	3
3	10.6	9.2	8.6	5		0		15	12	12		# indep	3
Total	6.823529	6.235294	6.411765	17								df1	3
								E				df2	12
c^2/n				0.333333				32.7	15.4	7.7		F	2.954164
mean	-2.5	-2	-2					15.4	54.8	27.4		p-value	0.075447
s.e.	0.882367	1.142262	0.95369					7.7	27.4	38.2		effect	3.446525

　　利用公式 7-11 加以驗證：

$$D^2 = \frac{df_{error} * (1 - \Lambda) * \Sigma\left(\frac{c_i^2}{n_i}\right)}{\Lambda} = \frac{(17 - 3) * (1 - .575195) * .333333}{.575195} = \frac{1.98242}{.575195} = 3.44652$$

利用公式 7-13，可求得整體效果值：

$$\omega_{mult}^2 = 1 - \left[\frac{N_{contrast} * \Lambda}{df_{error} + \Lambda} \right] = 1 - \left[\frac{12 * .575195}{(12 - 3) + .575195} \right] = 1 - \frac{6.90}{9.575195} = 1 - .72 = .28$$

利用公式 7-15，可求得 ω^2 校正值：

$$\omega_{multadj}^2 = \omega_{mult}^2 - \left[\frac{(p^2 + q^2)(1 - \omega_{mult}^2)}{3 * N_{contrast}} \right] = .28 - \frac{(9 + 1) * (1 - .28)}{3 * 12} = .28 - \frac{7.2}{36} = .08$$

上式中，p 為依變項數，等於 3，q 為對比自由度，$N_{contrast}$ 為涉及對比分析的總樣本人數。表 7-9 顯示第一個對比分析結果：自主與秩序這兩組在三個依變項上之差異未達 .05 之顯著水準（$p = .075$），但 D^2 效果值（3.44652）大於 1，屬大效果。表 7-10 顯示第二個對比分析結果：自主與秩序這兩組在三個依變項上之差異已達 .05 之顯著水準（$p = .009$），且 D^2 效果值（7.814）大於 1，屬大效果。研究者可繼續進行自主與秩序這兩組在各單一變項上之事後考驗，請利用表 7-4 中各依變項的 p 值與相關自由度，計算事後考驗之效果值，計算方法請參閱第六章說明。其實，有很多時候，單變項對比（univariate contrast）分析及其效果值，會比多變項對比分析及其效果值來得更有應用價值。在顯著的 MANOVA 分析之後，可以繼續進行單變項的 ANOVA 分析，以進行單變項對比分析及其效果值的估計。

表 7-10　Real Statistics：多變項單因子描述統計 & 多變項 Contrast 分析結果（二）

	Y1	Y2	Y3	Count		Contrast		H-contrast				Wilks	0.396477
1	4	4	4.5	6		0		45.84545	35.78182	23.48182		# sample	17
2	6.5	6	6.5	6		-1		35.78182	27.92727	18.32727		# dep	3
3	10.6	9.2	8.6	5		1		23.48182	18.32727	12.02727		# indep	3
Total	6.823529	6.235294	6.411765	17								df1	3
								E				df2	12
c^2/n					0.366667			32.7	15.4	7.7		F	6.088865
mean	4.1	3.2	2.1					15.4	54.8	27.4		p-value	0.009249
s.e.	0.925434	1.198014	1.000238					7.7	27.4	38.2		effect	7.814043

利用公式 7-10 加以驗證：

$$D^2 = \frac{df_{error} * (1 - \Lambda) * \Sigma\left(\frac{c_i^2}{n_i}\right)}{\Lambda} = \frac{(17 - 3) * (1 - .396477) * .366667}{.396477} = \frac{3.09809}{.396477} = 7.81404$$

利用公式 7-13，可求得整體效果值：

$$\omega^2_{mult} = 1 - \left[\frac{N_{contrast} * \Lambda}{df_{error} + \Lambda}\right] = 1 - \left[\frac{11 * .194762}{(11-3) + .194762}\right] = 1 - \frac{2.142}{8.194762} = 1 - .26 = .74$$

利用公式 7-15，可求得 ω^2 校正值：

$$\omega^2_{multadj} = \omega^2_{mult} - \left[\frac{(p^2 + q^2)(1 - \omega^2_{mult})}{3 * N_{contrast}}\right] = .74 - \frac{(9+1)*(1-.74)}{3*11} = .74 - \frac{2.6}{33} = .74 - .08 = .66$$

另外，如欲獲得 η^2_p，研究者可利用公式 7-2（$\eta^2_p = 1 - \Lambda^{\frac{1}{b}}$）求得。本例因 b = 1，所以 $\eta^2_p = 1 - .396477 = .603523$，參見表 7-7 中之多變項效果值。

三、雙因子多變項分析

本節仍依 SPSS & Real Statistics 之分析途徑，利用圖 7-8 之 SPSS 資料，逐一實例解說雙因子多變項對比分析 & 單變項對比分析效果值的計算過程與結果。

（一）SPSS 途徑

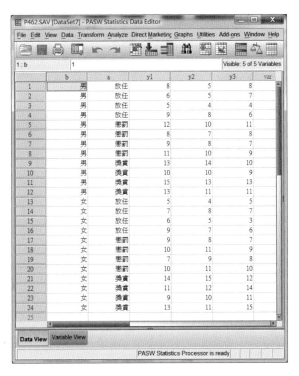

圖 7-8　實例解說資料：SPSS 檔案

註：資料取自林清山（1991），多變項統計，表 10-1-2。

圖 7-8 之 SPSS 資料，係三種教師管教方式（a）：放任、懲罰與獎賞，對於男、女學生（b）在自主（y1）、秩序（y2）與客觀（y3）等三個依變項上之影響，本研究屬雙因子（組別 & 性別）MANOVA 設計。SPSS 資料分析的操作順序，簡單說明如下。

SPSS 介面操作過程：Analyzed → General Linear Model → Multivariate ...，接著就可開啟圖 7-9 與圖 7-10 的視窗，以便輸入兩個自變項（a & b）與三個依變項（y1 ~ y3）的名稱，並點開「Contrasts」&「Options」，進行對比分析與描述統計分析報表之設定。在 Options 的視窗內，請務必勾選「Estimates of effect size」，以便輸出如表 7-12 的 η_p^2 效果值指標。

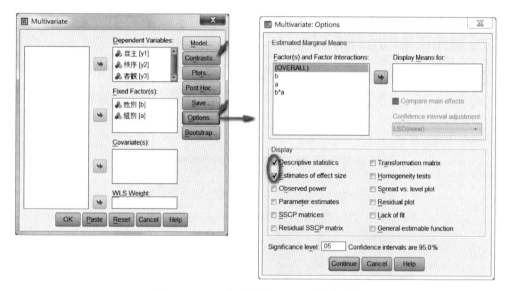

圖 7-9　SPSS 雙因子多變項輸入視窗

圖 7-10 中阿拉伯數字 1 ~ 5 之序號，係多變項對比分析在雙因子上之設定視窗的具體操作步驟。就性別（b）而言，此「repeated contrasts」對比在進行男、女之比較；就組別（a）而言，因為有三組，所以「repeated contrasts」即表示將進行第一組與第二組之對比分析以及第二組與第三組之對比分析。

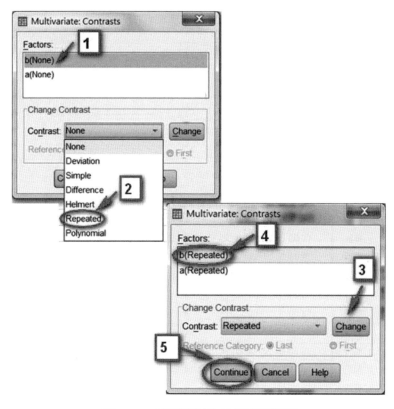

圖 7-10　多變項對比分析設定視窗

　　接著，按下「Continue」回到圖 7-9 左側之視窗介面，按下「OK」鈕，之後即可獲得表 7-11 ～表 7-14 的 SPSS 報表。

表 7-11　**SPSS 描述統計分析摘要表**

	姓別	組別	平均數	標準離差	個數
自主	男	放任	7.00	1.826	4
		懲罰	10.00	1.826	4
		獎賞	12.75	2.062	4
		總數	9.92	2.999	12
	女	放任	6.75	1.708	4
		懲罰	9.00	1.414	4
		獎賞	11.75	2.217	4
		總數	9.17	2.691	12

表 7-11 （續）

	總數	放任	6.88	1.642	8
		懲罰	9.50	1.604	8
		獎賞	12.25	2.053	8
		總數	9.54	2.813	24
秩序	男	放任	5.50	1.732	4
		懲罰	8.75	1.500	4
		獎賞	12.00	1.826	4
		總數	8.75	3.166	12
	女	放任	6.00	1.826	4
		懲罰	9.75	1.500	4
		獎賞	12.00	2.160	4
		總數	9.25	3.079	12
	總數	放任	5.75	1.669	8
		懲罰	9.25	1.488	8
		獎賞	12.00	1.852	8
		總數	9.00	3.065	24
客觀	男	放任	6.25	1.708	4
		懲罰	8.75	1.708	4
		獎賞	10.75	1.708	4
		總數	8.58	2.466	12
	女	放任	5.25	1.708	4
		懲罰	8.50	1.291	4
		獎賞	13.00	1.826	4
		總數	8.92	3.630	12
	總數	放任	5.75	1.669	8
		懲罰	8.63	1.408	8
		獎賞	11.88	2.031	8
		總數	8.75	3.040	24

　　表 7-11 係 SPSS 描述統計分析的摘要表（對比分析的主要依據），顯示此分析包含兩個獨立變項（性別 & 管教方式）及三個依變項（y1 ～ y3），總人數為 24 人；表 7-12 係 SPSS 雙因子多變項統計分析的報表，SPSS 表中亦提供了主要效果與交互作用的 η_p^2。此外，根據表 7-12 中的自由度與 Λ，利用公式 7-13 即可計算出 ω^2，詳見以下實例說明。

表 7-12 **SPSS** 雙因子多變項統計分析報表

Effect		Value	F	Hypothesis df	Error df	Sig.	Partial Eta Squared
Intercept	Pillai's Trace	.980	266.012[a]	3.000	16.000	.000	.980
	Wilks' Lambda	.020	266.012[a]	3.000	16.000	.000	.980
	Hotelling's Trace	49.877	266.012[a]	3.000	16.000	.000	.980
	Roy's Largest Root	49.877	266.012[a]	3.000	16.000	.000	.980
性別	Pillai's Trace	.339	2.738[a]	3.000	16.000	.078	.339
	Wilks' Lambda	.661	2.738[a]	3.000	16.000	.078	.339
	Hotelling's Trace	.513	2.738[a]	3.000	16.000	.078	.339
	Roy's Largest Root	.513	2.738[a]	3.000	16.000	.078	.339
管教態度	Pillai's Trace	.852	4.204	6.000	34.000	.003	.426
	Wilks' Lambda	.180	7.245[a]	6.000	32.000	.000	.576
	Hotelling's Trace	4.386	10.965	6.000	30.000	.000	.687
	Roy's Largest Root	4.346	24.625[b]	3.000	17.000	.000	.813
性別 * 管教態度	Pillai's Trace	.384	1.345	6.000	34.000	.265	.192
	Wilks' Lambda	.636	1.352[a]	6.000	32.000	.264	.202
	Hotelling's Trace	.540	1.349	6.000	30.000	.267	.213
	Roy's Largest Root	.473	2.681[b]	3.000	17.000	.080	.321

以下逐一針對多變項的雙因子主要效果與交互作用效果的 η_p^2 & ω^2，實例解說其演算的過程與結果。

1. 就管教態度 a 因子而言

(1) $\eta_p^2 = \dfrac{7.245 * 6}{7.245 * 6 + 32} = \dfrac{43.47}{75.47} = .576$（參見公式 7-1），也可由公式 7-2 求得：

$$\eta_p^2 = 1 - \Lambda^{\frac{1}{b}}$$

上式中，$b = \sqrt{\dfrac{3^2 * (3-1)^2 - 4}{3^2 + (3-1)^2 - 5}} = 2$，因而 $\eta_p^2 = 1 - \Lambda^{\frac{1}{2}} = 1 - \sqrt{.180} = 1 - .424 = .576$。

(2) $\omega^2 = 1 - \dfrac{N * \Lambda}{df_e + \Lambda}$（參見公式 7-13）

上式中，$df_e = 24 - 3 * 2 = 18$（參見公式 7-14），因而 $\omega^2 = 1 - \dfrac{24 * .18}{18 + .18} = 1 - .238 = .762$

2. 就性別 b 因子而言

(1) $\eta_p^2 = \dfrac{2.738 * 3}{2.738 * 3 + 16} = \dfrac{8.214}{24.214} = .339$（參見公式 7-1），也可由公式 7-2 求得：

$$\eta_p^2 = 1 - \Lambda^{\frac{1}{b}}$$

上式中，$b = \sqrt{\dfrac{3^2 * (2-1)^2 - 4}{3^2 + (2-1)^2 - 5}} = 1$，因而 $\eta_p^2 = 1 - \Lambda^{\frac{1}{1}} = 1 - .661 = .339$。

因為 $b = 1$，η^2 亦可利用公式 7-3，轉換成 Cohen's d 值：$d^2 = \dfrac{4 * .339}{1 - .339} = \dfrac{1.356}{.661}$ $= 2.051$，可以導出：$d = 1.43$

(2) $\omega^2 = 1 - \dfrac{N * \Lambda}{df_e + \Lambda}$（參見公式 7-13）

上式中，$df_e = 24 - 3 * 2 = 18$，因而 $\omega^2 = 1 - \dfrac{24 * .661}{18 + .661} = 1 - .85 = .15$。

3. 就交互作用而言

(1) 利用公式 7-1，$\eta_p^2 = \dfrac{1.352 * 6}{1.352 * 6 + 32} = \dfrac{8.112}{40.112} = .202$，也可由公式 7-2：$\eta_p^2 = 1 - \Lambda^{\frac{1}{b}}$ 求得：

上式中，$b = \sqrt{\dfrac{3^2 * ((3-1) * (2-1))^2 - 4}{3^2 * ((3-1) * (2-1))^2 - 5}} = 2$，所以可求得：$\eta_p^2 = 1 - \Lambda^{\frac{1}{2}} = 1 - \sqrt{.636}$ $= 1 - .797 = .203$。

(2) $\omega^2 = 1 - \dfrac{N * \Lambda}{df_e + \Lambda}$（參見公式 7-13）

上式中，$df_e = 24 - 3 * 2 = 18$，因而 $\omega^2 = 1 - \dfrac{24 * .636}{18 + .636} = 1 - .819 = .181$

由表 7-12 可知：因為多變項交互作用未達 .05 顯著水準（$p = .264$），不需要進行交互作用的分析，研究者只需要直接進行在各依變項上之主要效果分析即可，參見表 7-13。

根據表 7-13，以自主變項為例，逐一針對單變項的雙因子主要效果與交互作用效果的 η_p^2 & ω^2，說明其演算的過程與結果如下：

1. 就管教態度 a 因子在自主效果而言

利用公式 5-7，可求得 $\eta_p^2 = \dfrac{SSA}{SSA + SS_{error}} = \dfrac{115.583}{115.583 + 62.25} = \dfrac{115.583}{177.833} = .650$，反映出效果值甚大，$p$ 值（.000）亦低於 .05 之顯著水準，亦即管教態度具有顯著差異現象。由於管教態度 a 因子在自主效果上具有顯著效果（$p = .000$, $\eta_p^2 = .650$），可以繼續進行事後考驗，分析結果參見表 7-14 在自主變項上的兩個對比分析結果。

表 7-13　在各依變項（**y1** ～ **y3**）上之單變項變異數分析

Source	Dependent Variable	Type III Sum of Squares	df	Mean Square	F	Sig.	Partial Eta Squared
Corrected Model	自主	119.708[a]	5	23.942	6.923	.001	.658
	秩序	159.500[b]	5	31.900	10.163	.000	.738
	客觀	162.500[c]	5	32.500	11.700	.000	.765
Intercept	自主	2185.042	1	2185.042	631.819	.000	.972
	秩序	1944.000	1	1944.000	619.327	.000	.972
	客觀	1837.500	1	1837.500	661.500	.000	.974
性別	自主	3.375	1	3.375	.976	.336	.051
	秩序	1.500	1	1.500	.478	.498	.026
	客觀	.667	1	.667	.240	.630	.013
管教態度	自主	115.583	2	57.792	16.711	.000	.650
	秩序	157.000	2	78.500	25.009	.000	.735
	客觀	150.250	2	75.125	27.045	.000	.750
性別 * 管教態度	自主	.750	2	.375	.108	.898	.012
	秩序	1.000	2	.500	.159	.854	.017
	客觀	11.583	2	5.792	2.085	.153	.188
Error	自主	62.250	18	3.458			
	秩序	56.500	18	3.139			
	客觀	50.000	18	2.778			
Total	自主	2367.000	24				
	秩序	2160.000	24				
	客觀	2050.000	24				

2. 就性別 b 因子在自主效果而言

利用公式 5-9，可求得 $\eta_p^2 = \dfrac{SSB}{SSB + SS_{error}} = \dfrac{3.375}{3.375 + 62.25} = \dfrac{3.375}{65.625} = .051$，反映出效果值微小，$p$ 值（.336）亦遠大於 .05 之顯著水準，亦即無性別差異現象。利用公式 6-1（$SS_{contrast} = t^2 * MS_{error}$）& 表 7-16 的 t 考驗表中的數據，也可間接求得 η_p^2；例如：$.98788^2 * 3.4583 = .976 * 3.4583 = 3.375$，此值等於表 7-16 中性別在 y1 上的「Hypoth. SS」。因而可求得：$\eta_p^2 = \dfrac{3.375}{3.375 + 62.25} = .051$。

3. 就交互作用在自主效果而言

利用公式 5-11，可求得 $\eta_p^2 = \dfrac{SSAB}{SSAB + SS_{error}} = \dfrac{.750}{.750 + 62.25} = \dfrac{.750}{63} = .012$，反映出效果值微乎其微，$p$ 值（.898）亦遠大於 .05 之顯著水準，亦即無交互作用現象。

4. 事後對比分析

表 7-14 係管教態度因子，在各依變項上之事後對比考驗的摘要表，表中的 Contrast Estimate 係不同管教態度在依變項上之平均數差異值，例如：

懲罰 & 獎賞（Level 2 vs. Level 3）在自主變項上的平均數差量為 $-.275$（$9.50 - 12.25$，參見表 7-11）。研究者可利用此表之數據，計算事後對比考驗的效果值。當變異數具同質性時（可利用公式 3-10（$t = \dfrac{\bar{x}_1 - \bar{x}_2}{\sqrt{S^2_{pooled}\left(\dfrac{1}{n_1} + \dfrac{1}{n_2}\right)}}$）的分母，進行 SE 的估計），表 7-14 中三個依變項的 SE（Std. Error），係使用表 7-13 的 error term（3.458、3.139、2.778）估計而得。以自主變項為例，

$$SE = \sqrt{3.458 * \left(\frac{1}{8} + \frac{1}{8}\right)} = \sqrt{.8645} = .930 \text{。}$$

表 7-14　管教態度因子在各依變項（**y1 ~ y3**）上之事後對比考驗

CustomHypothesisTests#2

Contrast Results (K Matrix)

組別 Repeated Contrast		Dependent Variable		
		自主	秩序	客觀
Level 1 vs. Level 2	Contrast Estimate	-2.625	-3.500	-2.875
	Hypothesized Value	0	0	0
	Difference (Estimate - Hypothesized)	-2.625	-3.500	-2.875
	Std. Error	.930	.886	.833
	Sig.	.011	.001	.003
	95% Confidence Interval for Difference　Lower Bound	-4.578	-5.361	-4.626
	Upper Bound	-.672	-1.639	-1.124
Level 2 vs. Level 3	Contrast Estimate	-2.750	-2.750	-3.250
	Hypothesized Value	0	0	0
	Difference (Estimate - Hypothesized)	-2.750	-2.750	-3.250
	Std. Error	.930	.886	.833
	Sig.	.008	.006	.001
	95% Confidence Interval for Difference　Lower Bound	-4.703	-4.611	-5.001
	Upper Bound	-.797	-.889	-1.499

註：Level 1 vs. Level 2 表放任 vs. 懲罰，Level 2 vs. Level 3 表懲罰 vs. 獎賞。

　　依據表 7-14 的重複對比分析結果顯示：放任與懲罰兩組間及懲罰與獎賞兩組間在自主、秩序 & 客觀上，均具有顯著效果（$p < .05$）。以放任與懲罰在自主變項上為例，讀者可根據該表相關數據求得 t 值：$-\dfrac{2.625}{.930} = -2.823$。因而可使

用公式 7-1 求得：$\eta_p^2 = \dfrac{1*(-2.823)^2}{1*(-2.823)^2+16} = \dfrac{7.969}{23.969} = .3325$，請比對表 7-16 的管教態度分析結果（$df_1 = 1$, $df_2 = 16$）。其餘秩序（y2）與客觀（y3）上之效果值計算，請讀者自行同法類推。研究者也可利用 SPSS 的多變項 & 單變項對比分析，或透過表 7-15 之 SPSS 語法程式進行分析，分析結果與表 7-16 完全相同。

表 7-15　SPSS MANOVA 語法程式：Repeated 對比分析

```
MANOVA Y1 Y2 Y3 BY 性別（1,2）管教態度（1,3）
/CONTRAST（管教態度）= REPEATED
/PARTITION（管教態度）
/DESIGN = 管教態度（1），管教態度（2）
/PRINT = PARAMETER（EFSIZE）CELLINFO（MEANS, COV）.
```

表 7-16　單變項對比分析：y1

EFFECT .. 性別 (Cont.)
Univariate F-tests with (1,18) D. F.

Variable	Hypoth. SS	Error SS	Hypoth. MS	Error MS	F	Sig. of F	ETA Square
y1	3.37500	62.25000	3.37500	3.45833	.97590	.336	.05143
y2	1.50000	56.50000	1.50000	3.13889	.47788	.498	.02586
y3	.66667	50.00000	.66667	2.77778	.24000	.630	.01316

Estimates for y1
--- Individual univariate .9500 confidence intervals

性別

Parameter	Coeff.	Std. Err.	t-Value	Sig. t	Lower -95%	CL- Upper	ETA Sq.
2	.3750000000	.37960	.98788	.33631	-.42251	1.17251	.05749

管教態度

Parameter	Coeff.	Std. Err.	t-Value	Sig. t	Lower -95%	CL- Upper	ETA Sq.
3	-2.6250000000	.92983	-2.82310	.01126	-4.57850	-.67150	.33250
4	-2.7500000000	.92983	-2.95753	.00843	-4.70350	-.79650	.35346

性別 BY 管教態度

Parameter	Coeff.	Std. Err.	t-Value	Sig. t	Lower -95%	CL- Upper	ETA Sq.
5	-.3750000000	.92983	-.40330	.69148	-2.32850	1.57850	.01006
6	.0000000000	.92983	.00000	1.00000	-1.95350	1.95350	.00000

註：表中 y1 為自主自變項，Parameter 3 係指 Level 1 vs. Level 2（放任與懲罰）的對比分析，Parameter 4 係指 Level 2 vs. Level 3（懲罰與獎賞）的對比分析。

表 7-16 中各依變項的 t 值（t-value），可進而用來計算事後考驗的效果值，例如：以管教態度之 Level 2 vs. Level 3 在 y1 上之對比分析為例（參見表 7-16 管教態度的第二個對比分析，其 t 值為 -2.95753），其 η_G^2 & η_p^2 的估計過程說明如下：

$$SS_{contrast} = (-2.95753)^2 * 3.458 = 30.247 \text{（參見公式 6-1 & 表 7-13）}$$

$$\eta_G^2 = \frac{30.247}{62.250 + 30.247 + 3.375 + .75} = .313 \text{（參見公式 4-4 & 表 7-13，注意性別為}$$

測量變項，3.375 & .75 必須加入分母中），可以透過 GES 軟體快速計算出來，參見圖 7-11 的 GES 計算表單。

至於，$\eta_p^2 = \frac{1 * (-2.95753)^2}{1 * (-2.95753)^2 + 16} = \frac{8.747}{24.747} = .35346$（使用公式 7-1 求得，$df_1 = 1$，$df_2 = 16$）。另外，利用表 7-13 & 表 7-16 之相關資訊，亦可算出 Cohen's d，以便進行整合分析：Cohen's $d = \frac{-2.75}{\sqrt{3.458}} = -1.48$。

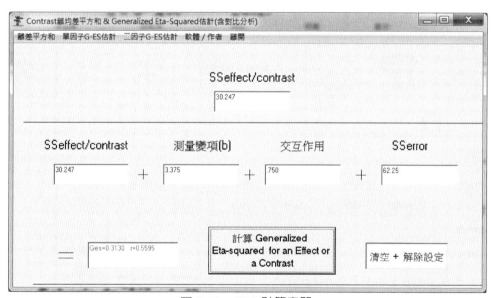

圖 7-11　GES 計算表單

（二）EXCEL 增益集：Real Statistics

如欲繼續進行雙因子多變項對比分析及計算 D^2，也可利用 Real Statistics Resource Pack EXCEL 程式分析之。Real Statistics 的操作步驟：增益集→ Real

Statistics → Data Analysis Tools → Mutivar → Manova: Two Factors，參見圖 7-12。
設定好圖 7-12 中的資料輸入與輸出欄位（Input Range & Output Range），並在
「Options」下勾選待輸出的統計量，按下「OK」鈕，就可獲得圖 7-13 右側的統
計分析報表。

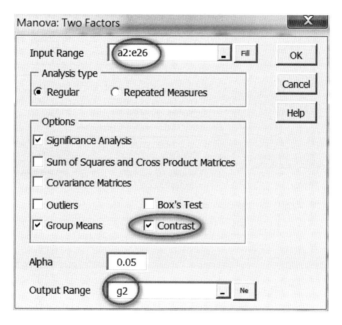

圖 7-12　**Real Statistics**：多變項雙因子設定視窗

　　圖 7-13 右側報表中，fact AB 顯示：三種教師管教態度與性別在學生的自主
（y1）、秩序（y2）與客觀（y3）上，並無顯著的交互作用現象（Λ = .636，p
= .264），因而研究者可以直接檢視主要效果。就性別（fact A）而言，Wilk's Λ
= .66，其效果值為 .339，p 值（.078）大於 .05 之顯著水準，亦即無性別差異現
象；但就管教態度（fact B）而言，Wilk's Λ = .180，p 值（.000）則低於 .05 之
顯著水準，具有顯著差異現象。因為交互作用（fact AB）未達 .05 顯著水準，本
來是不需要進行以下交互作用的事後考驗（多變項對比考驗），但為了讓讀者
能處理各種實況，乃繼續示範對比分析的操作過程與方法。進行對比分析時，
研究者需在表 7-17 & 表 7-18 中間的 Contrast 欄位下輸入比較係數，其中表 7-17
係主要效果性別的對比分析（比較係數為 1、1、1、−1、−1、−1）結果，而表
7-18 係男、女生在懲罰上之交互作用效果的對比分析（比較係數為 0、1、0、
0、−1、0）結果。

圖 7-13　Real Statistics 多變項雙因子分析報表

註：SEX、ATTITUDE 欄位下之類別變項請勿使用中文，否則 Real Statistics 會錯認組別順序，導致對比分析結果有時會誤植。ATTITUDE 欄位下之數字，1 代表放任，2 代表懲罰，3 代表獎賞。

表 7-17　性別主要效果的對比分析結果

		Y1	Y2	Y3	Count		Contrast		Interaction-contrast				Wilks	0.660774
1	1	7	5.5	6.25	4		1		3.375	-2.25	-1.5		# sample	24
1	2	10	8.75	8.75	4		1		-2.25	1.5	1		# dep	3
1	3	12.75	12	10.75	4		1		-1.5	1	0.666667		# indep	6
2	1	6.75	6	5.25	4		-1						df1	3
2	2	9	9.75	8.5	4		-1		Res				df2	16
2	3	11.75	12	13	4		-1		62.25	46	35		F	2.738005
	Total	9.541667	9	8.75	24				46	56.5	22.75		p-value	0.077714
									35	22.75	50		effect	13.86115
c^2/n					1.5									
mean		2.25	-1.5	-1										
s.e.		2.277608	2.169869	2.041241										

　　由表 7-17 可知：因為性別只有兩組，性別間之差異考驗結果與表 7-12 的 SPSS 分析結果相同（$\Lambda = .661, p = .078$），D^2 為 13.86，其 $\eta_p^2 = .339$，屬大效果，可能係因樣本過小導致 p 值未小於 .05。

表 7-18　交互作用效果之對比分析考驗：男、女學生間在懲罰上之對比分析

Group Means and Interaction Contrasts							Contrast		Interaction-contrast				Wilks	0.756844
		Y1	Y2	Y3	Count									
1	1	7	5.5	6.25	4		0		2	-2	0.5		# sample	24
1	2	10	8.75	8.75	4		1		-2	2	-0.5		# dep	3
1	3	12.75	12	10.75	4		0		0.5	-0.5	0.125		# indep	6
2	1	6.75	6	5.25	4		0						df1	3
2	2	9	9.75	8.5	4		-1	Res					df2	16
2	3	11.75	12	13	4		0		62.25	46	35		F	1.713473
	Total	9.541667	9	8.75	24				46	56.5	22.75		p-value	0.204391
									35	22.75	50		effect	2.891486
c^2/n					0.5									
mean		1	-1	0.25										
s.e.		1.314978	1.252775	1.178511										

表 7-18 係交互作用效果之對比分析考驗：教師採用懲罰管教方式時，在自主、秩序與客觀（y1 ～ y3）上，男、女學生間的對比分析結果，分析結果顯示未具有顯著差異（Λ = .757, p = .204, D^2 = 2.89），D^2 大於 1，屬大效果，可能係因樣本過小導致 p 值並未小於 .05。

四、混合模式 MANOVA 設計

利用圖 7-14 的數據，本節仍依 SPSS & Real Statistics 之分析途徑，逐一說明多變項對比分析 & 單變項對比分析效果值的計算過程與結果。

（一）SPSS 途徑

圖 7-14 中 SPSS 資料，係取自林清山（1991）多變項分析統計法，該資料為雙因子混合設計，其中一個因素（組別：實驗組與控制組）來自獨立樣本，另一個因素為重複量數（記憶成績，y1 ～ y4）。

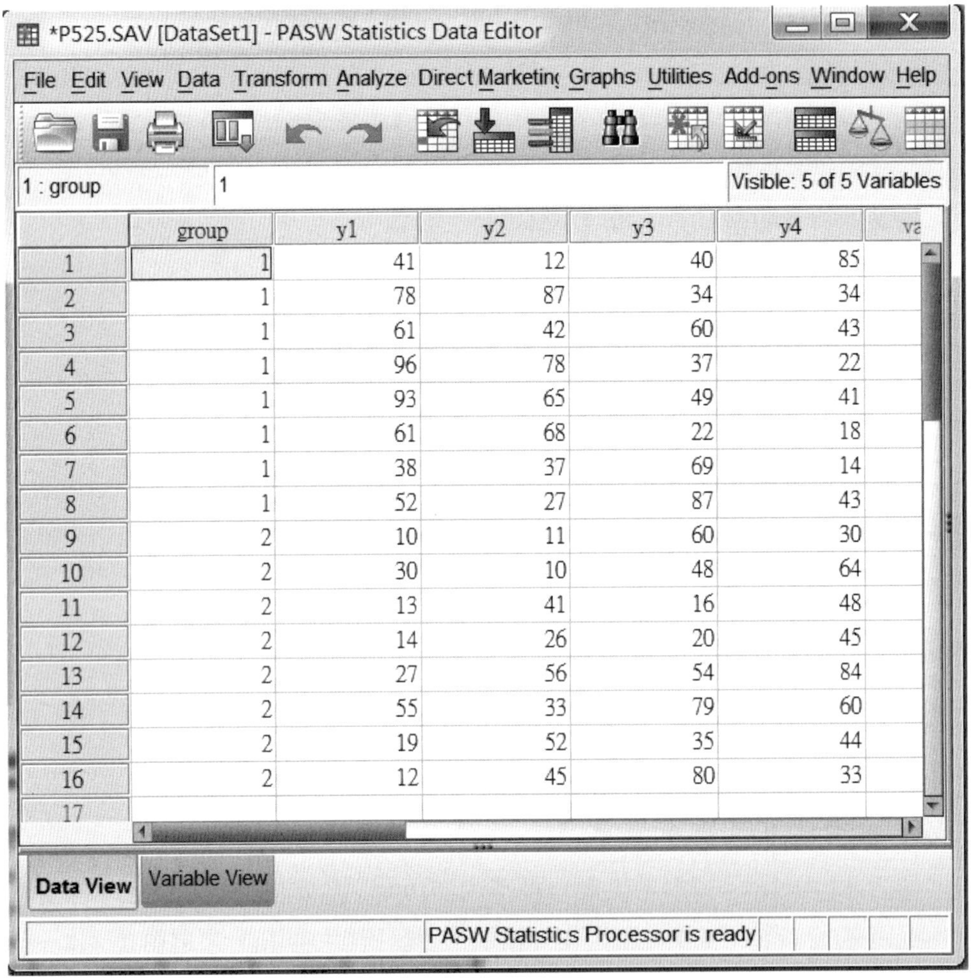

	group	y1	y2	y3	y4
1	1	41	12	40	85
2	1	78	87	34	34
3	1	61	42	60	43
4	1	96	78	37	22
5	1	93	65	49	41
6	1	61	68	22	18
7	1	38	37	69	14
8	1	52	27	87	43
9	2	10	11	60	30
10	2	30	10	48	64
11	2	13	41	16	48
12	2	14	26	20	45
13	2	27	56	54	84
14	2	55	33	79	60
15	2	19	52	35	44
16	2	12	45	80	33
17					

圖 7-14 **SPSS 實例解說原始資料檔案**

混合設計之 SPSS 操作順序，簡單說明如下：Analyzed → General Linear Model → Repeated Measures ...，接著就可開啟圖 7-15 & 圖 7-16 的設定視窗，以便輸入混合模式的自變項（group）與依變項（y1 ～ y4）。在圖 7-15 中，將重複量數因子（Within-Subject Factor）名稱設定為 memory，而其層次（Number of Levels）設定為 4，並按下「Add」鈕；接著，點開「Define」鈕之後，在圖 7-16 中，將重複量數因子的 4 個變項（y1 ～ y4）點入 Within-Subjects Variables 視窗中，也將獨立自變項（group）點入 Between-Subjects Factor（s）視窗中。

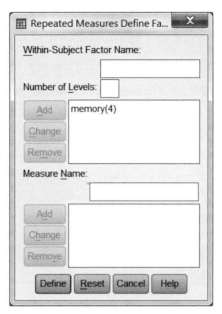

圖 7-15　重複量數因子的設定

按下圖7-15的「Define」鈕，就會出現圖7-16的組內與組間之變項設定視窗。

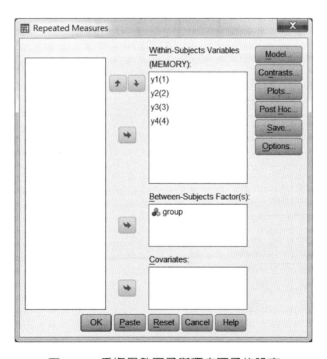

圖 7-16　重複量數因子與獨立因子的設定

　　如欲進行事後對比分析，請點開圖 7-16 右上角的「Contrasts」按鈕，即可出現圖 7-17 之對比分析設定視窗，對比分析的設定首先須在「Change Contrast」欄框內，選定對比分析方法後，並按下「Change」鍵。本例針對重複量數（memory）設定了重複對比（Repeated），而獨立變項（group）則設定了簡單對比（Simple），最後，按下圖 7-16 的「OK」鍵，即可顯示 SPSS 的分析結果，請參見表 7-19～表 7-23。

圖 7-17　對比分析方法的設定

表 7-19　**SPSS** 描述統計摘要表

	group	Mean	Std. Deviation	N
y1	1	65.00	22.104	8
	2	22.50	14.995	8
	Total	43.75	28.541	16
y2	1	52.00	26.393	8
	2	34.25	17.515	8
	Total	43.13	23.500	16
y3	1	49.75	21.178	8
	2	49.00	24.302	8
	Total	49.37	22.024	16
y4	1	37.50	22.405	8
	2	51.00	17.720	8
	Total	44.25	20.722	16

表 7-19 係 SPSS 描述統計分析的摘要表，而表 7-20 係 SPSS 多變項雙因子統計分析的報表，該表中提供了主要效果與交互作用的 η_p^2。此外，根據表 7-19 的 N & 表 7-20 中之自由度與 Λ 值，利用公式 7-13 即可計算出 ω^2。重複量數的統計分析，可透過多變項分析與單變項分析兩種途徑，惟透過多變項分析可不受 Sphericity 假設的限制。SPSS 在報表中，會同時提供此兩種統計量。

1. 透過多變項統計

表 7-20　SPSS 報表：多變項分析結果

Multivariate Tests[b]

Effect		Value	F	Hypothesis df	Error df	Sig.	Partial Eta Squared
Memory	Pillai's Trace	.045	.188[a]	3.000	12.000	.903	.045
	Wilks' Lambda	.955	.188[a]	3.000	12.000	.903	.045
	Hotelling's Trace	.047	.188[a]	3.000	12.000	.903	.045
	Roy's Largest Root	.047	.188[a]	3.000	12.000	.903	.045
Memory * group	Pillai's Trace	.646	7.299[a]	3.000	12.000	.005	.646
	Wilks' Lambda	.354	7.299[a]	3.000	12.000	.005	.646
	Hotelling's Trace	1.825	7.299[a]	3.000	12.000	.005	.646
	Roy's Largest Root	1.825	7.299[a]	3.000	12.000	.005	.646

根據表 7-20 分析結果得知：(1) $\eta_p^2 = 1 - \Lambda^{\frac{1}{b}} = 1 - .955111 = .044889$（$b = 1$），重複量數間（y1 ~ y4）並無顯著差異（$p = .903$）；(2) 交互作用效果達 .05 顯著水準（$p = .005, \eta_p^2 = .646$），再由表 7-23 顯示組間差異性考驗達顯著水準（$p = .035$），可見組間在依變項上之對比差異具有交互作用，研究者須進一步探究到底組間在哪一依變項對比上具有顯著差異，亦即在探究到底組間在哪一對依變項差異分數上具有顯著差異（ex., $y_1 - y_2$、$y_2 - y_3$、$y_3 - y_4$），請比對表 7-22 的交互作用分析結果 & 表 7-25 的差異分數分析結果。

利用公式 7-1 或公式 7-2，可求得交互作用項之 η_p^2：

$$\eta_p^2 = \frac{df_1 * F}{df_1 * F + df_2} = \frac{3 * 7.299}{3 * 7.299 + 12} = \frac{21.897}{33.897} = .646$$

$$\eta_p^2 = 1 - \Lambda^{\frac{1}{b}} = 1 - .35402 = .646 \quad (b = 1)$$

接著，利用公式 7-13，可求得交互作用之 ω^2_{mult}：

$$\omega^2_{mult} = 1 - \frac{N * \Lambda}{df_e + \Lambda} = 1 - \frac{16 * .354}{(16 - 2)(4 - 1) + .354} = 1 - .134 = .866$$

上式中，$df_e = (N_{TOT} - K_A)(K_B - 1) = (16 - 2)(4 - 1) = 14 \times 3 = 42$ 公式 7-18

一般而言，ω^2_{mult} 的估計值會高於 η^2_p，因為受試者變異量會被排除於整體變異量之外。

2. 透過單變項統計

表 7-21　SPSS 報表：單變項分析結果

Tests of Within-Subjects Effects

Measure:MEASURE_1

Source		Type III Sum of Squares	df	Mean Square	F	Sig.	Partial Eta Squared
Memory	Sphericity Assumed	395.500	3	131.833	.289	.833	.020
	Greenhouse-Geisser	395.500	2.284	173.137	.289	.779	.020
	Huynh-Feldt	395.500	2.949	134.115	.289	.830	.020
	Lower-bound	395.500	1.000	395.500	.289	.600	.020
Memory * group	Sphericity Assumed	6960.250	3	2320.083	5.077	.004	.266
	Greenhouse-Geisser	6960.250	2.284	3046.970	5.077	.010	.266
	Huynh-Feldt	6960.250	2.949	2360.237	5.077	.005	.266
	Lower-bound	6960.250	1.000	6960.250	5.077	.041	.266
Error(Memory)	Sphericity Assumed	19192.250	42	456.958			
	Greenhouse-Geisser	19192.250	31.980	600.124			
	Huynh-Feldt	19192.250	41.285	464.867			
	Lower-bound	19192.250	14.000	1370.875			

註：本例之 Mauchly 球形考驗結果，$\omega = .543$，$p = .170$，符合球形考驗之基本假設。

由表 7-21 可知，透過單變項分析途徑，亦反映出組間在依變項上之對比差異具有顯著交互作用（$p = .004, \eta^2_p = .266$），因而研究者須進一步深入探究之，分析結果如表 7-22 所示。

表 7-22 中的 memory * group 交互作用，係指組間在該對比上的統計考驗，請參見表 7-25 的差異分數之考驗結果，兩者殊途同歸。表 7-22 中，呈現了重複量數與交互作用項之重複對比分析結果（含 Partial Eta-Squared），顯示了只有在 Level 1 vs. Level 2 的交互作用對比上，組間具有顯著差異（$p = .025$，$\eta^2_p = \frac{2450.25}{2450.25 + 5441.50} = .310$），其餘的對比則未達 .05 之顯著水準。表 7-23 係 SPSS 混合設計之組間受試效果考驗，顯示男、女間具有顯著差異（$p = .035, \eta^2_p = .280$）。

表 7-22　**SPSS** 報表：單變項分析之事後對比考驗結果

Tests of Within-Subjects Contrasts

Measure:MEASURE_1

Source	memory	Type III Sum of Squares	df	Mean Square	F	Sig.	Partial Eta Squared
memory	Level 1 vs. Level 2	6.250	1	6.250	.016	.901	.001
	Level 2 vs. Level 3	625.000	1	625.000	.462	.508	.032
	Level 3 vs. Level 4	420.250	1	420.250	.463	.507	.032
memory * group	Level 1 vs. Level 2	2450.250	1	2450.250	6.304	.025	.310
	Level 2 vs. Level 3	1156.000	1	1156.000	.854	.371	.057
	Level 3 vs. Level 4	812.250	1	812.250	.895	.360	.060
Error(memory)	Level 1 vs. Level 2	5441.500	14	388.679			
	Level 2 vs. Level 3	18953.000	14	1353.786			
	Level 3 vs. Level 4	12703.500	14	907.393			

表 7-23　**SPSS** 混合設計之組間受試效果考驗

Tests of Between-Subjects Effects

Measure:MEASURE_1
Transformed Variable:Average

Source	Type III Sum of Squares	df	Mean Square	F	Sig.	Partial Eta Squared
Intercept	32580.250	1	32580.250	313.986	.000	.957
group	564.063	1	564.063	5.436	.035	.280
Error	1452.688	14	103.763			

　　就重複量數資料而言，來自單變項分析與多變項分析途徑的效果值（ANOVA vs. MANOVA），可能出現顯著差異，就 memory 而言，單變項分析的效果值為 .020，多變項分析的效果值則為 .045；就 memory * group 而言，單變項分析的效果值為 .266，多變項分析的效果值則為 .646（參見表 7-20 & 表 7-21）。

3. 透過離差分數

　　另外，值得注意的是分析對象如改為各對離差分數（$y_1 - y_2$、$y_2 - y_3$、$y_3 - y_4$），參見圖 7-18 中的 d1 ～ d3，組間在各對離差分數上之差異考驗，其實就是在考驗組別與實驗處理是否具有交互作用效果（請比較表 7-22 & 表 7-25 之分析結果）。因此，SPSS 的單變項變異數分析後之對比分析，亦可透過離差分數（參見表 7-24 之 SPSS 語法程式），進行交互作用效果分析。

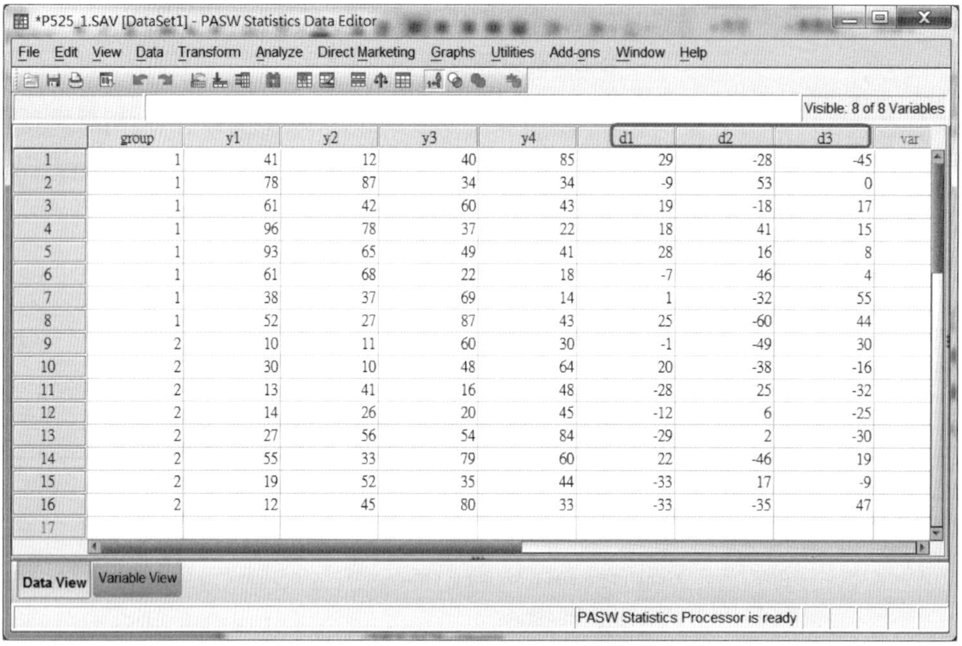

	group	y1	y2	y3	y4	d1	d2	d3	var
1	1	41	12	40	85	29	-28	-45	
2	1	78	87	34	34	-9	53	0	
3	1	61	42	60	43	19	-18	17	
4	1	96	78	37	22	18	41	15	
5	1	93	65	49	41	28	16	8	
6	1	61	68	22	18	-7	46	4	
7	1	38	37	69	14	1	-32	55	
8	1	52	27	87	43	25	-60	44	
9	2	10	11	60	30	-1	-49	30	
10	2	30	10	48	64	20	-38	-16	
11	2	13	41	16	48	-28	25	-32	
12	2	14	26	20	45	-12	6	-25	
13	2	27	56	54	84	-29	2	-30	
14	2	55	33	79	60	22	-46	19	
15	2	19	52	35	44	-33	17	-9	
16	2	12	45	80	33	-33	-35	47	
17									

圖 7-18　離差分數的數據

表 7-24　**SPSS UNIANOVA** 語法程式：離差分數對比分析

```
UNIANOVA d1 to d3 BY group
 /METHOD=SSTYPE (3)
 /INTERCEPT=INCLUDE
 /PRINT=ETASQ DESCRIPTIVE
 /CRITERIA=ALPHA (.05)
/DESIGN=group.
```

由表 7-25 的單變項變異數分析結果，可以發現利用差異分數當作依變項，進行單變項變異數分析與表 7-22 的單變項變異數分析之事後對比考驗結果，其 *p* 值 & 效果值完全相同。換言之，組間（group）在三個離差分數變項（d1 ～ d3）上的顯著性考驗，即在考驗組間在三個重複對比分析上的顯著性考驗。表 7-25 的「Intercept」在三個離差分數變項（d1 ～ d3）上的顯著性考驗，即在考驗三個重複量數（memory）間（d1 ～ d3）的顯著性考驗；例如：d1 截距的 *p* 值為 .016，效果值為 .001（$=\frac{6.25}{6.25+5441.50}$），此結果與表 7-22 的 memory 第一個對比分析的結果也完全相同（Level 1 vs. Level 2），反映了 y1 – y2 之效果值。

表 7-25　單變項變異數分析：差異分數途徑

Tests of Between-Subjects Effects

Source	Dependent Variable	Type III Sum of Squares	df	Mean Square	F	Sig.	Partial Eta Squared
Corrected Model	d1	2450.250ᵃ	1	2450.250	6.304	.025	.310
	d2	1156.000ᵇ	1	1156.000	.854	.371	.057
	d3	812.250ᶜ	1	812.250	.895	.360	.060
Intercept	d1	6.250	1	6.250	.016	.901	.001
	d2	625.000	1	625.000	.462	.508	.032
	d3	420.250	1	420.250	.463	.507	.032
group	d1	2450.250	1	2450.250	6.304	.025	.310
	d2	1156.000	1	1156.000	.854	.371	.057
	d3	812.250	1	812.250	.895	.360	.060
Error	d1	5441.500	14	388.679			
	d2	18953.000	14	1353.786			
	d3	12703.500	14	907.393			

（二）EXCEL 增益集：Real Statistics

　　如欲繼續進行多變項重複量數對比分析及計算 D^2，亦可利用 Real Statistics Resource Pack EXCEL 程式分析之。Real Statistics 的操作步驟為：增益集→ Real Statistics → Data Analysis Tools → Mutivar → Manova: One Factor。注意，因係處理重複量數資料，在圖 7-19 中務必勾選「Repeated Measures」&「Multiple Anova」，如欲進行事後對比分析，務必勾選圖中「Contrast」之選目；圖 7-20 左側係 Real Statistics 的原始資料表單。

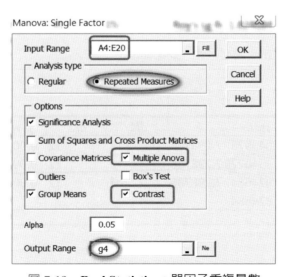

圖 7-19　**Real Statistics**：單因子重複量數

	A	B	C	D	E	F	G	H	I	J
1	**Mixed MANOVA**									
2							Reformatted Data			
3										
4	**group**	y1	y2	y3	y4		group	Diff 1	Diff 2	Diff 3
5	1	41	12	40	85		1	-29	28	45
6	1	78	87	34	34		1	9	-53	0
7	1	61	42	60	43		1	-19	18	-17
8	1	96	78	37	22		1	-18	-41	-15
9	1	93	65	49	41		1	-28	-16	-8
10	1	61	68	22	18		1	7	-46	-4
11	1	38	37	69	14		1	-1	32	-55
12	1	52	27	87	43		1	-25	60	-44
13	2	10	11	60	30		2	1	49	-30
14	2	30	10	48	64		2	-20	38	16
15	2	13	41	16	48		2	28	-25	32
16	2	14	26	20	45		2	12	-6	25
17	2	27	56	54	84		2	29	-2	30
18	2	55	33	79	60		2	-22	46	-19
19	2	19	52	35	44		2	33	-17	9
20	2	12	45	80	33		2	33	35	-47
21										

圖 7-20　**Real Statistics** 輸入格式：**EXCEL** 資料表單（同圖 **7-18** 之數據）

由圖 7-20 右側所出現的三對在 memory 依變項上之離差分數（Diff 1 ～ Diff 3）可知，Real Statistics 在進行混合設計（單因子重複量數）分析時，會先將重複量數的 4 個原始變項轉換成三對離差分數變項。表 7-26 係 Real Statistics 的多變項統計分析輸出報表，該報表最後欄位亦呈現了 η_p^2（Λ = .646），注意此離差分數之分析結果與使用原始分數的分析結果完全相同，參見表 7-20。

表 7-26　**Real Statistics** 輸出報表：多變項統計

One-way MANOVA						
	stat	*F*	*df1*	*df2*	*p-value*	*part eta-sq*
Pillai Trace	0.645978	7.298736	3	12	0.0048162	0.6459781
Wilk's Lambda	0.354022	7.298736	3	12	0.0048162	0.6459781
Hotelling Trace	1.824684	7.298736	3	12	0.0048162	0.6459781
Roy's Lg Root	1.824684					

表 7-27　**Real Statistics** 輸出報表：多變項對比分析

Group Means and Contrasts											
	Diff 1	Diff 2	Diff 3	Count		Contrast	H-contrast			Wilks	0.354022
1	-13	-2.25	-12.25	8		1	2450.25	1683	1410.75	# sample	16
2	11.75	14.75	2	8		-1	1683	1156	969	# dep	3
Total	-0.625	6.25	-5.125	16			1410.75	969	812.25	# indep	2
										df1	3
c^2/n				0.25			E			df2	12
mean	-24.75	-17	-14.25				5441.5	-5878.5	57	F	7.298736
s.e.	9.857466	18.39691	15.06148				-5878.5	18953	-7519.5	p-value	0.004816
							57	-7519.5	12703.5	effect	6.386394

表 7-27 的多變項對比分析，係來自於三對離差分數的考驗結果，Diff 1 = y1 – y2，Diff 2 = y2 – y3，Diff 3 = y3 – y4。換言之，表 7-27 的對比分析，是在考驗組別與實驗處理是否具有交互作用效果；因為只有兩組，分析結果將與表 7-26 的數據完全相同（Λ = .354, p = .0048, D^2 = 6.39）。

最後，為讓讀者對於表 7-27 表單內容有更深入的理解，以下將針對幾個關鍵統計量之計算式與過程，進行細部解說。首先，要在圖 7-21 Real Statistics 設定視窗中，增加勾選 SSCP & 共變數矩陣（圈選部分），就能取得表 7-28 的相關資訊。

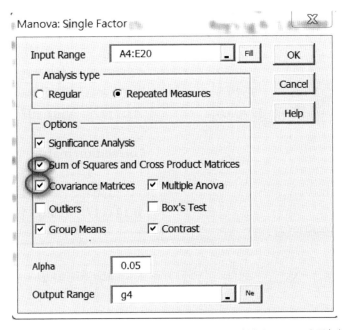

圖 7-21　**Real Statistics**：單因子重複量數（輸出 SSCP 矩陣）

　　表 7-28 包含離均差平方和—交乘積和矩陣（SSCP）& 共變數矩陣等相關資訊，SSCP 矩陣也分割成 H 矩陣（實驗處理假設的 SSCP）& E 矩陣（組內誤差的 SSCP）；共變數矩陣也分割成各組的共變數矩陣，這些重要資訊，可用來進行多變項與單變項對比的統計分析。

表 7-28　**Real Statistics 報表：SSCP & Covariance Matrices**

T	U	V	W	X	Y	Z
SSCP Matrices				**Group Covariance Matrices**		
T				1		
7891.75	-4195.5	1467.75		244.8571	-361.857	-90.7143
-4195.5	20109	-6550.5		-361.857	1793.357	-391.357
1467.75	-6550.5	13515.75		-90.7143	-391.357	911.3571
H				2		
2450.25	1683	1410.75		532.5	-477.929	98.85714
1683	1156	969		-477.929	914.2143	-682.857
1410.75	969	812.25		98.85714	-682.857	903.4286
E				Pooled covariance matrix		
5441.5	-5878.5	57		388.6786	-419.893	4.071429
-5878.5	18953	-7519.5		-419.893	1353.786	-537.107
57	-7519.5	12703.5		4.071429	-537.107	907.3929
				Correlation matrix		
				1	-0.33304	0.142117
				-0.33304	1	-0.39734
				0.142117	-0.39734	1

　　利用公式 6-5 $\left[SS_{contrast} = \dfrac{(\overline{Y}_i - \overline{Y}_j)^2}{\dfrac{1}{n_i} + \dfrac{1}{n_j}} \right]$，可求得離均差平方和，表 7-28 的 H 矩陣亦可以透過以下 SPSS MATRIX 矩陣語言，快速求得：

```
MATRIX.
COMPUTE A = {–24.75, –17, –14.25}.
COMPUTE H = TRANSPOS(A) * A /.25.
PRINT H
/TITLE 'H MATRIX'.
END MATRIX.
```

讀者如欲手動求出 H 矩陣，請試試以下之運算：

$$1 : (–24.75)^2/0.25 = 2450.25 \;(0.25 \text{ 係由} \frac{1}{8} + \frac{1}{8} \text{ 求得})$$

$$2 : (–17)^2/0.25 = 1156$$

$$3 : (–14.25)^2/0.25 = 812.25$$

$$4 : (–24.75 * –17)/0.25 = 1683$$

$$5 : (–24.75 * –14.25)/0.25 = 1410.75$$

$$6 : (–17 * –14.25)/0.25 = 969$$

以上這些手算計算結果，也可在圖 7-22（或 Real Statistics 報表即表 7-27）H-contrast 中看到。

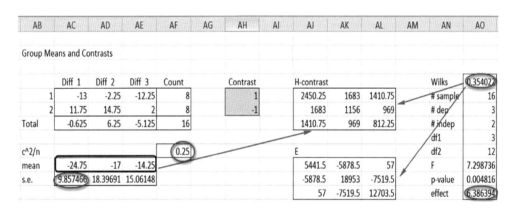

圖 7-22　**Real Statistics** 報表

圖 7-22 報表中的 E 矩陣，可以用來估計 Diff 1 ～ Diff 3 的標準誤：s.e.（在 AC、AD、AE 欄位底部），茲說明第一個 Diff 1 對比的 s.e. 之計算過程如下：

$$\sqrt{\frac{5441.5 * .25}{16 - 2}} = 9.857466 \;(\text{利用 E 矩陣的對角線})，同理可估算出其他兩個$$

標準誤：18.39691 & 15.06148。

利用圖 7-22 中左下角的差異平均數向量（–24.75、–17、–14.25）及標準誤向量（9.857466、18.39691 & 15.06148），即可計算出單變項對比分析的 F 值。以第一個 Diff 1 對比為例：$F=\left(\dfrac{-24.75}{9.857466}\right)^2=6.304$（在單變項對比分析中，其自由度為 1，此時 $F=t^2$），請查對表 7-22 交互作用項中，Level 1 vs. Level 2 的 F 值，同理可估算出其他兩個對比的 F 值。

欲估計單變項對比分析的 F 值，亦可透過 H 矩陣（實驗處理假設的 SSCP）& E 矩陣（組內誤差的 SSCP）求得（請參閱林清山，1991），以第一個 Diff 1 對比為例：$F=\dfrac{MS_H}{MS_E}=\dfrac{\frac{2450.25}{1}}{\frac{5441.5}{16-2}}=\dfrac{2450.25}{388.679}=6.304$（運用 H 矩陣 & E 矩陣相對應的主對角線元素除以各自的自由度）。

研究者如欲求得多變項的 Wilks Λ，也可用公式 7-19 獲得：

$$\varLambda=\frac{|E|}{|H+E|}\qquad\qquad 公式\ 7\text{-}19$$

取得 Λ = .354022 之後，利用公式 7-11 可以估計出 D^2：

$$D^2=\frac{(16-2)*(1-.354022)*0.25}{.354022}=6.386\ （參見圖\ 7\text{-}22\ 右下角）$$

根據 Wilks' Λ & 相關之自由度等參數，使用公式 7-5 即可以算出 F 值：

$$F=\frac{1-.354022}{.354022}*\frac{12}{3}=7.2987$$

記得之前，在圖 7-19 中勾選了「Multiple Anova」，目的在取得組間在三對離差分數變項（Diff 1 ～ Diff 3）上的對比分析結果，參見表 7-29，若跟表 7-25 的 SPSS 分析結果作一比較，除了提供不同的效果值（η^2 vs. ω^2）之外，其餘分析結果完全相同。根據公式 5-24，可以估計出 ω^2。以 Diff 1 對比為例，$\omega^2=\dfrac{1*(2450.25-388.6786)}{7891.75+388.6786}=\dfrac{2061.5714}{8280.4286}=.248969$，參見表 7-29 右上角：Omega Sq。

表 7-29　三對離差分數的單因子變異數分析：透過 **Real Statistics**

Multiple ANOVA

ANOVA: Single Factor　　Diff 1
ANOVA

Sources	SS	df	MS	F	P value	F crit	RMSSE	Omega Sq
Between Group	2450.25	1	2450.25	6.304052	0.024941	7.386193	0.887697	0.248969
Within Groups	5441.5	14	388.6786					
Total	7891.75	15	526.1167					

ANOVA: Single Factor　　Diff 2
ANOVA

Sources	SS	df	MS	F	P value	F crit	RMSSE	Omega Sq
Between Group	1156	1	1156	0.853902	0.371104	7.386193	0.326707	-0.00922
Within Groups	18953	14	1353.786					
Total	20109	15	1340.6					

ANOVA: Single Factor　　Diff 3
ANOVA

Sources	SS	df	MS	F	P value	F crit	RMSSE	Omega Sq
Between Group	812.25	1	812.25	0.895147	0.360131	7.386193	0.334505	-0.0066
Within Groups	12703.5	14	907.3929					
Total	13515.75	15	901.05					

多元迴歸分析與多層次
分析的效果值分析

♣ 本章內容旨在回答以下問題：

一、多元迴歸分析中，最常見的效果值指標有哪些？

二、為什麼預測變項對於效標的獨特貢獻力，有時並不等於它對於依變項的解釋力或重要性？

三、標準化迴歸係數、淨相關係數與部分相關係數，三者的主要差異何在？

四、未標準化迴歸係數的使用時機為何？

五、在多元迴歸分析中，為何部分相關係數是最佳的效果值指標？

六、Preacher & Kelley（2011）曾提出三種間接效果值：未標準化間接效果、部分標準化間接效果、完全標準化間接效果，三者的異同點與使用時機為何？

七、有哪些效果值指標，可用在多層次分析中？

八、在多層次分析的效果值分析時，可利用原始標準差進行完全標準化與部分標準化，請問兩者的適用時機？

九、在多層次分析的效果值分析時，可利用殘差標準差進行標準化，分析方法必須視一階或二階預測變項的屬性（包含類別、連續或標準分數、原始分數）而定嗎？

十、ICC 與 Cohen's d 效果值如何互換？

♣ 本章應用軟體：

一、SPSS 統計套裝軟體

二、Wilson 實用整合分析效果值計算器

三、ESC_Beta R 程式

四、SEM 分析軟體：AMOS

五、多層次分析軟體：HLM

六、多元迴歸分析套件：PROCESS

　　階層線性模式（hierarchical linear modeling，簡稱為 HLM），有時也稱為多層次分析（multilevel analysis），它是迴歸中的迴歸，因而筆者將多元迴歸分析與 HLM 分析放在一塊討論。除了直接效果值的分析之外，文中亦將討論如何進行間接效果值的分析。為了讓研究者方便進行效果值分析，本章介紹了 HLM & SPSS 軟體之外，也引用了 Wilson 研發的效果值計算表單與 Hayes 研發的 PROCESS 增益集，並進行實例演示。

一、多元迴歸效果值分析

　　多元迴歸分析的研究報告中，最常見的效果值為未標準化迴歸係數、淨相關係數、半淨相關係數、標準化迴歸係數、R^2 與 R^2_{change}：其中，R^2 傳達了一組預測變項的預測力，R^2_{change} 則敘說著新增加變項之貢獻力（對於 R^2 的增加量）。本章的多元迴歸效果值分析，焦點將放在淨相關係數、半淨相關係數與標準化迴歸係數上，因為它們不僅可以顯現相關性的方向，而且可以評估相關性的大小。本章實例解說的過程中，會使用到 SPSS 的迴歸分析報表 & R 副程式（含 ESC_Beta 與 Wilson 研發的效果值計算表單）。表 8-1 為 SPSS 描述統計摘要表，而表 8-2 為多元迴歸分析 SPSS 摘要表。

表 8-1　描述統計摘要表

	Mean	Std. Deviation	N
聯考成績	65.25	10.988	16
學科	74.75	13.153	16
智力	109.25	8.528	16

註：取自 p.233，林清山（1991）。

表 8-2　多元迴歸分析 SPSS 摘要表

Model		Unstandardized Coefficients		Standardized Coefficients	t	Sig.	95.0% Confidence Interval for B		Correlations		
		B	Std. Error	Beta			Lower Bound	Upper Bound	Zero-order	Partial	Part
1	(Constant)	-25.061	19.878		-1.261	.230	-68.004	17.883			
	學科	.468	.152	.560	3.072	.009	.139	.796	.825	.649	.413
	智力	.507	.235	.393	2.159	.050	.000	1.014	.771	.514	.290

a. Dependent Variable: 聯考成績

　　在表 8-2 中，B 欄位為未標準化迴歸係數，Beta 欄位為標準化迴歸係數，Zero-order 欄位為簡單相關係數（Pearson 積差相關），Partial 欄位為淨相關係

數，而 Part 欄位為部分淨相關係數。由表 8-2 中的零階（zero-order）相關係數（表示一個自變項與依變項之間的全部關聯性，未控制其他變項之影響力）可知，學科與智力均與聯考成績具有高相關（.825 & .771），但智力迴歸係數的顯著性考驗，卻幾乎未達 .05 顯著水準（*p*=.050），其原因後敘。此外，表 8-2 中的淨相關（Partial）與部分相關（Part）也是多元迴歸分析的核心議題，兩者的意義易生混淆，因此在討論多元迴歸分析效果值之前，需先加以釐清。茲以表 8-2 為例，透過圖 8-1 進行圖示之區辨說明。

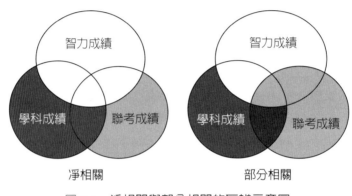

圖 8-1　淨相關與部分相關的區辨示意圖

　　由圖 8-1 可知，左邊的淨相關係數（partial correlation coefficients），係將智力成績從學科成績與聯考成績中排除後，學科成績與聯考成績的相關性；而右邊的部分相關（part correlation）或稱為半淨相關係數（semi-partial correlation coefficients），僅將智力成績從學科成績中加以排除後，學科成績與聯考成績的相關性，反映出學科成績的獨特貢獻力。請注意，獨特貢獻力常不等於自變項對於依變項的相對重要性（尤其自變項間具有高度多元共線性時）；當自變項間具有高度多元共線性時，迴歸係數、零階相關與部分相關係數，常無法正確用來評估自變項對於依變項之重要性，除非研究者只在意自變項之獨特貢獻力。以表 8-3 各變項間的相關係數摘要表為例：智力成績與學科成績的相關為 .675（具有中度相關），此共線性導致智力對於聯考成績之迴歸係數顯著性考驗（參見表 8-2），幾乎未達 .05 顯著水準（*p*=.05）。高度多元共線性會造成迴歸係數不穩定，也會使得迴歸係數的解釋產生偏差或錯誤。

表 8-3　各變項間的相關係數摘要表

		聯考成績	學科	智力
聯考成績 y	Pearson Correlation	1	.825**	.771**
	Sig. (2-tailed)		.000	.000
	N	16	16	16
學科 x1	Pearson Correlation	.825**	1	.675**
	Sig. (2-tailed)	.000		.004
	N	16	16	16
智力 x2	Pearson Correlation	.771**	.675**	1
	Sig. (2-tailed)	.000	.004	
	N	16	16	16

**. Correlation is significant at the 0.01 level (2-tailed).

　　另外，表 8-2 的 SPSS 多元迴歸分析報表中，其標準化迴歸係數、淨相關係數與部分相關係數，可由變項間之相關性的指標求得，參見公式 8-1 ～公式 8-3。以下將以表 8-3 之各變項間的相關係數摘要表為例，示範如何計算標準化迴歸係數、淨相關係數與部分相關係數。

1. 標準化迴歸係數

$$\beta_{yx1} = \frac{r_{yx1} - r_{yx2}r_{x1x2}}{1 - r_{x1x2}^2}$$ 　　　公式 8-1

$$\beta_{yx1} = \frac{.825 - .771 * .675}{1 - .675^2} = \frac{.304575}{.544375} = .560$$

　　由公式 8-1 可推知：(1) 標準化迴歸係數旨在反應，排除 x2（如智力）對 x1（如學科）的影響力之後，x1 與 y（如聯考成績）間的獨特貢獻力。(2) 當出現高度的多元共線性時（r_{x1x2}^2 過高），標準化迴歸係數的絕對值可能超過 1。(3)β_{yx1} & 積差相關 r_{yx1} 間的關係為 r_{x1x2}、r_{yx2} 的線性函數，當 $r_{x1x2} = 0$，$\beta_{yx1} = r_{yx1}$、當 $r_{x1x2} = 1$，$r_{yx1} = r_{yx2}$。

2. 淨相關係數

　　淨相關也可透過變項間的相關係數求得，公式 8-2 的分子是共變量，分母則為雙變數的變異量，因此淨相關本質上是相關係數。由公式 8-2 可推知：(1) 淨

相關係數旨在反應，排除 x2 對 x1 & y 的影響力之後，x1 與 y 間的獨特貢獻力。
(2) 當 x2 與 y 獨立無關時（$r_{yx2} = 0$），淨相關係數將與部分相關係數相同。

$$淨相關 = \frac{r_{yx1} - r_{yx2}r_{x1x2}}{\sqrt{1 - r_{yx2}^2}\sqrt{1 - r_{x1x2}^2}}$$ 　　公式 8-2

$$淨相關 = \frac{.825 - .771 * .675}{\sqrt{1 - .771^2}\sqrt{1 - .675^2}} = \frac{.304575}{\sqrt{.40556 * .5444}} = \frac{.304575}{\sqrt{.22079}} = .648$$ 　（參見表 8-2）

3. 部分相關（半淨相關）係數

部分相關也可透過變項間的相關係數求得，由公式 8-3 可推知：(1) 部分相關係數旨在反應，排除 x2（如智力）對 x1（如學科）的影響力之後，x1 與 y（如聯考成績）間的獨特貢獻力。(2) 當出現高度的多元共線性時（r_{x1x2}^2 過高），部分相關的絕對值可能超過 1。另由公式 8-3 的單一分母可推知：淨相關值會大於部分相關。

$$部分相關 = \frac{r_{yx1} - r_{yx2}r_{x1x2}}{\sqrt{1 - r_{x1x2}^2}}$$ 　　公式 8-3

$$部分相關 = \frac{.825 - .771 * .675}{\sqrt{1 - .675^2}} = \frac{.304575}{\sqrt{1 - .675^2}} = .413$$ 　（參見表 8-2）

因為部分相關係數 .413 明顯小於簡單相關係數 .825，足見智力（x2）可以部分解釋到學科（x1）與聯考成績（y）的相關性。換言之，部分相關係數可以讓我們知道控制變項（智力）在依變項的整體變異量中，有多少的獨特貢獻量。

比對公式 8-1～公式 8-3 的分子與分母，可知標準化迴歸係數、淨相關係數與部分相關係數的分子均相同，均在測量學科（x1）的獨特效果值（本質上它是共變量），三者標準化程度的差異在分母的成分：標準化迴歸係數與部分相關係數的成分結構相近（有無根號），因此它們的效果值最接近。以下，將針對多元迴歸分析中常見的效果值指標，進一步闡釋這三大類效果值的應用時機。

（一）未標準化迴歸係數

在多元迴歸分析時，如果預測變項（X）與效標（Y）均具有共通的量

尺（如大家所熟悉的度、量、衡單位與貨幣）而非武斷的量尺（arbitrary metric），使用原始量尺的未標準化迴歸係數就能進行有意義的溝通與解釋。由表 8-1 的描述統計摘要表看來，預測變項與效標均未使用共通量尺，因此預測變項的未標準化迴歸係數，恐無法正確解釋預測變項的相對效能。

（二）淨相關與半淨相關係數

在社會科學的研究中，多元迴歸分析的使用非常普遍。有不少研究者將淨相關係數視為效果值或相關係數，進行研究結果的溝通與解釋（參見圖 8-1 左側圖示）。不過，淨相關係數只能作為該研究中預測變項的相對預測效能，它常無法描述預測力的客觀強度，而且當預測變項間具有多元共線性時，它常高估了預測力。不少學者主張應使用半淨相關係數（semi-partial correlation coefficients, Sr_i）作為效果值指標，而且可以避免高估預測力，尤其當預測變項間具有多元共線性時。半淨相關係數可以視為相關係數來解釋，依 Cohen 之定義為：±.1 為小效果值，±.3 為中效果值，±.5 為大效果值。它之所以稱為半淨相關係數或部分相關（part correlation），係因每一預測變項的效果均具獨特性（排除其他預測變項的共享效果），但並未從效標中排除。因此，半淨相關係數通常小於淨相關係數（參見圖 8-1 右側圖示）。當預測變項間都獨立無關時，標準化淨相關係數將會等於半淨相關係數。因此，在迴歸分析或整合分析中，應使用半淨相關係數當作效果值的指標，代表每一變項對於 R^2 的獨特貢獻量。當一個預測變項與其他的預測變項相關性愈低（亦即 Tolerance 愈大），它的獨特貢獻量就會愈大。

公式 8-4 ～公式 8-6，係計算半淨相關係數（Sr_i）的三個便捷途徑（Aloe & Becker, 2009; Aloe & Becker, 2012）。公式中，H 代表所有整組 X 獨立變項，G_i 代表除了 X_i 獨立變項（焦點變項）之外，其他整組 X 獨立變項，β_i 為標準化迴歸係數。

1. $Sr_i = \beta_i \sqrt{1 - R^2_{x_i G_i}} = \beta_i \sqrt{TOL_i}$ 　　　　　　　　公式 8-4

由公式 8-4 可推知，當多元共線性嚴重時（如 $R^2_{x_i G_i} > .8$），標準化迴歸係數的絕對值可能超過 1。另外，當無多元共線性時（$R^2_{x_i G_i} = 0$），標準化迴歸係數值將與部分相關完全相同。公式 8-4 中的 TOL（tolerance），時常被視為多元共線性的容忍度指標，多元共線性愈嚴重，該指標就愈小。

表 8-4 SPSS 迴歸分析結果：效標為學科成績，智力為預測變項

Model	R	R Square	Adjusted R Square	Std. Error of the Estimate
1	.675ª	.456	.417	10.043

a. Predictors: (Constant), 智力

以表 8-2 與表 8-4 SPSS 資料為例，利用公式 8-4 可求得：

$$Sr_i = \beta_i \sqrt{1 - R^2_{x_i G_i}} = .560 * \sqrt{1 - .456} = .413$$

2. $Sr_i = \sqrt{R^2_{YH} - R^2_{YG_i}}$ 　　　　　　　　　　　　　　　　　　公式 8-5

公式 8-5 中，R^2_{YH} 代表整組 X 獨立變項（學科成績與智力）對於 Y（聯考成績）的預測力，$R^2_{YG_i}$ 代表除了 X_i 獨立變項（焦點變項：學科成績）之外，其他 X 獨立變項（智力）對於 Y 的預測力。以表 8-5 & 表 8-6 SPSS 資料為例，利用公式 8-5 可求得：

$$Sr_i = \sqrt{R^2_{YH} - R^2_{YG_i}} = \sqrt{.765 - .595} = .412$$

表 8-5 SPSS 迴歸分析結果：效標為聯考成績，學科成績與智力為預測變項

Model	R	R Square	Adjusted R Square	Std. Error of the Estimate
1	.875ª	.765	.729	5.719

a. Predictors: (Constant), 智力, 學科

表 8-6 SPSS 迴歸分析結果：效標為聯考成績，智力為預測變項

Model	R	R Square	Adjusted R Square	Std. Error of the Estimate
1	.771ª	.595	.566	7.241

a. Predictors: (Constant), 智力

3. $Sr_i = \dfrac{t_f\sqrt{1 - R_{YH}^2}}{\sqrt{n-p-1}}$ 公式 8-6

公式 8-6 中的 R_{YH}^2，已界定於公式 8-5 的文字說明中，t_f 為 β_i 迴歸係數的 t 考驗值（參見表 8-2），p 代表預測變項之數目，n 代表樣本大小。以表 8-2 的學科成績為例，利用公式 8-6 可求得：

$$Sr_i = \frac{t_f\sqrt{1 - R_{YH}^2}}{\sqrt{n-p-1}} = \frac{3.072\sqrt{1 - .765}}{\sqrt{16 - 2 - 1}} = .413$$

4. $\mathrm{Var}(Sr_i) = \dfrac{(R_{YH}^2)^2 - (R_{YG_i}^2)^2 - 2R_{YH}^2 + R_{YG_i}^2 + 1}{n}$ 公式 8-7

公式 8-7 係 Sr_i 的變異量計算公式（Aloe, 2009），式中 n 為樣本大小。以表 8-5 & 表 8-6 SPSS 資料為例，利用公式 8-7 可求得：

$$\mathrm{Var}(Sr_i) = \frac{(.765)^2 - (.595)^2 - 2*.765 + .595 + 1}{16} = 0.2962/16 = .0185$$

研究者如欲將效果值 SE_{Sr} 轉換成 Fisher z 分數，其標準誤的計算如公式 8-8：

$$SE_{Sr} = \frac{1}{\sqrt{n-p-2}}$$ 公式 8-8

公式 8-8 中，n 係樣本大小，p 係所有預測變項數（含焦點預測變項與共變項），在研究報告時，再轉換成原始量尺。

茲再以表 8-7 資料為例示範 Sr_i & $\mathrm{Var}(Sr_i)$ 計算過程，此筆資料係 Aloe & Becker（2009）的整合分析的部分原始資料，該研究旨在探究教師口語能力與學生的學習成就間的關聯性。

表 8-7 半淨迴歸係數（Sr_i）摘要表

Study	Sample Size	# of predictors	R^2_{YH}	t	Sr
1	799	5	0.448	3.300	0.00309
2	524	5	0.584	2.500	0.00311
3	889	23	0.550	-0.380	-0.00029

註：摘要部分資料取自 Aloe & Becker（2009），Table 4-1。

如以表 8-7 中 study 1 為例，利用公式 8-6，可以求得半淨相關 Sr_i 值：

$$Sr_i = \frac{t_f\sqrt{1 - R^2_{YH}}}{\sqrt{n - p - 1}} = \frac{3.3 * \sqrt{1 - .448}}{\sqrt{799 - 5 - 1}} = 0.087$$

利用公式 8-7，可以求得其變異量：

$$\mathrm{Var}(Sr_i) = \frac{(R^2_{YH})^2 - (R^2_{YG_i})^2 - 2R^2_{YH} + R^2_{YG_i} + 1}{n}$$

$$= \frac{.4480^2 - .44799^2 - 2 * .4480 + .44799 + 1}{799} = .00069$$

（三）標準化迴歸係數

標準化迴歸係數（β），適用於當預測變項使用不同測量單位（如身高、體重、年收入、受教育年數）而又須進行預測變項間的比較時，它可經由未標準化迴歸係數（b）轉換求得，參見公式 8-9：

$$\beta_{yx} = b_{yx}\frac{S_x}{S_y} \qquad \text{公式 8-9}$$

式中，S_x & S_y 為 x & y 變項的標準差。β_{yx} 的變異量，定義如公式 8-9-1。

$$v(\beta_{yx}) = SE^2(b_{yx})\frac{S^2_x}{S^2_y} \qquad \text{公式 8-9-1}$$

式中，$SE^2(b_{yx})$ 為變異誤，其平方根為 b_{yx} 之標準誤，$v(\beta_{yx})$ 之平方根為 β_{yx} 之標準誤。

在簡單迴歸分析時，標準化迴歸係數等於雙變項之相關係數（因為 x & y 變項化為 z 分數之後，其標準差均為 1）；在多元迴歸分析時，標準化迴歸係數等於標準化淨迴歸係數。因為標準化迴歸係數的測量單位為標準差，因而它們是不再依賴變項原始分數的測量單位，可以直接進行變項間相對效果的比較（假如自變項間沒有高度的多元共線性）。不過，在多元迴歸分析時，假如預測變項的測量單位相同時，未標準化迴歸係數就不需再進行標準化，直接使用未標準化迴歸係數就能正確解釋，如再標準化會導致測量單位變為不相同，就不能進行相對性的比較了（相關實例，請參見第一章的「何時效果值不須標準化」一節）。

由表 8-1 的描述統計摘要表看來，因為預測變項與效標均未使用共通量尺，標準化迴歸係數較能客觀解釋預測變項的相對效能。根據表 8-2 之多元迴歸分析 SPSS 摘要表中的標準化迴歸係數可看出，學科成績的預測力或影響力應比智力為高（.560 > .393）。

之前曾提過，標準化迴歸係數與部分相關係數的成分結構相同，當預測變項間均無多元共線性時，兩者將趨於一致，但當多元共線性很高時，前者的絕對值可能超過 1。筆者認為唯有在多元共線性不高時，標準化迴歸係數才能較客觀評估變項的相對重要性。Kim（2011）則認為標準化迴歸係數，不受量尺之影響（相當於相關係數），可以用此標準化迴歸係數當作效果值指標，進行整合分析（Kim, 2011）。例如：Nieminen, Lehtiniemi, Vähäkangas, Huusko, & Rautio（2013）曾利用標準化迴歸係數，進行影響出生嬰兒體重之流行病學的整合分析。不過，Fernández-Castilla, Aloe, & Declercq（2019）則主張利用標準化迴歸係數進行整合分析是一個爭議性議題，因為雖然依變項相同，但涉及的預測變項可能不同，且在不同研究上，依變項的變異量也可能不同，因而標準化迴歸係數在研究間不具有可比較性。他們在文中提出新的標準化迴歸係數整合方法：concealed correlations meta-analysis，有興趣的讀者可自行參考應用。

綜上所述，在一般的迴歸分析報告時，部分相關（半淨相關）係數應是最佳選擇（參見 Dudgeon, 2016），因為它不僅可以報告影響力（或相關性）的方向，而且可以更客觀評估變項的獨特貢獻力。此外，因它具有相關係數的特

質,更易於效果值的詮釋;其次才是標準化迴歸係數,淨相關則通常會高估。研究者也要注意,當自變項間具有高度多元共線性時,獨特貢獻力常不等於自變項對於依變項的重要性,對於預測變項的選擇與解釋需格外小心。此時,研究者如欲選出重要的預測變項時,最好同時配合各變項間的零階相關係數來做評估,因為當出現嚴重的多元共線性時,標準化的迴歸係數可能會誤導我們對重要預測變項的選擇。

(四) Cohen's f^2

Cohen 的迴歸分析效果值指標為 f^2,界定如公式 8-10。

$$\text{Cohen's } f^2 = \frac{R_2^2 - R_1^2}{1 - R_2^2} \qquad \text{公式 8-10}$$

公式 8-10 中,R_2^2 表包含特定預測變項能解釋效標的所有變異量,R_1^2 表其他非焦點預測變項能解釋效標的變異量。f^2 反映特定預測變項能解釋效標變異量的比率($R_2^2 - R_1^2$)與未解釋到效標變異量的比率間($1 - R_2^2$)的相對比值。以表 8-5 & 表 8-6 的 SPSS 報表的 R Square 為例:

$$\text{Cohen's } f^2 = \frac{.765 - .595}{1 - .765} = \frac{.170}{.235} = .72$$

依照 Cohen 的多元迴歸係數之經驗法則(Cohen, 1992):.02 ～ .15 為小效果值,.15 ～ .35 為中效果值,.35 以上為大效果值。因為 Cohen's $f^2 = .72$,反映出學科成績預測聯考成績的獨特效果量為大效果。另外,研究者利用公式 8-10-1,將 Cohen's f^2 轉換成 η^2。以學科成績預測聯考成績的 $f^2 = .72$ 為例,其 η^2 為 .419。

$$\eta^2 = \frac{f^2}{1 + f^2} \qquad \text{公式 8-10-1}$$

（五）標準化迴歸係數與相關係數 r 間之互換

雖然 Hunter & Schmidt（1990）主張標準化迴歸係數與積差相關係數 r，不應放在一塊進行整分析。理由很簡單：在多元迴歸分析中，標準化迴歸係數係排除其他預測變項影響力後的淨相關（a partial correlation），而積差相關係數 r 為零階的雙變項關係；前者常帶有共變項，而後者並未帶有任何共變項，前後兩者估計的參數不同。其後，Peterson & Brown（2005）曾探究標準化迴歸係數可否作為積差相關係數 r 的替身（Bowman, 2012）。他們調查 1,504 篇社會科學的研究，發現標準化迴歸係數與相關係數具有高度相關（.84），而且兩者之間的差異與樣本大小或預測變項數目無關。利用他們取得的標準化迴歸係數與相關係數，獲得兩者的轉換公式 8-11：

$$r = .98\beta + .05\lambda（當 \beta \geq 0，\lambda = 1；當 \beta < 0，\lambda = 0） \qquad 公式\ 8\text{-}11$$

Pearson's r 的標準誤，可利用公式 8-11-1 求得。

$$SE(r) = \frac{1 - r^2}{\sqrt{n - 1}} \qquad 公式\ 8\text{-}11\text{-}1$$

他們針對該公式效能之檢驗，發現其簡化公式：$r = \beta + .05\lambda$，效能相當。因而，他們建議使用簡化公式即可。甚至，假如 β 值落在 $\pm.50$ 之間或預測變項只有一個時，研究者可以直接將 β 視為值 r，不須轉換即可進行整合分析。

（六）計算器的應用

為便利研究者經由標準化迴歸係數，快速估計出 Cohen's d，推介以下兩個實用網站。

1. Wilson 網站

圖 8-2 之標準化迴歸係數的轉換器，係取自 Dr. Wilson 網站，研究者可用來獲得 Cohen's d 效果值，以利進行整合分析。Wilson 網站網址：https://campbellcollaboration.org/escalc/html/EffectSizeCalculator-SMD22.php。

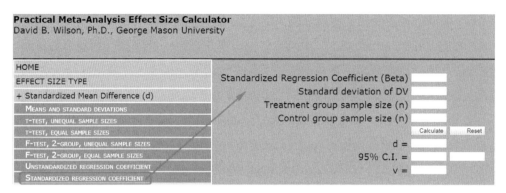

圖 8-2 標準化迴歸係數的轉換器

注意，在迴歸分析中，如為二分預測變項需化為虛擬變數（0/1），β 係數相當於相關係數，再轉化為 Cohen's d，請看圖 8-3 之應用實例。

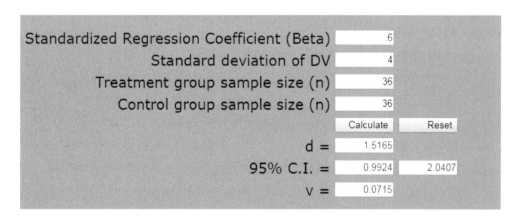

圖 8-3 標準化迴歸係數的轉換結果

因為 β 係數相當於相關係數，也可以利用文末公式 8-24 快速求得。

$$d = \frac{2 * r}{\sqrt{1 - r^2}} = \frac{2 * .6}{\sqrt{1 - .6^2}} = \frac{1.2}{.8} = 1.5 \text{（n1=n2 時）}$$，利用公式 3-8，其變異數估計

如下：

$$V(d) = \frac{n1 + n2}{n1 * n2} + \frac{d^2}{2 * (n1 + n2)} = \frac{72}{36 * 36} + \frac{1.5^2}{2 * 72} = .056 + .0156 = .0716$$

2. ESC R 程式網站

　　ESC 下載網址：https://cloud.r-project.org/package=esc

　　ESC R 程式包含許多計算效果值的副程式，ESC_Beta 爲 ESC 當中的常用副程式之一，旨在利用標準化迴歸係數，計算 Cohen 效果值。表 8-8 中 ESC_Beta 的語法與參數：beta 爲標準化迴歸係數、sdy 爲依變項的標準差、grp1n 爲控制組的人數、grp2n 爲實驗組的人數，es.type = "d" 爲內定參數，可省去，如欲輸出其它的效果值指標就需設定之（例如：ex.type = "g"）。由此觀之，使用者通常只需輸入前面四個參數即可，參見圖 8-4 之應用實例。

表 8-8　**ESC_Beta** 的語法程式設計

```
esc_beta(
  beta,
  sdy,
  grp1n,
  grp2n,
  es.type = c("d", "g", "or", "logit", "r", "f", "eta", "cox.or", "cox.log"),
  study = NULL
)
```

　　ESC_Beta 之實例示範，程式撰寫只需一行，更動該行中的參數即可，操作相當容易，參見圖 8-4。

```
R Console

> esc_beta(.6, 4, 36, 36)

Effect Size Calculation for Meta Analysis

    Conversion: standardized regression coefficient to effect size d
   Effect Size:   1.4790
 Standard Error:   0.2660
      Variance:   0.0707
      Lower CI:   0.9577
      Upper CI:   2.0003
        Weight:  14.1350
> |
```

圖 8-4　**ESC_Beta** 實例示範視窗：**R** 副程式之應用

（七）間接效果值分析

在多元迴歸分析中，除了直接效果值分析之外，最常見的是間接效果值分析。間接效果值（indirect effect），有時又稱為中介效果（mediating effect）。茲以圖 8-5 為例，說明在迴歸分析時，什麼是直接效果、間接效果與總效果。總效果為直接效果與間接效果的總和（c = ab + c'）；間接效果為迴歸係數 a & b 的乘積。該圖中總效果（c）可以分解為：直接效果（c'）與間接效果（ab），一般間接效果值（ab）為正值；因此，總效果會大於直接效果（c > c'），但就抑制變項（該變項的加入會導致原有變項間的相關性下降，ab 為負值）而言，總效果會小於直接效果（c < c'）。間接效果值的分析，可以告訴我們為什麼自變項會影響依變項或自變項如何影響依變項。

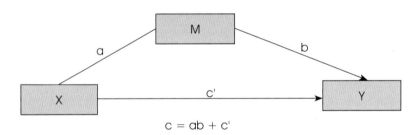

c 為總效果，ab 為間接效果，c' 為直接效果

圖 8-5　總效果的分解：直接效果與間接效果

由圖 8-6 中的徑路參數可驗證：總效果（c）＝ 直接效果（c'）＋ 間接效果（ab）：(-.0923) + (-.0978*.2857) = -.0923-.02794=-.1203，此即圖 8-7 中的總效果（c）。

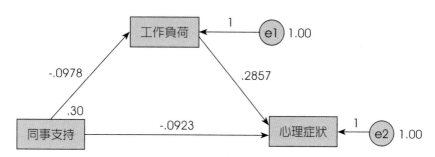

圖 8-6　間接效果（**c'**）實例解說：未標準化迴歸係數

註：取自吳麗華（2007）。

圖 8-7　總效果（**c**）實例解說：未標準化迴歸係數

註：取自吳麗華（2007）。

以下根據 Preacher & Kelley（2011）所提出的三種間接效果值：未標準化間接效果、部分標準化間接效果、完全標準化間接效果，說明它們之間的異同及如何進行解釋。

1. 未標準化間接效果（ab）

在多元迴歸分析時，如果預測變項（X）、中介變項（M）與效標（Y）均具有共通的量尺（如度、量、衡單位或貨幣）而非武斷的量尺（arbitrary metric），此時使用原始量尺的未標準化迴歸係數（a*b = -.0978*.2857 = -.0279）就能進行有意義的溝通與解釋。不過，不同變項常使用不同量尺，未標準化估計值不利於比較與進行整合分析。以圖 8-6 為例，未標準化的間接效果值，可以視為同事支持每增加一單位量（在原始 5 點量尺上）的改變，間接透過中介變項（工作負荷），預期心理症狀會減少 .0279 單位量（在原始 4 點量尺上）。根據表 8-9 的參數估計值，此未標準化的間接效果值（a & b 的交乘積）之標準誤（Sobel, 1982）為：

$$SE_{SOBEL} = \sqrt{a^2 * S_b^2 + b^2 * S_a^2} = \sqrt{(-.098)^2 * .044^2 + .286^2 * .065^2} = \sqrt{.000364} = .0191,$$

依此可以建立 .95 之信賴區間：

-.0279 ± 1.96*.0191 → -.0279 ± .0374 → -.0653 ～ .0095（包含 0）

Sobel 的 z 考驗結果為：

$$z = \frac{-.0279}{.0191} = -1.46 \ (p = .1445)$$

顯示出此交互作用效果，未達統計上 .05 之顯著水準。

表 8-9 各變項間的 SPSS 迴歸係數估計值

模式		未標準化係數		標準化係數	t	顯著性
		B 之估計值	標準誤差	Beta 分配		
1	(常數)	3.357	.238		14.129	.000
	同事支持	-.098	.065	-.085	-1.515	.131

a. 依變數：工作負荷

模式		未標準化係數		標準化係數	t	顯著性
		B 之估計值	標準誤差	Beta 分配		
1	(常數)	1.514	.235		6.439	.000
	同事支持	-.092	.050	-.097	-1.843	.066
	工作負荷	.286	.044	.346	6.537	.000

a. 依變數：心理症狀

2. 部分標準化間接效果（ab_{ps}）

部分標準化迴歸係數的計算，如公式 8-12 所示，分子為間接效果值，分母為效標之標準差。

$$ab_{ps} = \frac{ab}{\sigma_Y} \qquad \text{公式 8-12}$$

由公式 8-12 得知 a & b 係數均未標準化，此間接效果值需透過 Y 變項的標準差來解釋。

表 8-10　描述統計摘要表

	個數	最小值	最大值	平均數	標準差
同事支持	315	1.60	5.00	3.6382	.54864
工作負荷	315	1.00	4.83	3.0011	.62912
心理症狀	315	1.00	4.00	2.0349	.52009

以圖 8-6 的徑路圖為例，依據表 8-10 的描述統計與公式 8-12，可獲得：

$$ab_{ps} = \frac{-.0279}{.52009} = -.0536$$

部分標準化間接效果值，可視為同事支持每增加一單位量（在原始 5 點量尺上）的改變，間接透過中介變項（M），預期心理症狀會減少約 .0536 個標準差。

3. 完全標準化間接效果（ab_{cs}）

完全標準化迴歸係數的計算，如公式 8-13 之推演。

$$ab_{cs} = \left(a\,\frac{\sigma_X}{\sigma_M} \right)\left(b\,\frac{\sigma_M}{\sigma_Y} \right) = \beta_{MX}\beta_{YM} = ab\frac{\sigma_X}{\sigma_Y} \qquad 公式 8-13$$

由公式 8-13 得知：a & b 係數均標準化，再相乘，此間接效果值不受 X、M & Y 變項量尺的影響，最適合於進行整合分析。以圖 8-6 的徑路圖為例，依據表 8-10 的描述統計與公式 8-13，可獲得：

$$ab_{cs} = -.0279 * \frac{.54864}{.52009} = -.0294$$

完全標準化間接效果值，可以視為每增加一個標準差的同事支持，間接透過中介變項（M），預期會減少約 .0294 個標準差的心理症狀。

以上間接效果值分析，均可透過 Hayes(2018) 的 SPSS 增益集 PROCESS（模式 4），輕鬆取得，參見圖 8-8，操作此表單時，也請點開「Options」按鈕，勾選「Effect size」、「Sobel test」&「Total effect model」。PROCESS 對於間接效果，提供了 Bootstrap 的信賴區間，本例間接效果值為 -.0279，其 .95 Bootstrap 的信賴區間為 -.0770～.0177（因估計方法不同，與 Sobel 的信賴區間稍有不同）。

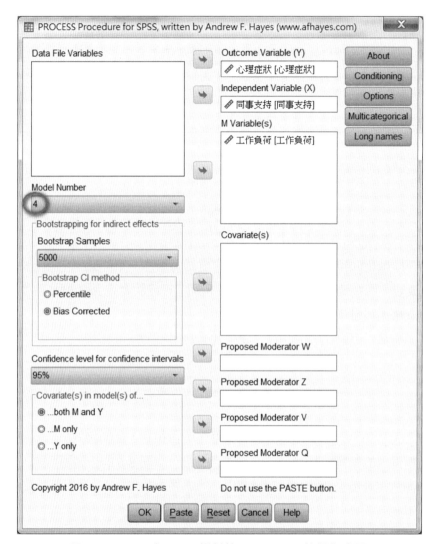

圖 8-8　**Hayes** 之 **SPSS** 增益集 **PROCESS** 的操作介面

（八）R^2、R_ω^2、R_ε^2 效果值總指標

在變異數分析中，效果值總指標 η^2、ω^2、ε^2，在迴歸分析中，相對應的效果值總指標為 R^2、R_ω^2、R_ε^2，這三個指標的定義，如公式 8-14 ～ 8-16 所示（Yiğit, 2021）。

$$R^2 = \frac{SS_{regression}}{SS_{total}}$$

公式 8-14

$$R_\omega^2 = \frac{SS_{regression} - df_{regression} * MS_{error}}{SS_{total} + MS_{error}} \quad (R_\omega^2 < 0 \text{，設定為 } 0) \qquad \text{公式 8-15}$$

$$R_\varepsilon^2 = \frac{SS_{regression} - df_{regression} * MS_{error}}{SS_{total}} \quad (R_\varepsilon^2 < 0 \text{，設定為 } 0) \qquad \text{公式 8-16}$$

利用表 8-11 的資料，說明 R^2、R_ω^2、R_ε^2 的相對效能。

表 8-11　多元迴歸分析摘要表（N=16）

模式		平方和	df	平均平方和	F	顯著性
1	迴歸	1454.574	5	290.915	8.162	.003[a]
	殘差	356.426	10	35.643		
	總數	1811.000	15			

a. 預測變數:(常數), x5, x1, x3, x4, x2

b. 依變數: y

註：原始數據請參閱表 5.1-1，林清山（1991），多變項分析統計法。

將表 8-11 的數據，分別帶入公式 8-14 ～公式 8-16，可獲得結果如下：

$$R^2 = \frac{1454.574}{1811} = .803$$

$$R_\omega^2 = \frac{1454.574 - 5 * 35.643}{1811 + 35.643} = \frac{1276.359}{1846.643} = .691$$

$$R_\varepsilon^2 = \frac{1454.574 - 5 * 35.643}{1811} = \frac{1276.359}{1811} = .705$$

Yiğit（2021）透過模擬研究，發現迴歸分析中，R_ω^2 & R_ε^2 的估計誤差較小，尤其在小樣本時 R^2 與 R_ω^2 / R_ε^2 會出現顯著差異（.803 vs .691/.705）。表 8-11 的多元迴歸分析，係來自於 N=16，屬於小樣本。因此，R^2 與 R_ω^2 & R_ε^2 間，出現顯著差異。當樣本逐漸增大時，R^2 與 R_ω^2 & R_ε^2 之間的差異，就會逐漸縮小。由此觀之，筆者建議在報告中最好選擇 R_ω^2 或 R_ε^2，才能避免偏估效果值（R^2 顯然高估了）。此項研究發現與過去的研究結果相同。例如：在變異數分析時，Levine & Hullett（2002）指出 η^2 常會高估，當較大樣本時偏差則會縮小。此外，Okada（2013）透過模擬研究，也發現小樣本時，η^2 常會高估，因此亦建議最好使用 ε^2，或使用 ω^2。

二、多層次模式效果值分析

　　前節多元迴歸中的間接效果值分析方法，亦可推論至直接效果值上。同樣地，如參數設定為固定效果模式，多元迴歸中的直接效果與間接效果值分析，均適用於多層次模式分析上。不過，利用原始變項之標準差進行標準化，遇到樣本標準差存在較大誤差時（如樣本較小），可能會造成極不穩定的估計效果值（Lorah, 2018）。另外，一般常用的 HLM 分析軟體並未提供標準化係數（Hox, 1995）。因此，在 HLM 分析結果解釋上，很少會採用標準化係數進行解釋。但為了研究者能比較預測變項的相對貢獻，本節將提供數種 HLM 迴歸係數標準化的方法。以下針對 HLM 中的 ICC、R^2、f^2& 標準化迴歸係數等效果值指標，進行實例說明，實例資料係取自 Hox（2002）的 HLM 專書例子，可從以下網址下載：

https://stats.idre.ucla.edu/wp-content/uploads/2016/02/popular.sav（一階）

https://stats.idre.ucla.edu/wp-content/uploads/2016/02/popular_lev2.sav（二階）

（一）ICC 效果值指標

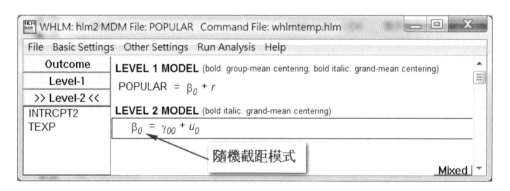

圖 8-9　**HLM** 理論模式設定視窗：隨機截距模式

　　ICC（intra-class correlation coefficient）效果值指標，需透過 HLM 零模式（empty model）取得，參見圖 8-9 之理論模式設定。該模式採隨機截距模式，此隨機截距代表依變項（popularity）的平均數，因而 ICC 可作為集群層次間差異的隨機效果值指標。

表 8-12　HLM 分析結果

Final estimation of variance components:						
Random Effect		Standard Deviation	Variance Component	df	Chi-square	P-value
INTRCPT1,	U0	0.93798	0.87981	99	2803.92585	0.000
level-1,	R	0.79917	0.63868			

　　根據表 8-12 的隨機變異成分，利用公式 8-27，即可求得 ICC。

$$ICC = \frac{0.87981}{0.87981 + 0.63868} = \frac{0.87981}{1.51849} = .579$$

　　ICC 係結果變項變異量中可由集群層次解釋的比率，也可視為組內相關係數之平均值，因而可視為效果值的指標。本指標小於 .059 時，可視為小效果值，介於 .059 ～ .138 時，可視為中效果值，大於 .138 時，可視為大效果值（Cohen, 1988）。研究者如欲考驗 ICC 是否達既定的統計顯著水準，可以觀看隨機變異量中截距項的 p 值，本例 p 值為 0.000，可推知 ICC（.579）達 .01 的顯著水準。

（二）$R^2 \& f^2$ 指標

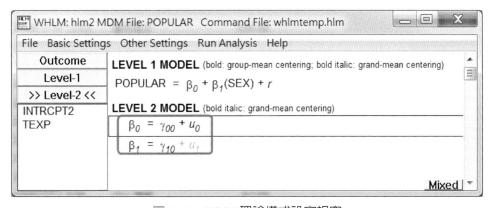

圖 8-10　HLM 理論模式設定視窗

　　依據圖 8-10 的 HLM 理論模式（β_0 為隨機截距、β_1 為固定斜率）之設定，其中性別（SEX）係二分類別變項，需化為虛擬變項，效標（POPULAR）則為

連續變項，分析結果如表 8-13。

表 8-13　HLM 分析結果

Final estimation of variance components:						
Random Effect		Standard Deviation	Variance Component	df	Chi-square	P-value
INTRCPT1,	U0	0.92856	0.86222	99	3788.54679	0.000
level-1,	R	0.67817	0.45992			

當多層次模式分析涉及多個殘差項時，計算決定係數 R^2 將比一階的迴歸模式複雜。在隨機截距及固定斜率模式下，欲估計效標變項變異的解釋量 R^2（variance explained），計算式請參見公式 8-14（Snijders & Bosker, 2012）。

$$R^2 = 1 - \frac{\sigma_F^2 + \tau_F^2}{\sigma_E^2 + \tau_E^2}　(F \text{ 表全模式，} E \text{ 表空模式})　\qquad 公式\ 8\text{-}14$$

利用表 8-12 & 表 8-13 之「Variance Component」數據，可求得：

$$R^2 = 1 - \frac{0.86222 + .45992}{0.87981 + .63868} = 1 - \frac{1.32214}{1.51849} = 1 - .87 = .13　(參見表 8\text{-}16\ 的\ R^2)$$

研究者也可利用公式 8-15，透過 R^2 獲得 Cohen's f^2 效果值指標：

$$f^2 = \frac{R^2}{1 - R^2}　\qquad 公式\ 8\text{-}15$$

$$= \frac{.13}{1 - .13} = .15　(解釋\ \%\ 比\ vs.\ 未解釋\ \%\ 比)$$

利用公式 8-15-1，可以將 f^2 轉換成 η^2。

$$\eta^2 = \frac{f^2}{1 + f^2}　\qquad 公式\ 8\text{-}15\text{-}1$$

$$\eta^2 = \frac{.15}{1 + .15} = .13$$

以下將針對如何進行迴歸係數標準化，透過實例加以解析。

（三）利用原始標準差進行標準化

多層次分析模式中，效果值的指標就是迴歸方程式中的係數，如再除以層次一（如學生）在效標上之標準差，就是標準化效果值指標。其實，計算此組間平均差異量的效果值，可以使用效標的原始標準差（raw standard deviation，簡稱 SD），也可使用殘差標準差（residual standard deviation，簡稱 RSE）（Tymms, 2004; Tymms, Merrell, & Wildy, 2015）。Tymms（2004）認為根據層次一的殘差標準差計算出的效果值，會比利用原始標準差取得的效果值大，但較適當（因為集群效應可加以排除）。原始標準差（SD）與殘差標準差（RSE），可經由公式 8-16 互換：

$$RSE = \sqrt{1 - R^2} * SD \qquad 公式 8\text{-}16$$

由公式 8-16 可推知，$R^2 = 0$ 時，RSE = SD；$R^2 > 0$ 時，RSE < SD。

利用原始標準差進行標準化，以求取標準化迴歸係數，主要有三個途徑（Hox, 1995; Snijders & Bosker, 2012），前兩個途徑適用於連續變項，第三種途徑適用於類別的預測變項。這三個分析途徑，簡介如下：

1. 進行資料分析之前，先將變項標準化（$\overline{X} = 0$, SD = 1）

此法適用於連續變項上，將之化為 z 分數，但並非每一變項均需標準化，例如：類別變項就不可標準化，實例從略。

2. 針對模式中的特定迴歸係數進行完全標準化，界定如公式 8-17

$$\beta_{cs} = B \frac{\sigma_X}{\sigma_Y} \qquad 公式 8\text{-}17$$

公式 8-17 係直接效果標準化的公式，此公式原理與間接效果標準化公式 8-13 有類似之處。

此法適用於連續變項上，且欲比較變項的相對重要性時。此法會使標準化變項之變異量一律是 1（測量單位變為標準差），此類效果值的量尺將與原先的測量單位無關，解釋時須以標準差的單位進行說明，而非原始分數。以下將利用

SPSS & HLM 的報表資料，說明公式 8-17 的運用。

(1) SPSS 多元迴歸分析例子

表 8-14　多元迴歸分析摘要表

係數[a]

模式		未標準化係數		標準化係數	t	顯著性
		B 之估計值	標準誤差	Beta 分配		
1	(常數)	2.472	.196		12.644	.000
	同事支持	-.120	.053	-.127	-2.263	.024

a. 依變數: 心理症狀

註：預測變項為同事支持，效標為心理症狀。

根據表 8-10 的描述統計 & 表 8-14 之迴歸係數數據，利用公式 8-17，可求得完全標準化的迴歸係數：

$$\beta_{cs} = -.120 * \frac{.54864}{.52009} = -.127$$

(2) HLM 分析例子

表 8-15 係 HLM 報表，IQ 為預測變項，效標（Y）為語言測驗成績，而 IQ & 語言測驗成績之 SD，分別為 2.07 & 9.16。

根據表 8-15 之數據，利用公式 8-17 可求得：

$$\beta_{cs} = 2.507 * \frac{2.07}{9.16} = .567$$

就平均值來看，IQ 每增加一個標準差，在語言測驗分數上可以增加 0.567 個標準差的分數。

表 8-15　**HLM** 分析摘要表

Table 4.2 Estimates for random intercept model with effect for IQ

Fixed Effect	Coefficient	S.E.
γ_{00} = Intercept	41.06	0.24
γ_{10} = Coefficient of IQ	2.507	0.054

Random Part	Variance Component	S.E.
Level-two variance:		
τ_0^2 = var(U_{0j})	9.85	1.21
Level-one variance:		
σ^2 = var(R_{ij})	40.47	0.96

3758 pupils in 211 schools , Y = language test.

註：取自表 4.2，Snijders & Bosker（2012），採隨機截距模式。

3. 針對特定迴歸係數進行部分標準化

標準化之定義，如公式 8-18：

$$\beta_{ps} = \frac{B}{\sigma_Y} \qquad\qquad 公式\ 8\text{-}18$$

　　第三種方法僅適用於預測變項為二分類別變項時，此時，研究者須將此變項化為虛擬變項（dummy variable），標準化的對象為效標。表 8-16 與表 8-17 的實例，表中性別係二分類別變項須化為虛擬變項，效標則為連續變項。此時，固定效果值估計值，係在控制其他因素影響力之後，組間的平均差異量。

表 8-16 迴歸分析摘要表（一）

Descriptive Statistics

	Mean	Std. Deviation	N
popularity according to sociometric score	5.31	1.226	2000
pupil sex	.49	.500	2000

Model Summary

Model	R	R Square	Adjusted R Square	Std. Error of the Estimate	Change Statistics				
					R Square Change	F Change	df1	df2	Sig. F Change
1	.360ᵃ	.130	.129	1.144	.130	297.396	1	1998	.000

a. Predictors: (Constant), pupil sex

表 8-17 迴歸分析摘要表（二）

Coefficientsᵃ

Model	Unstandardized Coefficients		Standardized Coefficients	t	Sig.
	B	Std. Error	Beta		
1　(Constant)	4.878	.036		136.581	.000
pupil sex	.883	.051	.360	17.245	.000

a. Dependent Variable: popularity according to sociometric score

註：預測變項為學生性別，效標為受歡迎程度。

　　根據表 8-16 & 表 8-17 之數據，利用公式 8-18，可求得部分標準化的迴歸係數：$\beta_{ps} = \dfrac{B}{\sigma_Y} = \dfrac{.883}{1.226} = .72$（採用原始變項的 SD，相當於 Cohen's d 值）。

（四）使用殘差標準差，進行標準化

　　類似於 ANOVA 分析時，可以使用併組標準差（pooled SD）進行效果值的計算，多層次分析模式中的迴歸係數，也可除以殘差標準差（residual standard deviation，簡稱 RSE）以求取標準化效果值，RSE 有時稱為估計標準誤（standard error of the estimate），此為估計誤差的標準差（Tymms, 2004; Tymms, Merrell, & Wildy, 2015），請看表 8-18 之實例說明。

表 8-18　**SPSS 迴歸分析結果**

Descriptive Statistics

	Mean	Std. Deviation	N
popularity according to sociometric score	5.31	1.226	2000
pupil sex	.49	.500	2000

Model Summary

Model	R	R Square	Adjusted R Square	Std. Error of the Estimate	Change Statistics				
					R Square Change	F Change	df1	df2	Sig. F Change
1	.360[a]	.130	.129	1.144	.130	297.396	1	1998	.000

a. Predictors: (Constant), pupil sex

原始標準差（SD）與殘差標準差（RSE），可經由公式 8-16 互換：

$$RSE = \sqrt{1 - R^2} * SD = \sqrt{1 - .130} * 1.226 = 1.144$$

（此即 Standard Error of the Estimate）

　　如果二階或三階層次的參數均為固定效果模式，多層次模式將簡化為傳統的一階迴歸分析。筆者建議在計算效果值時，二階或三階層次模式均採非隨機變動斜率的模式（固定效果模式），只讓截距項採隨機效果模式，使解釋單純化。以下將依預測變項的屬性，說明多層次分析模式的效果值估計方法。

1. 預測變項為二元虛擬變項

$$y_{ij} = \beta_0 + \beta_1 X + \mu_j + e_i \qquad\qquad 公式\ 8\text{-}19$$

　　公式 8-19 中，β_1 代表著兩組間平均數的差異量，X 為虛擬變項（0 常設為控制組，1 為實驗組），μ_j 為二階測量誤差，e_i 為一階測量誤差，至於殘差標準差或估計誤差標準差（σ_e），可由公式 8-20 求得。

$$\sigma_e = \sqrt{\frac{\Sigma(Y - \hat{Y})^2}{N - 2}} \qquad\qquad 公式\ 8\text{-}20$$

　　因為 β_1 代表著兩組間平均數的差異量，其標準化效果值，可由公式 8-21 求得。

$$\Delta = \frac{\beta_1}{\sigma_e} \qquad\qquad 公式\ 8\text{-}21$$

由此觀之，利用公式 8-21 所計算出來的效果值Δ，相當於 Cohen's d 值，應用實例請看表 8-22 之說明。以下將利用 t 考驗、迴歸分析與 HLM 分析，檢驗三者所估計出的標準化效果值Δ是否相同。

(1) t 考驗途徑

表 8-19　**SPSS t 考驗摘要表：性別間之平均數差異性考驗**

T-Test

[DataSet1] C:\Users\F\Desktop\TEXTBOOK EXAMPLES MULTILEVEL MODELS BY JOOP HOX\ma_hox_spss\popular.sav

Group Statistics

	pupil sex	N	Mean	Std. Deviation	Std. Error Mean
popularity according to sociometric score	boy	1026	4.88	1.129	.035
	girl	974	5.76	1.160	.037

Independent Samples Test

		Levene's Test for Equality of Variances		t-test for Equality of Means						95% Confidence Interval of the Difference	
		F	Sig.	t	df	Sig. (2-tailed)	Mean Difference	Std. Error Difference		Lower	Upper
popularity according to sociometric score	Equal variances assumed	6.834	.009	-17.245	1998	.000	-.883	.051		-.983	-.782
	Equal variances not assumed			-17.233	1985.491	.000	-.883	.051		-.983	-.782

首先，可利用公式 8-22 計算併組標準差。

$$SD_{pooled} = \sqrt{\frac{(n_1-1)*SD_1^2+(n_2-1)*SD_2^2}{n_1+n_2-2}} \qquad\qquad 公式\ 8\text{-}22$$

根據表 8-19 內之資料，求得併組標準差之計算：

$$SD_{pooled} = \sqrt{\frac{((1026-1)*1.129^2+(974-1)*1.16^2)}{2000-2}}$$
$$= \sqrt{\frac{2615.776}{1998}} = \sqrt{1.309} = 1.144 \ （參見表 8\text{-}18 中之 SE、表 8\text{-}20 中之 Mean Square）$$

接著，根據表 8-19 內之資料，利用公式 8-21 進行 Cohen's d 值之計算：

$$\Delta = \frac{.883}{1.144} = .772$$

(2) 迴歸分析途徑

表 8-20　**SPSS** 迴歸分析摘要表

ANOVA[b]

Model		Sum of Squares	df	Mean Square	F	Sig.
1	Regression	389.239	1	389.239	297.396	.000[a]
	Residual	2615.033	1998	1.309		
	Total	3004.272	1999			

a. Predictors: (Constant), pupil sex

b. Dependent Variable: popularity according to sociometric score

Coefficients[a]

Model		Unstandardized Coefficients		Standardized Coefficients	t	Sig.
		B	Std. Error	Beta		
1	(Constant)	4.878	.036		136.581	.000
	pupil sex	.883	.051	.360	17.245	.000

a. Dependent Variable: popularity according to sociometric score

　　如果利用表 8-20 內 SPSS 迴歸分析結果（其中 Mean Square 的平方根，事實上為殘差標準差），也可算出 Cohen's d 值：

$$\Delta = \frac{.883}{\sqrt{1.309}} = .772$$

(3) HLM 分析途徑

　　研究者亦可利用 HLM 之參數固定效果模式，計算出 Cohen's d 值，其一階理論模式包含 SEX 預測變項（參見圖 8-11）。分析結果如表 8-21 & 表 8-22 所示：

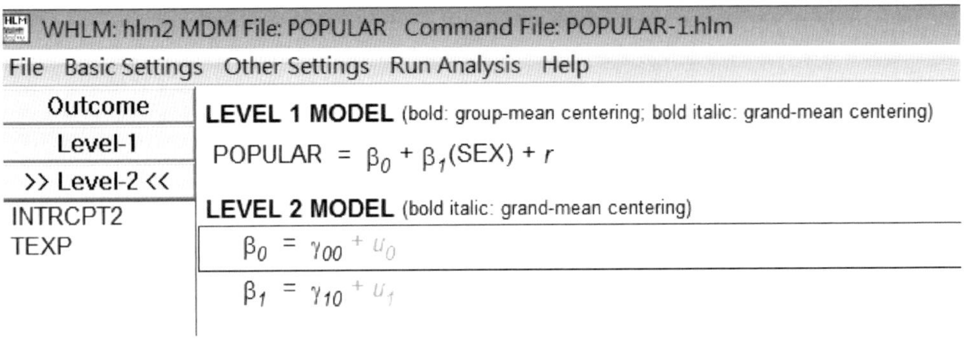

WHLM: hlm2 MDM File: POPULAR   Command File: POPULAR-1.hlm

File   Basic Settings   Other Settings   Run Analysis   Help

Outcome	LEVEL 1 MODEL (bold: group-mean centering; bold italic: grand-mean centering)
Level-1	POPULAR $= \beta_0 + \beta_1(SEX) + r$
>> Level-2 <<	
INTRCPT2	LEVEL 2 MODEL (bold italic: grand-mean centering)
TEXP	$\beta_0 = \gamma_{00} + u_0$
	$\beta_1 = \gamma_{10} + u_1$

圖 8-11　**HLM** 理論模式設定視窗：固定效果模式

表 8-21　**HLM** 理論模式摘要表

```
Level-1   Model
          Y = B0 + B1*(SEX) + R
Level-2   Model
          B0 = G00
          B1 = G10


Least Squares Estimates
---------------------------------
sigma_squared =      1.30883
The outcome variable is POPULAR
```

　　表 8-21 中數據 1.30883 的平方根，為殘差標準差。

表 8-22　**HLM** 固定效果摘要表

The outcome variable is POPULAR

Least-squares estimates of fixed effects
(with robust standard errors)

Fixed Effect	Coefficient	Standard Error	T-ratio	d.f.	P-value
For　　INTRCPT1, B0					
INTRCPT2，G00	4.878168	0.095682	50.983	1998	0.000
For　　SEX slope, B1					
INTRCPT2，G10	0.882613	0.067533	13.069	1998	0.000

因爲本 HLM 模式的截距與斜率參數，均非隨機參數。因此，表 8-22 的截距與斜率參數與表 8-19 的截距與斜率參數完全相同；亦即 HLM 的固定效果模式與一般的迴歸分析結果並無二致。利用公式 8-21 可求得：

$$\Delta = \frac{.8826}{\sqrt{1.30883}} = .772 \; (\text{分母數據取自表 8-21})$$

綜上所述，Cohen's d 值亦可透過迴歸分析與 HLM 分析求得，可見 t 考驗是迴歸分析的特例，而迴歸分析又是 HLM 分析的特例。

2. 一階預測變項爲連續變項

計算效果值時如遇預測變項爲連續變項，也可將它視爲像一個二分類別變項，在預測變項平均數的上下一個標準差處進行切割（Tymms, 2004），以延續 Cohen's d 的概念。以下將利用標準分數、原始分數 & HLM 分析等估計途徑，逐一說明之。

(1) 標準分數公式

在簡單的多層次模式中，如果連續預測變項與結果變項均化爲標準分數（$\bar{X}$ = 0，SD = 1），其迴歸係數（β）就等於 r，如個體分數的標準差爲 δ_e，其效果值計算公式，請參見公式 8-23：

$$\Delta = \frac{2\beta_1}{\sigma_e} \qquad\qquad \text{公式 8-23}$$

因爲迴歸係數（β）等於 r（參見表 8-23 中的 r 值與表 8-24 中之 Beta 值），公式 8-23 的效果值，實際上可透過相關係數，由公式 8-24 計算之。

$$\text{Cohen's } d = \frac{2r}{\sqrt{(1 - r^2)}} \qquad\qquad \text{公式 8-24}$$

利用表 8-23 之實例，說明 Cohen's d 的計算。根據表 8-23 的相關係數，利用公式 8-24 可求得 Cohen's d：

$$d = 2 * \frac{.715}{\sqrt{(1 - .715^2)}} = \frac{1.43}{.699} = 2.046$$

式中 .699 為迴歸分析中的估計標準誤。

表 8-23　SPSS 相關係數摘要表

[DataSet1] C:\Users\F\Desktop\TEXTBOOK EXAMPLES MULTILEVEL MODELS BY JOOP HOX\ma_hox_spss\popular-1.sav

Correlations

		pupil popularity according to teacher	popularity according to sociometric score
pupil popularity according to teacher	Pearson Correlation	1	.715**
	Sig. (2-tailed)		.000
	N	2000	2000
popularity according to sociometric score	Pearson Correlation	.715**	1
	Sig. (2-tailed)	.000	
	N	2000	2000

**. Correlation is significant at the 0.01 level (2-tailed).

(2) 原始分數公式

在簡單的多層次模式中，如果連續性預測變項與結果變項，均非標準化之 z 分數，其迴歸係數（β）就不等於 r，如個體分數的估計標準誤為 σ_e（相當於一階層次的標準誤），其效果值之計算如公式 8-25。

$$\Delta = \frac{2\beta_1 * SD_{predictor}}{\sigma_e} \qquad\qquad 公式\ 8\text{-}25$$

利用表 8-24 之實例，說明 Cohen's d 的計算。根據表 8-24 中之數據，利用公式 8-25 可求得 Cohen's d：

$$\Delta = \frac{2 * .847 * 1.036}{.857} = 2.048$$

式中 .857 為迴歸分析中的估計標準誤。

表 8-24　**SPSS 迴歸分析摘要表**

[DataSet1] C:\Users\F\Desktop\TEXTBOOK EXAMPLES MULTILEVEL MODELS BY JOOP HOX\ma_hox_spss\popular-1.sav

Descriptive Statistics

	N	Minimum	Maximum	Mean	Std. Deviation
pupil popularity according to teacher	2000	2	7	4.48	1.036
Valid N (listwise)	2000				

Model Summary

Model	R	R Square	Adjusted R Square	Std. Error of the Estimate
1	.715a	.512	.511	.857

a. Predictors: (Constant), pupil popularity according to teacher

Coefficients

Model		Unstandardized Coefficients		Standardized Coefficients	t	Sig.
		B	Std. Error	Beta		
1	(Constant)	1.513	.085		17.770	.000
	pupil popularity according to teacher	.847	.018	.715	45.761	.000

a. Dependent Variable: popularity according to sociometric score

(3) HLM 分析途徑

以下係利用 HLM 途徑，估計 Cohen's d 值。

表 8-25　固定效果模式摘要表

Least-squares estimates of fixed effects
(with robust standard errors)

Fixed Effect	Coefficient	Standard Error	T-ratio	D.F.	P-value
For　　　INTRCPT1, B0					
INTRCPT2, G00	1.512642	0.136686	11.067	1998	0.000
For TEACHPOP slope, B1					
INTRCPT2, G10	0.846517	0.030613	27.652	1998	0.000

根據表 8-24 & 表 8-25 之數據，利用公式 8-25，可求得 Cohen's d：

$$\Delta = 2 * \frac{.846517}{.857} * 1.036 = 2.047$$

本 HLM 模式的參數均採固定效果模式，因此採用殘差標準差所計算的效果值（2.047），跟前述的迴歸分析（利用原始分數）結果（2.048）幾乎相同，亦與透過相關係數的分析結果相當接近（2.045）。

3. 二階預測變項為連續變項

如同一階之預測變項，以其平均數的上下一個標準差進行切割，但須使用二階的標準差（如班級層次）。如以表 8-27 中最後一欄位底部第 3 個理論模式的隨機變異量為例，利用公式 8-26 可以估計出 Cohen's d 值（Δ）。

$$\Delta = \frac{2\sigma_u}{\sigma_e}$$ 公式 8-26

$$\Delta = \frac{2 * \sqrt{.27}}{\sqrt{1.59}} = .824 \text{（class）}$$

上式中，σ_u 為二階層次標準誤，σ_e 為一階層次標準誤，.824 為二階層次之效果值。

（五）ICC 與 Cohen's d 值的互換

ICC 與 Cohen's d 值，可經由公式 8-27 互換（Tymms, 2004）。

$$ICC = \frac{\sigma_u^2}{\sigma_u^2 + \sigma_e^2}$$ 公式 8-27

以表 8-27 中 Class 之隨機變異量數據為例，可求得 ICC：

$$ICC = \frac{.27}{.27 + 1.59} = .145$$

由公式 8-26，利用交叉相乘可求得：

$$\sigma_u = \frac{\Delta * \sigma_e}{2}$$ 公式 8-28

將公式 8-28 帶入公式 8-27，經過通分與推演，亦可導出公式 8-29。

$$ICC = \frac{\sigma_e^2 * \Delta^2}{\sigma_e^2 * (\Delta^2 + 4)} = \frac{\Delta^2}{\Delta^2 + 4} \qquad \text{公式 8-29}$$

$$ICC = \frac{.824^2}{.824^2 + 4} = \frac{.679}{4.679} = .145 \text{（依據表 8-27 之數據）}$$

由公式 8-29，可推導出公式 8-30（Tymms, 2004）。

$$\Delta = \sqrt{\frac{4 * ICC}{1 - ICC}} \qquad \text{公式 8-30}$$

$$\Delta = \sqrt{\frac{4 * .145}{1 - .145}} = \sqrt{\frac{.58}{.855}} = .824$$

由此可見 Cohen's d 值，也可由 ICC 推導出來。

（六）HLM 標準化效果值的估計實例

表 8-26 係 Tymms, Merrell, & Wildy（2015）有關閱讀與數學成績的描述統計資料，係蒐集來自蘇格蘭、英國與澳洲等 11 個教育體系，4534 個班級，2888 個學齡群，共 83304 個學童（女童佔 46.8%）；而表 8-27 & 表 8-28 之研究結果，為 Tymms, Merrell, & Wildy（2015）多層次 HLM 分析結果，為了比較預測變項的相對效能，他們利用這兩個表的數據，繪製了如圖 8-12 之標準化效果值的直方圖，值得研究者應用參考。本研究旨在探究在不同教育體系及不同班級下，有哪些重要因素會影響一年級學生閱讀與數學成就（如性別、年齡、起點知能）。研究者為了解學生在閱讀與數學的學習進步情形，在一年級期初與期末（2007～2008）各施測一次，且為了使受試者的測驗分數具有題目獨立性（item-free person measurement）之特性，該研究採用 Rasch 分數進行資料分析。此例採非隨機變動斜率的模式，截距則為隨機效果模式，所計算的標準化效果值，將採用殘差標準差進行標準化。表 8-26 為該研究中，各變項 Rasch 分數的平均數與標準差之摘要表。

表 8-26 各研究變項 **Rasch** 分數之平均數與標準差摘要表

		N	Mean	Std. Deviation
Pupil level	Start Reading	83304	-3.97	2.13
	Start Maths	83304	-1.24	1.77
	End Reading	83304	0.47	2.32
	End Maths	83304	1.84	2.17
	Age (years)	83304	4.89	0.48
Class averages	Start Reading	4534	-3.88	1.31
	Start Maths	4534	-1.17	1.06
	Age (years)	4534	4.92	0.40
Year group averages	Start Reading	2888	-3.97	1.23
	Start Maths	2888	-1.27	1.01
	Age (years)	2888	4.89	0.39

　　表 8-27 中包含了閱讀之四個理論模式（Null, First, Second, & Third）之分析結果，本表的上半部（Fixed Part）為固定效果的預測變項，下半部（Random Part）為隨機效果的預測變項；表 8-28 中則為數學科之理論模式與分析結果摘要。

　　因為測量單位不同無法比較各預測變項的相對效能，研究者須將連續變項之原始迴歸係數標準化，注意類別變項不可進行標準化，但需化為虛擬變項（如本例的 Female）。就固定效果部分，以表 8-27 中理論模式三（Third 欄位）Reading & Female 等兩個預測變項為例，採用學生層次（Pupil）變異量（1.59）的平方根，作為標準化的標準差，利用公式 8-25 進行這兩個變項之標準化效果值的計算，請對照圖 8-12 的效果值圖示。

$$\Delta = \frac{2 * .468 * 2.13}{\sqrt{1.59}} = 1.58 \text{（reading）}$$

表 8-27　多層次 **HLM** 閱讀之理論模式之分析結果摘要表

	Null	First	Second	Third
Fixed part				
Cons	0.89 (0.32)	3.07 (0.25)	3.30 (0.53)	7.43 (0.79)
Female		0.27 (0.01)	0.26 (0.01)	0.26 (0.01)
EAL		0.43 (0.02)	0.43 (0.02)	0.43 (0.02)
Indigenous		-0.14 (0.05)	-0.15 (0.05)	-0.15 (0.05)
Reading (start)		0.468 (0.004)	0.468 (0.004)	0.468 (0.004)
Maths (start)		0.499 (0.004)	0.500 (0.004)	0.500 (0.004)
Age (years)		-0.11 (0.02)	-0.10 (0.02)	-0.10 (0.02)
Class av read (start)			-0.16 (0.09)	-0.11 (0.03)
Class av age (start)			-0.17 (0.02)	0.31 (0.12)
Year gp av read (strt)				-0.07 (0.03)
Year gp av age (start)				-1.27 (0.18)
Random part				
Educational System	1.09 (0.49)	0.57 (0.26)	0.63 (0.29)	0.74 (0.33)
Year group	0.65 (0.03)	0.51 (0.02)	0.46 (0.02)	0.46 (0.02)
Class	0.30 (0.02)	0.28 (0.01)	0.28 (0.01)	0.27 (0.01)
Pupil	3.73 (0.02)	1.59 (0.01)	1.59 (0.01)	1.59 (0.01)

註：表中數據係迴歸係數，括弧內數字為標準誤。

其次，利用公式 8-21，可求得性別間差異的效果值：

$$\Delta = \frac{.26}{\sqrt{1.59}} = .21 \text{（female）}$$

至於隨機效果部分，以表 8-27 中第五欄位之二階層次（Class）在閱讀變項的效果值分析為例，本例採理論模式三（Third）之 Class 層次變異量（0.27），利用公式 8-26 進行其標準化效果值的計算，請對照圖 8-12 的效果值圖示：

$$\frac{2 * \sqrt{.27}}{\sqrt{1.59}} = .824 \text{（class）}。$$

表 8-28　多層次 HLM 數學理論模式之分析結果摘要表

	Null check	First	Second	Third
Fixed part				
Cons	2.38 (0.24)	2.86 (0.16)	4.97 (0.48)	8.35 (0.73)
Female		-0.19 (0.01)	-0.19 (0.01)	-0.19 (0.01)
EAL		0.25 (0.02)	0.25 (0.02)	0.25 (0.02)
Indigenous		-0.07 (0.05)	-0.08 (0.05)	-0.07 (0.05)
Reading (start)		0.177 (0.003)	0.178 (0.003)	0.178 (0.003)
Maths (start)		0.751 (0.004)	0.752 (0.004)	0.752 (0.004)
Age (years)		0.12 (0.01)	0.13 (0.01)	0.13 (0.01)
Class av maths (start)			-0.08 (0.02)	-0.06 (0.03)
Class av age (start)			-0.43 (0.09)	-0.01 (0.12)
Year grp av maths (stt)				-0.03 (0.04)
Year grp av age (stt)				-1.07 (0.18)
Random part				
Educational System	0.57 (0.26)	0.19 (0.09)	0.23 (0.11)	0.36 (0.12)
Year group	0.64 (0.03)	0.49 (0.02)	0.46 (0.02)	0.46 (0.02)
Class	0.36 (0.02)	0.32 (0.01)	0.32 (0.01)	0.32 (0.01)
Pupil	3.28 (0.02)	1.38 (0.01)	1.38 (0.01)	1.38 (0.01)

註：表中數據係迴歸係數，括弧內數字為標準誤。

　　為節省篇幅，表 8-28 中對於數學科變項的固定與隨機效果值估計，請讀者自行類推估計之。計算表 8-27 & 表 8-28 中各迴歸係數的標準化係數之後，即可繪製如圖 8-12 的標準化效果值直方圖，以利各預測變項相對效能的判讀。

　　以上實例並非探空模式（null model）進行分析，因此所計算的效果值跟一般的迴歸分析結果將不同，一般所得之效果值應比空模式下之效果值來得大（因為空模式的變異量比較大，如：3.73 vs. 1.59，參見表 8-27 底部 Pupil 在空模式 & 理論模式三之欄位數據）。

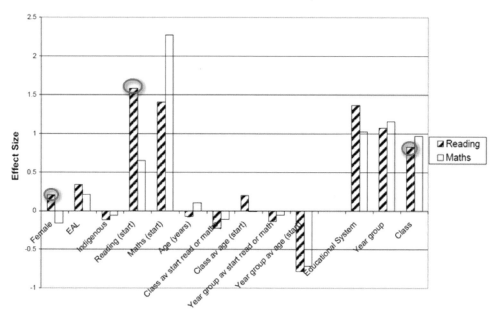

圖 8-12　模式三閱讀與數學的標準化效果值直方圖

註：本圖右側三對效果值為隨機效果，其餘則為固定效果。

圖 8-12 中的 Y 軸係閱讀與數學的標準化效果值，其 X 軸為多層次 HLM 模式中的預測變項。根據此標準化效果值直方圖左側的固定效果，可以清楚看出影響一年級學生的期末閱讀成就最大的是其期初的閱讀能力（ES = 1.58），影響一年級學生的期末數學成就最大的是其期初的數學能力（ES $= \frac{2 * .752 * 1.77}{\sqrt{1.38}}$

$= \frac{2.662}{\sqrt{1.38}} = 2.27$），而學齡群平均年齡與學習進步呈現顯著負向關係（ES= −.79）。另外，很明顯地，女生的期末閱讀成就優於男生（ES=.21），但其期末數學成就則低於男生（ES $= \frac{-.19}{\sqrt{1.38}} = -.16$）。但就圖 8-12 右側之隨機效果值來看，影響閱讀進步最大因素來自於教育體系（ES = 1.37）：Educational System；而影響數學進步最大因素來自於學齡群（ES $= \frac{2 * \sqrt{.46}}{\sqrt{1.38}} = 1.15$）：Year Group。以上效果值的計算，係根據公式 8-25 或公式 8-26 估計而得。

隨機集群分析的效果值
分析（上）

♣ **本章內容旨在回答以下問題：**

一、隨機集群的資料如以個人作為分析單位，為何會高估效果值？

二、母群效果值與樣本效果值最大的分野何在？它們之間有何關係？

三、隨機集群分析涉及哪三種母群抽樣變異量及如何估計它們？它們與效果值的估計有何關係？

四、完全隔宿或集群設計（fully nested or clustered design）與部分隔宿或集群設計（partially nested or clustered）的最大差異處何在？

五、集群層次的三大效果值指標：d_b、d_w、d_t，其最大的不同點何在？又其使用時機為何？

六、集群層次的效果值指標之估計，須視集群大小相等與研究場址或分析單位而定嗎？

七、Hedges & Citkowicz（2015）指出：就多層次資料而言，他們認為集群標準差的選擇需視實驗組與控制組的變異量是否同質而定，如果組間具有變異同質性則使用 σ_w，如果不具變異同質性，該做何種選擇？

八、不管是母群效果值或樣本效果值指標，如何透過 ρ（ICC）進行各類效果值間的估計與轉換？

九、集群效果值虛胖的三種簡易校正方法是什麼？

♣ **本章應用軟體：**

一、SPSS 統計套裝軟體

二、隨機集群分析果值 VB 軟體

三、整合分析軟體：CMA

四、多層次分析軟體：HLM

個體在同一集群（clusters）內，會因資料間的相關性而導致低估標準誤，所估算出來的效果值因而會高估。在教育研究中，資料集群現象常見於班級教學實驗中，研究者通常無法將同一班級的學生隨機分派到不同教學實驗中，因而隨機化的單位是班級而非個人。此類隨機集群分析的常見錯誤是分析單位（unit of analysis）與分派單位（unit of allocation）的混淆，如仍以個人作爲分析單位，將因資料的相依性而導致效果值估計的虛胖。爲解決此問題，多層次分析（HLM）應是首選方法，它允許分析個別資料層次的同時，亦考慮資料的群聚性。

效果值的估計可分爲兩類：一爲母群效果值（population effect size），二爲樣本效果值（sample effect size）；前者需有最大概似估計量（固定效果與隨機效果），後者需要傳統的摘要統計量（平均數與標準差）才能進行估計。將 Cohen's d-type 效果值推導至多層次分析，首推 Hedges（2007）及 Hedges（2011）對於隨機集群實驗（cluster randomized trials）的效果值估計分析，其後 Hedges & Citkowicz（2015）與 Lai & Kwok（2016）對於部分隔宿設計（partial nested design）的效果值分析，貢獻最大。至此，隨機集群設計中的效果值估計方法，已有完整的輪廓。

隨機集群分析之隨機化單位爲集群或稱爲群聚（clusters），因此結果變項的變異量可以分割成群聚內變異量與群聚間變異量。換言之，它涉及三種變異量之估計：群聚內抽樣變異量、群聚間抽樣變異量與總變異量。標準化效果值涉及標準差的選擇，而這三種變異量與集群層次效果值指標的計算具有密切關係。以下將以二層次集群研究爲例，先簡介這三種變異量之估計，再進行集群層次效果值指標的估計方法。爲了研究者應用上之便利，本章將透過筆者研發的隨機集群分析的效果值計算器（參見圖 9-2），進行實例解說與演示。

一、三種群聚內與群聚間變異量的估計

以下將依樣本效果值與母群效果值之分類，逐一說明兩者之變異量求法。

（一）樣本、母群群聚內抽樣變異量

樣本群聚內抽樣變異量（S_W^2），爲個體觀察值與群聚平均數間差異之併組變異量（相當於 mean-square for within，而非 sum of squares for within），可利用公式 9-1 計算之。

$$S_W^2 = \frac{\sum_{i=1}^{m^T} \sum_{j=1}^{n} (Y_{ij}^T - \overline{Y}_{i.}^T)^2 + \sum_{i=1}^{m^C} \sum_{j=1}^{n} (Y_{ij}^C - \overline{Y}_{i.}^C)^2}{N - M}$$ 公式 9-1

公式 9-1 中，N 為總樣本數，$M = m^T + m^C$，$N = nm^T + nm^C = N^T + N^C$（各群聚 n 的大小相同時），式中 T 為實驗組，C 為控制組，M 為集群個數。

至於，母群群聚內抽樣變異量（$\hat{\sigma}_W^2$），可以利用群聚內抽樣變異量（S_W^2）估計之，參見公式 9-2。

$$\hat{\sigma}_W^2 = S_W^2$$ 公式 9-2

（二）樣本、母群群聚間抽樣變異量

樣本群聚間抽樣變異量（S_B^2），為群聚平均數與總平均數間差異之併組變異量，可利用公式 9-3 計算之。公式 9-3 中，（$\overline{Y}_{*.}^T$、$\overline{Y}_{*.}^C$）分別為實驗組與控制組的各群聚平均數的未加權平均數（例如：$\overline{Y}_{*.}^T = \frac{1}{m^T} \sum_{i=1}^{m^T} \overline{Y}_{i.}^T$）。

$$S_B^2 = \frac{\sum_{i=1}^{m^T} (\overline{Y}_{i.}^T - \overline{Y}_{*.}^T)^2 + \sum_{i=1}^{m^C} (\overline{Y}_{i.}^C - \overline{Y}_{*.}^C)^2}{m^T + m^C - 2}$$ 公式 9-3

至於，母群群聚間抽樣變異量（$\hat{\sigma}_B^2$）之估計，就沒 $\hat{\sigma}_W^2$ 那麼單純，因它包含了部分群聚內抽樣變異量，因此必須加以扣除，參見公式 9-4。公式 9-4 式中，n 為共同群聚大小。

$$\hat{\sigma}_B^2 = S_B^2 - \frac{S_W^2}{n}$$ 公式 9-4

（三）樣本、母群總變異量

樣本總變異量（S_T^2），為個體觀察值與總平均數間差異之併組組內變異量，可利用公式 9-5 求得。

$$S_T^2 = \frac{\sum_{i=1}^{m^T} \sum_{j=1}^{n} (Y_{ij}^T - \overline{Y}_{..}^T)^2 + \sum_{i=1}^{m^C} \sum_{j=1}^{n} (Y_{ij}^C - \overline{Y}_{..}^C)^2}{N - 2}$$ 公式 9-5

另外，S_T^2 之期望值，可由公式 9-6 估計之：

$$S_T^2 = \hat{\sigma}_W^2 + \frac{N - 2 * n}{N - 2} * \hat{\sigma}_B^2 \qquad \text{公式 9-6}$$

至於，母群總變異量（$\hat{\sigma}_T^2$），為個體觀察值與總平均數（$\overline{Y}_.^T$、$\overline{Y}_.^C$）間差異之併組變異量，參見公式 9-7，係透過公式 9-2 & 公式 9-4 推導出來。

$$\hat{\sigma}_T^2 = \left(S_B^2 - \frac{S_W^2}{n}\right) + S_W^2 = S_B^2 + \left(1 - \frac{1}{n}\right)S_W^2 = S_B^2 + \left(\frac{n - 1}{n}\right)S_W^2 \qquad \text{公式 9-7}$$

由此觀之，母群總變異量（$\hat{\sigma}_T^2$）等於集群內抽樣變異量與集群間抽樣變異量之和，參見公式 9-8。

$$\hat{\sigma}_T^2 = \hat{\sigma}_W^2 + \hat{\sigma}_B^2 \qquad \text{公式 9-8}$$

由公式 9-6 & 公式 9-8 可知：假如群集間變異量（$\hat{\sigma}_B^2$）很小時，$\hat{\sigma}_T^2$ 值將與 $\hat{\sigma}_W^2$ 非常接近。

二、集群效果值估計的類型與定義

效果值的估計可分為兩類：一為母群效果值，二為樣本效果值，逐一定義如下。

（一）母群效果值

母群效果值，係利用母群參數計算出來的效果值。如果研究者能獲得參數的最大概似法（ML & REML）估計值（SAS、HLM 可提供），例如：固定效果（fixed effect）：$\hat{\gamma}_{10}(\mu^T - \mu^C)$ & 隨機效果（random effect）：$\hat{\sigma}_W$ 或 $\hat{\sigma}_c$，如為已知，研究者即可估計出相關的母群效果值與其變異量。以下簡介三種估計母群效果值及其變異量的相關公式（參見 Hedges, 2009），如公式 9-9 ～公式 9-14。這三種母群效果值的選用，需視研究場址多寡或分析單位為何，決定適當的統計公式（Hedges, 2007, 2009）。另外，Hedges（2007, 2009）認為這三種效果值的選擇，最後尚須視研究者的研究興趣或推論目的而定，例如：在進行整合分析時，為了具有可比較性，所有的研究應使用相同的標準差，才適合進行效果值的

整合。最近，Hedges & Citkowicz（2015）也指出：就多層次資料而言，因為標準差的定義不是唯一，連帶地效果值的計算方式較複雜。他們認為集群標準差的選擇，需視實驗組與控制組的變異量是否同質而定，如果組間具有變異同質性，則使用 σ_W；如果不具變異同質性，則有兩種選擇：假如母群本來就非自然集群，而集群係來自於實驗處理的人為編組，則使用 σ_W；假如母群本來就存在群聚現象，而實驗處理係來自於既存的建置（如家庭治療的成員或班級內的學生）而研究旨趣又在個體實驗效能上時，則使用 $\sigma_T : \sqrt{\sigma_W^2 + \sigma_B^2}$。爰此，因為實驗群組常是人為建制，$\sigma_W$ 應是教育研究者最常使用的標準差。

1. 單一研究場址（single site studies），效果值標準差使用 σ_W

$$\hat{\delta}_W = \frac{\hat{\gamma}_{10}}{\hat{\sigma}_W} \qquad \text{公式 9-9}$$

上式中，$\hat{\sigma}_W$ 為併組集群內標準差，$\hat{\gamma}_{10}$ 為處理效果（$\mu^T - \mu^C$）之估計值，效果值 $\hat{\delta}_W$ 之變異量為：

$$V(\hat{\delta}_W) = \frac{V(\hat{\gamma}_{10})}{\hat{\sigma}_W^2} \qquad \text{公式 9-10}$$

本法適用於變異數具同質性時，上式中 $\hat{\sigma}_W^2$ 為併組集群內變異數（pooled within-cluster population variance）估計值，$V(\hat{\gamma}_{10})$ 則為處理效果估計值的變異數。

2. 多個研究場址（multi-site studies），效果值標準差使用 σ_T

$$\hat{\delta}_T = \frac{\hat{\gamma}_{10}}{\hat{\sigma}_T} \qquad \text{公式 9-11}$$

效果值 $\hat{\delta}_T$ 之變異量為：

$$V(\hat{\delta}_T) = \frac{V(\hat{\gamma}_{10})}{\hat{\sigma}_B^2 + \hat{\sigma}_W^2} + \frac{\hat{\gamma}_{10}^2 * V(\hat{\sigma}_B^2)}{4 * (\hat{\sigma}_B^2 + \hat{\sigma}_W^2)^3} \qquad \text{公式 9-12}$$

注意，目前需使用 SAS Proc Mixed 副程式，才能估計出 $V(\hat{\sigma}_B^2)$。

3. 多個研究場址且分析單位為集群平均數，效果值標準差使用 σ_B，較少用

$$\hat{\delta}_B = \frac{\hat{\gamma}_{10}}{\hat{\sigma}_B} \qquad \text{公式 9-13}$$

效果值 $\hat{\delta}_B$ 之變異量為：

$$V(\hat{\delta}_B) = \frac{V(\hat{\gamma}_{10})}{\hat{\sigma}_B^2} + \frac{\hat{\gamma}_{10}^2 * V(\hat{\sigma}_B^2)}{4 * \hat{\sigma}_B^6}$$ 公式 9-14

注意，目前需使用 SAS Proc Mixed 副程式，才能估計出 $V(\hat{\sigma}_B^2)$。

母群效果值估計所需的參數〔如 $\hat{\gamma}_{10}$、$V(\hat{\gamma}_{10})$ 與 $\hat{\sigma}_W$〕，可透過 HLM、SAS Proc Mixed 等軟體直接取得所需之參數，就能進行母群效果值與其變異量之計算，本章實例示範從略，有需要者請參閱第十章母群效果值估計之範例。

（二）樣本效果值

樣本效果值，係利用樣本參數計算出來的效果值。根據前述第一節變異量，可衍生出三種集群層次的三大效果值指標：d_b、d_w、d_t。這三種效果值（利用標準差，進行平均數差異值的標準化）的估計，最大不同點在於標準差的選擇。Hedges（2007）指出在多層次分析時，計算效果值的概念並不明確，因為標準差的選擇，需視集群的生成原因、分析單位與研究場址多寡等因素而定。因此，集群層次的效果值指標之估計，須就 (1) 集群大小相等與否及 (2) 研究場址或分析單位為何，決定適當的統計公式（Hedges, 2007, 2009）。這些效果值的估計方法，最主要取決於研究設計或分析單位。假如效果值的估計將來要用於整合分析，務必注意是否使用相同的標準差所估計出來的效果值，才能進行整合。以上三種集群層次的三大效果值指標，其樣本效果值之定義，如公式 9-15～公式 9-17。

1. 單一研究場址（single site studies），**效果值標準差使用 S_w**

$$d_w = \frac{\overline{Y}_{..}^T - \overline{Y}_{..}^C}{S_W}$$ 公式 9-15

當樣本趨近於無限大時，d_w 將與 $\hat{\delta}_W$ 趨於一致（a consistent estimator）。再由公式 9-2（$\hat{\sigma}_W^2 = S_W^2$）觀之，使用 $\hat{\sigma}_W$ 或 S_W 標準差進行效果值的計算，進行整合分析時較方便。以下樣本效果值的變異量估計方法，將於實例介紹中具體說明，在此不贅述。

d_w 之變異量，參見公式 9-21。

2. 多個研究場址（multi-site studies），效果值標準差使用 S_T

$$d_t = \frac{\overline{Y}_{..}^T - \overline{Y}_{..}^C}{S_T}$$
公式 9-16

d_t 之變異量，參見公式 9-23 及公式 9-25。

3. 多個研究場址且分析單位為集群平均數，效果值標準差使用 S_B，較少用

$$d_b = \frac{\overline{Y}_{..}^T - \overline{Y}_{..}^C}{S_B}$$
公式 9-17

d_b 之變異量，參見公式 9-27 及公式 9-29。

三、集群分析的兩大研究設計

集群分析主要包含兩種研究設計：一為完全隔宿或集群設計（fully nested or clustered design），二為部分隔宿或集群設計（partially nested or clustered design），參見圖 9-1 與圖 10-1。前者不管在實驗組或控制組均存在集群（clusters）的現象，而後者僅在實驗組具有群聚的現象，控制組則以個體狀態自然存在。例如：以家庭治療或合作學習為例，實驗組為自然群聚的家庭或學習群組為實驗單位，控制組則為個人。

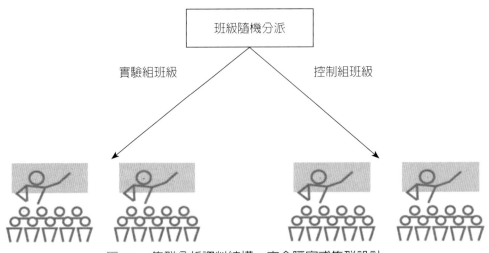

圖 9-1　集群分析資料結構：完全隔宿或集群設計

修訂自 Lohr, Schochet, and Sanders（2014）。

　　本章主在探討完全隔宿或集群設計，部分隔宿或集群設計將在下章中進行探究。集群層次分析的效果值分析甚為繁複，為了研究者應用上之便利，本章將透過 HLM 軟體及筆者研發的隨機集群分析的效果值計算器（圖 9-2），進行實例演示與解說。筆者的效果值計算器的操作方法，請參閱本書第十章文末之簡介。

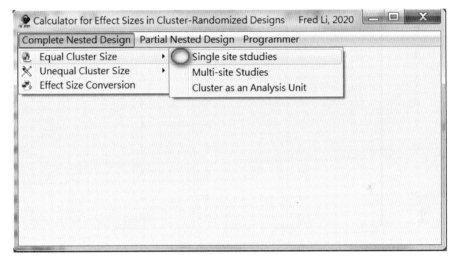

圖 9-2　隨機集群分析的效果值計算器

四、集群效果值的估計

　　集群層次的效果值估計過程中，必須使用到集群大小的平均數，因此各集群大小是否相等，其計算方法也不相同。

（一）集群大小相等

　　以表 9-1 之組別分派資料為例，顯示出本資料共有 10 個集群，實驗組 & 控制組各有 5 個集群，每一集群的學生均為 4 人，而圖 9-3 中 J & L 欄位分別為實驗組與控制組的模擬原始資料，係來自同一個學校的 10 個班級。

　　以下將以圖 9-3 的集群原始資料為例，說明前述三種變異量之估計：集群內抽樣變異量、集群間抽樣變異量與總變異量，據此才能估計出三類效果值所需的標準差。透過公式 9-18，圖 9-3 右下角的 $\frac{26.911}{40-2}$（=.708）為總變異量（total mean-square, S_T^2），這是精確值，亦可由 ANOVA 或線性迴歸分析取得。利用 EXCEL 的統計功能，集群分析離均差平方和的計算過程 & 結果，參見圖 9-4。

表 9-1　集群與實驗人數分派摘要表

		SFA experiment		Total
		Control Group	Experimental Group	
class	1	4	0	4
	2	4	0	4
	3	4	0	4
	4	4	0	4
	5	4	0	4
	6	0	4	4
	7	0	4	4
	8	0	4	4
	9	0	4	4
	10	0	4	4
Total		20	20	40

SS_Square_new_2 - Microsoft Excel

	J	K	L	M	N	O	P	Q	R	S	T
1	5.7000	6	6.6000	0.1250	0.2750	0.0156	0.0756	-0.6150	0.3150	0.3782	0.0992
1	5.9000	6	6.0000	0.3250	-0.3250	0.1056	0.1056	-0.4150	-0.2850	0.1722	0.0812
1	4.4000	6	6.8000	-1.1750	0.4750	1.3806	0.2256	-1.9150	0.5150	3.6672	0.2652
1	6.3000	6	5.9000	0.7250	-0.4250	0.5256	0.1806	-0.0150	-0.3850	0.0002	0.1482
2	4.9000	7	7.1000	-0.9000	0.3500	0.8100	0.1225	-1.4150	0.8150	2.0022	0.6642
2	6.9000	7	4.5000	1.1000	-2.2500	1.2100	5.0625	0.5850	-1.7850	0.3422	3.1862
2	5.0000	7	7.5000	-0.8000	0.7500	0.6400	0.5625	-1.3150	1.2150	1.7292	1.4762
2	6.4000	7	7.9000	0.6000	1.1500	0.3600	1.3225	0.0850	1.6150	0.0072	2.6082
3	7.0000	8	6.3000	0.3750	0.3750	0.1406	0.1406	0.6850	0.0150	0.4692	0.0002
3	6.6000	8	5.3000	-0.0250	-0.6250	0.0006	0.3906	0.2850	-0.9850	0.0812	0.9702
3	6.2000	8	6.4000	-0.4250	0.4750	0.1806	0.2256	-0.1150	0.1150	0.0132	0.0132
3	6.7000	8	6.7000	0.0750	-0.2250	0.0056	0.0506	0.3850	-0.5850	0.1482	0.3422
4	7.1000	9	5.6000	0.1000	-0.5750	0.0100	0.3306	0.7850	-0.6850	0.6162	0.4692
4	7.5000	9	6.0000	0.5000	-0.1750	0.2500	0.0306	1.1850	-0.2850	1.4042	0.0812
4	6.8000	9	6.9000	-0.2000	0.7250	0.0400	0.5256	0.4850	0.6150	0.2352	0.3782
4	6.6000	9	6.2000	-0.4000	0.0250	0.1600	0.0006	0.2850	-0.0850	0.0812	0.0072
5	6.8000	10	6.6000	0.2250	0.3500	0.0506	0.1225	0.4850	0.3150	0.2352	0.0992
5	5.8000	10	5.1000	-0.7750	-1.1500	0.6006	1.3225	-0.5150	-1.1850	0.2652	1.4042
5	7.8000	10	6.9000	1.2250	0.6500	1.5006	0.4225	1.4850	0.6150	2.2052	0.3782
5	5.9000	10	6.4000	-0.6750	0.1500	0.4556	0.0225	-0.4150	0.1150	0.1722	0.0132
	6.3150		6.2850			8.4425	11.2425			14.2255	12.6855
							19.6850				26.9110

圖 9-3　集群原始資料：*J* &*L* 欄位

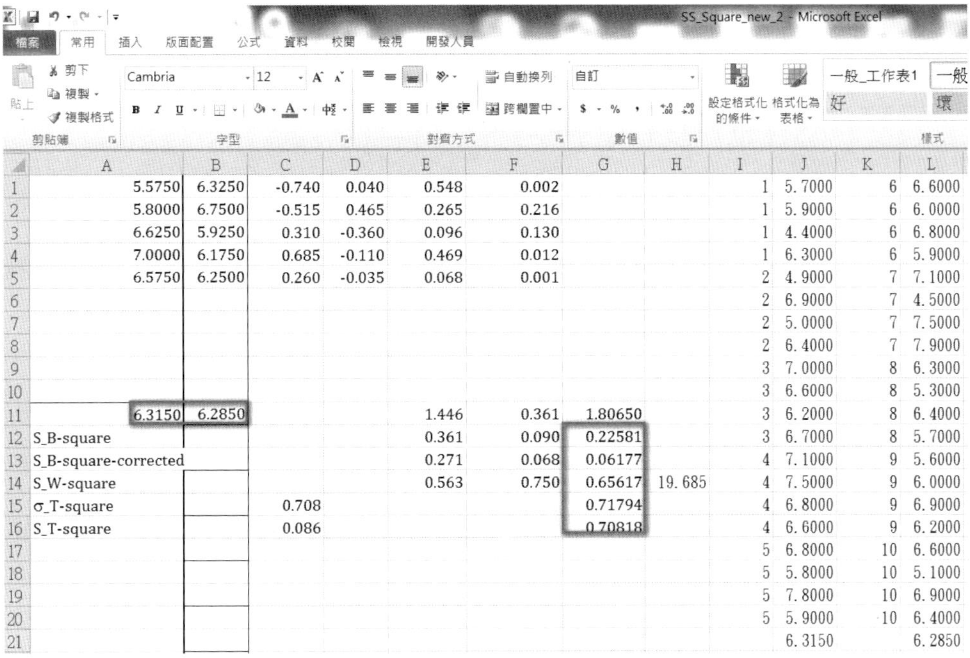

	A	B	C	D	E	F	G	H	I	J	K	L
1	5.5750	6.3250	-0.740	0.040	0.548	0.002			1	5.7000	6	6.6000
2	5.8000	6.7500	-0.515	0.465	0.265	0.216			1	5.9000	6	6.0000
3	6.6250	5.9250	0.310	-0.360	0.096	0.130			1	4.4000	6	6.8000
4	7.0000	6.1750	0.685	-0.110	0.469	0.012			1	6.3000	6	5.9000
5	6.5750	6.2500	0.260	-0.035	0.068	0.001			2	4.9000	7	7.1000
6									2	6.9000	7	4.5000
7									2	5.0000	7	7.5000
8									2	6.4000	7	7.9000
9									3	7.0000	8	6.3000
10									3	6.6000	8	5.3000
11	6.3150	6.2850			1.446	0.361	1.80650		3	6.2000	8	6.4000
12	S_B-square				0.361	0.090	0.22581		3	6.7000	8	5.7000
13	S_B-square-corrected				0.271	0.068	0.06177		4	7.1000	9	5.6000
14	S_W-square				0.563	0.750	0.65617	19.685	4	7.5000	9	6.0000
15	σ_T-square		0.708				0.71794		4	6.8000	9	6.9000
16	S_T-square		0.086				0.70818		4	6.6000	9	6.2000
17									5	6.8000	10	6.6000
18									5	5.8000	10	5.1000
19									5	7.8000	10	6.9000
20									5	5.9000	10	6.4000
21										6.3150		6.2850

圖 9-4 **EXCEL 集群分析離均差平方和的計算**

檢視圖 9-4 中 G 欄位內的 EXCEL 統計分析結果，可利用公式 9-1 ～公式 9-8，手算加以驗證如下：

首先，利用公式 9-1，可求得集群內併組樣本變異量：

$$S_W^2 = \frac{19.685}{40 - 10} = .6562$$

$$\hat{\sigma}_W^2 = S_W^2 = .6562 \text{（} S_W^2 \text{ 爲 } \hat{\sigma}_W^2 \text{ 的 consistent 估計值）}$$

利用公式 9-3，可求得集群平均數間併組樣本變異量（期望值）：

$$S_B^2 = \frac{1.8065}{5 + 5 - 2} = .2258$$

利用公式 9-4 可求得：

$$\hat{\sigma}_B^2 = S_B^2 - \frac{S_W^2}{n} = .2258 - \frac{.6562}{4} = .0618$$

利用公式 9-7 可求得：

$$\hat{\sigma}_T^2 = S_B^2 + \left(\frac{n-1}{n}\right)S_W^2 = .2258 + \frac{3}{4}*.6562 = .71795$$

利用公式 9-8，$\hat{\sigma}_T^2 = \hat{\sigma}_W^2 + \hat{\sigma}_B^2$，請讀者自行驗算。

最後，利用公式 9-6 可求得，$S_T^2 = \hat{\sigma}_W^2 + \frac{N-2*n}{N-2}*\hat{\sigma}_B^2 = .6562 + \frac{40-2*4}{40-2}*.0618$ $=.708$（相當於表 9-2 中之 mean-square for within groups）。

表 9-2 **SPSS 變異數分析摘要表**

achievement score in secundary school

	N	Mean	Std. Deviation	Std. Error	95% Confidence Interval for Mean		Minimum	Maximum
					Lower Bound	Upper Bound		
Control Group	20	6.3150	.86528	.19348	5.9100	6.7200	4.40	7.80
Experimental Group	20	6.2850	.81710	.18271	5.9026	6.6674	4.50	7.90
Total	40	6.3000	.83082	.13136	6.0343	6.5657	4.40	7.90

ANOVA

achievement score in secundary school

	Sum of Squares	df	Mean Square	F	Sig.
Between Groups	.009	1	.009	.013	.911
Within Groups	26.911	38	.708		
Total	26.920	39			

另外，如果忽視集群效果，

$$S_T^2 = \frac{SST}{2*(nm-1)} = \frac{SST}{N-2} \qquad \text{公式 9-18}$$

根據表 9-2 之數據，利用公式 9-18 可得：

$$S_T^2 = \frac{26.92}{40-2} = .708。$$

所得的結果與公式 9-6 求得結果相同。以下簡單說明如何利用 HLM 分析，估計前述第一節的三種變異源。

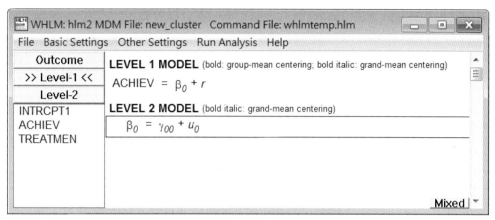

圖 9-5　**HLM** 空模式設定：隨機截距模式

HLM 空模式即爲 intercept-only model，有時又稱爲 unconditional model，參見圖 9-5。此模式類似單因子變異數分析。層次二中γ_{00}，係各集群平均數的平均數，當集群大小相等或 ICC = 0 時，γ_{00}才會等於總平均數（grand mean），而$Var(\mu_0)$代表各集群平均數的變異量。

表 9-3　**HLM** 空模式分析結果

```
-----------------------------------------------------------------------
                                  Standard            Approx.
Fixed Effect      Coefficient     Error     T-ratio    d.f.     P-value
-----------------------------------------------------------------------
 For INTRCPT1, B0
INTRCPT2, G00      6.300000       0.134490  46.844       9      0.000
-----------------------------------------------------------------------
```

Final estimation of variance components:

```
-----------------------------------------------------------------------
Random Effect     Standard       Variance      df    Chi-square  P-value
                  Deviation      Component
-----------------------------------------------------------------------
INTRCPT1, U0       0.19217        0.03693        9    11.02616    0.273
Level-1, R         0.81004        0.65617
-----------------------------------------------------------------------
The outcome variable is ACHIEV
```

由表 9-3 可知，各集群平均數的變異量爲 0.03693（$p =.273$），意謂著沒有進一步計算 ICC 的必要。因此，此 p 值亦可作爲 ICC 的統計考驗結果。

公式 9-19，係 ICC（intraclass correlation）的計算公式。

$$ICC = \frac{\tau_{00}}{\tau_{00} + \sigma^2}$$ 公式 9-19

當集群大小（cluster size）逐漸增大時，ICC 會逼近 η^2，利用公式 9-19 & 表 9-3 之 HLM 空模式之分析結果，可計算出：

$$ICC = \frac{.03693}{.03693 + .65617} = .053$$

公式 9-19 中，.03693 係階層二的變異量，.65617 係階層一的變異量。因為組內相關係數小於 .059（$p =.273$），其實進行 ANOVA 分析即可，但為後續示範說明，仍繼續以 HLM 分析之。另外，.6931（.03693 +.65617）為總變異量 S_T^2 的疊代值，與前述 S_T^2 之精確值 .708 稍有差異。茲將 HLM 分析之三種變異源的估計值，摘要於表 9-4。

表 9-4 **HLM 分析之三種變異源**

Variance Components	Parameter Estimates	Sample Statistics (regression/ANOVA)
MS for Within-Cluster（集群內抽樣變異量）	0.65617	
MS for Between-Cluster*	0.03693	
MS fot Total（組內併組總變異量）	0.6931	.708 (Residual/Within-Group)

* 為集群平均數的組內併組抽樣變異量

以下再以 HLM 進行該筆資料（詳見圖 9-3）的分析，其理論模式設定如圖 9-6 所示；分析結果如表 9-5 所示。

根據表 9-5 的分析結果，利用間接移項公式 9-4，可求得：$S_B^2 = \sigma_B^2 + \frac{S_W^2}{4} =$ .06191 + $\frac{.6561}{4}$ = .06191 + .16403=.2259（與精確值 .2258 略有差異），而根據表 9-2，利用公式 9-5 或公式 9-18 可求得：$S_T^2 =.708$（忽視集群效果），亦可由表 9-5 的 HLM 變異量，利用公式 9-6 估計之：$\hat{\sigma}_W^2 + \frac{N-2*n}{N-2}*\hat{\sigma}_B^2 = .65610 + \frac{40-8}{40-2}*.06191$ = .708。

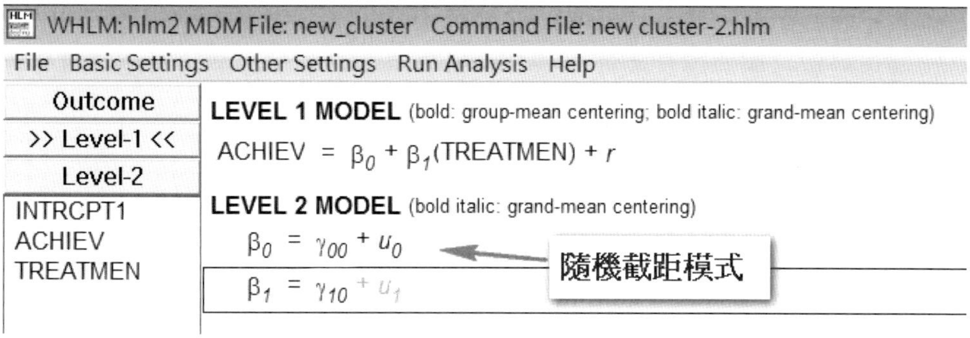

圖 9-6　**HLM** 理論模式之設定視窗（**TREATMEN** 作為預測變項，為虛擬變項）

表 9-5　**HLM** 分析結果摘要表

```
Final estimation of fixed effects
(with robust standard errors)
-----------------------------------------------------------------
                                  Standard          Approx.
   Fixed Effect     Coefficient   Error    T-ratio  d.f.    P-value
-----------------------------------------------------------------
For         INTRCPT1,  B0
    INTRCPT2, G00       6.315000   0.240479  26.260     9    0.000
For TREATMEN slope, B1
    INTRCPT2, G10      -0.030000   0.268812  -0.112    38    0.912
-----------------------------------------------------------------
```

he robust standard errors are appropriate for datasets having a moderate to
arge number of level 2 units. These data do not meet this criterion.

```
Final estimation of variance components:
-----------------------------------------------------------------
Random Effect         Standard    Variance    df   Chi-square P-value
                      Deviation   Component
-----------------------------------------------------------------
INTRCPT1,      U0      0.24881     0.06191      9   11.01363   0.274
level-1,       R       0.81000     0.65610
-----------------------------------------------------------------
```

　　研究者有了以上三種變異量（S_W^2、S_T^2、S_B^2），透過利用公式 9-15、公式 9-16 & 公式 9-17，即可間接推論出集群效果值的標準差（d_w、d_t、d_b）。這三種集群效果值標準差的選擇，須視研究場址的多寡或分析單位，決定適當的估計公式（Hedges, 2007, 2009），以下針對此三種效果值逐一陳述之。

1. 單一研究場址（single site studies）

適用於單一研究場址的效果值及其變異量之計算，如公式 9-20（同公式 9-15）& 公式 9-21 所示。

$$d_w = \frac{\overline{Y}_{..}^T - \overline{Y}_{..}^C}{S_W} \qquad \text{公式 9-20}$$

$$V\{d_w\} = \left(\frac{N^T + N^C}{N^T N^C}\right)\left(\frac{1 + (n-1)\rho}{1 - \rho}\right) + \frac{d_w^2}{2(N-M)} \qquad \text{公式 9-21}$$

公式 9-21 中，$\rho \neq 1$，M 為集群的個數，n 為集群的大小，N 為總人數，N^T 為實驗組總人數，N^C 為控制組總人數，ρ 為 ICC（intraclass correlation）。

利用公式 9-20 可求得：$d_w = \dfrac{6.285 - 6.315}{S_W} = -\dfrac{.03}{.81} = -.037$（分子數據取自表 9-2）

利用公式 9-21 可求得：$V\{d_w\} = \left(\dfrac{N^T + N^C}{N^T N^C}\right)\left(\dfrac{1 + (n-1)\rho}{1 - \rho}\right) + \dfrac{d_w^2}{2(N-M)} = \left(\dfrac{20 + 20}{20*20}\right)$ $\left(\dfrac{1 + (4-1)*.053}{1 - .053}\right) + \dfrac{(-.037)^2}{2(40-10)} = .1224$

如果忽視集群現象（$\rho = 0$），此標準化平均數差異之變異量為：

$$V\{d_w\} = \left(\frac{N^T + N^C}{N^T N^C}\right) + \frac{d_w^2}{2(N^T + N^C)} = \frac{20 + 20}{20*20} + \frac{(-.037)^2}{2*40} = .10$$

由此證實了忽視集群現象，會低估變異量（.10 < .1224）。d_w 的 .95 信賴區間應為：$-.037 \pm 1.96* \sqrt{.1224}$。

為免去繁瑣的計算過程，以上所求得的效果值等統計量，亦可由筆者所研發的計算器輕鬆獲得，參見圖 9-7。該圖之左側為輸入視窗，右側為輸出視窗。由圖 9-7 可知，利用該計算器，d_w 統計量也可轉換為 Hedges' g。

2. 多個研究場址（multi-site studies）

適用於多個研究場址的效果值及其變異量之計算，如公式 9-22 ～公式 9-25 所示。遇多個研究場址，研究者通常研究焦點在於不同場址間的平均效果，其效果值的估計有兩種方法：

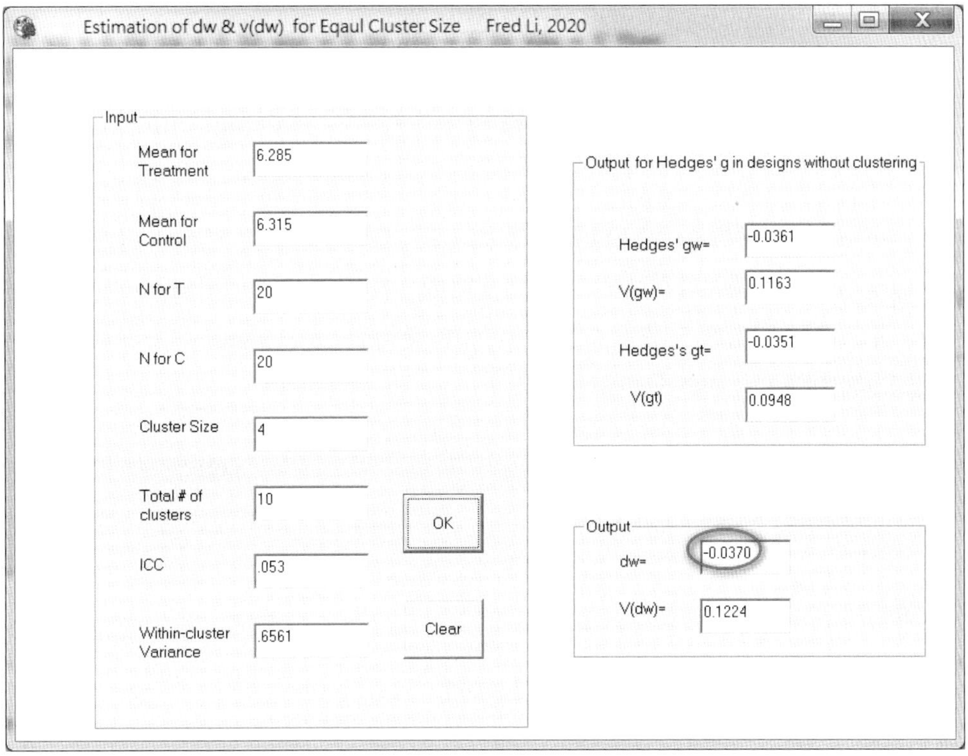

圖 9-7　d_w & 其變異量之計算表單與結果

(1) 當有 S_B^2 & S_W^2 時，d_{t1} 為 δ_T 之一致性（consistent）估計值

此時適用公式 9-22 & 公式 9-23：

$$d_{t1} = \frac{\overline{Y}_{..}^T - \overline{Y}_{..}^C}{\hat{\sigma}_T} \text{ , with } \hat{\sigma}_T = \sqrt{S_B^2 + \left(\frac{n-1}{n}\right)S_W^2} \qquad \text{公式 9-22}$$

由公式 9-22 右側說明可知，$\hat{\sigma}_T$ 需經由 S_B^2、S_W^2 估計之。

$$V\{d_{t1}\} = \left(\frac{N^T + N^C}{N^T N^C}\right)(1 + (n-1)\rho) + \left[\frac{[1+(n-1)\rho]^2}{2n^2(M-2)} + \frac{(n-1)^2(1-\rho)^2}{2n^2(N-M)}\right]d_t^2 \qquad \text{公式 9-23}$$

利用公式 9-22，可求得：$d_{t1} = \dfrac{6.285 - 6.315}{\hat{\sigma}_T} = \dfrac{-.03}{\sqrt{.2258 + \dfrac{3}{4} * .6561}} = -.0354$

其次，利用公式 9-23，可求得 d_{t1} 的變異量：

$$V\{d_{t1}\} = \left(\frac{20+20}{20*20}\right)(1+(4-1)*.053) + \left[\frac{[1+(4-1)*.053]^2}{2*4^2*(10-2)} + \frac{(4-1)^2(1-.053)^2}{2*4^2*(40-10)}\right] * (-.0354)^2$$
$$= .1159$$

由於 d_t & 其變異量之計算甚為繁複，研究者可以善用筆者所研發的計算器；研究者只要將圖 9-8 的左側或右側視窗內（視研究者的可用資訊而定）的空白處，填入所需的資訊，按下 OK，即可輕鬆獲得 d_t（或 Hedges' g）& 其變異量，參閱圖 9-8 中間方框內的分析結果。

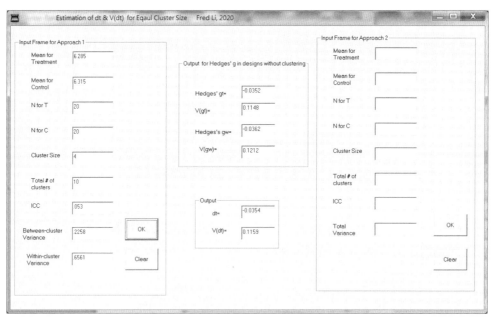

圖 9-8　d_t & 其變異量之計算表單與結果

(2) 當有 S_T^2 & ρ 時，可以直接獲得 δ_T 之估計值
此時請使用公式 9-24 & 公式 9-25：

$$d_{t2} = \left(\frac{\overline{Y}_{..}^T - \overline{Y}_{..}^C}{S_T}\right)\sqrt{1 - \frac{2(n-1)\rho}{N-2}} \qquad 公式\ 9\text{-}24$$

因為集群現象，常會低估 S_T，所以式中需要利用 $\sqrt{1 - \dfrac{2(n-1)\rho}{N-2}}$ 加以校正。

$$V\{d_{t2}\} = \left(\frac{N^T + N^C}{N^T N^C}\right)(1 + (n-1)\rho)$$

$$+ d_{t2}^2 \left(\frac{(N-2)(1-\rho)^2 + n(N-2n)\rho^2 + 2(N-2n)\rho(1-\rho)}{2(N-2)[(N-2) - 2(n-1)\rho]}\right) \quad 公式\ 9\text{-}25$$

利用公式 9-24，可求得：$d_{t2} = \left(\frac{6.315 - 6.285}{.708}\right)\sqrt{1 - \frac{2(4-1)*.053}{40-2}} = -.0355$

利用公式 9-25，可求得其變異量：$V\{d_{t2}\} = \left(\frac{10+10}{10*10}\right)(1 + (4-1)*.053) + (-.0355)^2 *$

$\left(\frac{(40-2)(1-.053)^2 + 4*(40-2*4)*.053^2 + 2(40-2*4)*.053*(1-.053)}{2*(40-2)[(40-2) - 2*(4-1)*.053]}\right) = .1159$

以上所求得的效果值等統計量，同樣地，亦可由筆者所研發的計算器輕鬆獲得，參見圖 9-9。由圖 9-9 中間方框視窗內容可知，利用該計算器，d_t 統計量也可轉換為 Hedges' g。

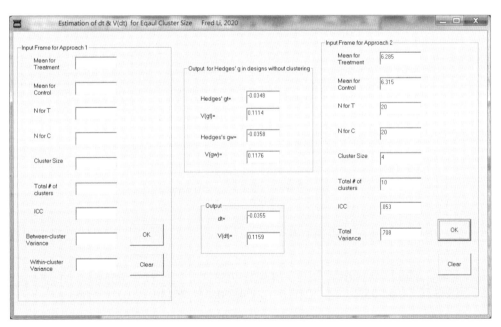

圖 9-9　d_t & 其變異量之計算表單與結果

如果 S_T^2 的精確數據（.708）無法取得，Total Variance 空格內可以 HLM 的疊代值（.6931）取代之。

3. 多個研究場址且分析單位為集群

此種場景有兩種估計方法：

(1) 當有 S_B^2 & S_W^2 時，d_{b1} 爲 δ_B 之一致性（consistent）估計值

效果值及其變異量之估計，適用於公式 9-26 & 公式 9-27：

$$d_{b1} = \frac{\overline{Y}_{..}^T - \overline{Y}_{..}^C}{\hat{\sigma}_B} \text{, with } \hat{\sigma}_B = \sqrt{S_B^2 - \frac{S_W^2}{n}} \qquad \text{公式 9-26}$$

由公式 9-26 右側說明可知，$\hat{\sigma}_B$ 需經由 S_B^2、S_W^2 估計之。

$$V\{d_{b1}\} = \left(\frac{m^T + m^C}{m^T m^C}\right)\left(\frac{1 + (n-1)\rho}{n\rho}\right) + \left[\frac{[1 + (n-1)\rho]^2}{2(M-2)n^2\rho^2} + \frac{(1-\rho)^2}{2(N-M)n^2\rho^2}\right]d_b^2 \quad \text{公式 9-27}$$

公式 9-27 中，M 爲集群的總個數（$M = m^T + m^C$），n 爲集群的大小，ρ 爲 ICC（intraclass correlation）。

利用公式 9-26 中右端 $\hat{\sigma}_B$ 之定義：

$$\hat{\sigma}_B = \sqrt{.2258 - \frac{.6561}{4}} = .2485$$

其次，利用公式 9-26 可求得：

$$d_{b1} = \frac{6.285 - 6.315}{.2485} = -.1207$$

再利用公式 9-27，可求得其變異量：

$$V\{d_{b1}\} = \left(\frac{5+5}{5*5}\right)\left(\frac{1 + (4-1)*.053}{4*.053}\right) + \left[\frac{[1 + (4-1)*.053]^2}{2*(10-2)*4^2*.053^2} + \frac{(1-.053)^2}{2*(40-10)*4^2*.053^2}\right]*(-.1207)^2$$
$$= 2.2189$$

同樣地，以上所求得的 d_b 效果值及其變異量，亦可利用圖 9-10 之左側輸入視窗，由筆者所研發的計算器輕鬆獲得，參見圖 9-10。

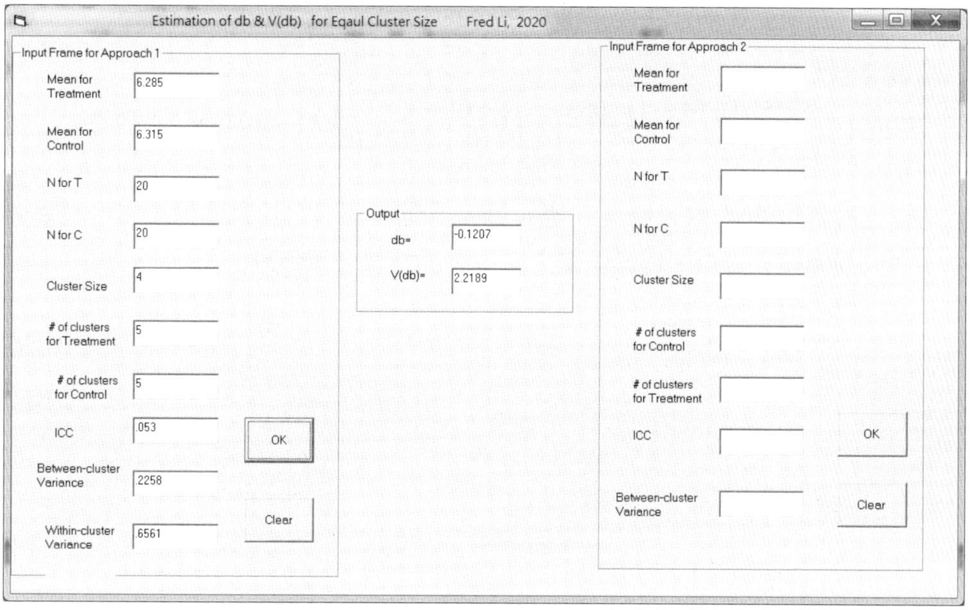

圖 9-10　d_b & 其變異量之計算表單與結果

(2) 當有 S_B^2 & ρ 時，可以直接獲得 δ_B 之估計值

此時效果值估計及其變異量之適用公式，爲公式 9-28 & 公式 9-29：

$$d_{b2} = \left(\frac{\overline{Y}_{..}^T - \overline{Y}_{..}^C}{S_B}\right)\sqrt{\frac{1+(n-1)\rho}{n\rho}}$$　　　　　公式 9-28

因爲集群現象，常會低估 S_B，所以式中需要利用 $\sqrt{\dfrac{1+(n-1)\rho}{n\rho}}$ 加以校正。

$$V\{d_{b2}\} = \left(\frac{m^T+m^C}{m^T m^C}\right)\left(\frac{1+(n-1)\rho}{n\rho}\right) + \frac{(1+(n-1)\rho)}{2(M-2)n\rho}d_b^2$$　　　　公式 9-29

利用公式 9-28 可求得：

$$d_{b2} = \left(\frac{6.285-6.315}{\sqrt{.2258}}\right)\sqrt{\frac{1+(4-1)*.053}{4*.053}} = -.1476$$

其次，利用公式 9-29，可求得其變異量：

$$V\{d_{b2}\} = \left(\frac{5+5}{5*5}\right)\left(\frac{1+(4-1)*.053}{4*.053}\right) + \frac{1+(4-1)*.053}{2*(10-2)*4*.053}*(-.1476)^2 = 2.1942$$

以上所求得的 d_b 效果值及其變異量，為免去繁瑣的計算過程，亦可利用圖 9-11 右側視窗輸入資料，輕鬆由筆者所研發的計算表單獲得。

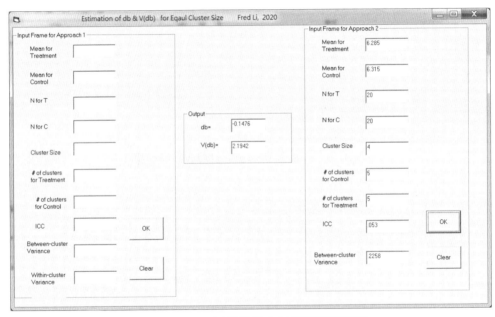

圖 9-11　d_b & 其變異量之計算表單與結果

（二）集群大小不等

表 9-6 之原始資料，係取自 Textbook Examples Methods Matter（Murnane, Willett, 2011）。本筆資料將作為本節效果值估計的範例資料。該筆資料來自於 1987 年的 The School For All（SFA）計畫，SFA 首先運用於 Baltimore, Maryland 的公立學校，以改善經濟不利學生的閱讀能力。該研究之操控變項為 SFA（有無進行 SFA 計畫），結果變項為 WATTACK（Word-Attack Test），PPVT 則為 Peabody Picture Test，作為調節變項。

表 9-6　實驗組 & 控制組之集群摘要表

School ID	SFA		Total
	0	1	
1	0	52	52
2	0	116	116
3	0	68	68
4	0	34	34
5	0	47	47
6	0	87	87
7	0	83	83
8	0	22	22
9	0	95	95
10	0	27	27
11	0	43	43
12	0	27	27
13	0	62	62
14	0	36	36
15	0	54	54
16	0	36	36
17	0	41	41
18	0	109	109
19	0	23	23
20	0	20	20
21	0	134	134
22	106	0	106
23	36	0	36
24	48	0	48
25	52	0	52
26	66	0	66
27	41	0	41
28	56	0	56
29	10	0	10
30	24	0	24
31	61	0	61
32	58	0	58
33	41	0	41
34	79	0	79
35	57	0	57
36	85	0	85
37	58	0	58
38	37	0	37
39	36	0	36
40	107	0	107
41	60	0	60

　　表 9-6 顯示出，該資料係來自 41 個不同學校，實驗組（參與 SFA 計畫）&
控制組（未參與 SFA 計畫）分別含有 21 個 & 20 個集群，每一集群的學生數均
不相等。由表 9-7 可知，實驗組 & 控制組的人數，分別為：1118 vs. 1216、平均
數分別為：474.82 vs. 481.92。

表 9-7　**SFA 計畫統計分析摘要表**

Group Statistics

	sfa	N	Mean	Std. Deviation	Std. Error Mean
waatack	0	1118	474.82	20.052	.600
	1	1216	481.92	19.105	.548

Independent Samples Test

		Levene's Test for Equality of Variances		t-test for Equality of Means					95% Confidence Interval of the Difference	
		F	Sig.	t	df	Sig. (2-tailed)	Mean Difference	Std. Error Difference	Lower	Upper
waatack	Equal variances assumed	2.825	.093	-8.748	2332	.000	-7.091	.811	-8.681	-5.502
	Equal variances not assumed			-8.730	2291.884	.000	-7.091	.812	-8.684	-5.499

　　圖 9-12 顯示出，研究者如何利用 SPSS 的 Aggregate Data 功能表單，建立二
階層次之資料檔，以利後續的 HLM 分析。圖中 Break Variable（schid）係用來
連結二階層次檔案的關鍵變項，而 Summaries of Variable（waatack_first_mean）
為 Waatack 的各校平均數；圖下方 File 按鈕則可用來設定二階檔案輸出的存檔名
稱 & 位置。

　　圖 9-13 之 HLM 空模式設定，旨在計算 ICC 之用。由表 9-8 可知，各集群
平均數的變異量為 79.33598（$p = .000$），意謂著有進一步計算 ICC 的必要。

　　利用表 9-8 中 HLM 空模式之分析結果，可求得：$\text{ICC} = \dfrac{79.33589}{79.33598 + 314.53344}$
= .201，組內相關係數大於 .138，屬於高度的相關（$p = .000$），最好進行 HLM
分析，而非 GLM 分析。根據表 9-9 之數據，利用公式 9-4，可間接求得：
$S_B^2 = \sigma_B^2 + \dfrac{S_W^2}{71.18} = 75.690 + \dfrac{314.23}{71.18} = 75.690 + 4.415 = 80.105$（71.18 為集群的平均大
小，參見圖 9-16）；而根據公式 9-8，其總變異量為 $\sigma_T^2 = 79.33598 + 314.53344$
=393.869，可以作為 S_T^2 的樣本估計值。

　　圖 9-14 顯示出，此隨機截距模式的一階模式含有一個預測變項（SFA），
此為虛擬變數，1 代表實驗組（參與 SFA 計畫），0 代表控制組（未參與 SFA 計
畫）。

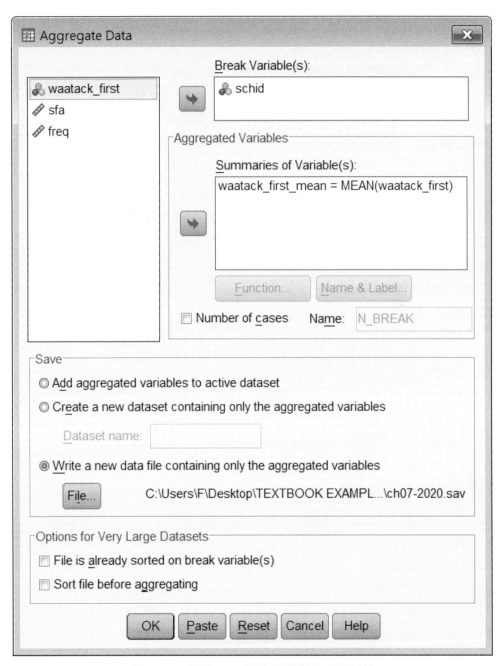

圖 9-12　利用 **SPSS** 建立二階層次之資料檔

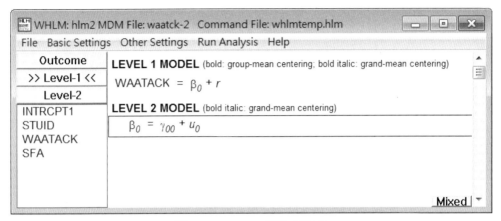

圖 9-13　**HLM** 空模式設定

表 9-8　**HLM** 空模式分析結果

FIXED EFFECT	COEFFICIENT	STANDARD ERROR	T-RATIO	APPROX. D.F.	P-VALUE
FOR INTRCPT1, B0					
INTRCPT2, G00	477.755457	1.452506	328.918	39	0.000

FINAL ESTIMATION OF VARIANCE COMPONENTS:

RANDOM EFFECT	STANDARD DEVIATION	VARIANCE COMPONENT	DF	CHI-SQUARE	P-VALUE
INTRCPT1, U0	8.90707	79.33598	39	629.95639	0.000
LEVEL-1, R	17.73509	314.53344			

THE OUTCOME VARIABLE IS WAATACK

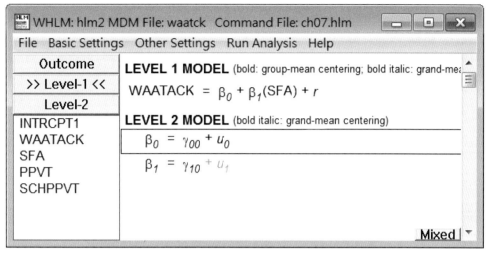

圖 9-14　　HLM 理論模式設定視窗：隨機截距模式

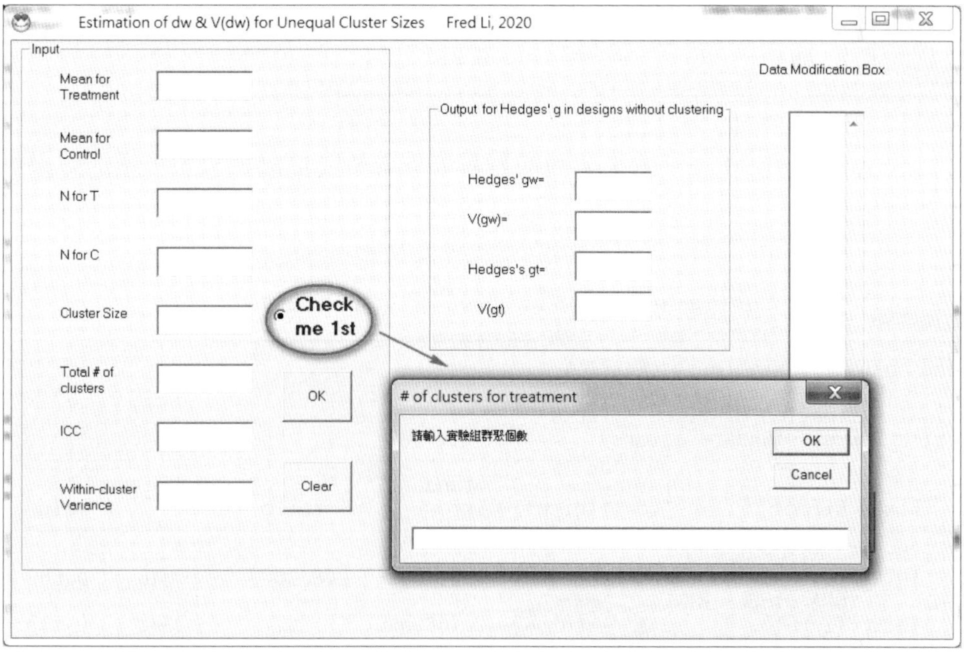

Estimation of dw & V(dw) for Unequal Cluster Sizes　　Fred Li, 2020

圖 9-15　　d_w & 其變異量之計算表單：先估計平均集群大小

　　表 9-9 係 HLM 理論模式的初步分析結果，表中組內變異量 σ^2 為 314.230，其平方根為 17.72654，組間變異量 τ 為 75.68983。

表 9-9　**HLM** 的理論模式：初步分析結果

Level-1 Model

$$Y = B0 + B1*(SFA) + R$$

Level-2 Model
　　B0 = G00 + U0
　　B1 = G10

Iterations stopped due to small change in likelihood function
****** ITERATION 4 ******

Sigma_squared =　　314.23010

Tau
INTRCPT1,B0　　75.68983

Tau (as correlations)
INTRCPT1,B0　1.000

 Random level-1 coefficient 　Reliability estimate

 INTRCPT1, B0 　　　　　　　　　　0.914

　　表 9-10 係 HLM 固定效果與隨機變異成分分析的估計結果，後續的效果值分析會用到。

表 9-10　**HLM** 分析摘要表

The outcome variable is　WAATACK

Final estimation of fixed effects
(with robust standard errors)

Fixed Effect	Coefficient	Standard Error	T-ratio	Approx. d.f.	P-value
For　　　INTRCPT1, B0					
INTRCPT2, G00	475.302460	1.914508	248.263	40	0.000
For　　SFA slope, B1					
INTRCPT2, G10	4.366158	2.768959	1.577	2332	0.115

Final estimation of variance components:

Random Effect	Standard Deviation	Variance Component	df	Chi-square	P-value
INTRCPT1, U0	8.69999	75.68983	40	568.23458	0.000
level-1, R	17.72654	314.23010			

因集群之樣本大小不同，以下效果值與其變異量的估計，將顯得更複雜一些。

1. 單一研究場址（single site studies）

集群大小不等時，d_w 的估計公式與集群大小相等時的估計公式 9-20 相同，但須使用不同的變異量，參見公式 9-30。

$$V\{d_w\} = \left(\frac{N^T + N^C}{N^T N^C}\right)\left(\frac{1 + (\tilde{n} - 1)\rho}{1 - \rho}\right) + \frac{d_w^2}{2(N - M)}$$ 公式 9-30

式中 N 為總人數，M 為集群個數，當集群大小各組均相等時，公式 9-30 即可簡化為公式 9-21。

公式 9-30 中，$\tilde{n} = \dfrac{N^C \sum_{i=1}^{m^T}(n_i^T)^2}{N^T N} + \dfrac{N^T \sum_{i=1}^{m^C}(n_i^C)^2}{N^C N}$ 公式 9-31

由於 d_w & 其變異量之計算甚為繁複，因而過程中也常易犯錯，研究者可以善用筆者所研發的計算表單，參見圖 9-16。因為集群大小各組均不相等，須利用筆者研發的計算表單以快速求得 $\tilde{n}$。估計 $\tilde{n}$ 時，首先請按下「Check me 1st」按鈕，計算 $\tilde{n}$ 之前會要求輸入各集群的大小數值。請研究者依指示依序輸入資料後，計算表單會自動填滿圖 9-16 左側視窗內的大部分空白處。之後，研究者須繼續填入尚未填滿的空白處資訊（例如：各組之平均數，請參閱表 9-7），接著按下「OK」鍵，即可輕鬆獲得 d_w（或 Hedges' g）& 其變異量，這些統計量會顯示於圖 9-16 中間的方框中。

如欲手算，根據表 9-7、表 9-9（或表 9-10），利用公式 9-20 可求出：$d_w = \dfrac{481.92 - 474.82}{17.72654} = .4005$。

接著，利用公式 9-30 可求出：$V(d_w) = .0325$。

同樣地，以上所求得的效果值 d_w 等統計量，可由筆者所研發的計算表單輕鬆正確獲得，參見圖 9-16。圖 9-16 右側視窗會顯示研究者剛剛所輸入的各集群之大小數據（根據表 9-6 集群大小之數據），研究者可在此檢驗所輸入數值的正確性，如果發現有不正確的數據，研究者可直接在此視窗內進行更正，再按下「Auto Data Re-Entry」按鈕，左側視窗內的相關數據就會更新。

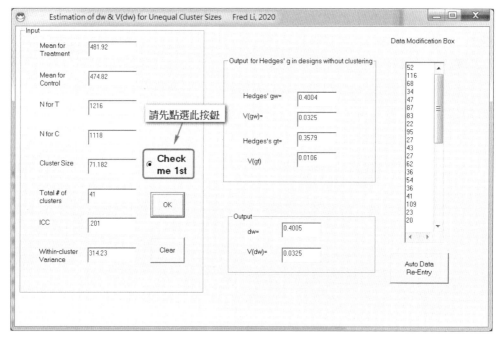

圖 9-16　d_w & 其變異量之計算表單與結果

2. 多個研究場址（multi-site studies）

效果值及其變異量的估計，如公式 9-32 & 公式 9-36 所示，其估計方法均與集群大小相等時不同：

$$d_{t2} = \left(\frac{\overline{Y}_{\cdot\cdot}^T - \overline{Y}_{\cdot\cdot}^C}{S_T}\right)\sqrt{1 - \rho\left(\frac{(N - n_U^T m^T - n_U^C m^C) + n_U^T + n_U^C - 2}{N - 2}\right)} \qquad 公式 9\text{-}32$$

公式 9-32 中的分母，其平方 S_T^2 之期望值可由公式 9-33（參見公式 9-6）估計之：

$$\sigma_w^2 + \frac{B}{N-2} * \sigma_B^2 \qquad\qquad 公式 9\text{-}33$$

公式 9-32 中，當 $n_U^T = n_U^C = n$，$B = (N - 2n)$。

公式 9-33 中，σ_B^2 & σ_w^2 估計值，可取自 HLM 報表。公式 9-32 中的 n_U^T & n_U^C，定義如公式 9-34 & 公式 9-35。

$$n_U^T = \frac{(N^T)^2 - \sum_{i=1}^{m^T}(n_i^T)^2}{N^T(m^T - 1)} \qquad \text{公式 9-34}$$

$$n_U^C = \frac{(N^C)^2 - \sum_{i=1}^{m^C}(n_i^C)^2}{N^C(m^C - 1)} \qquad \text{公式 9-35}$$

當 $n_U^T = n_U^C = n$ 時，公式 9-32 將會等於公式 9-24。

$$V\{d_{t2}\} = \left(\frac{N^T + N^C}{N^T N^C}\right)(1 + (\tilde{n} - 1)\rho) + \left(\frac{(N-2)(1-\rho)^2 + A\rho^2 + 2B\rho(1-\rho)}{2(N-2)[(N-2) - \rho(N-2-B)]}\right)d_t^2 \qquad \text{公式 9-36}$$

公式 9-36 中，$A = A^T + A^C$，A^T、A^C、B 之定義，如公式 9-37 ～公式 9-39 所示。

$$A^T = \frac{(N^T)^2 \sum_{i=1}^{m^T}(n_i^T)^2 + (\sum_{i=1}^{m^T}(n_i^T)^2)^2 - 2N^T \sum_{i=1}^{m^T}(n_i^T)^3}{(N^T)^2} \qquad \text{公式 9-37}$$

$$A^C = \frac{(N^C)^2 \sum_{i=1}^{m^C}(n_i^C)^2 + (\sum_{i=1}^{m^C}(n_i^C)^2)^2 - 2N^C \sum_{i=1}^{m^C}(n_i^C)^3}{(N^C)^2} \qquad \text{公式 9-38}$$

$$B = n_U^T(m^T - 1) + n_U^C(m^C - 1) \qquad \text{公式 9-39}$$

當 $n_i^T = n_i^C$，$A = n(N-2n)$，$n_U^T = n_U^C = n$，$B = (N-2n)$ 時，公式 9-36 將會簡化為公式 9-25。由此關聯性可推知：假如集群大小樣本不等時，將 n_U^T & n_U^C 平均值帶入公式 9-24 及公式 9-25 中，估計值與精確值之結果將非常接近。

同樣地，以下手動所求得的效果值 d_t、S_T^2 等統計量，可由筆者所研發的計算表單輕鬆獲得，參見圖 9-17。

總變異量 S_T^2，係由公式 9-33 估計之：

$$\sigma_w^2 + \frac{B}{N-2} * \sigma_B^2 = 314.2301 + \frac{2191.1941}{2332} * 75.68983 = 385.3498$$（B 值可取自圖 9-17底部的報表）

圖 9-17 輸出欄位中之 d_t，可由公式 9-32 估計之：

$$d_t = \left(\frac{481.92 - 474.82}{\sqrt{385.3498}}\right) * \sqrt{1 - .201 * \left(\frac{(2334 - 56.97*21 - 55.36*20) + 56.97 + 55.36 - 2}{2334 - 2}\right)}$$

$$= .3617 * .9939 = .3595$$

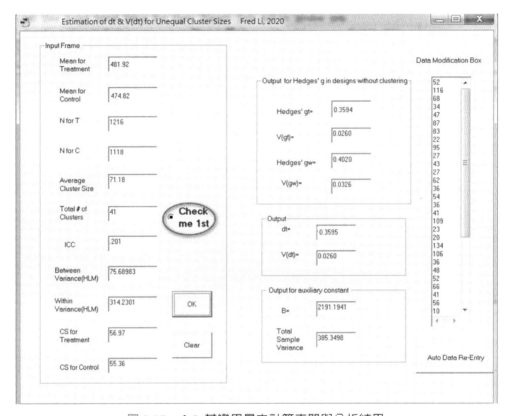

圖 9-17　d_t & 其變異量之計算表單與分析結果

根據圖 9-17 計算表單結果，$V(d_t)$ = .0260，請讀者自行驗證之。

利用圖 9-17 內之「Check me 1st」按鈕，執行各集群大小數據之後，計算表單就會自動填入圖 9-17 左側大部分的空格，研究者再補齊資料，按下「OK」就可獲得右側之效果值的估計值及其變異量。圖 9-17 右側視窗會顯示研究者剛剛所輸入的各集群之大小數據，研究者可在此檢驗所輸入數值的正確性，如果發現有不正確的數據，可直接在此視窗內進行更正，再按下「Auto Data Re-Entry」按鈕，左側視窗內的相關數據就會更新；接著，研究者可以重新按下「OK」，就可獲得更新的效果值及其變異量。

3. 多個研究場址且分析單位為集群

效果值及其變異量的估計，如公式 9-40 & 公式 9-44 所示。此類運用的情境較少見，效果值及其變異量的估計方法，均與集群大小相等時不同。

$$d_b = \left(\frac{\overline{Y}_{..}^T - \overline{Y}_{..}^C}{S_B}\right)\sqrt{\frac{1+(\overline{n}_B-1)\rho}{\overline{n}_B\rho}} \qquad \text{公式 9-40}$$

公式 9-40 可由公式 9-28 推演而來。

$$\text{公式 9-40 中，} \overline{n}_B = \left(\frac{(m^T-1)\overline{n}_I^T + (m^C-1)\overline{n}_I^C}{M-2}\right)^{-1} \qquad \text{公式 9-41}$$

公式 9-41 中，$\overline{n}_I^T$ & $\overline{n}_I^C$ 定義，如公式 9-42 & 公式 9-43：

$$\overline{n}_I^T = \frac{1}{m^T}\sum_{i=1}^{m^T}\left(\frac{1}{n_i^T}\right) \qquad \text{公式 9-42}$$

$$\overline{n}_I^C = \frac{1}{m^C}\sum_{i=1}^{m^C}\left(\frac{1}{n_i^C}\right) \qquad \text{公式 9-43}$$

d_b 變異數的定義，如公式 9-44 所示。

$$V\{d_b\} = \left(\frac{m^T+m^C}{m^T m^C}\right)\left(\frac{1+(\tilde{n}_B-1)\rho}{\tilde{n}_B\rho}\right) + \frac{\overline{n}_B C d_B^2}{2(M-2)^2\rho[1+(\overline{n}_B-1)\rho]} \qquad \text{公式 9-44}$$

$$\text{公式 9-44 中，} \tilde{n}_B = \left(\frac{m^C\overline{n}_I^T + m^T\overline{n}_I^C}{M}\right)^{-1} \qquad \text{公式 9-45}$$

公式 9-44 中，$C = (M-2)\rho^2 + 2[(m^T-1)\overline{n}_I^T + (m^C-1)\overline{n}_I^C]\rho(1-\rho) + [(m^T-2)\overline{n}_I^{T2}$
$$+ (m^C-2)\overline{n}_I^{C2} + (n_i^T)^2 + (n_i^C)^2](1-\rho)^2 \qquad \text{公式 9-46}$$

$$\text{公式 9-46 中，} \overline{n}_I^{T2} = \frac{1}{m^T}\sum_{i=1}^{m^T}(1/n_i^T)^2 \qquad \text{公式 9-47}$$

$$\text{公式 9-46 中，} \overline{n}_I^{C2} = \frac{1}{m^C}\sum_{i=1}^{m^C}(1/n_i^C)^2 \qquad \text{公式 9-48}$$

當 $n_i^T = n_i^C = n$ 時，$\overline{n}_B = \tilde{n}_B = n$，$\overline{n}_I^T = \overline{n}_I^C = \dfrac{1}{n}$，$\overline{n}_I^{T2} = \overline{n}_I^{C2} = \dfrac{1}{n^2}$，所以公式 9-46 中之 C，可以簡化爲公式 9-49：

$$C = \frac{(M-2)[1+(n-1)\rho]^2}{n^2} \qquad \text{公式 9-49}$$

利用圖 9-18 內之「Check me 1st」按鈕，執行各集群大小之數據後，計算表單就會自動填入圖 9-18 左側大部分的空格，研究者再補齊資料，按下「OK」就

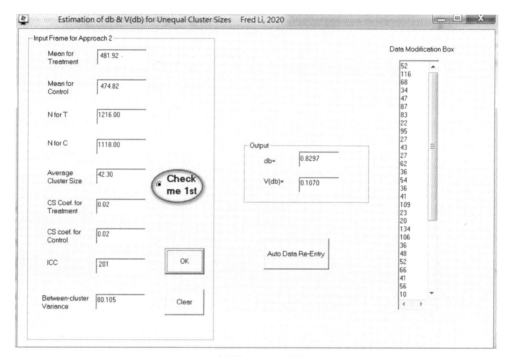

圖 9-18　d_b & 其變異量之計算表單與結果

可獲得右側之效果值的估計值及其變異量。圖 9-18 右側視窗會顯示研究者剛剛所輸入的各集群之大小數據，研究者可在此檢驗所輸入數值的正確性，如果發現有不正確的數據，可直接在此視窗內進行更正，再按下「Auto Data Re-Entry」按鈕，左側視窗內的相關數據就會更新；接著，研究者可以重新按下「OK」，就可獲得更新的效果值及其變異量。

根據圖 9-17 之數據，利用公式 9-4，可間接推導求得：$S_B^2 = \sigma_B^2 + \dfrac{S_W^2}{71.18}$

$= 75.690 + \dfrac{314.2301}{71.18} = 75.690 + 4.415 = 80.105$

圖 9-18 中之 d_b，可由公式 9-40 估計之：

$$d_b = \left(\frac{481.92 - 474.82}{\sqrt{80.105}}\right)* \sqrt{\frac{1 + (42.3 - 1)*.201}{42.3 *.201}} = .7933 * 1.0459 = .8297$$

同樣地，以上所求得的效果值等統計量，可由筆者所研發的計算表單輕鬆獲得，參見圖 9-18 的報表。根據圖 9-18 計算表單結果，$V(d_b) = .1070$，請讀者自

行手動驗證之。

以上公式之說明及應用上之須知，讀者可上網觀看 Pigott（2011）的 YouTube 觀看，網址為：https://www.youtube.com/watch?v=tILaThQu5V0。

（三）三類效果值間之互換

本章前述三類效果值（不管是母群效果值或樣本效果值）指標，均可經由 ρ（ICC）進行各類效果值間的估計與轉換，請參見公式 9-50～公式 9-57。接著，將以筆者設計之應用軟體，示範說明各類效果值的估計與轉換。

1. 三類效果值指標間的互換

$$\delta_W = \delta_B \sqrt{\frac{\rho}{1-\rho}} = \frac{\delta_T}{\sqrt{1-\rho}} \qquad 公式\ 9\text{-}50$$

因為母群效果值及其變異量的估計，均係樣本效果值與 ρ 的函數，δ_W 可利用公式 9-51 估計之。

$$d_w = d_b \sqrt{\frac{\rho}{1-\rho}} = \frac{d_t}{\sqrt{1-\rho}} \qquad 公式\ 9\text{-}51$$

由公式 9-51 也可知：研究者可將過去忽視集群效應的效果值，透過 ρ 進行偏差之校正。

$$\delta_T = \delta_B \sqrt{\rho} = \delta_W \sqrt{1-\rho} \qquad 公式\ 9\text{-}52$$

同樣地，公式 9-52 的母群估計值（δ_T），可以利用公式 9-53 估計之。

$$d_t = d_b \sqrt{\rho} = d_w \sqrt{1-\rho} \qquad 公式\ 9\text{-}53$$

2. 三類效果值變異量指標間的互換

$$V(d_w) = V(d_b)\frac{\rho}{1-\rho} \qquad 公式\ 9\text{-}54$$

$$V(d_t) = V(d_b)\rho \qquad\qquad 公式\ 9\text{-}55$$

利用公式 9-54 & 公式 9-55，可間接推得：

$$V(d_t) = V(d_w)(1 - \rho) \qquad\qquad 公式\ 9\text{-}56$$

利用公式 9-56，可推得公式 9-57：

$$V(d_w) = \frac{V(d_t)}{1 - \rho} \qquad\qquad 公式\ 9\text{-}57$$

（四）從研究報告中計算效果值

　　由以上之公式可知，假如研究報告了集群層次的效果值（d_b，可由各組平均數、標準差計算出來）、ICC& 集群大小等資訊，就可進行不同效果值間之轉換。如果該研究中缺乏 ρ 之資訊，研究者可以暫時利用該研究之其他相關文獻，進行初步估計。以表 9-11 之研究報告為例，進行各類效果值指標間的互換，請利用筆者研發的副程式加以驗算，參見圖 9-19。

表 9-11 PA 研究計畫之學校層次之統計摘要表：數學成就與閱讀成就

Outcome	Condition	2002(Baseline)			2006 (Posttest)			
		Mean	SD	p	Mean	SD	M_{diff}	p
Stand. Test Math	Control	76.56	13.73	0.957	78.77	7.26	2.22	0.495
	PA	76.22	11.72		82.33	7.48	6.11	
Math HCPS II	Control	15.56	10.01	1.000	17.44	9.80	1.89	0.040
(% proficient)	PA	15.56	7.81		26.56	12.48	10.00	
Stand. Test Reading	Control	71.74	13.36	0.962	71.89	12.29	0.14	0.108
	PA	71.44	13.12		77.89	7.75	6.44	

　　本表 9-11 取自 Snyder, Flay, Vuchinich, Acock, Washburn, Beets, & Li（2010）之 Positive Action（PA）研究計畫，是一項全校性社會情緒與道德發展的輔導計

畫，PA 為實驗組包含 10 個學校，976 個學生；控制組包含 10 個學校，738 個學生，集群的共同大小約為 73（取保守值）。本研究效標之一為標準化閱讀測驗分數（standard test in reading），其 ICC 為 0.87。

首先，利用表 9-11 中的變異量，計算相關群組的併組變異量。

$$S_B^2 = \frac{12.29^2 + 7.75^2}{2} = 105.55, \ S_B = 10.274$$

其次，利用公式 9-28 可求得：

$$d_b = \frac{77.89 - 71.89}{10.274} \sqrt{\frac{1 + (73 - 1)*0.87}{73*0.87}} = .5840*1.001 = .585。$$

最後，利用公式 9-29 可求得：

$$V(d_b) = \left(\frac{m^T + m^C}{m^T m^C}\right)\left(\frac{1 + (n - 1)\rho}{n\rho}\right) + \frac{(1 + (n - 1)\rho)}{2(M - 2)n\rho}d_b^2$$
$$= \left(\frac{10 + 10}{10*10}\right)\left(\frac{1 + (73 - 1)*.87}{73*.87}\right) + \frac{(1 + (73 - 1)*.87)}{2*(20 - 2)*73*.87}*.585^2 = .21。$$

據此，δ_B 的 .95 信賴區間為：$.585 \pm 1.96*\sqrt{.21}(-.313 \le \delta_B \le 1.48)$。

利用公式 9-52，可經轉換求出：$d_t = d_b\sqrt{\rho} = .585*\sqrt{.87} = .5457$（參見圖 9-21）。

利用公式 9-55，可經轉換求得：$V(d_t) = V(d_b)\rho = .21*.87 = .183$（參見圖 9-21）。

據此，δ_T 的 .95 信賴區間為：$.5457 \pm 1.96*\sqrt{.183}(.170 \le \delta_T \le .922)$。

以下針對母群效果值的估計與轉換副程式，稍作簡介，此副程式在筆者研發的隨機集群主程式之下，參見圖 9-19。

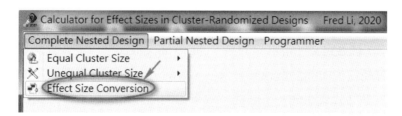

圖 9-19 集群效果值間轉換的計算副程式

　　點選圖 9-19 中的「Effect Size Conversion」選目之後，需要再選定需要轉換的對象，例如：在圖 9-20 集群效果值轉換的選單中，選定的對象為：$\delta_T \leftarrow \delta_B$，因此使用者須先利用滑鼠點選此選目，再於圖 9-21 的視窗中填入所需的數據，不須用到的視窗會被鎖住，將無法輸入任何資料。不過，ρ（ICC）的空格是必備的要件，務必輸入。

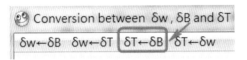

圖 9-20　集群效果值間轉換的選單

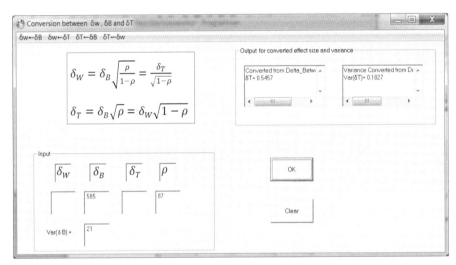

圖 9-21　三類效果值間之轉換表單與分析結果

　　至於 d_w & $V(d_w)$ 之轉換，請讀者依範例，自行利用圖 9-21 之計算表單試算之。

五、集群效果值虛胖的其他三種簡易校正方法

　　隨機集群研究設計可以正確估計固定效果值的標準誤，以免增大犯第一類型錯誤的機率，而且可以了解群聚效果（clustering effects）。忽視此集群現象，其效果值常會高估，而其標準誤常會低估，會隨著 ICC 值與集群大小的增大而變得更嚴重（參見公式 9-60）。因此，效果值的估計時，必須考慮到群聚效果與

群聚大小（設計效應），否則效果值的標準誤可能會嚴重低估，而導致高估效果值（Hedges, 2009, Chapter 18; Ahn, Myers, & Jin, 2012）。集群層次的效果值標準誤之估計，須就 (1) 集群相等與否及 (2) 研究場址多寡或 (3) 分析單位為何，決定適當公式（Hedges, 2007, 2009）。解決此標準誤之低估現象，利用前述多層次分析是最佳資料分析方法，然此方法較複雜、應用上較繁瑣，以下提供三種簡易的替代方法。

Cohen's d 效果值的計算，可以來自於個體層次，也可來自於集群層次。通常來自於集群層次的效果值會高估，因而在計算集群層次（cluster-level）的效果值（$d_{clusters}$）之後，Hedges（2009）、Ahn, Myers, & Jin（2012）提及可利用 ICC（intraclass correlation）加以校正，以便與個體層次的效果值（$d_{individuals}$, Cohen's d）進行合併分析，集群平均數與變異數的校正，如公式 9-58 & 公式 9-59 所示。

$$d_{individuals} = d_{clusters} * \sqrt{ICC} \qquad \text{公式 9-58}$$

公式 9-58 係衍生自公式 9-53，式中 ICC 之定義，參閱公式 9-19。

$$V(d_{individuals}) = V(d_{clusters}) * ICC \qquad \text{公式 9-59}$$

另外，因為集群大小也會導致低估 ICC，Higgins & Thomas（2019, Chapter 23）則提議使用設計效應（design effect）係數的平方根校正虛胖的標準誤，定義如公式 9-60 的右側項。設計效應係因同一群聚內的受試者多少會類似，導致有效樣本的下降。假定設計效應值為 2 時，意謂著如在簡單隨機抽樣下（而非群聚抽樣的話），其抽樣變異量將是 2 倍大。換言之，研究者假如使用集群抽樣，就需要 2 倍大的樣本，才能發揮單點隨機抽樣的效能。

$$SE_{adjusted} = SE * \sqrt{1 + (\tilde{n} - 1) * ICC} \qquad \text{公式 9-60}$$

公式 9-60 中，$\tilde{n}$ 為集群大小平均值（不等組時可取調和平均數），括弧內之值為設計效應（通常介於 1 ～ 3 之間）。由公式 9-60 可知：設計效應會因 ICC & 集群大小之增加而增大。

　　第三種方法為利用設計效應係數$(1+(\tilde{n}-1)*\text{ICC})$，計算有效樣本大小（effective sample size），亦即實際有效樣本大小。舉一實例說明如下（Higgins & Thomas, 2019, Chapter 23）：設有一隨機化集群實驗，研究者將來自 10 個班級 295 位學生分派為實驗組，將來自 11 個班級 330 位學生分派為控制組，參見表 9-12。假設 ICC 為 0.04，而平均集群大小為 29.8(625÷21)，則設計效應係數為：$1 + (29.8 - 1)* .04 = 2.152$。

表 9-12　忽視集群之樣本大小

組別	成功學生數	總人數
實驗組	63	295
控制組	84	330

　　利用前述之設計效應係數（2.152），根據表 9-12 之數據，就可計算各組之有效樣本大小（取整數），結果如表 9-13 所示。

表 9-13　利用設計效應係數計算出的樣本大小

組別	成功學生數	總人數
實驗組	63/2.152 = 29.275	295/2.152 = 137.082
控制組	84/2.152 = 39.033	330/2.152 = 153.346

　　利用表 9-13 之調整後樣本大小，經 CMA 統計分析結果之比較：效果值變小了（.795 → .785），而其變異誤變大了（.036 → .078），參見圖 9-22 的 CMA 分析結果。

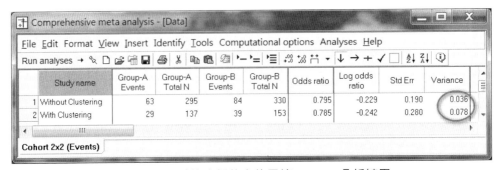

圖 9-22　設計效應係數之效果值：**CMA** 分析結果

　　此一集群效果值虛胖的校正，似乎是一條非常便捷之道，簡易地處理掉集群高估效應。此法最大的難題是有些研究並未報告 ICC，研究者需要從其他類似的研究估計此 ICC 值。不過，假如研究有報告各集群及各組別的標準差與樣本大小，Ahn, Myers, & Jin（2012）也提供了估計 ICC 的相關公式（參見該文公式 4 ～ 8），有需要的讀者請直接參閱該論文。

隨機集群分析的效果值
分析（下）

♣ **本章內容旨在回答以下問題：**

一、進行平均數差異值的標準化時，Lai & Kwok（2016）認為使用併組組內標準差（σ_W）與用控制組的標準差（σ_C）的時機為何？

二、集群對於效果值的估計與其變異量的估計，何者影響較大？

三、就部分集群的實驗設計而言，三種樣本變異量如何估計？

四、母群效果值（population effect size）與樣本效果值（sample effect size）的分野何在？又其使用時機為何？

五、在文獻上，部分集群隨機實驗設計（PNCRT）的資料分析方法主要有哪些？

六、哪一種 PNCRT 資料分析的方法，可以明確考慮部分隔宿（partial nested）研究設計的結構，因而可以清晰的詮釋實驗處理組內的資料依賴性問題，進而能正確估計固定效果值的標準誤？

七、HLM 不提供 $\hat{\sigma}_c$ 的變異量，因而無法計算 $\hat{\sigma}_c$ 的變異量，SAS Proc Mixed 可以估計 $\hat{\sigma}_c$ 的變異量嗎？

八、研究者可以使用母群參數間接估計出樣本效果值（如：S_C^2、S_W^2、S_T^2）嗎？

九、為何單層次與多層次效果值的整合，研究者須進行校正？

♣ **本章應用軟體：**

一、SPSS 統計套裝軟體

二、隨機集群分析效果值 VB 軟體

四、統計分析套裝軟體：SAS

五、多層次分析軟體：HLM

六、整合分析軟體：CMA

集群層次分析主要包含兩種研究設計：完全隔宿設計（completely nested design）與部分隔宿設計（partially nested design）。二層次完全隔宿設計已在前一章中論述過，本章則在探討部分隔宿的研究設計，其實驗設計如圖10-1所示。

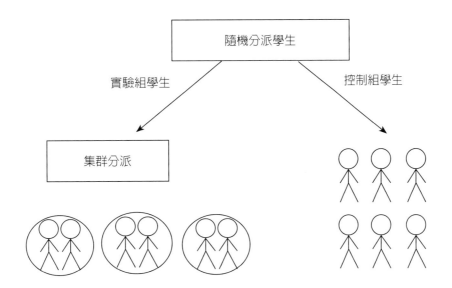

圖 10-1　集群分析資料結構：部分集群設計
修訂自 Lohr, Schochet, and Sanders（2014）。

一、部分集群效果值標準差的選擇

由圖 10-1 可知，在部分集群隨機實驗下只有實驗組具有分群現象，但亦須注意是否有變異量同質性，以確保使用正確的標準差（SD），才能進行平均數差異值的標準化。Lai & Kwok（2016）認為標準差的選擇，需視實驗組與控制組的變異量是否同質而定，如果組間具有變異同質性，則使用併組組內標準差（σ_W）；如果不具同質性，則使用控制組的標準差（σ_C）。他們建議使用 σ_C 估算出 d_C，除非變異同質性的假設成立，才使用 σ_W 估算出 d_w。此外，Hedges & Citkowicz（2015）認為如果不具變異同質性，研究者有兩種選擇：假如母群本來就非自然群聚，而係來自於實驗處理的人為編組，則使用 σ_w，而部分集群設計的研究通常屬於人為編組的實驗處理；假如母群本來就存在群聚現象，而實驗處理係來自於既存的建置（如家庭治療的成員或班級內的學生），而研究旨趣又在個體實驗效能上時，則使用 $\sigma_T\left(=\sqrt{\sigma_w^2+\sigma_B^2}\right)$；換言之，端視哪一個 SD 在該母

群中較自然而定。其實，集群對於效果值的估計影響不大，但對於效果值的變異量估計則將產生較大衝擊，尤其對於整合分析中效果值變異量的估計（Hedges & Citkowicz, 2015）。

以下將以二層次集群研究為例，先進行三種變異量估計方法之介紹，再據以說明各類效果值及其變異量的計算。本章的母群效果值的實例解說，將僅限於 σ_w & σ_C 的應用介紹。為了研究者應用上之便利，本章將透過 HLM、SAS、CMA 軟體及筆者研發的隨機集群分析效果值的計算表單，進行實例演示與解說。

二、三種樣本變異量的估計

就部分集群的實驗設計而言，實驗組集群內抽樣變異量（$S^2_{W|T}$）為個體觀察值與群聚平均數間差異之變異量，可利用公式 10-1 計算之；而控制組抽樣變異量（S^2_C）為個體觀察值與該組平均數間差異之變異量，請利用公式 10-5 計算之。

$$S^2_{W|T} = \frac{\sum_{i=1}^{m} \sum_{j=1}^{n_i} (Y_{ij}^T - \overline{Y}_{i.}^T)^2}{N^T - M} \qquad \text{公式 10-1}$$

公式 10-1 中分子為 SSWT（實驗組組內離均差平方和），N^T 為實驗組總樣本數，$\overline{Y}_{i.}^T$ 為實驗組第 i 集群的平均數，M 為實驗組的集群個數，n 為集群大小（cluster size）；至於 SSBT（實驗組組間離均差平方和）& SST（總離均差平方和）的定義，請參見公式 10-2 & 公式 10-3。

$$SSBT = n * \sum_{i=1}^{m} (\overline{Y}_{i.}^T - \overline{Y}_{..}^T)^2 \qquad \text{公式 10-2}$$

公式 10-2 適用於集群大小（n）相等時，當集群大小不等時，須更正為：

$$SSBT = \sum_{i=1}^{m} n_i (\overline{Y}_{i.}^T - \overline{Y}_{..}^T)^2$$
$$SST = SSWT + SSBT \qquad \text{公式 10-3}$$

式中 SSWT 的定義，請參見公式 10-1 的分子。

$$S^2_T = \frac{SST + SSC}{N^T + N^C - 2} = \frac{SSWT + SSBT + SSC}{N^T + N^C - 2} \qquad \text{公式 10-4}$$

公式 10-4 中，N^C 為控制組總樣本數，N^T 為實驗組總樣本數，至於 SSC，則為控制組離均差平方和，係由公式 10-5 的分子界定之。

$$S_C^2 = \frac{\sum_{i=1}^{N^C}(Y_i^C - \overline{Y}_{\cdot}^C)^2}{N^C - 1}$$
公式 10-5

公式 10-5 中分子為 SSC，N^C 為控制組總樣本數，$\overline{Y}^C$ 為控制組平均數，SSC 除以 $N^C - 1$，即為控制組抽樣變異量：S_C^2。

如果實驗組與控制組具有變異同質性時（$S_{B\,|\,T}^2 = S_C^2$），其併組變異量的計算如公式 10-6。

$$S_W^2 = \frac{(N^T - M) * S_{W\,|\,T}^2 + (N^C - 1) * S_C^2}{N - M - 1}$$
公式 10-6

實驗組集群間抽樣變異量（$S_{B\,|\,T}^2$），如公式 10-7 之定義，為集群間之均方和（between-cluster mean squares）。

$$S_{B\,|\,T}^2 = \frac{\sum_{j=1}^{M}(\overline{Y}_j^T - \overline{Y}_{\cdot\cdot}^T)^2}{M - 1}$$
公式 10-7

總變異量為個體觀察值與總平均數間差異之併組變異量，可利用公式 10-8 計算之（Hedges & Citkowicz, 2015）。

$$S_T^2 = \frac{\sum_{i=1}^{m}\sum_{j=1}^{n}(Y_{ij}^T - \overline{Y}_{\cdot\cdot}^T)^2 + \sum_{i=1}^{N^C}(Y_{ij}^C - \overline{Y}_{\cdot}^C)^2}{N - 2}$$
公式 10-8

估計參數可以來自於固定效果模式，也可來自於隨機效果模式，或來自於混合模式。固定效果模式的誤差，主要來自於研究內之抽樣誤差，隨機效果模式的誤差，主要來自於研究內之抽樣誤差及研究間之隨機誤差；混合模式則結合了固定效果模式與隨機效果模式的特色，可以透過 HLM 多層次分析，取得母群參數。以下各節將依效果值估計參數的性質或集群大小相等與否，依序進行效果值的定義與實例解說。

三、母群效果值

母群效果值（population effect size），係利用母群參數計算出來的效果值。

Lai & Kwok（2016）根據模擬研究結果，發現如果研究者能獲得參數的最大概似法（ML & REML）估計值（SAS、HLM 提供），例如：固定效果（fixed effect）：$\hat{\gamma}_{10}$ $(\mu^T - \mu^C)$ & 隨機效果（random effect）：$\hat{\sigma}_w$ 或 $\hat{\sigma}_c$（$\hat{\gamma}_{10}$、$\hat{\sigma}_w$ 或 $\hat{\sigma}_c$ 均為不偏性、一致性 & 有效性估計值）如為已知，研究者即可利用公式 10-9 ～公式 10-12，估計出相關的母群效果值與其變異量。此母群效果值的標準誤較小，為更精確的效果估計值（比起下節的樣本效果值），最適合於集群大小不等（unbalanced cluster sizes）、初級研究（primary research）及大的研究設計效果（large design effect，亦即大的平均集群大小配上大的 ICC）上。雖然本法目前需使用 SAS Proc Mixed 副程式才能估計出 $V(\hat{\gamma}_{10})$、$V(\hat{\sigma}_w^2)$ & $V(\hat{\sigma}_C^2)$，但該程式亦可用來考驗組間之變異同質性，值得推薦使用。根據變異同質性與否，以下簡介兩種估計母群效果值及其變異量的相關公式，如公式 10-9 ～公式 10-12 所示。

1. 變異同質性成立（使用併組標準差）

$$\hat{\delta}_w = \frac{\hat{\gamma}_{10}}{\hat{\sigma}_w} \qquad \text{公式 10-9}$$

上式中，$\hat{\gamma}_{10}$ 為處理效果 $(\mu^T - \mu^C)$ 之估計值，$\hat{\delta}_w$ 變異量之定義，如公式 10-10 所示：

$$V(\hat{\delta}_w) = \frac{V(\hat{\gamma}_{10})}{\hat{\sigma}_w^2} + \frac{\delta_w^2 * V(\hat{\sigma}_w^2)}{4 * \hat{\sigma}_w^4} \qquad \text{公式 10-10}$$

當個體樣本夠大，$V(\hat{\sigma}_w^2)$ 的變異量將微乎其微，可以忽略之（Hedges, 2009），請比對前章公式 9-10。

2. 變異同質性不符合（使用控制組標準差）

$$\hat{\delta}_C = \frac{\hat{\gamma}_{10}}{\hat{\sigma}_C} \qquad \text{公式 10-11}$$

公式 10-11 中，$\hat{\sigma}_C$ 為控制組母群標準差，$\hat{\delta}_C$ 之變異量定義如公式 10-12。

$$V(\hat{\delta}_C) = \frac{V(\hat{\gamma}_{10})}{\hat{\sigma}_C^2} + \frac{\delta_C^2 * V(\hat{\sigma}_C^2)}{4 * \hat{\sigma}_C^4} \qquad \text{公式 10-12}$$

假如 ICC（intraclass correlation）已知時，透過 $\hat{\delta}_W$ 或 $\hat{\delta}_B$，可以利用公式 10-54 & 公式 10-55，進行 $\hat{\delta}_T$ 及其變異量的估計。

四、樣本效果值

樣本效果值（sample effect size）的估計，係利用樣本參數計算出來的效果值，較適用於平衡設計或集群大小差異不大時（balanced cluster sizes），此時 d_w & d_c 仍然是有效的效果估計值，而這些樣本效果值最適合於進行整合分析。以下本節四大類效果值估計之相關公式（式中 S_C、S_W、S_T 之定義，請參閱公式 10-5 公式、公式 10-6 & 公式 10-8），係引自 Hedges & Citkowicz（2015）與 Lai & Kwok（2016），適用於當實驗組具有分群，而控制組無群聚現象時。茲依集群大小相等與否，分別介紹各效果值如下：

（一）集群大小相等

各類樣本效果值及其變異量之估計公式，定義如公式 10-13 ～公式 10-24。

1. d_{Naive}（**無集群現象時，ICC = 0**）

d_{Naive} 定義，如公式 10-13 所示。

$$d_{Naive} = \frac{\overline{Y}_{..}^T - \overline{Y}_{.}^C}{S_T} \qquad \text{公式 10-13}$$

公式 10-13，可由公式 10-16 簡化而來（當母群 ICC：$\rho = 0$ 時）。式中，S_T 為組內併組標準差，為 S_T^2 的平方根，可直接由樣本統計量公式 10-4 求得，也可由母群參數估計值公式 10-14 估計之：

$$S_T^2 = \sigma_W^2 + \frac{N^T - n}{N - 2} * \sigma_B^2 \qquad \text{公式 10-14}$$

公式 10-14 中，N^T 為實驗組的人數，n 為各集群大小的平均數，σ_W^2、σ_B^2 可由 HLM 程式求得。

d_{Naive} 的變異量，定義如公式 10-15 所示。

$$V_{d_{Naive}} = \frac{N}{N^T N^C} + \frac{d_{Naive}^2}{2(N^T + N^C - 2)} \qquad \text{公式 10-15}$$

公式 10-15 中，N^T 為實驗組的人數，N^C 為控制組的人數，公式 10-15 係由公式 10-17 簡化而來（$\rho = 0$）。

2. d_t

d_t 的定義，如公式 10-16 所示：

$$d_t = \left(\frac{\overline{Y}_{..}^T - \overline{Y}_{.}^C}{S_T}\right)\sqrt{1 - \frac{(N^C + n - 2)\rho}{N - 2}} \qquad \text{公式 10-16}$$

因為實驗組有群聚現象常會低 S_T，所以公式 10-16 中，需要利用 $\sqrt{1 - \frac{(N^C + n - 2)\rho}{N - 2}}$ 加以校正。

$$V(d_t) = \frac{N}{N^T N^C}\left[1 + \left(\frac{nN^C}{N} - 1\right)\rho\right] + \frac{[(N - 2)(1 - \rho)^2 + (N^T - n)n\rho^2 + 2(N^T - n)(1 - \rho)\rho]\,d_t^2}{2[(N - 2)(1 - \rho) + (N^T - n)\rho]^2}$$

$$= \frac{N}{N^T N^C}\left[1 + \left(\frac{nN^C}{N} - 1\right)\rho\right] + \frac{d_t^2}{2h} \qquad \text{公式 10-17}$$

公式 10-17 中 $\left[1 + \left(\frac{nN^C}{N} - 1\right)\rho\right]$ 為設計效應或稱為變異膨脹因子，用以評估群聚對於平均數差異變異量之影響，當等組時（$N^T = N^C$），此設計效應內之 $\frac{nN^C}{N}$ 為完全集群設計時的一半 $\left(\frac{N^C}{N} = \frac{1}{2}\right)$，參見公式 9-23 中相對應之設計效應：$[1 + (n - 1)\rho]$。

公式 10-17 之 h，係有效的自由度（effective degrees of freedom），定義如公式 10-18。

$$h = \frac{[(N - 2)(1 - \rho) + (N^T - n)\rho]^2}{(N - 2)(1 - \rho)^2 + (N^T - n)n\rho^2 + 2(N^T - n)(1 - \rho)\rho} \qquad \text{公式 10-18}$$

3. d_c

d_c 定義，如公式 10-19 所示。

$$d_c = \frac{\overline{Y}_{..}^T - \overline{Y}_{.}^C}{S_C} \qquad \text{公式 10-19}$$

公式 10-19 中 S_C 為控制組標準差，定義參見公式 10-5。

d_c 的變異量，定義如公式 10-20 所示：

$$V(d_c) = \frac{N}{N^T N^C}\left(\frac{1+\left(\frac{nN^C}{N}-1\right)\rho}{1-\rho}\right) + \frac{d_c^2}{2(N^C-1)}$$ 公式 10-20

公式 10-20 中之 $V(d_c)$，較適合於變異同質性成立時，否則最好利用 Lai & Kwok（2016）的提議公式 10-21 來估計。

$$V(d_c) = \frac{\sigma_{W|T}^2}{\sigma_C^2}\left(\frac{1+(n-1)\rho}{N^T(1-\rho)}\right) + \frac{1}{N^C} + \frac{d_c^2}{2(N^C-1)}$$ 公式 10-21

$V(d_c)$ 也可以利用公式 10-22 估計之。

$$V(d_c) = \frac{(N^C-1)S_{W|T}^2}{(N^C-3)S_C^2}\left(\frac{1+(n-1)\rho}{n^T(1-\rho)}\right) + \frac{1}{N^C} + \frac{d_c^2}{2(N^C-1)}$$ 公式 10-22

公式 10-22 中，$S_{W|T}^2$ & S_C^2 的定義，請參見公式 10-1 & 公式 10-5。

4. d_w

d_w 定義如公式 10-23 所示。

$$d_w = \frac{\overline{Y}_{..}^T - \overline{Y}_{..}^C}{S_W}$$ 公式 10-23

公式 10-23 中 S_W 為併組標準差，相關定義參見公式 10-6，為 S_W^2 之平方根。

d_w 的變異量，定義如公式 10-24 所示：

$$V(d_w) = \left(\frac{1+(n-1)\rho}{N^T(1-\rho)}\right) + \frac{1}{N^C} + \frac{d_w^2}{2(N-M-1)}$$ 公式 10-24

公式 10-24 中，M 為實驗組的集群個數，N 為總人數。

（二）集群大小不相等

因為在不平衡設計時，總平均數（grand mean）不再是控制組母群平均數的有效估計值（efficient estimator），推介使用前述之母群效果值指標（Lai & Kwok, 2016）。不過，雖然有效性不如最大概似估計值，但下列樣本效果估計值（d_t、

d_w）仍有其用處（例如：適合進行整合分析）。以下各類效果值之定義公式 10-25～公式 10-36，係引自 Hedges & Citkowicz（2015）與 Lai & Kwok（2016）論文。

1. d_t

d_t 定義，如公式 10-25 所示。

$$d_t = \left(\frac{\overline{Y}_{..}^T - \overline{Y}_{..}^C}{S_T} \right) \sqrt{1 - \frac{(N^C + \tilde{n} - 2)\rho}{N - 2}} \qquad \text{公式 10-25}$$

當集群大小相等時 $\tilde{n} = n$，公式 10-25 可簡化爲公式 10-16。公式 10-25 中 S_T 爲組內併組標準差（爲 S_T^2 的平方根），其期望值可由公式 10-26 估計之。

$$S_T^2 = \hat{\sigma}_W^2 + \frac{N^T - \tilde{n}}{N - 2} * \hat{\sigma}_B^2 \qquad \text{公式 10-26}$$

公式 10-26 中的 $\tilde{n}$ 定義如公式 10-27。

$$\tilde{n} = \frac{1}{N^T} \sum_{i=1}^{m} n_i^2 \qquad \text{公式 10-27}$$

d_t 的變異量，如公式 10-28 示。

$$
\begin{aligned}
V(d_t) &= \frac{N}{N^T N^C} \left[1 + \left(\frac{\tilde{n} N^C}{N} - 1 \right) \rho \right] + \frac{[(N-2)(1-\rho)^2 + A\rho^2 + 2(N^T - \tilde{n})(1-\rho)\rho] d_t^2}{2[(N-2)(1-\rho) + (N^T - \tilde{n})\rho]^2} \\
&= \frac{N}{N^T N^C} \left[1 + \left(\frac{\tilde{n} N^C}{N} - 1 \right) \rho \right] + \frac{d_t^2}{2h} \qquad \text{公式 10-28}
\end{aligned}
$$

公式 10-28 中的 h，定義如公式 10-29 所示。

$$h = \frac{[(N-2)(1-\rho) + (N^T - \tilde{n})\rho]^2}{(N-2)(1-\rho)^2 + A\rho^2 + 2(N^T - \tilde{n})(1-\rho)\rho} \qquad \text{公式 10-29}$$

當集群大小相等時，$\tilde{n} = n$，公式 10-29 可簡化爲公式 10-18。公式 10-28 中的 A，定義如公式 10-30 所示：

$$A = \frac{(N^T)^2 \sum_{i=1}^{m} n_i^2 + (\sum_{i=1}^{m} n_i^2)^2 - 2N^T \sum_{i=1}^{m} n_i^3}{(N^T)^2} \qquad \text{公式 10-30}$$

A 亦可由公式 10-31 求得：

$$A = N^T \tilde{n} + \tilde{n}^2 - 2 * \frac{\sum_{i=1}^{m} n_i^3}{N^T}$$

公式 10-31

當集群大小相等時，$\tilde{n} = n$，公式 10-28 可簡化為公式 10-17。

2. d_w

d_w 定義，如公式 10-32 所示。

$$d_w = \frac{\overline{Y}_{..}^T - \overline{Y}_{.}^C}{S_W}$$

公式 10-32

由公式 10-32 可知：d_w 的計算不受集群現象的影響（同公式 10-23），式中 S_W 為併組標準差，定義參見公式 10-6。

d_w 的變異量，定義如公式 10-33 所示。

$$V(d_w) = \left(\frac{1 + (\tilde{n} - 1)\rho}{N^T(1 - \rho)} \right) + \frac{1}{N^C} + \frac{d_w^2}{2(N - M - 1)}$$

公式 10-33

公式 10-33 中，$\tilde{n}$ 的界定如公式 10-27。

3. d_c

d_c 定義，如公式 10-34 所示。

$$d_c = \frac{\overline{Y}_{..}^T - \overline{Y}_{.}^C}{S_C}$$

公式 10-34

公式 10-34 中，S_C 為控制組標準差，定義參見公式 10-5，d_c 的估計亦不受集群現象的影響。

Lai & Kwok（2016）提議利用公式 10-35，估計 d_c 之變異量。

$$V(d_c) = \frac{\sigma_{W|T}^2}{\sigma_C^2} \left(\frac{1 + (\tilde{n} - 1)\rho}{N^T(1 - \rho)} \right) + \frac{1}{N^C} + \frac{d_c^2}{2(N^C - 1)}$$

公式 10-35

公式 10-35 中，$\tilde{n}$ 的界定如公式 10-27。公式 10-35 也可以利用公式 10-36 估計之。

$$V(d_c) = \frac{(N^C - 1)\,S^2_{W|T}}{(N^C - 3)\,S^2_C}\left(\frac{1 + (\tilde{n} - 1)\rho}{N^T(1 - \rho)}\right) + \frac{1}{N^C} + \frac{d^2_c}{2(N^C - 1)} \qquad 公式\ 10\text{-}36$$

公式 10-36 中，$S^2_{W|T}$ & S^2_C 的定義，請參見公式 10-1 & 公式 10-5。

五、部分集群設計的資料分析方法

部分集群隨機實驗設計（PNCRT）的資料分析方法，在文獻上主要有三篇，其中 Bauer, Sterba, & Hallfors（2008）提出的三種處理控制組組別的方法：假設所有觀察值均未分群、假設所有觀察值均屬同一分群（a singleton）與假設每一觀察值均為一個分群（singletons）；Sanders（2011）也提出三種資料處理方法：將控制組的個體隨機分組（通常與實驗組的組別數相同）、將控制組的所有個體視為一個群組（a large cluster）與將控制組的每一個體均視為一個分群；Sanders（2011）將此三種作法，圖示如圖 10-2，簡單易懂。

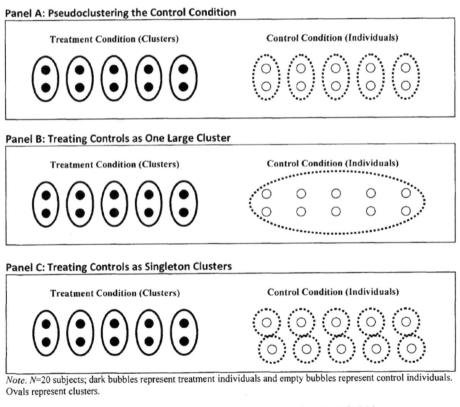

Note. N=20 subjects; dark bubbles represent treatment individuals and empty bubbles represent control individuals. Ovals represent clusters.

圖 10-2 部分集群隨機實驗（**PNCRT**）的三種設計

第三種作法為 Baldwin, Bauer, Stice, & Rohde（2011）所提出的四種資料處理方法：忽視集群現象、集群視為固定效果、所有資料視為同一分群（a singleton）與調整多層次部分集群模式（singletons）。

以上這三種資料處理方法最大的差異，在於分群方式不同，而二階參數（截距與斜率）中的設定是採固定效果或隨機效果模式，端視分群法的特性而定。以下將利用 Bauer, Sterba, & Hallfors（2008）所提出的三種分群法，進行實例說明。

六、母群效果值估計之實例示範

依控制組的分群方式，可分為三種（Bauer, Sterba, & Hallfors, 2008）。

（一）假設所有觀察值均未分群

本法係假設所有觀察值均未分群，因此，就無使用 HLM 的必要。因而，本理論模式下的二階參數（截距與斜率），將採固定效果模式。不過，本法忽視群組結構，忽視了資料的相關性，可能導致高估處理效果與增大犯第一類型錯誤。

本實例分析，係 The School For All（SFA）之計畫，於 1987 年首先運用於 Baltimore, Maryland 的公立學校，以改善經濟不利學生的閱讀能力（Murnane, Willett, 2010）。該資料原係來自同質性高的 41 個學校，在此將忽視實驗組 & 控制組集群之存在（資料間假定具有獨立 $\tau_{00} = 0$），每一集群的學生數均不相等，本研究之基本描述統計，參見表 10-1。

表 10-1　**SFA** 基本描述統計 **&** *t* 考驗結果

Group Statistics

	sfa	N	Mean	Std. Deviation	Std. Error Mean
waatack	0	1118	474.82	20.052	.600
	1	1216	481.92	19.105	.548

Independent Samples Test

		Levene's Test for Equality of Variances		t-test for Equality of Means						
									95% Confidence Interval of the Difference	
		F	Sig.	t	df	Sig. (2-tailed)	Mean Difference	Std. Error Difference	Lower	Upper
waatack	Equal variances assumed	2.825	.093	-8.748	2332	.000	-7.091	.811	-8.681	-5.502
	Equal variances not assumed			-8.730	2291.884	.000	-7.091	.812	-8.684	-5.499

　　因本分群法忽視群體之相關性，其 HLM 的理論模式界定如圖 10-3，截距與斜率均採固定效果模式。研究者可移動滑鼠游標到 u_0 & u_1 上，按下滑鼠左鍵，進行隨機效果與固定效果之切換。

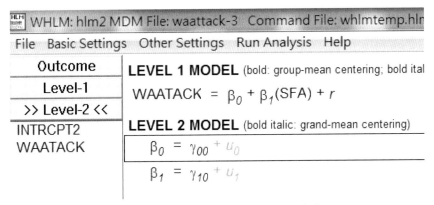

圖 10-3　HLM 理論模式之設定：固定效果

　　由圖 10-3 之 HLM 理論模式設定，顯示截距與斜率採固定效果，意謂著組間之截距及處理效果均保持恆定，此理論模式相當於傳統的多元迴歸分析，參見公式 10-37。表 10-2 & 表 10-3，係 HLM 分析的結果。

表 10-2　HLM 一階 & 二階之理論模式

```
LEVEL-1 MODEL
        Y = B0 + B1*(SFA) + R
LEVEL-2 MODEL
        B0 = G00
        B1 = G10
LEAST SQUARES ESTIMATES

SIGMA_SQUARED =     382.77233
```

　　本模式為單一層次的迴歸模式，假設所有個體資料具有獨立性，而忽視個體群組的相關性。公式 10-37 中，SFA 為虛擬變項，以 1 代表實驗組，0 代表控制組，WAATACK（Word Attack Test）為效標。

$$Y_j = \beta_0 + \beta_1 SFA_j + r_j \qquad\qquad 公式\ 10\text{-}37$$

公式 10-37 中，β_0 截距代表控制組（SFA = 0）的平均數（474.824687，參見表 10-1 或表 10-3），β_1 代表迴歸斜率，為實驗組平均數（SFA = 1）與控制組平均數的處理效果差異（7.091431，參見表 10-3）。本模式因為個體層次的變異與組別層次的變異無法加以分離，因而此模式在效果值的估計時，並未考慮到集群效果，易導致高估效果值。

表 10-3 固定效果值的最小平方法估計值

Fixed Effect	Coefficient	Standard Error	T-ratio	D.F.	P-value
For INTRCPT1, B0					
INTRCPT2, G00	474.824687	0.585126	811.491	2332	0.000
For SFA slope, B1					
INTRCPT2, G10	7.091431	0.810649	8.748	2332	0.000

假定實驗組與控制組的變異量為同質，研究者可以利用公式 10-9，計算出效果值：$\hat{\delta}_w = \dfrac{\hat{\gamma}_{10}}{\hat{\sigma}_w} = \dfrac{7.091}{\sqrt{382.77}} = .362$（382.77 取自表 10-2）

然 HLM 不提供 $\hat{\sigma}_w$ 的變異量，因而無法利用公式 10-10 計算 $\hat{\sigma}_w$ 的變異量，請研究者改用 SAS Proc Mixed 的語法程式進行分析，取得 $\hat{\sigma}_w$ 的變異量，請參見下節實例說明。

（二）假設所有觀察值均同屬一個分群

仍沿用前面 SFA 計畫資料，但將控制組中之所有人均歸屬同一個群組。圖 10-4 左側係一階層次（個體層次）的資料，控制組所有人均歸為一個組，實驗組則包含 21 組，變項 SFA 為層次一的預測變項，它係一虛擬變項，1 代表實驗組，0 代表控制組，變項 waatack 為效標，schid 變項係用來連接一、二階層次檔案的關鍵，因而在一、二階層次檔案中均須出現；圖 10-4 右側係二階層次（群體層次）的資料。

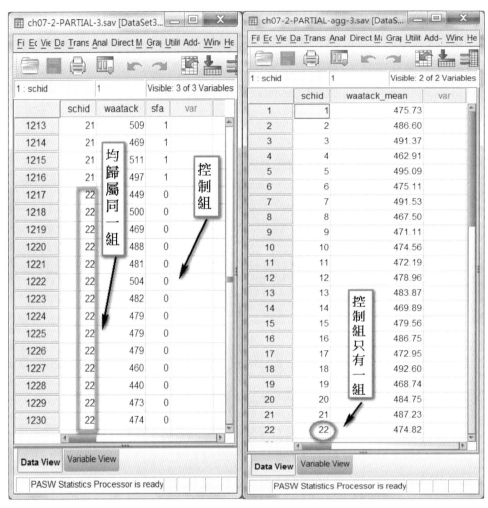

圖 10-4　部分集群分析之資料結構：控制組中所有觀察值均視為同一個分群

　　圖 10-5 視窗內容，係 HLM 一階與二階檔案的連結與相關變項的設定，例如：MDM 檔案名稱 & 層次一、層次二資料檔案的設定。HLM 使用者，首先須設定 MDM 檔案名稱 & 待輸入資料的類型，本例為 SPSS。接著，在「Level-1 Specification」&「Level-2 Specification」欄位中，利用「Browse」按鈕界定一階與二階檔案的名稱，並利用「Choose Variables」，勾選共通連接變項（ID）與待分析的變項（in MDM）。其次，利用「Save mdmt file」按鈕，將兩個 SPSS 檔案初步儲存為 HLM 的檔案格式。最後，利用「Make MDM」、「Check Stats」&「Done」按鈕，才會將兩個 SPSS 檔案正式儲存為 HLM 的資料檔案，接著，

才能進入 HLM 之模式設定的命令視窗，如圖 10-8 所示。

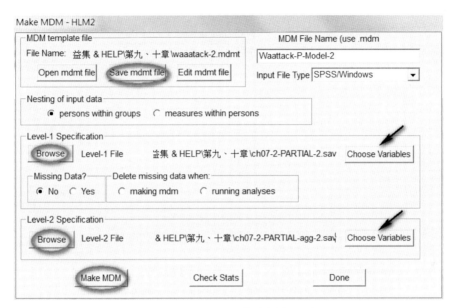

圖 10-5　**HLM** 檔案連結與設定

　　另外，研究者如欲進行組間變異同質性之考驗與計算各組變異量，請在圖 10-6 中點選「Heterogeneous sigma^2」，之後於圖 10-7 中，設定一階的預測變項（SFA），請利用滑鼠點入。圖 10-6 之「Estimation Settings」次表單，在圖 10-8 之 HLM「Other Settings」表單下。

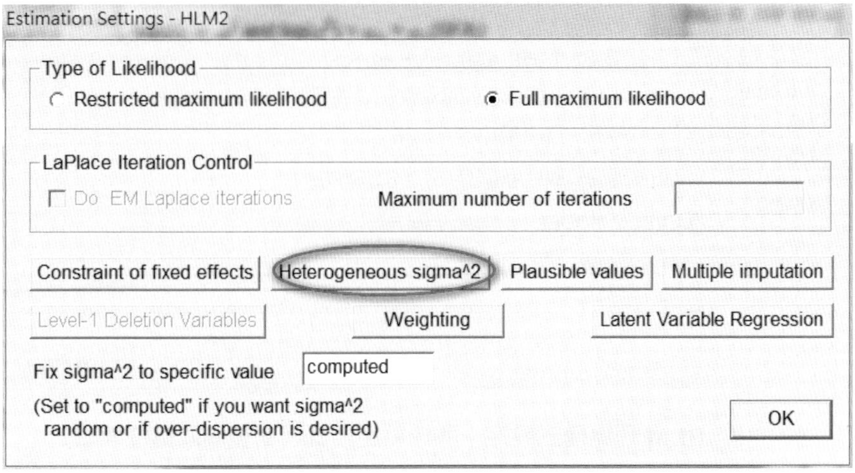

圖 10-6　**HLM** 層次一組間變異同質性考驗之設定視窗

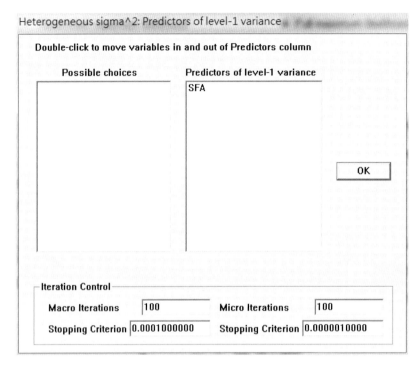

圖 10-7　**HLM** 異質性分析的設定視窗：預測變項之設定

　　按下圖 10-7 之 OK 按鈕之後，即可進行圖 10-8 的 HLM 理論模式設定。例如：截距項採隨機效果、斜率採固定效果。研究者可移動滑鼠游標到 u_0 & u_1 上，按下滑鼠左鍵，進行隨機效果與固定效果之切換。

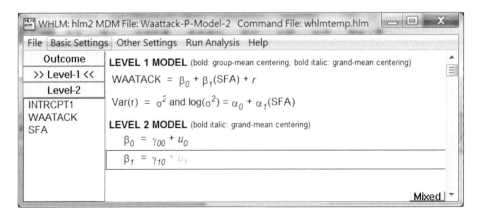

圖 10-8　**HLM** 理論模式設定：隨機截距模式（含變異同質性考驗）

由圖 10-8 之 HLM 理論模式之設定，顯示截距項採隨機效果、斜率採固定效果，意謂著組間之處理效果保持恆定。此外，由層次一第二個理論模式（$Var(r) = \sigma^2$ and $\log(\sigma^2) = \alpha_0 + \alpha_1(\text{SFA})$）可看出：HLM 將進行變異數同質性考驗。接著，按下 HLM 表單中之「Run Analysis」之後，即可獲得如表 10-4 ～表 10-9 的 HLM 分析結果。

表 10-4　實驗組與控制組變異誤之估計

```
--------------------------------------------------------------
Var(R) = Sigma_squared and
  log(Sigma_squared) = alpha0 + alpha1 (SFA)
  Model for level-1 variance
--------------------------------------------------------------

                          Standard
Parameter      Coefficient  Error     Z-ratio   P-value
--------------------------------------------------------------
INTRCPT1 ,alpha0  5.99669   0.042314  141.717   0.000
  SFA   ,alpha1   -0.31960  0.058856   -5.430   0.000
--------------------------------------------------------------
```

根據表 10-4 知，因為效標係採取 log 函數之轉換，因此需再轉換回原先量尺，控制組變異量：exp(5.99669) = 403.295，其平方根即為控制組標準差 = 20.08。相同地，實驗組變異量：exp(5.99669 – 0.31960) = 292.97，平方根即為實驗組標準差 =17.12。可見 SFA 兩組之變異量不同，卡方統計考驗結果參見表 10-5。

表 10-5　HLM 實驗組與控制組變異量之同質性考驗結果

```
--------------------------------------------------------------
Model                       Number of      Deviance
                            Parameters
--------------------------------------------------------------
1. Homogeneous sigma_squared      4        20320.74005
2. Heterogeneous sigma_squared    5        20291.27551
--------------------------------------------------------------
Model Comparison         Chi-square   df   P-value
--------------------------------------------------------------
Model 1 vs Model 2         29.46454    1   0.000
```

由表 10-5 的分析結果顯示出兩組（控制組、實驗組）不具有變異同質性（χ^2 = 29.46454, df = 1, p = .000）。

表 10-6　HLM 理論模式

```
Level-1 Model
      Y = B0 + B1*(SFA) + R
Level-2 Model
      B0 = G00 + U0
      B1 = G10
Sigma_squared =    345.24548
Tau
INTRCPT1,B0     71.95464
```

表 10-6 層次一之 Sigma_squared 為組內變異量（345.24548），Tau 為層次二之變異量（71.95464），為組間變異量。依表 10-6 之 HLM 理論模式，可推知：

$$層次一\quad Y_{ij} = \beta_{0j} + \beta_{1j}SFA_{ij} + r_{ij} \qquad 公式\ 10\text{-}38$$

$$層次二\quad \beta_{0j} = \gamma_{00} + u_{0j} \qquad 公式\ 10\text{-}39$$

$$\beta_{1j} = \gamma_{10} \qquad 公式\ 10\text{-}40$$

上述公式中，模式截距項 β_{0j} 為隨機變項，γ_{00} 為控制組之平均數，u_{0j} 的出現代表截距會因組別而不同（群組層次的變異量，可用以闡釋群聚內觀察值的相關性），斜率項 β_{1j} 為固定效果（為實驗處理效果），因而表示各組的實驗處理效果均相同。本模式假定實驗組與控制組均包含群聚內與群聚間的變異量：$V(r_{ij}) + V(u_{0j})$。本分析法將控制組在 Y 的變異量分解成組內與組間變異量，此假設對未具群聚現象的控制組而言，實屬不合理，因為控制組只包含一個群組，並無群聚間的變異量。

表 10-7 **HLM** 固定效果分析結果

Final estimation of fixed effects:

Fixed Effect	Coefficient	Standard Error	T-ratio	Approx. D.F.	P-value
For INTRCPT1, B0					
INTRCPT2, G00	474.824687	8.502333	55.846	21	0.000
For SFA slope, B1					
INTRCPT2, G10	4.870871	8.723175	0.558	2332	0.576

註：SFA 為虛擬變項。

由表 10-7 可知，474.824687 為控制組之平均數，4.870871 為實驗處理效果之平均數；實驗處理組之平均數為 474.824687 + 4.870871。在固定斜率模式之下，層次一預測變項的自由度為：2332(df = N – P – Q – 1 = 2334 – 1 – 0 – 1)，層次二截距的自由度為 21(df = K – Q – 1 = 22 – 0 – 1)，括弧內計算自由度的式子中，N 為總人數，P 為層次一預測變項的數目，Q 為層次二預測變項的數目，K 為組別數。

表 10-8 **HLM** 變異成分之估計摘要表

Final estimation of variance components:

Random Effect	Standard Deviation	Variance Component	DF	Chi-square	P-value
INTRCPT1, U0	8.48261	71.95464	21	290.90703	0.000
level-1, R	18.58078	345.24548			

由表 10-8 可知，處理效果在組間之變異量為 71.95464，組內之變異量為 345.24548，計算 δ_w 時會使用到。

另外，研究者須利用空模式下取得 ICC，以便決定是否須要進行 HLM 分析，空模式分析結果請參見表 10-9。

表 10-9 **HLM** 空模式分析結果（僅包含隨機效果的截距項）

FINAL ESTIMATION OF VARIANCE COMPONENTS:					
RANDOM EFFECT	STANDARD DEVIATION	VARIANCE COMPONENT	DF	CHI-SQUARE	P-VALUE
INTRCPT1, U0	8.56118	73.29381	21	364.23516	0.000
LEVEL-1, R	18.58055	345.23683			

ICC（組內相關係數）的定義，如公式 10-41，意指實驗處理組成員間之相似度，而 ICC 因與控制組成員無關（均視為同一群組），所以無組間變異量，只有實驗組才有組間變異量。

$$ICC = \frac{\tau_{00}}{\tau_{00} + \sigma^2}$$
公式 10-41

根據公式 10-41 代入表 10-9 的數據，實驗組組間變異量的百分比為：

$$ICC_{實驗處理組} = \frac{73.29381}{73.29381 + 345.23683} = .175$$

ICC 可用來捕捉集群內資料的相依性（個體間相似之程度），通常當 ICC 值小於 .059 時，就不須進行 HLM 分析了。

因為兩組不具有變異同質性，須採用表 10-1 中控制組的標準差（20.05），再利用公式 10-9，可計算出效果值為：

$$\hat{\delta}_w = \frac{\hat{\gamma}_{10}}{\hat{\sigma}_c} = \frac{4.870871}{20.05} = .243$$

然 HLM 不提供 $\hat{\sigma}_c$ 的變異量，因而無法計算 $\hat{\sigma}_c$ 的變異量，請研究者改用 SAS Proc Mixed 的語法程式，取得 $\hat{\sigma}_c$ 的變異量，參見表 10-13 的語法控制指令，圖 10-9 則係 SAS 範例的資料輸入與設定格式。

```
data try;
  input schid waattact sfa;
cards;
1        469        1
1        486        1
1        501        1
1        473        1
1        474        1
1        440        1

21       509        1
21       469        1
21       511        1
21       497        1
22       449        0
22       500        0
22       469        0
22       488        0
22       481        0
22       504        0
22       482        0

22       489        0
22       456        0
22       460        0
22       488        0
22       473        0
22       485        0
;
```

控制組所有人均屬同一組

控制組

圖 10-9　SAS 資料輸入與設定

　　雖然由表 10-5 的分析結果可知，控制組 & 實驗組不具有變異同質性，爲教學示範起見，不管變異數具同質性或異質性，均將加以介紹。變異數具同質性時，SAS 程式設計如表 10-10 所示，變異數具異質性時，SAS 程式設計如表 10-11 所示。

1. 假設變異數具同質性

表 10-10　SAS 混合模式之程式設計：變異數具同質性

```
proc mixed data=try method=reml covtest;
  class schid;
  model waattact= sfa /solution ddfm=contain;
  random intercept / subject=schid v vcorr;
  run;
```

表 10-10 中，model=reml 指令係要求進行 restricted maximum likelihood 的參數估計（可產生不偏估計值），此指令只會影響隨機效果估計值，不會影響固定效果值的估計。程式的 class 係用來界定集群分組變項，model 指令用以界定依變項與固定效果模式的預測變項，solution 的提出，將要求輸出固定效果的 *t* 考驗與 SE，random 指令用以界定截距為隨機效果模式，式中 schid 為分組變項，v 要求共變數矩陣之輸出，此指令將截距的抽樣變動設定為隨機斜率。另外，SAS 提供五種自由度估算（DDFM）的選擇：residual、betwithin、contain（內定方法）、satterth & kenwardroger，前三種適用於平衡設計與簡單變異數—共變數結構，為精確自由度估計值，後兩者為近似自由度估計值，適用於不平衡設計及小樣本上。不同自由度估算方法只會影響統計考驗的 *p* 值，並不會影響效果值的估計，因而 ddfm 的設定，事實上可以忽略，使用 SAS 內定方法即可。

Covariance Parameter Estimates					
Cov Parm	Subject	Estimate	Standard Error	Z Value	Pr > Z
Intercept	schid	80.1867	27.7562	2.89	0.0019
Residual		345.24	10.1538	34.00	<.0001

Fit Statistics	
-2 Res Log Likelihood	20311.3
AIC (Smaller is Better)	20315.3
AICC (Smaller is Better)	20315.4
BIC (Smaller is Better)	20317.5

Solution for Fixed Effects					
Effect	Estimate	Standard Error	DF	t Value	Pr > |t|
Intercept	474.82	8.9719	20	52.92	<.0001
sfa	4.8505	9.2028	2312	0.53	0.5982

Type 3 Tests of Fixed Effects				
Effect	Num DF	Den DF	F Value	Pr > F
sfa	1	2312	0.28	0.5982

圖 10-10　**SAS Proc Mixed** 輸出報表：隨機截距模式

　　由圖 10-10 之 SAS 隨機截距模式報表可知，其固定效果值的截距，代表控制組（SFA = 0）的平均數（474.82），斜率為實驗組平均數（SFA = 1）與控制組平均數的處理效果差異（4.8505），此差異量即為 $\hat{\gamma}_{10}$；另外，圖中數據 345.24，為併組變異量 ($\hat{\sigma}_W$)。假如組間具有變異同質性，效果值的計算，須採用併組標準差：$\hat{\sigma}_W$ ($\sqrt{345.24}$)。

　　利用公式 10-9，可求得效果值 $\hat{\delta}_W$：

$$\hat{\delta}_W = \frac{\hat{\gamma}_{10}}{\hat{\sigma}_W} = \frac{4.8505}{\sqrt{345.24}} = .26$$

　　根據圖 10-10 的分析結果，殘差變異量的 $V(\hat{\sigma}_W^2) = 10.1538^2$ 及 sfa 變異量 $V(\hat{\gamma}_{10}) = 9.2028^2$，再利用公式 10-10，可求得 $\hat{\delta}_W$ 之變異量（根據此變異量的平方根，可求出效果值 $\hat{\delta}_W$ 的信賴區間）：

$$V(\hat{\delta}_W) = \frac{V(\hat{\gamma}_{10})}{\hat{\sigma}_W^2} + \frac{\delta_W^2 * V(\hat{\sigma}_W^2)}{4 * \hat{\sigma}_W^4} = \frac{9.2028^2}{345.24} + \frac{.26^2 * 10.1538^2}{4 * 345.24^2}$$

$$= .24531 + .00146 = .24677$$

2. 假設變異數具異質性

表 10-11　SAS 變異同質性考驗程式

```
data lrt;
 dev1=20311.3;
 dev2=20281.9;
 chi=dev1-dev2;
 p=1-probchi(chi,1);
run;
proc print data=lrt;run;
```

　　表 10-11 中的 dev1 & dev2，係取自兩個理論模式的卡方適配度指標數據（圖 10-10 & 圖 10-11），分析結果請參閱表 10-12。

表 10-12　變異同質性考驗結果

```
              Fit Statistics

  -2 Res Log Likelihood         20311.3
  AIC (smaller is better)       20315.3
  AICC (smaller is better)      20315.4
  BIC (smaller is better)       20325.4



              Fit Statistics

  -2 Res Log Likelihood         20281.9
  AIC (smaller is better)       20287.9
  AICC (smaller is better)      20287.9
  BIC (smaller is better)       20303.0


 Obs     dev1      dev2      chi        p

  1     20311.3   20281.9   29.4     5.8878E-8
```

根據表 10-12 之變異同質性考驗結果可知：這兩組之變異量具有顯著差異（$\chi^2 = 29.4$, $p<.000$），足見 sfa 組間的變異量具有異質性，其 SAS 相關程式設計，請參見表 10-13。

表 10-13　SAS 混合模式之程式設計：變異數具異質性

```
proc mixed data=try method=reml covtest;
    class schid;
    model waattact= sfa /solution;
    random intercept / subject=schid v vcorr;
    repeated / group=sfa;
    run;
```

表 10-13 中，SAS 程式的 Model 指令，用以界定依變項與固定效果模式的預測變項，solution 的提出，將要求輸出固定效果的 t 考驗與 SE，random 指令用以界定截距為隨機效果模式，式中 schid 為集群分組變項，v 要求共變數矩陣之輸出，此指令將截距的抽樣變動設定為隨機斜率。這個 SAS 程式 Proc Mixed 中，新增了 repeated / group=sfa，旨在考驗組間變異同質性之假設。另外，自由度估算（ddfm）的設定，因採 contain（內定方法），已被刪除。

Covariance Parameter Estimates						
Cov Parm	Subject	Group	Estimate	Standard Error	Z Value	Pr > Z
Intercept	schid		81.3629	27.7704	2.93	0.0017
Residual		Group 1	292.08	11.9486	24.44	<.0001
Residual		Group 2	402.10	17.0146	23.63	<.0001

Fit Statistics	
-2 Res Log Likelihood	20281.9
AIC (Smaller is Better)	20287.9
AICC (Smaller is Better)	20287.9
BIC (Smaller is Better)	20291.1

Solution for Fixed Effects					
Effect	Estimate	Standard Error	DF	t Value	Pr > |t|
Intercept	474.82	9.0401	20	52.52	<.0001
sfa	4.8199	9.2692	2312	0.52	0.6031

Type 3 Tests of Fixed Effects				
Effect	Num DF	Den DF	F Value	Pr > F
sfa	1	2312	0.27	0.6031

圖 10-11　**SAS Proc Mixed** 輸出報表：隨機截距模式

由圖 10-11 之 SAS 隨機截距模式報表可知：實驗組（Group 1）& 控制組（Group 2）之變異量為：$\hat{\sigma}_E^2 = 292.08$，$\hat{\sigma}_C^2 = 402.10$；此外，圖中固定效果值的截距，代表控制組（SFA=0）的平均數（474.82），斜率為實驗組平均數（SFA=1）與控制組平均數間的處理效果差異量（4.8199），此差異量即為固定效果之斜率：$\hat{\gamma}_{10}$。因組間未具有變異同質性，效果值的計算，須採用控制組標準差：$\hat{\sigma}_C (\sqrt{402.1})$。

利用公式 10-11，可求得 $\hat{\delta}_C$：

$$\hat{\delta}_C = \frac{\hat{\gamma}_{10}}{\hat{\sigma}_C} = \frac{4.8199}{\sqrt{402.1}} = .24$$

根據圖 10-11 的分析結果，控制組殘差變異量的 $V(\hat{\sigma}_C^2) = 17.0146^2$ 及 sfa 變異量 $V(\hat{\gamma}_{10}) = 9.2692^2$，再利用公式 10-12 可得 $\hat{\delta}_C$ 之變異量：

$$V(\hat{\delta}_C) = \frac{V(\hat{\gamma}_{10})}{\hat{\sigma}_C^2} + \frac{\delta_C^2 * V(\hat{\sigma}_C^2)}{4 * \hat{\sigma}_C^4} = \frac{9.2692^2}{402.1} + \frac{.24^2 * 17.0146^2}{4 * 402.1^2} = .21367 + .00003 = .2137$$

　　本例母群效果值 $\hat{\delta}_C$ 之估計，係採最大概似法取得，具有不偏性、一致性與效率性，將逼近於母群值。因此，$\hat{\delta}_C$ 會比樣本效果值 d_c 來得更好（Lai & Kwok, 2016），尤其適用於不平衡設計，集群大小不等時（此時總平均數，不再是控制組平均數的有效估計值）。

（三）假設每一觀察值均為一個分群

　　沿用前面 SFA 計畫資料，但將控制組每個人均自成一組，亦即控制組將包含 1118 組，實驗組則包含原先的 21 組。圖 10-12 左側係一階層次（個體層次）

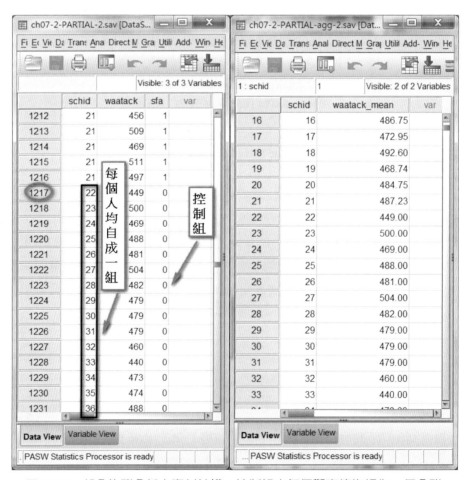

圖 10-12 部分集群分析之資料結構：控制組中每個觀察值均視為一個分群

的資料，控制組所有人均自成一組，實驗組則包含 21 組，變項 sfa 為層次一的
預測變項，它係一虛擬變項，1 代表實驗組，0 代表控制組，變項 waatack 為效
標，schid 變項係用來連接一、二階層次檔案的關鍵，因而在一、二階層次檔案
中均須出現：圖 10-12 右側係二階層次（群體層次）的資料。

　　將控制組內每一個體均視為一個分群，此種研究設計真實反映了部分隔宿
設計的結構，可明確的考慮到處理組內的依賴性問題與異質性問題。因為控制
組組間並無變異量，因而本理論模式下的二階參數截距須採固定效果模式，而
組間斜率允許隨機變異量，參見圖 10-13 之模式設定。Lai & Kwok（2016）引述
Sanders（2011）與 Baldwin, Bauer, Stice, & Rohde（2011）的模擬研究，建議研
究者使用二階參數截距須採固定效果模式，而組間斜率允許隨機變異量，因為此
種模式比起隨機截距、固定斜率模式，更能控制犯第一類型錯誤的機率及獲得不
偏估計值。

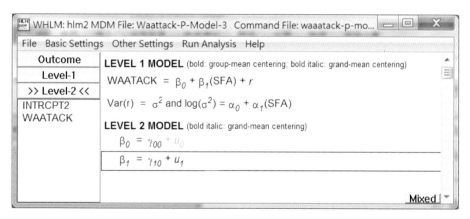

圖 10-13　HLM 理論模式之設定：隨機斜率（含變異同質性考驗）

　　圖 10-13 層次一理論模式中，$LOG(\sigma^2) = \alpha_0 + \alpha_1(SFA)$，係變異同質性考驗的
迴歸模式（異質性分析之設定，請參閱圖 10-7），其中 SFA 為二元虛擬變項（1
代表實驗組，0 代表控制組），而隨機斜率模式之設定，將使得集群間變異量均
來自於實驗處理組。圖 10-13 內之理論模式設定顯示出：截距項採固定效果、斜
率採隨機效果模式，意謂著組間之處理效果將不同。

$$層次一　Y_{ij} = \beta_{0j} + \beta_{1j}SFA_{ij} + \gamma_{ij}$$　　　　　　　　公式 10-42

$$層次二 \quad \beta_{0j} = \gamma_{00} \qquad\qquad 公式\ 10\text{-}43$$
$$\beta_{1j} = \gamma_{10} + \mu_{1j} \qquad\qquad 公式\ 10\text{-}44$$

公式 10-42 中，SFA 為虛擬變項，1 代表實驗組，0 代表控制組。公式 10-43 中，截距項（β_{0j}）採固定效果，係因控制組一人一組（控制組的個體層次的變異與組別層次的變異無法加以分離），不須含集群層次（cluster-level）的殘差，因此不需要包含隨機變動成分 u_{0j}；β_{0j}（或 γ_{00}）代表控制組的母群平均數（SFA=0）。公式 10-44 中，β_{1j} 代表實驗組第 j 組平均數（SFA=1）與控制組平均數的差異，γ_{10} 代表 $\mu_T - \mu_C$ 的不偏估計值。因為斜率項為隨機變項，代表各組的實驗處理效果不相同，而且僅實驗組的群聚間具有變異性（u_{1j}，代表特定集群的隨機效果），因此實驗組的變異成分包含了 $\sigma^2_{W|T}$ & σ^2_B，亦即 $V(r_{ij}) + V(u_{1j})$，參見公式 10-45。控制組的每一組只有一位成員，其組平均數與個體觀察值相同，因此不需要組別層次的殘差項，其變異成分僅為 σ^2_C（亦即 $V(r_{ij})$）。

$$Y_{1j} \mid (SFA_{ij} = 1) = \gamma_{00} + \gamma_{10} + u_{1j} + r_{ij} \qquad\qquad 公式\ 10\text{-}45$$

公式 10-45 的參數意義，係就實驗處理組（SFA=1）而言，包含了個體層次與群組層次的殘差，就控制組（SFA=0）而言，$Y_{0j} \mid (SFA_{ij} = 0) = \gamma_{00} + r_{ij}$。進行 HLM 分析時，首先，在圖 10-13 中進行理論模式之設定；其次，利用圖 10-14 之視窗，進行 MDM 檔案名稱、檔案輸入類別 & HLM 層次一、二資料檔案及分析變項的設定。最後，按下圖 10-13 表單的「Run Analysis」，以執行 HLM 統計分析。根據圖 10-16 之 SAS 報表可推知：實驗處理組的閱讀成績（474.82 + 4.8199 = 479.64）優於控制組的平均成績（474.82）約 4.8199 分。

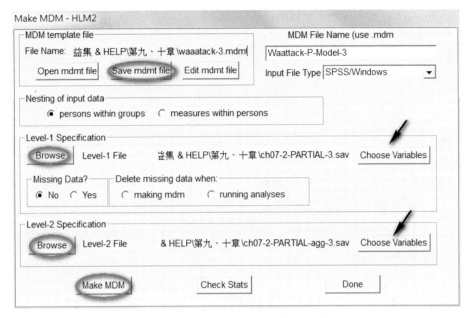

圖 10-14　HLM 檔案連結與設定

表 10-14 係空模式下之變異成分之估計摘要表，旨在用以估計 ICC。

表 10-14　**HLM** 變異成分之估計摘要表：空模式

INTRCPT1,	U0	10.35272	107.17878	1138	2048.06285	0.000
level-1,	R	17.11373	292.87959			

　　根據公式 10-41 可得：$ICC = \dfrac{107.17878}{107.17878 + 292.87959} = .268(>.138)$，顯示出組內資料的相似性不小（亦即違反資料之獨立性），需進行多層次的資料分析，以詮釋階層關係的相關性。

　　以下表 10-15 ～表 10-17，係 HLM 統計分析之結果，其中，表 10-15 & 表 10-16 為變異數同質性考驗之報表，表 10-17 則為固定效果分析摘要表。

表 10-15　**HLM** 層次一組間變異同質性考驗結果

Parameter		Coefficient	Standard Error	Z-ratio	P-value
INTRCPT1	,alpha0	5.99580	0.042295	141.760	0.000
SFA	,alpha1	-0.31878	0.058843	-5.418	0.000

　　因為效標係採取 log 函數之轉換，因此需再轉換回原先量尺。根據表 10-15 可知：控制組變異量：exp(5.9958) = 401.74，取其平方根即為控制組標準差 =20.04。同樣地，實驗組變異量：exp(5.9958–.31878) = 292.08，取其平方根即為實驗組標準差 = 17.09。

表 10-16　**HLM** 組間變異同質性考驗結果

Model	# of Parameters	Deviance
1. Homogeneous sigma_squared	4	20315.25649
2. Heterogeneous sigma_squared	5	20285.92757

Model Comparison	Chi-square	DF	P-value
Model 1 vs Model 2	29.32891	1	.000

　　由表 10-16 的分析結果，顯示出控制組與實驗組不具有變異同質性（χ^2 = 29.329, p = .000）。

表 10-17　固定效果分析摘要表

Final estimation of fixed effects:

Fixed Effect	Coefficient	Standard Error	T-ratio	Approx. D.F.	P-value
For　INTRCPT1, B0					
INTRCPT2, G00	474.824687	0.555571	854.660	2332	0.000
For　SFA slope, B1					
INTRCPT2, G10	4.859902	2.076514	2.340	1138	0.019

因為 HLM 並未提供 $\hat{\sigma}_E^2$ & $\hat{\sigma}_C^2$ 的變異量，本實例效果值分析將改用 SAS 的 Proc Mixed 副程式進行，SAS Proc Mixed 的資料輸入格式，請參閱圖 10-15，而相關之程式撰寫，請參考表 10-18。

```
data try;
   input schid waattact sfa;
   cards;
1    469 1
1    486 1
1    501 1
1    473 1
1    474 1
1    440 1
1    456 1
1    490 1

1131   488 0
1132   440 0
1133   484 0
1134   489 0
1135   456 0
1136   460 0
1137   488 0
1138   473 0
1139   485 0
;
```

控制組一人一組

圖 10-15　SAS 資料輸入與設定

由表 10-16 的分析結果，顯示出控制組與實驗組之變異量，具有顯著差異（$\chi^2 = 29.329, p = .000$），相關混合模式之 SAS 程式設計，請參見表 10-18。

表 10-18　SAS 混合模式之程式設計：變異數具異質性

```
proc mixed data=try method=reml covtest;
   class schid;
   model waattact= sfa /solution;
   random sfa / subject=schid v vcorr;
   repeated / group=sfa;
   run;
```

表 10-18 中，SAS 程式的 Model 指令，用以界定依變項與固定效果模式的預測變項，solution 的提出，將要求輸出固定效果的 t 考驗與 SE，random 指令用以界定 sfa 斜率為隨機效果模式，式中 schid 為集群分組變項，v 要求共變數矩陣之輸出，此指令將 sfa 斜率的抽樣變動設定為隨機斜率。這個 SAS 程式 Proc Mixed 中，新增了 repeated / group=sfa，旨在考驗組間變異同質性之假設。

圖 10-16 之 SAS 報表中，可知實驗組（Group 1）& 控制組（Group 2）之變異量為：$\hat{\sigma}_E^2 = 292.08$，$\hat{\sigma}_C^2 = 402.10$。此外，圖中固定效果值的截距，代表控制組（SFA=0）的平均數（474.82），斜率為實驗組平均數（SFA=1）與控制組平均數的處理效果差異（$\mu_E - \mu_C = 4.8199$），此差異量即為固定效果值的斜率：$\hat{\gamma}_{10}$。

Covariance Parameter Estimates

Cov Parm	Subject	Group	Estimate	Standard Error	Z Value	Pr > Z
sfa	schid		81.3629	27.7704	2.93	0.0017
Residual		Group 1	292.08	11.9486	24.44	<.0001
Residual		Group 2	402.10	17.0146	23.63	<.0001

Fit Statistics

-2 Res Log Likelihood	20281.9
AIC (Smaller is Better)	20287.9
AICC (Smaller is Better)	20287.9
BIC (Smaller is Better)	20303.0

Solution for Fixed Effects

Effect	Estimate	Standard Error	DF	t Value	Pr > |t|
Intercept	474.82	0.5997	2312	791.75	<.0001
sfa	4.8199	2.1342	20	2.26	0.0352

Type 3 Tests of Fixed Effects

Effect	Num DF	Den DF	F Value	Pr > F
sfa	1	20	5.10	0.0352

圖 10-16　**SAS Proc Mixed 輸出報表：隨機斜率模式**

由圖 10-16 可知，控制組 $\hat{\sigma}_C^2 = 402.10$，實驗組 $\hat{\sigma}_E^2 = 292.08$，$\hat{\gamma}_{10} = 4.8199$，$V(\hat{\gamma}_{10}) = 2.1342^2 = 4.556$。

由圖 10-16 之統計考驗結果可知：$\hat{\sigma}_C^2 = 402.10$，$\hat{\sigma}_E^2 = 292.08$ 這兩組之變異量差異很大（$\chi^2 = 29.3$, $p < .000$），足見 SFA 組間的變異具有顯著異質性。因組間未具有變異同質性，效果值的計算須採用 $\hat{\sigma}_C$。

利用公式 10-11，可求得 $\hat{\delta}_C$：

$$\hat{\delta}_C = \frac{\hat{\gamma}_{10}}{\hat{\sigma}_C} = \frac{4.8199}{\sqrt{402.1}} = .24$$

根據圖 10-16 中，$V(\hat{\gamma}_{10}) = 2.1342^2 = 4.555$ 及 $V(\hat{\sigma}_C^2) = 17.0146^2$，再利用公式 10-12，可求得 $\hat{\delta}_C$ 之變異量：

$$V(\hat{\delta}_C) = \frac{V(\hat{\gamma}_{10})}{\hat{\sigma}_C^2} + \frac{\delta_C^2 * V(\hat{\sigma}_C^2)}{4 * \hat{\sigma}_C^4} = \frac{2.1342^2}{402.1} + \frac{.24^2 * 17.0146^2}{4 * 402.1^2} = .01133 + .00003 = .001136$$

本例母群效果值 $\hat{\delta}_C$ 之估計，係採最大概似法取得，具有不偏性、一致性與效率性，將逼近於母群值。因此，$\hat{\delta}_C$ 會比樣本效果值 d_c 來得更好（Lai & Kwok, 2016），筆者在此特別推薦，尤其適用於不平衡設計，集群大小不等時（此時總平均數，不再是控制組平均數的有效估計值）。

Lai & Kwok（2016）根據模擬研究結果，建議研究者如能獲得參數的最大概似法估計值，推薦使用 $\hat{\delta}_W$ 或 $\hat{\delta}_C$，而非 d_w & d_c（不過，在平衡設計上，d_w & d_c 仍是可用的估計值）。他們也提醒整合分析研究者，勿使用一階層次效果值的計算公式於多層次的資料上，以免因低估抽樣變異量而高估效果值。可惜，公式 10-12 中 $V(\hat{\sigma}_C^2)$，HLM 程式並未提供，需透過 SAS Proc Mixed 副程式才能取得。

前述 Bauer, Sterba, Hallfors（2008）的三種母群效果值之分析模式，第一種分析模式忽視了實驗組的分組結構（grouping structure），易導致虛假的處理效果（高估現象），第二種分析模式假定實驗組與控制組均具有分組結構，此種假定對於控制組來說，係不合理的假設，只有第三種分析模式明確的考慮了部分隔宿（partially nested）研究設計的結構，而可以清晰的詮釋實驗處理組內的資料依賴性問題、掌握到各實驗處理組間的變異性，而能正確估計固定效果值的標準誤（Bauer, Sterba, Hallfors, 2008）。Baldwin, Bauer, Stice, & Rohde（2011）的模

擬研究也發現第三種部分隔宿分析模式，在第一類型錯誤、參數偏差、經濟性與統計考驗力上，均優於其餘的兩種資料處理方法。

七、樣本效果值估計之實例示範

前節利用實例介紹了如何使用「母群參數」估計值，進行效果值的計算，本節則在介紹如何利用「樣本參數」估計值，進行效果值的計算。本實例資料結構仍仿照前面 SFA 計畫，實驗組包含 25 組，控制組則無群組結構現象，利用 SAS 程式（取自 Lohr, Schochet, & Sanders, 2014），進行部分隔宿設計（partial nested design）的資料模擬，部分隔宿隨機集群實驗設計，簡稱 PN-RCT。以下將依集群大小是否相等，逐一進行樣本參數效果值估計的實例解說。

（一）相同集群大小

1. PN-RCT 實驗設計的資料模擬

表 10-19 的 SAS 程式，旨在產製資料以供後續的 PN-RCT 設計的效果值估計（Lohr, Schochet, & Sanders, 2014），實驗設計為實驗組含 25 組，每組 5 人；控制組 125 人，均歸屬同一組，後續之 HLM 分析模式為隨機截距、固定斜率。本程式所產製的資料，將儲存於「C:\Users\F\Desktop」，檔名為：PN-CRT-EQUAL.CSV，參見本程式之結尾。

表 10-19 資料模擬的 SAS 語法程式

```
/********************************************************/
/***************** PN-RCT DESIGN*************************/
/******************* EQUAL-CLUSTERS ********************/
   僅實驗組有集群 ICs (INTERVENTION CLUSTERS) 現象 */
/* INITIALIZE PARAMETERS FOR GENERATING DATA */
%LET NCONTROL = 125; /* 控制組的總人數 */
%LET NCLUSTRT = 25; /* IC 集群數 ( 實驗組 ) */
%LET ICSIZE = 5; /* 每一集群的人數 ( 實驗組 ) */
%LET TRTMEAN = 482; /* 實驗組平均數 */
%LET CONTROLMEAN = 475; /* 控制組平均數 */
%LET SIG2C = 20**2; /* SIGMA^2 AT STUDENT LEVEL FOR CONTROL GROUP */
%LET SIG2T = 19**2; /* SIGMA^2 AT STUDENT LEVEL FOR TREATMENT GROUP */
%LET SIG2THETA = 75; /* SIGMA^2_THETA: IC-LEVEL VARIANCE COMPONENT */
%LET NUMICM1 = %EVAL(&NCLUSTRT - 1);
/* GENERATE DATA SET */
DATA MODEL1 (DROP=U CONTROLSD TRTSD SIGMA_THETA J);
```

```
RETAIN TRT U CONTROLSD TRTSD SIGMA_THETA;
CONTROLSD = SQRT(&SIG2C);
TRTSD = SQRT(&SIG2T);
SIGMA_THETA = SQRT(&SIG2THETA);
DO IC = 1 TO &NCLUSTRT;
TRT = 1;
U = &TRTMEAN + SIGMA_THETA*RANNOR(20850);
DO J = 1 to &ICSIZE;
Y = 0 + TRTSD*RANNOR(20850)+U;
SUBJID = (IC-1)*&ICSIZE + J;
SUBJIDNEST = J;
ICNEST = IC;
TRTNAME = "TREATMENT";
OUTPUT;
END;
END;
DO SUBJID = &NCLUSTRT*&ICSIZE + 1 TO &NCLUSTRT*&ICSIZE + &NCONTROL;
TRT = 0;
TRTNAME = "CONTROL";
Y = &CONTROLMEAN + CONTROLSD*RANNOR(20850);
IC=0;
ICNEST = SUBJID - &NCLUSTRT*&ICSIZE;
SUBJIDNEST = ICNEST;
OUTPUT;
END;
PROC EXPORT
DATA =MODEL1
DBMS=CSV
outfile="C:\Users\F\Desktop/PN-CRT-EQUAL.CSV" replace;
RUN;
```

　　圖 10-17 之 SPSS 檔案，係呼叫自剛剛表 10-19 程式所產製的模擬資料檔案：PN-CRT-EQUAL. CSV，參見程式結尾 outfile 之檔案輸出設定。

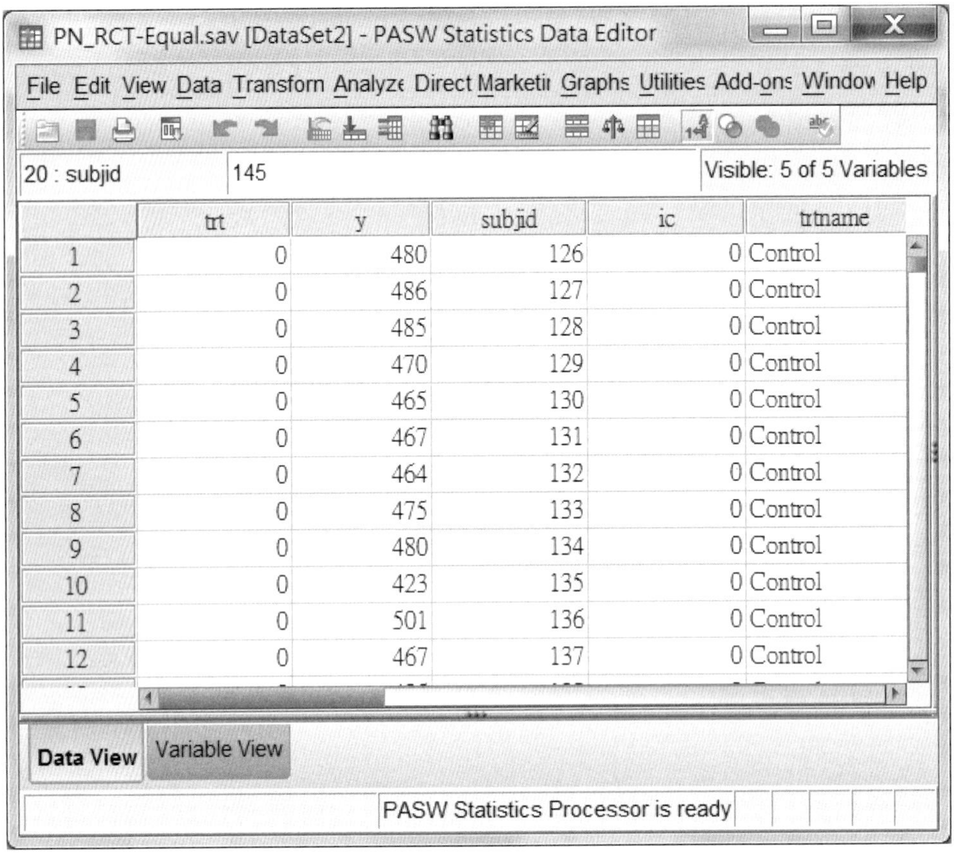

圖 10-17　模擬資料之 SPSS 檔案

2. 模擬資料初步分析結果

　　表 10-20 係根據前述模擬資料的 SPSS 初步分析結果，實驗組的平均數為 483.21，控制組的平均數為 474.26，標準差分別為 19.791 & 20.221，在計算 d_t、d_w、d_c 時，將會使用到這些描述統計量。

表 10-20　模擬資料的描述統計摘要

	trt	N	Mean	Std. Deviation	Std. Error Mean
y	1	125	483.21	19.791	1.770
	0	125	474.26	20.221	1.809

　　樣本效果值之估計，需使用到 $S_{W|T}^2$、$S_{B|T}^2$、S_C^2、S_W^2、S_T^2 & ICC 等樣本統計量，研究者可以使用母群參數（可利用如 HLM 取得）間接估計出來。例如：當集群大小相同時，S_T^2 之期望值，可由公式 10-14 估計之。

$$S_T^2 = \hat{\sigma}_W^2 + \frac{N^T - n}{N - 2} * \hat{\sigma}_B^2$$

　　另外，S_W^2 可由 $\hat{\sigma}_W^2$ 直接估計之（$\hat{\sigma}_W^2 = S_W^2$），參見公式 9-2。

　　除了利用母群參數間接估計之外，樣本效果值估計必備的樣本統計量，研究者亦可在分割檔案之後，利用 SPSS 的變異數分析 & 描述統計摘要表，直接取得實驗組之 Mean Square 與控制組之 Variance，參見表 10-21 之合併摘要表，該表中包含了 $S_{W|T}^2$（371.224）、$S_{B|T}^2$（477.028）、$S_{C|T}^2$（408.896），有了這三種統計數據，就可間接估計出 S_W^2、S_T^2 & ICC。根據這些樣本統計量，就可利用筆者所研發的集群分析效果值計算表單，迅速估計出集群分析的三大類效果值，參見圖 10-22 ～圖 10-24。

表 10-21　SPSS 變異數分析 & 描述統計摘要表

ANOVA[a]

y

	Sum of Squares	df	Mean Square	F	Sig.
Between Groups	11448.670	24	477.028	1.285	.194
Within Groups	37122.352	100	371.224		
Total	48571.022	124			

a. trt = 1

Descriptive Statistics[a]

	N	Sum	Mean	Std. Deviation	Variance
y	125	59282.48571982	474.2598857586	20.22117602948	408.896
Valid N (listwise)	125				

a. trt = 0

註：表底部註解自變項 a 之 trt=1 表實驗組，trt=0 表控制組。

　　表 10-21 中的第一個摘要，係針對實驗組在集群間所進行的變異數分析結果，可以獲得實驗組集群間抽樣變異量（$S_{B|T}^2$）與實驗組集群內抽樣變異量（$S_{W|T}^2$）；第二個摘要，係針對控制組所進行的描述統計分析結果，可以獲得控制組抽樣變異量（S_C^2）；這些統計量在計算 d_c 時會使用到，參見圖 10-24。實驗組集群內抽樣變異量為個體觀察值與集群平均數間差異之變異量（$S_{W|T}^2$），可利用公式 10-1 計算之，根據表 10-21 上摘要表可知其值為 371.224；實驗組集群間抽樣變異量（$S_{B|T}^2$），如公式 10-7 之定義，根據表 10-21 上摘要表可知其值為 477.028；控制組抽樣變異量為個體觀察值與該組平均數間差異之變異量（S_C^2），可利用公式 10-5 計算之，根據表 10-21 下摘要表可知其值為 408.896。如果實驗組與控制組具有變異同質性時（$S_{W|T}^2 = S_C^2$），其併組變異量 S_W^2 的計算，如公式 10-6，實例解說如下：

$$S_W^2 = \frac{(N^T - M) * S_{W|T}^2 + (N^C - 1) * S_C^2}{N - M - 1} = \frac{371.224 * 100 + 408.896 * 124}{250 - 25 - 1}$$

$$= \frac{87825.504}{224} = 392.08$$

　　根據公式 10-4，可求得 S_T^2：

$$S_T^2 = \frac{SSWT + SSBT + SSC}{N^T + N^C - 2} = \frac{371.224 * 100 + 477.028 * 24 + 408.896 * 124}{125 + 125 - 2}$$

$$= \frac{99274.176}{248} = 400.30$$

　　利用圖 10-17 的模擬資料，建立 HLM 二階層次之資料檔，如圖 10-18 所示；將二階層次集群的辨識變數（ic）放到分割視窗中，將待聚合處理的依變數（y）放到變數摘要視窗裡，並可利用「File」按鈕進行輸出檔案之設定。

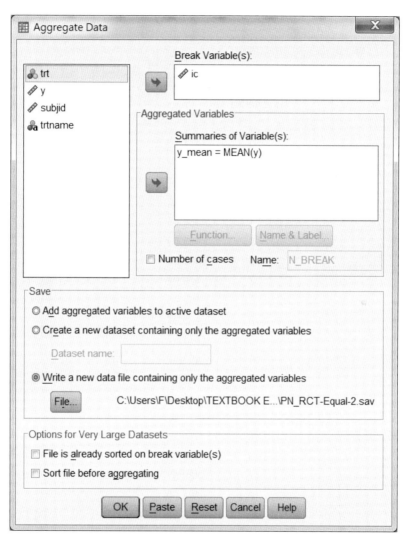

圖 10-18　利用 **SPSS** 建立二階層次之資料檔視窗

　　打開二階層次之資料檔（PN_RCT-Equal-2.sav），其資料檔內容如圖 10-19
所示，IC 為集群之 ID，y_mean 為依變數。

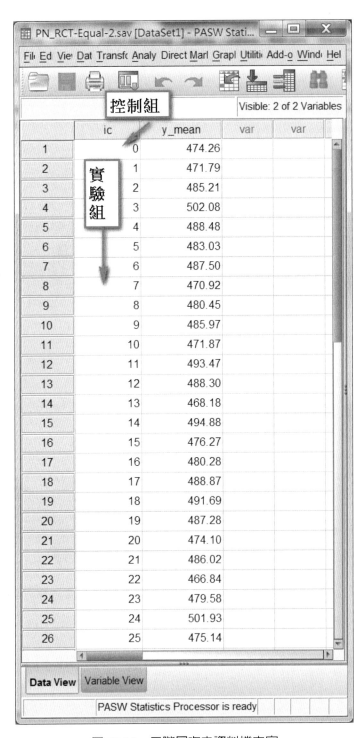

圖 10-19　二階層次之資料檔內容

　　由圖 10-19 之內容得知控制組只有一組，實驗組有 25 組，而控制組（CASE 1, ic = 0）之平均數爲 474.26，實驗組各群組（CASE 2 ～ CASE 26）的平均數，分別爲 471.79 ～ 475.14。

　　接著，爲求得 ICC，建立 HLM 的空模式如圖 10-20 所示。

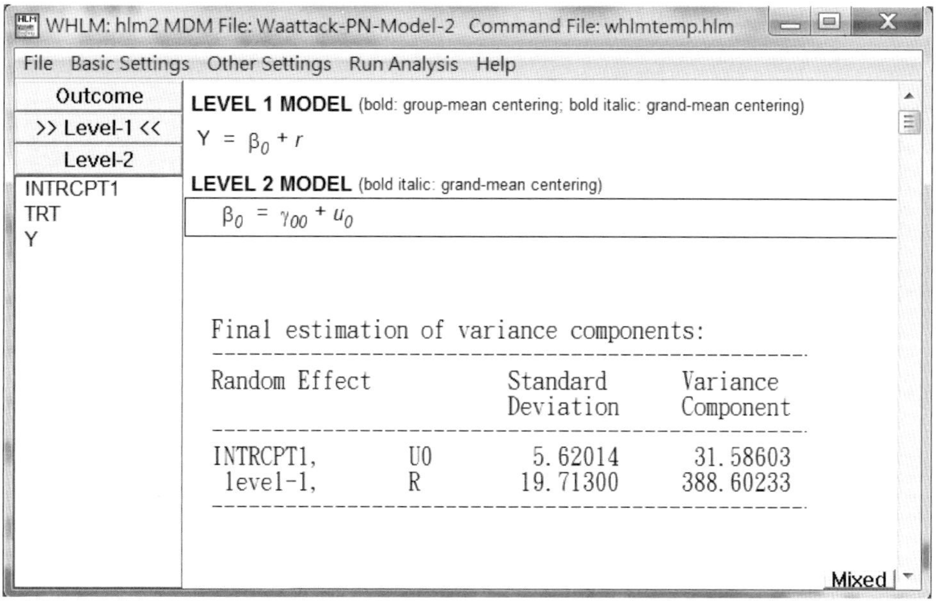

圖 10-20　**HLM** 空模式與其分析結果

　　根據圖 10-20 之變異成分，利用公式 10-41 即可求得 ICC，以便後續的效果值計算：

$$ICC = \frac{\tau_{00}}{\tau_{00} + \sigma^2} = 31.58603/420.188 = .075$$

　　假如母群 ICC 參數無法取得時，可根據 Lai & Kwok（2016）的建議公式暫時估計之：

$$ICC = \frac{S_{B|T}^2 - S_W^2}{S_{B|T}^2 + (Nu - 1) * S_W^2} = \frac{477.028 - 392.08}{477.028 + (5 - 1) * 392.08} = \frac{84.948}{2045.348} = .0415$$

　　上式中，$Nu = \frac{N^T - \tilde{n}}{m - 1} = \frac{125 - 5}{25 - 1} = 5$。

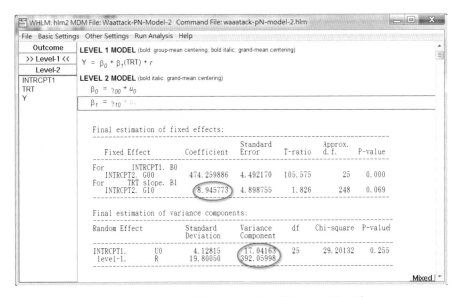

圖 10-21　HLM 理論模式：隨機截距、固定斜率

註：17.04163 為層次二變異量（σ_B^2），392.05998 為層次一變異量（σ_W^2）。

前述總變異量亦可利用公式 10-14，根據圖 10-21 的母群參數數據（σ_W^2 & σ_B^2）估計之：

$$S_T^2 = \sigma_W^2 + \frac{N^T - n}{N - 2} * \sigma_B^2 = 392.05998 + \frac{125 - 5}{250 - 2} * 17.04163 = 400.30 \text{。}$$

除了實驗組與控制組的平均數、樣本大小及集群大小平均值之外，ICC 及 S_T^2 值將在 d_t、d_w、d_c 的計算過程中大都會使用到，參見圖 10-22 左側的 Mean for Treatment、Mean for Control、N for T、N for C、Clusterer Size、Total # of clusters、ICC 及 Total Variance。另外，圖 10-21 中的層次一變異量（σ_W^2）：392.05998，將在 d_w 的計算過程中會使用到，參見圖 10-23 左下方的 Within Variance。備妥以上之數據，就可利用筆者所研發的集群分析效果值計算表單，正確估計出集群分析的三大類效果值：d_t、d_w、d_c。研究者如欲將隔宿設計下之效果值指標，d_t & d_w 轉換成沒有集群現象下的 Hedges' g_T & g_W（為 δ_T、δ_W 的不偏估計值），請利用公式 10-46 ～公式 10-57 進行轉換。

3. d_t 及其變異量之計算（Hedges & Citkowicz, 2015）

根據前述備妥之數據，利用公式 10-16，可手算求得 d_t：

$$d_t = \left(\frac{\overline{Y}_{..}^T - \overline{Y}_{..}^C}{S_T}\right)\sqrt{1 - \frac{(N^C + n - 2)\rho}{N - 2}} = \left(\frac{483.21 - 474.26}{\sqrt{400.306}}\right)\sqrt{1 - \frac{(125 + 5 - 2) * 0.75}{250 - 2}}$$

$$= .4473 * .9805 = .4386$$

利用公式 10-17，可求得其變異量：

$$V(d_t) = \frac{N}{N^T N^C}\left[1 + \left(\frac{nN^C}{N} - 1\right)\rho\right] + \frac{[(N-2)(1-\rho)^2 + (N^T - n)n\rho^2 + 2(N^T - n)(1-\rho)\rho]\,d_t^2}{2[(N-2)(1-\rho) + (N^T - n)\rho]^2}$$

$$= .0178 + \frac{44.6692}{113669.12} = .0182$$

由於 d_t 及其變異量之計算頗為繁複，為減輕研究者的負擔，筆者乃研發如圖 10-22 的 VB 計算表單。根據剛剛前述之統計量，研究者只要將圖 10-22 的左側空白處，填入所需的資訊，按下 OK，即可在其右側欄位中，輕鬆獲得 d_t(.4386) 及其變異量（.0182）。

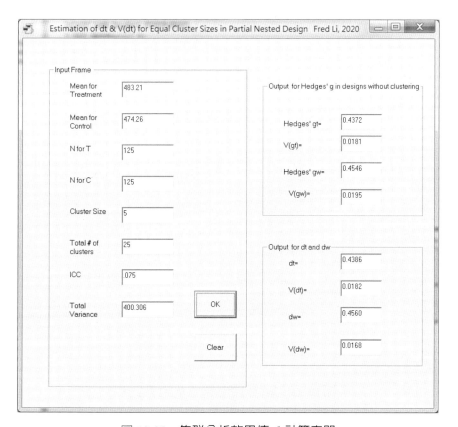

圖 10-22　集群分析效果值 d_t 計算表單

　　由圖 10-22 右側欄位之集群分析效果值 d_t 計算表單結果得知，本計算表單也可將 d_t 或 d_w 統計量轉換為 Hedges' g，以利傳統之單層次資料之整合分析。

4. d_w 及其變異量之計算

　　根據前述備妥之數據，利用公式 10-23，可手算求得 d_w：

$$d_w = \frac{\overline{Y}_{..}^T - \overline{Y}_{..}^C}{S_W} = \frac{483.21 - 474.26}{\sqrt{392.06}} = .4520$$

利用公式 10-24，可求得 d_w 變異量：

$$V(d_w) = \left(\frac{1 + (\tilde{n} - 1)\rho}{N^T (1 - \rho)}\right) + \frac{1}{N^C} + \frac{d_w^2}{2(N - M - 1)} = .01124 + .008 + .000456 = .0197$$

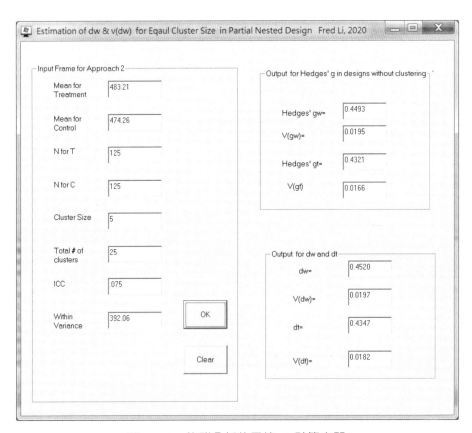

圖 10-23 集群分析效果值 d_w 計算表單

同樣地，研究者只要將圖 10-23 的左側空白處，填入所需的資訊，按下 OK，即可輕鬆獲得 d_t(.4520) 及其變異量（.0197）。

5. d_c 及其變異量之計算

以下 d_c 及其變異量之計算，須先取得表 10-20 及 表 10-21 的摘要數據，才能完成圖 10-24 左方空格的填寫工作。利用公式 10-19，可手算求得 d_c：

$$d_c = \frac{\overline{Y}_{..}^T - \overline{Y}_{..}^C}{S_C} = \frac{483.21 - 474.26}{\sqrt{408.896}} = .4426$$

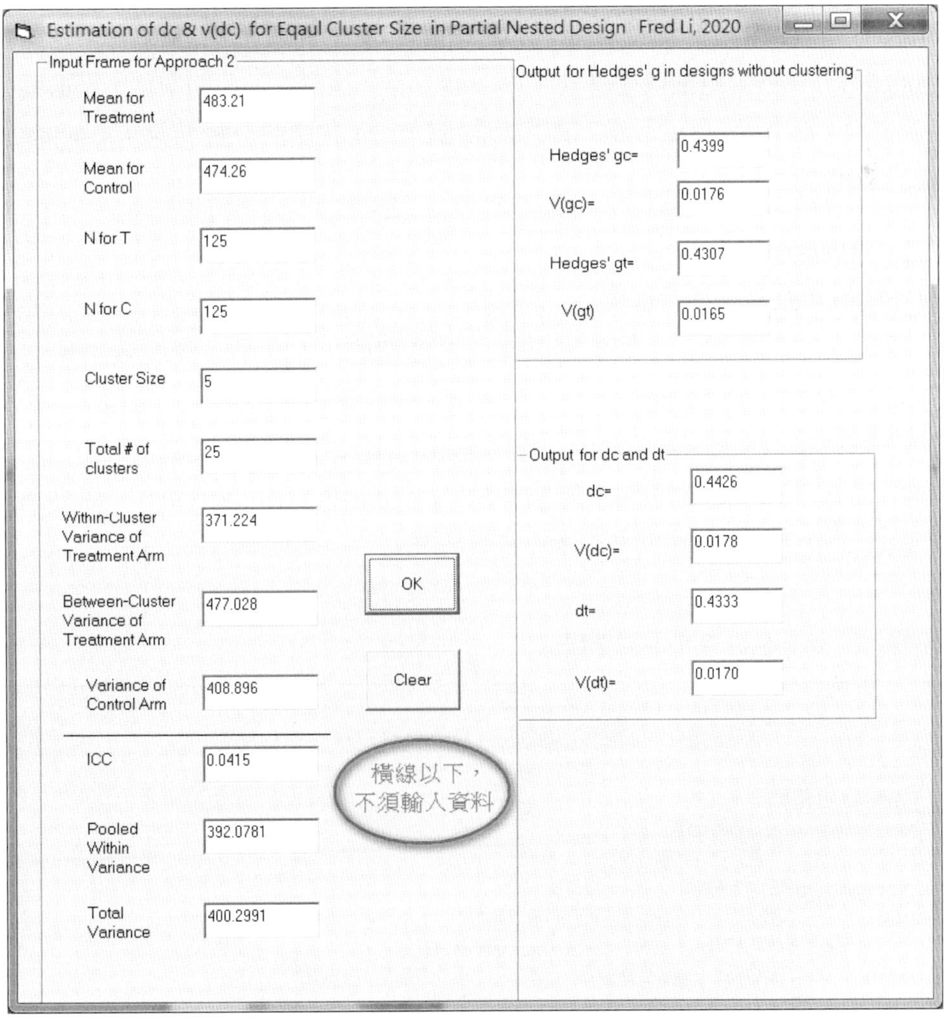

圖 10-24　集群分析效果值 d_c 計算表單

假設母群 ICC 為未知，可利用公式 10-22，估計出變異量 $V(d_c)$：

$$V(d_c) = \frac{(N^C - 1) S^2_{W|T}}{(N^C - 3) S^2_C} \left(\frac{1 + (n - 1)\rho}{N^T (1 - \rho)} \right) + \frac{1}{N^C} + \frac{d^2_c}{2(N^C - 1)}$$

$$= \frac{(125 - 1) * 371.224}{(125 - 3) * 408.896} * \frac{1 + (5 - 1) * .0415}{125 * (1 - .0415)} + \frac{1}{125} + \frac{.4426^2}{2 * (125 - 1)}$$

$$= .9228 * .000973 + .008 + .00079 = .0178$$

同樣地，如使用圖 10-24 之集群分析效果值 d_c 計算表單，可於圖左上角的空格中，輸入所需數據：如兩組平均數（483.21 & 474.26）及樣本大小（N = 125）、實驗組集群間抽樣變異量（517.320）、實驗組集群內抽樣變異量（388.391）與控制組抽樣變異量（374.848）等（注意左下角的空格，不必輸入任何資料），按下「OK」鍵，即可獲得圖 10-24 右側的分析結果：d_c = .4426，$V(d_c)$ = .0178。

（二）不同集群大小

1. PN-RCT 設計的資料模擬

表 10-22 之程式，旨在產製資料以供後續的 PN-RCT 設計的效果值估計（Lohr, Schochet, & Sanders, 2014），實驗設計為實驗組含 25 組，每組 3 ～ 8 人不等，控制組 125 人，均歸屬同一組，後續之 HLM 分析模式為隨機截距、固定斜率。本程式所產製的資料，將儲存於「C:\USERS\F\DESKTOP」，檔名為：PN-CRT-UNEQUAL.CSV，參見本程式之結尾。

表 10-22 資料模擬的 SAS 語法程式

```
/*******************************************************/
/******************** PN-RCT DESIGN *******************/
/****************** Unequal-Clusters ****************/
   僅實驗組有集群 ICs(Intervention Clusters) 現象 */
/* Initialize parameters for generating data */
%LET NCONTROL = 125; /* 控制組的總人數 */
%LET NCLUSTRT = 25; /* IC 集群數（實驗組）*/
%LET TRTMEAN = 482; /* MEAN FOR TREATMENT GROUP */
%LET CONTROLMEAN = 475; /* MEAN FOR CONTROL GROUP */
%LET SIG2C = 20**2; /* SIGMA^2 AT STUDENT LEVEL FOR CONTROL GROUP */
%LET SIG2T = 19**2; /* SIGMA^2 AT STUDENT LEVEL FOR TREATMENT GROUP */
%LET SIG2THETA = 75; /* SIGMA^2_THETA: IC-LEVEL VARIANCE COMPONENT */
```

```
%LET NUMICM1 = %EVAL(&NCLUSTRT - 1);
/* GENERATE DATA SET */
DATA MODEL1 (DROP=U CONTROLSD TRTSD SIGMA_THETA J);
RETAIN TRT U CONTROLSD TRTSD SIGMA_THETA;
CONTROLSD = SQRT(&SIG2C);
TRTSD = SQRT(&SIG2T);
SIGMA_THETA = SQRT(&SIG2THETA);
DO IC = 1 TO &NCLUSTRT;
TRT = 1;
INI:
U = &TRTMEAN + SIGMA_THETA*RANNOR(20850);
ICSIZE=ROUND(5+ 2*RANNOR(20850));
IF ICSIZE < 3 THEN GOTO INI;
IF ICSIZE > 8 THEN GOTO INI;
DO J = 1 TO ICSIZE;
y = 0 + TRTSD*RANNOR(20850)+U;
SUBJID = (IC- 1)*ICSIZE + J;
SUBJIDNEST = J;
ICNEST = IC;
TRTNAME = "TREATMENT";
OUTPUT;
END;
END;
DO SUBJID = &NCLUSTRT*ICSIZE + 1 TO &NCLUSTRT*ICSIZE + &NCONTROL;
TRT = 0;
TRTNAME = "CONTROL";
Y = &CONTROLMEAN + CONTROLSD*RANNOR(20850);
IC=0;
ICNEST = SUBJID - &NCLUSTRT*ICSIZE;
SUBJIDNEST = ICNEST;
OUTPUT;
END;
PROC EXPORT
DATA =MODEL1
DBMS=CSV
OUTFILE="C:\USERS\F\DESKTOP/PN-CRT-UNEQUAL.CSV" REPLACE;
RUN;
```

　　經由上述之 SAS 程式執行之後，實驗組 25 個集群的大小配置，如表 10-23 所示。

表 10-23　25 個集群實驗組 及 1 個控制組之集群大小分配表（模擬資料）

SCHOOL ID	SFA		TOTAL
	0	1	
1	0	6	6
2	0	4	4
3	0	7	7
4	0	6	6
5	0	3	3
6	0	5	5
7	0	7	7
8	0	4	4
9	0	5	5
10	0	3	3
11	0	6	6
12	0	6	6
13	0	6	6
14	0	7	7
15	0	5	5
16	0	4	4
17	0	3	3
18	0	4	4
19	0	8	8
20	0	3	3
21	0	5	5
22	0	4	4
23	0	7	7
24	0	4	4
25	0	3	3
26	125	0	125
TOTAL			250

註：細格內數字代表各集群之人數。

2. 模擬資料初步分析結果

表 10-24 係根據前述之模擬資料的 SPSS 初步分析結果，實驗組的平均數為 480.82，控制組的平均數為 476.08，標準差分別為 20.331 及 19.361。在計算 d_t、d_w、d_c 時，將會使用到這些描述統計量。

表 10-24 模擬資料的描述統計摘要表

	trt	N	Mean	Std. Deviation	Std. Error Mean
y	0	125	476.08	19.361	1.732
	1	125	480.82	20.331	1.818

樣本效果值之估計需使用到 $S_{W|T}^2$、$S_{B|T}^2$、S_C^2、S_W^2、S_T^2 及 ICC 等樣本統計量，研究者可以使用 HLM 軟體間接估計出來。例如：當集群大小不相同時，S_T^2 之期望值，可由公式 10-26 估計之：$S_T^2 = \hat{\sigma}_W^2 + \dfrac{N^T - \tilde{n}}{N - 2} * \hat{\sigma}_B^2$；另外，$S_W^2$ 可由 $\hat{\sigma}_W^2$ 估計之，參見公式 9-2。

前述之樣本效果值估計所需的必備樣本統計量，研究者亦可在分割檔案之後，利用 SPSS 的變異數分析及描述統計摘要表，直接取得實驗組集群之 Mean Square & 控制組之 Variance。表 10-25 中包含了 $S_{W|T}^2$（388.391）、$S_{B|T}^2$（517.320）& S_C^2（374.848）；有了這三種統計數據，就可間接估計出 S_W^2、S_T^2 & ICC。由這些樣本統計量，就可利用筆者所研發的集群分析效果值計算表單，迅速估計出集群分析的三大類效果值：d_t、d_w & d_c。

表 10-25 SPSS 變異數分析及描述統計摘要表

ANOVA[a]

y

	Sum of Squares	df	Mean Square	F	Sig.
Between Groups	12415.689	24	517.320	1.332	.164
Within Groups	38839.079	100	388.391		
Total	51254.768	124			

a. trt = 1

Descriptive Statistics[a]

	N	Minimum	Maximum	Sum	Mean	Std. Deviation	Variance
y	125	437	526	59510	476.08	19.361	374.848
Valid N (listwise)	125						

a. trt = 0

註：表中 trt = 1 表實驗組，trt = 0 表控制組。

表 10-25 中的第一個摘要表，係針對實驗組所進行的變異數分析結果，可以獲得實驗組集群間抽樣變異量（$S^2_{B|T}$）與實驗組集群內抽樣變異量（$S^2_{W|T}$）；第二個摘要表，係針對控制組所進行的描述統計分析結果，可以獲得控制組抽樣變異量（S^2_C）。這些統計量在計算 d_c 時會使用到，參見圖 10-29。實驗組集群內抽樣變異量為個體觀察值與集群平均數間差異之變異量，可利用公式 10-1 計算之，根據表 10-25 上摘要表可知其值為 388.391；實驗組集群間抽樣變異量（$S^2_{B|T}$），如公式 10-7 之定義，根據表 10-25 上摘要表可知其值為 517.32；控制組抽樣變異量為個體觀察值與該組平均數間差異之變異量（S_c），可利用公式 10-5 計算之，根據表 10-25 下摘要表可知其值為 374.848。如果實驗組與控制組具有變異同質性時（$S^2_{W|T} = S^2_C$），其併組變異量 S^2_W，可由公式 10-6 計算之，而 S^2_T 可由樣本統計量公式 10-4 計算出來，實例解說如下：

$$S^2_W = \frac{(N^T - M) * S^2_{W|T} + (N^C - 1) * S^2_C}{N - M - 1} = \frac{100 * 388.391 + 124 * 374.848}{250 - 25 - 1}$$

$$= \frac{85320.252}{224} = 380.89$$

$$S^2_T = \frac{SSWT + SSBT + SSC}{N^T + N^C - 2} = \frac{100 * 388.391 + 24 * 517.32 + 124 * 374.848}{125 + 125 - 2}$$

$$= \frac{97735.932}{248} = 394.10$$

至於 HLM 二階層次的資料建檔，請參見圖 10-18。接著，就可進行 HLM 空模式分析，如圖 10-25。

根據圖 10-25 之 HLM 空模式下之變異成分，即可求得 ICC，以利後續效果值的計算：

$$ICC = \frac{\tau_{00}}{\tau_{00} + \sigma^2} = \frac{21.115}{21.115 + 383.408} = \frac{21.115}{404.523} = .0522$$

假如母群 ICC 參數無法取得時，可利用 Lai & Kwok（2016）建議之公式，進行估計，以表 10-25 內之數據為例：

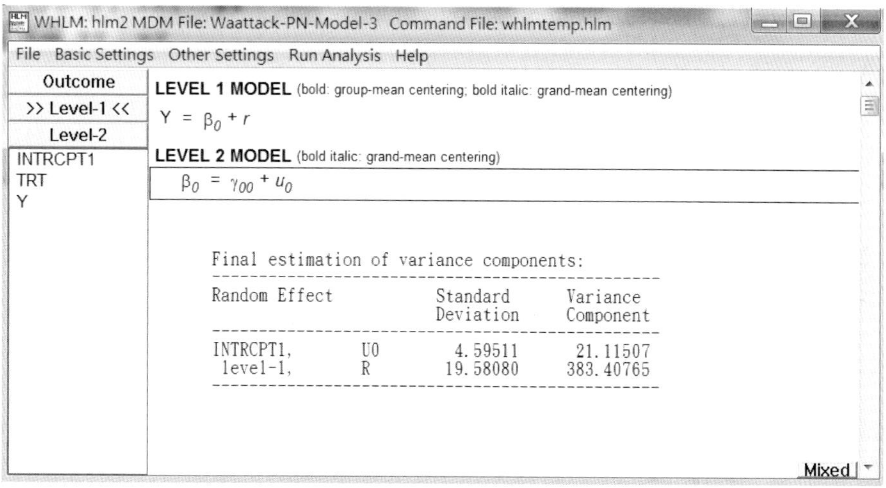

圖 10-25　**HLM** 空模式及其分析結果

$$ICC = \frac{S_{B|T}^2 - S_W^2}{S_{B|T}^2 + (Nu - 1) * S_W^2} = \frac{517.320 - 380.89}{517.320 + (4.981 - 1) * 380.89} = \frac{136.43}{2033.6431} = .0671$$

上式中，$Nu = \dfrac{N^T - \tilde{n}}{m - 1} = \dfrac{125 - 5.448}{25 - 1} = 4.981$（$\tilde{n}$ 的計算，請參閱公式 10-27）

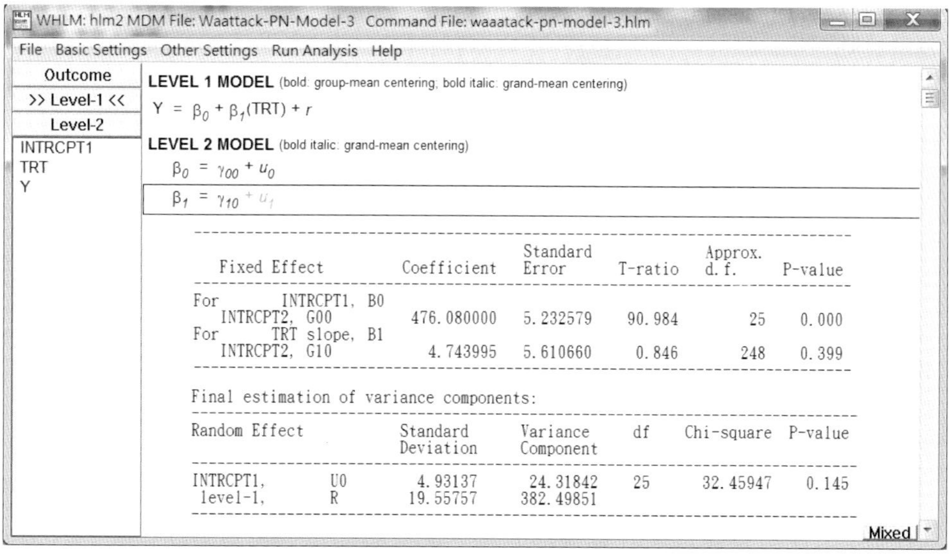

圖 10-26　**HLM** 理論模式：隨機截距、固定斜率

註：24.31842 為層次二變異量（σ_B^2），382.49851 為層次一變異量（σ_W^2）。

前述總變異量 S_T^2，研究者亦可利用母群參數估計值公式 10-26，根據圖 10-26 中的數據估計之：

$$S_T^2 = \hat{\sigma}_W^2 + \frac{N^T - \tilde{n}}{N - 2} * \hat{\sigma}_B^2 = 382.49851 + \frac{125 - 5.448}{250 - 2} * 24.31842 = 394.222。$$

式中 $\tilde{n} = \frac{681}{125} = 5.448$（$\tilde{n}$ 的計算，請參閱公式 10-27）

除了實驗組與控制組的平均數、樣本大小及集群大小平均值之外，ICC 及 S_T^2 值將在 d_t、d_w & d_c 的計算過程中大都會使用到，參見圖 10-27 左側的 Mean for Treatment、Mean for Control、N for T、N for C、Average Clustrer Size、ICC 及 Total Variance。另外，圖 10-26 中的層次一變異量（382.49851）將 在 d_w 的計算過程中會使用到，參見圖 10-28 左下方的 Within Variance。備妥以上 之數據，就可利用筆者所研發的集群分析效果值計算表單，正確估計出集群分析 的三大類效果值：d_t、d_w & d_c。

3. d_t 及其變異量之計算

根據前述備妥之數據，研究者可利用公式 10-25，手算求得 d_t：

$$d_t = \left(\frac{\overline{Y}_{..}^T - \overline{Y}_{..}^C}{S_T}\right)\sqrt{1 - \frac{(N^C + \tilde{n} - 2)\rho}{N - 2}} = \left(\frac{480.82 - 476.08}{\sqrt{394.222}}\right)\sqrt{1 - \frac{(125 + 5.4 - 2) * 0.524}{250 - 2}}$$

$$= .2387 * .9863 = .2355$$

接著，可利用公式 10-28，求得其變異量：

$$V(d_t) = \frac{N}{N^T N^C}\left[1 + \left(\frac{\tilde{n}N^C}{N} - 1\right)\rho\right] + \frac{[(N-2)(1-\rho)^2 + A\rho^2 + 2(N^T - \tilde{n})(1-\rho)\rho]\,d_t^2}{2[(N-2)(1-\rho) + (N^T - \tilde{n})\rho]^2}$$

$$= \frac{N}{N^T N^C}\left[1 + \left(\frac{\tilde{n}N^C}{N} - 1\right)\rho\right] + \frac{d_t^2}{2h}$$

$$= .016 * 1.0903 + \frac{.05545}{492.604} = .0176 \ (A = 646.953, h = 246.3022)$$

由於 d_t 及其變異量之計算甚為繁複，研究者可以善用筆者所研發的計算表 單，參見圖 10-27。因為集群大小各組均不相等，須利用筆者研發的計算表單以 快速求得 $\tilde{n}$，首先請按下「Check me 1st」按鈕，計算 $\tilde{n}$ 之前會要求輸入各集群

的大小數值。請研究者依指示依序輸入資料後，計算表單會自動填滿圖 10-27 左側視窗內的大部分空白處。之後，研究者須繼續填入尚未填滿的空白處資訊，接著按下「OK」，即可輕鬆獲得 d_t（.2355）及其變異量（.0176）。圖 10-27 右側視窗會顯示研究者剛剛所輸入的各集群之大小數據，研究者可在此檢驗所輸入數值的正確性，如果發現有不正確的數據，研究者可逐以更正，再按下「Auto Data Re-Entry」按鈕，左側視窗內的相關數據就會更新，接著研究者可以重新按下「OK」，就可獲得更新的效果值及其變異量。

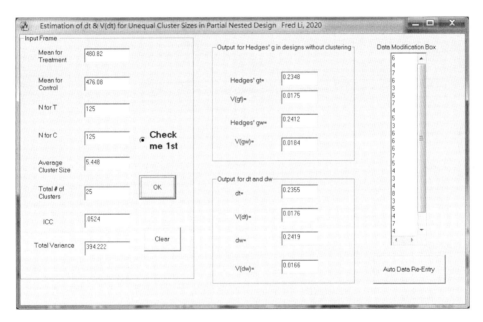

圖 10-27　集群分析效果值 d_t 計算表單

4. d_w 及其變異量之計算

根據前述備妥之數據，研究者可利用公式 10-32，求得 d_w：

$$d_w = \frac{\overline{Y}_{\cdot\cdot}^{T} - \overline{Y}_{\cdot}^{C}}{S_W} = \frac{480.82 - 476.08}{\sqrt{382.49851}} = .2424$$

其次，可利用公式 10-33，求得 d_w 變異量：

$$V(d_w) = \left(\frac{1 + (\tilde{n} - 1)\rho}{N^T(1 - \rho)}\right) + \frac{1}{N^C} + \frac{d_w^2}{2(N - M - 1)}$$

$$= \left(\frac{1 + (5.448 - 1) * .0524}{125 * (1 - .0524)}\right) + \frac{1}{125} + \frac{.2424^2}{2(250 - 25 - 1)}$$

$$= \frac{1.23308}{118.45} + \frac{1}{125} + \frac{.05876}{448} = .0185$$

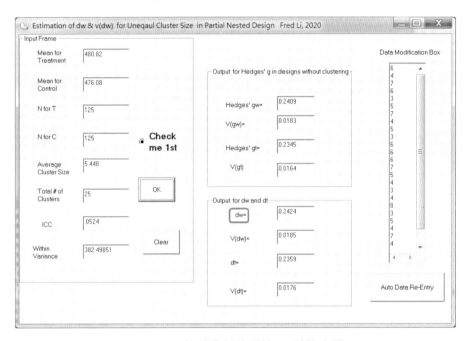

圖 10-28　集群分析效果值 d_w 計算表單

　　由於上述 d_w 及其變異量之計算繁複，研究者可以使用筆者所研發的計算表單，參見圖 10-28。因為集群大小各組均不相等，須利用筆者研發的計算表單以快速求得 $\tilde{n}$，首先請按下「Check me 1st」按鈕，計算 $\tilde{n}$ 之前會要求輸入各集群的大小數值。請研究者依指示依序輸入資料後，計算表單會自動填滿圖 10-28 左側視窗內的大部分空白處。之後，研究者須繼續填入尚未填滿的空白處資訊，接著按下 OK，即可輕鬆獲得 d_w(.2424) & 其變異量（.0185）。

5. d_c 及其變異量之計算

　　以下 d_c 及其變異量之計算，須先取得表 10-24 & 表 10-25 的摘要數據，以便在圖 10-29 左側的空格中填入所需資料。

　　根據前述備妥之數據，研究者可利用公式 10-34，手算求得：

$$d_c = \frac{\overline{Y}_{\cdot\cdot}^T - \overline{Y}_{\cdot\cdot}^C}{S_C} = \frac{480.82 - 476.08}{\sqrt{374.848}} = .2448$$

假設母群 ICC 為未知，研究者可利用公式 10-36 估計出 $V(d_c)$：

$$V(d_c) = \frac{(N^C - 1)S_{W|T}^2}{(N^C - 3)S_C^2}\left(\frac{1 + (\tilde{n} - 1)\rho}{N^T(1 - \rho)}\right) + \frac{1}{N^C} + \frac{d_c^2}{2(N^C - 1)}$$

$$= \frac{(125 - 1)*388.391}{(125 - 3)*374.848} * \frac{1 + (5.448 - 1)*.0671}{125*(1 - .0671)} + \frac{1}{125} + \frac{.2448^2}{2*(125 - 1)}$$

$$= 1.0531 * .01113 + .008 + .000242 = .0200$$

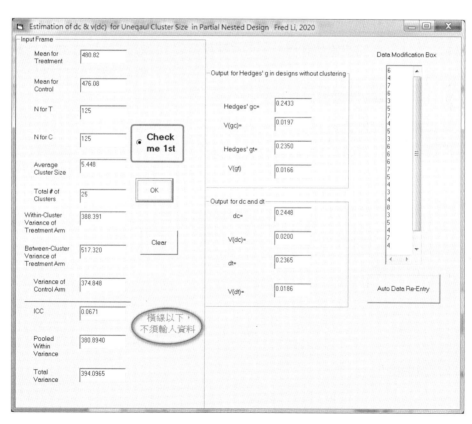

圖 10-29　集群分析效果值 d_c 計算表單

　　使用圖 10-29 集群分析效果值之 d_c 計算表單，執行時請先點選「Check me 1st」，以自動估算集群平均大小，並於圖 10-29 左上角的空格中，輸入所需數

據：兩組平均數（480.82、476.08）& 樣本大小（125）、實驗組集群間抽樣變異量（517.320）、實驗組集群內抽樣變異量（388.391）與控制組抽樣變異量（374.848）等。之後，接著按下「OK」，即可輕鬆獲得 d_c（.2448）及其變異量（.0200）（注意左下角的空格，不必輸入任何資料）。

八、集群隔宿設計下 Cohen's d_t 及 d_w 與 Hedges' g_t 及 g_w 間之轉換

Lai & Kwok（2016）指出：研究者應避免使用單層次效果值的計算公式套到多層次的資料上，否則可能導致嚴重低估抽樣變異量而高估了整合分析的整體效果值。因此，單層次與多層次效果值的整合，研究者須進行適當修正。研究者如欲將隔宿設計下之效果值指標：d_t & d_w，轉換成沒有集群現象下的 Hedges' g_t & g_w（為 δ_t、δ_w 的不偏估計值），可以利用公式 10-46 ～公式 10-49 進行轉換（Hedges & Citkowicz, 2015），這對於傳統（單層次）整合分析工作者是一大利器：可以整合不同研究設計下之效果值。

利用公式 10-46 及 公式 10-47 之 J 函數（小樣本偏差校正），進行兩類效果值間的轉換。

$$g_w = J(N^C - 1)d_w \qquad \text{公式 10-46}$$
$$g_t = J(h)d_t \qquad \text{公式 10-47}$$

公式 10-47 中，

$$J(h) = 1 - \frac{3}{4h - 1} \qquad \text{公式 10-48}$$

公式 10-48 中，

$$自由度\ h = \frac{[(N-2)(1-\rho)+(N^T-n)\rho]^2}{(N-2)(1-\rho)^2+(N^T-n)n\rho^2+2(N^T-n)(1-\rho)\rho} \qquad \text{公式 10-49}$$

由公式 10-49 可知，進行單層次效果值與 HLM 效果值的互換，ICC 指標（ρ）是關鍵要件。

九、各類母群效果值指標間之互換

運用 ρ，進行各類母群效果值指標之估計，參見公式 10-50～公式 10-57。由這些轉換公式可知，母群效果值及其變異量的估計，均係樣本效果值與 ρ 的函數。注意，本節相關公式，亦適用於當實驗組與控制組，均具有集群現象的情境。

1. $\hat{\delta}_w = \dfrac{d_t}{\sqrt{1-\rho}} = d_b\sqrt{\dfrac{\rho}{1-\rho}}$ 　　　　　　　公式 10-50

$\hat{\delta}_w$ 的變異量，定義如公式 10-51 所示：

$$V(\hat{\delta}_w) = \frac{V(d_t)}{1-\rho}$$ 　　　　　公式 10-51

2. $\hat{\delta}_w = \dfrac{g_t}{\sqrt{1-\rho}} = \dfrac{J(h)d_t}{\sqrt{1-\rho}}$ （不偏估計值） 　　公式 10-52

$\hat{\delta}_w$ 的變異量，定義如公式 10-53 所示：

$$V(\hat{\delta}_w) = [J(h)]^2 * V(d_w) = \frac{[J(h)]^2 * V(d_t)}{1-\rho}$$ 　　公式 10-53

3. $\hat{\delta}_t = d_w\sqrt{1-\rho} = d_b\sqrt{\rho}$ 　　　　　　　　公式 10-54

$\hat{\delta}_t$ 的變異量，定義如公式 10-55 所示：

$$V(\hat{\delta}_t) = V(d_w) * (1-\rho)$$ 　　　　公式 10-55

4. $\hat{\delta}_t = gW\sqrt{1-\rho} = J(N^C - 1)V(d_w)\sqrt{1-\rho}$ （不偏估計值） 　公式 10-56

$\hat{\delta}_t$ 的變異量，定義如公式 10-57 所示：

$$V(\hat{\delta}_t) = [J(N^C - 1)]^2 * V(d_t) * (1-\rho)$$ 　　公式 10-57

以上各類效果值指標間之轉換，可利用筆者研發之軟體輕鬆取得，請參見圖 10-27 ～圖 10-29 中間欄位的 d_t、d_w 或 d_c 輸出視窗，含有各類指標間的轉換。

十、應用軟體

本節簡介兩個計算集群分析效果值的應用軟體，一為商用軟體，一為筆者軟體，以利研究者進行效果值估計。

（一）CMA 附屬軟體

可從 https://www.meta-analysis.com/pages/video_multilevel.php 下載觀看。以下擷取主要操作畫面，呈現如圖 10-30 ～圖 10-34。

圖 10-30　CMA 多層次分析操作表單：二層次與三層次之示例

此 CMA 附屬軟體，可用以估計二層次與三層次研究的效果值，圖 10-31 係該軟體估計二層次與三層次研究的效果值的選單。圖 10-32 ～圖 10-34 的提示畫面，係 CMA 三層次集群分析過程的主要畫面，具體操作過程，請自行直接上網觀看該影片。

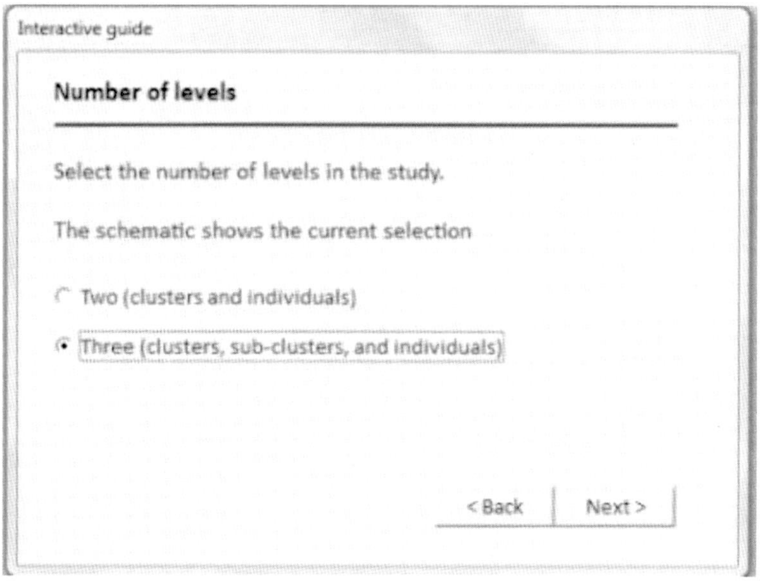

圖 10-31　**CMA** 二層次與三層次研究的選單

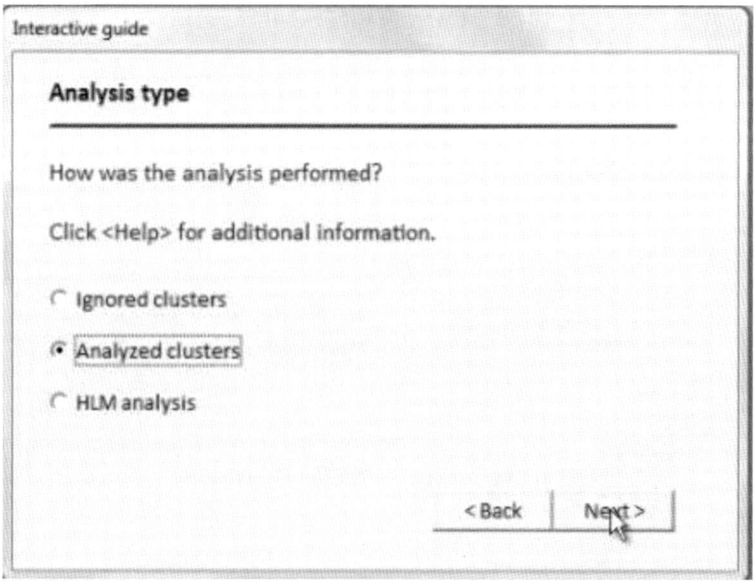

圖 10-32　**CMA** 二層次與三層次集群分析的選單

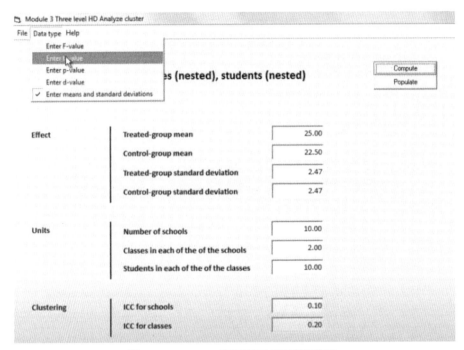

圖 10-33　**CMA** 資料輸入類型的選單

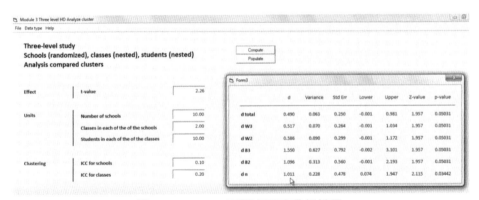

圖 10-34　**CMA** 三層次研究分析結果

（二）筆者開發之 VB 軟體

此隨機集群效果值計算表單，包含兩大副程式：一為完全隔宿設計（參見圖 10-35），二為部分隔宿舍計（參見圖 10-36）。每一隔宿設計之下，又可包含兩個子程式：Equal Cluster Size 及 Unequal Cluster Size，其下又依研究場址多

寡與分析單位之類別，讓研究者選用適當的效果值。本軟體旨在解決集群層次 Cohen's d 高估的現象，以利與個人層次效果值進行整合分析。所轉換的樣本參數效果值為 Cohen's d & Hedges' g，可供研究者進行單層次個體層次的效果值與集群層次（cluster-level）效果值的整合分析。點擊隨機集群之效果值計算器圖

像：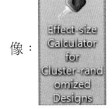，即可開啟圖 10-35、圖 10-36 之估計表單。實際運用時，須視

集群的特性（完全或部分隔宿）、集群大小的等同性及研究場址的多寡，決定適當的估計表單，操作細節簡述如下。

　　圖 10-35 係完全隔宿設計的操作介面，開啟時，須點選「Complete Nested Design」；如欲開啟圖 10-36 部分隔宿的設計操作介面，須點選「Partial Nested Design」。

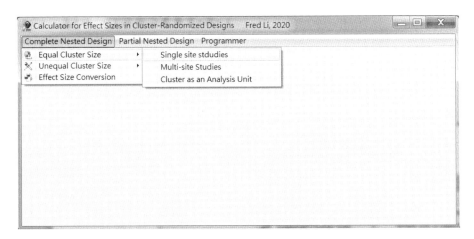

圖 10-35　隨機集群效果值計算表單介面：完全隔宿設計

　　圖 10-35 完全隔宿設計下，有一附屬程式「Effect Size Conversion」，旨在進行效果值間的轉換。

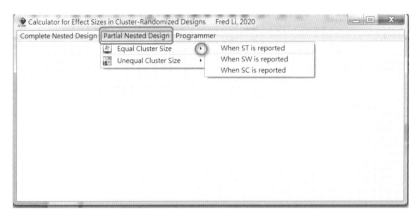

圖 10-36　隨機集群效果值計算表單介面：部分隔宿設計

此 VB 之兩大副程式之操作表單，簡介如下：

1. 完全隔宿設計的操作

由圖 10-35 可知，完全隔宿設計下的操作，須透過兩階段的研究屬性（集群 & 研究場址）的選擇。操作時，請先點開「Equal Cluster Size」，再點開「Single site studies」，就可獲得圖 10-37 的集群等組之操作介面。如欲獲得圖 10-38 的集群不等組之操作介面，請先點開「Unequal Cluster Size」，再點開「Single site studies」。

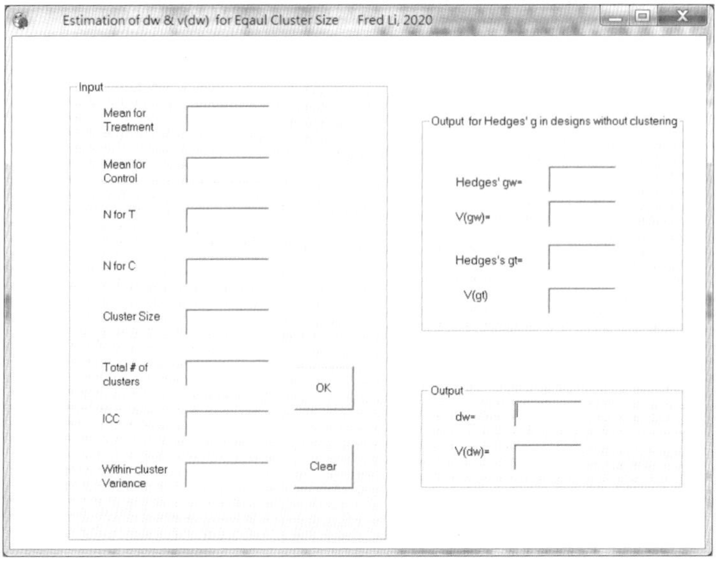

圖 10-37　完全隔宿設計的效果值計算表單：集群等組

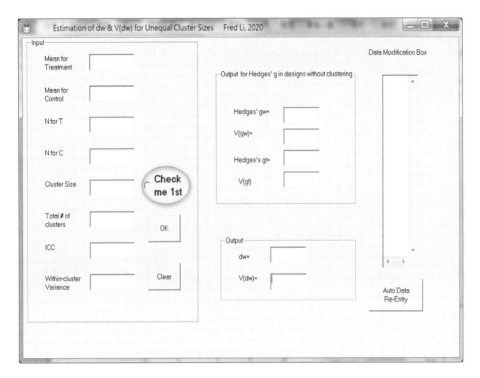

圖 10-38   完全隔宿設計的效果值計算表單：集群不等組

2. 部分隔宿設計的操作

由圖 10-36 可知，部分隔宿設計下的操作，須透過兩階段的研究屬性（集群）與可用資訊的選擇。圖 10-39 & 圖 10-40，係部分隔宿設計下的兩個效果值 VB 操作表單，兩個 VB 操作表單均須有總變異量（ST），但前者適用於集群等組時，後者適用於集群不等組時。操作時，請先點開「Equal Cluster Size」，再點開「When ST is reported」，就可獲得圖 10-39 的集群等組之操作介面。如欲獲得圖 10-40 的集群不等組之操作介面，請先點開「Unequal Cluster Size」，再點開「When ST is reported」。

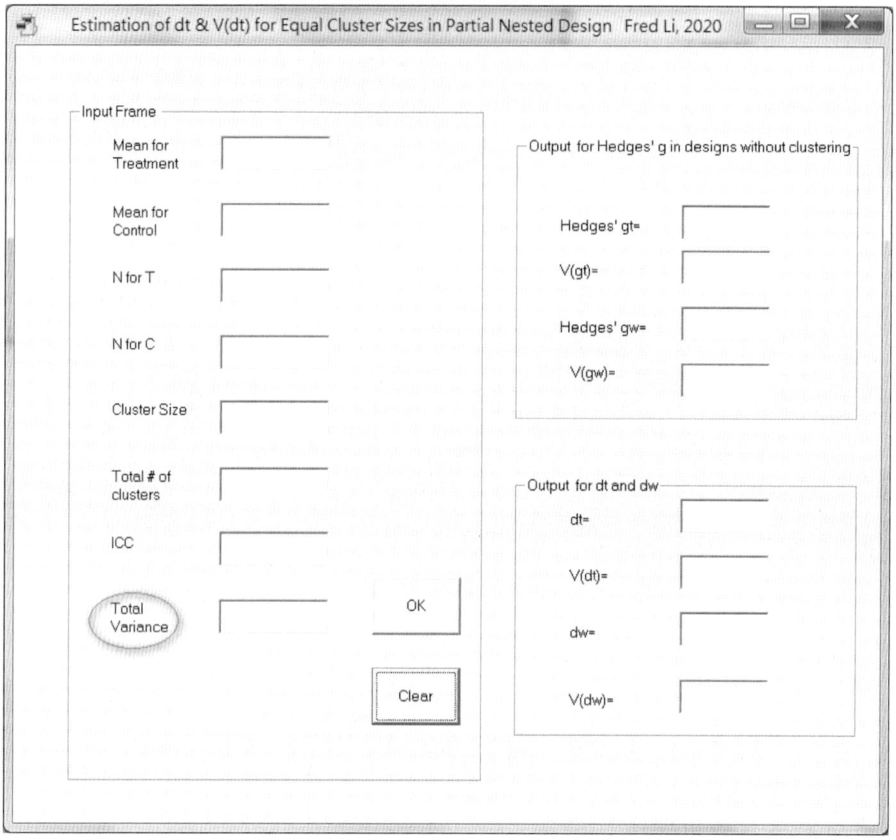

圖 10-39　部分隔宿設計的效果值計算表單：集群等組

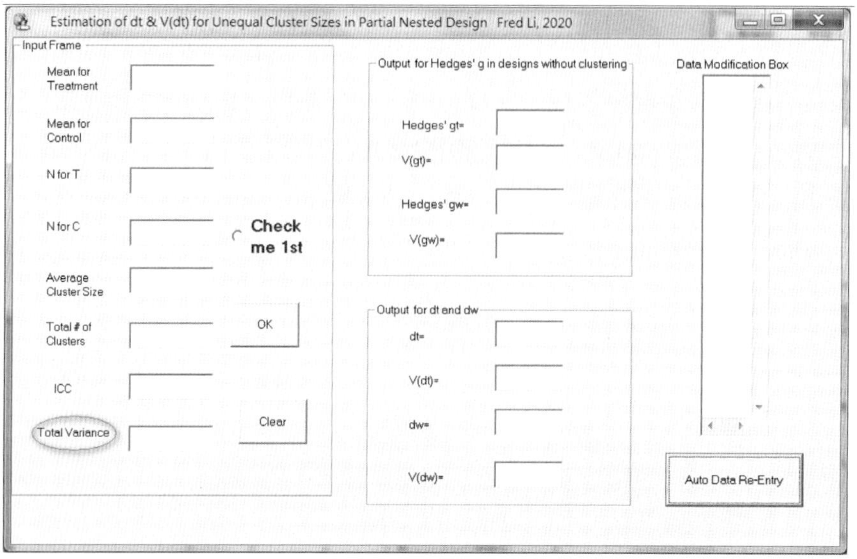

圖 10-40　部分隔宿設計的效果值計算表單：集群不等組

SEM分析與成長模式
分析的效果值分析

♣ **本章內容旨在回答以下問題：**

一、在常態分配成立之下，Gomer, Jiang, & Yuan（2018）推介哪兩種 SEM 效果值指標？又其解釋的參考標準為何？

二、當常態性資料的基本假設違反時，SEM 分析的卡方會高估，而標準誤會低估，有哪些方法可加以校正？

三、如何在 SEM 分析下，進行潛在構念間平均數差異之效果值及其變異量的估計？

四、何謂 GMA d 值？它與組間成長速率的差異性有何關聯？

五、Raudenbush & Liu（2001）曾提出哪兩種計算 GMA 效果值的方法？

六、為何 Feingold（2013）認為估計 GMA 效果值時，需視研究的長、短期去決定使用基準線標準差或使用研究末期的標準差？

♣ **本章應用軟體：**

一、SPSS 統計套裝軟體

二、SEM 分析軟體：AMOS

三、統計分析軟體：MPLUS

在 SEM 分析中，χ^2 考驗常用來考驗預測模式與觀察資料是否相吻合。因為研究者都希望預測模式能盡量與觀察資料相匹配，因此通常不希望拒絕掉虛無假設。換言之，不顯著的考驗結果，代表模式適配度佳。雖然 Mac Callum, Browne, & Cai（2006）曾使用 SEM 之適配函數去定義效果值，但大部分的適配度指標（如 RMSEA）或多或少都會受到樣本大小（N）、資料分配非常態性的影響，導致很多適配度指標無法有效作為效果值指標。其後，鮮少學者再論述 SEM 模式的效果值效能，直到 Gomer, Jiang, & Yuan（2018），進一步評估了兩大類新效果值指標：ε 家族及 D 家族，總共 19 個指標，其中有些適用於常態性分配情境，有些適用於非常態性分配情境。為了研究者應用上之便利，筆者選擇了當中兩個易用指標：ε_1 & D_1，加以說明，並透過 AMOS、MPLUS 軟體，實例演示 SEM 與成長模式的效果值估計與分析。

一、SEM 分析的效果值分析

茲依資料是否具有常態性，分述整體不適配效果值指標，接著介紹構念間平均數差異效果值指標、SEM 徑路係數與多元迴歸係數間的互換。

（一）整體性不適配效果值指標：具常態分配

MacCallum, Browne, & Cai（2006）指出在 ML 估計法下，極小化 F 函數是一種無量尺（scale-free）的指標，也是一種具有量尺不變性（scale-invariant）的指標。因此，在符合常態性分配假設下，筆者推介使用 Gomer, Jiang, & Yuan（2018）的 SEM 整體性不適配效果值指標（ε & D），定義如公式 11-1 ～公式 11-2，這是他們推薦當中最簡單易行的指標。

1. ε 指標

$$\varepsilon_1 = \sqrt{\frac{\lambda}{N-1}} = \sqrt{\frac{\chi^2 - df}{N-1}} = \sqrt{F_0} \qquad 公式\ 11\text{-}1$$

公式 11-1 中，λ 為非對稱性參數 NCP($= \chi^2 - df$)，$\frac{\lambda}{N-1}$ 為量尺化非對稱性參數 Scaled non-centrality parameter（SNCP），在 AMOS 簡稱為 F_0。式中除以 $N-1$，目的在降低樣本大小對於效果值的影響力。

2. D 指標

$$D_1 = \frac{\lambda}{\sqrt{2 * df}} \qquad 公式\ 11\text{-}2$$

公式 11-2 中，分母 $\sqrt{2*df}$ 視為標準差，分子 λ 為 H_0 及 H_1 下卡方的差異量，此值類似於 Cohen 的 d 值。根據 Gomer, Jiang, & Yuan（2018）的模擬研究發現，ε 家族的指標效能優於 D 家族。因此，筆者推薦使用 ε_1 作為 SEM 的效果值指標。

SEM 整體性不適配效果值指標（ε），此值愈小愈適配，其解釋的參考標準，建議如下：

1. 小於 .42：非常小效果值，代表非常適配。

2. 介於 .42~.60 之間：小效果值，代表適配。

3. 介於 .60~.82 之間：中效果值，代表不適配。

4. 大於 .82：大效果值，代表非常不適配。

以下以 AMOS 手冊中的 Example 12-A 實例，進行 SEM 效果值的估計過程說明。

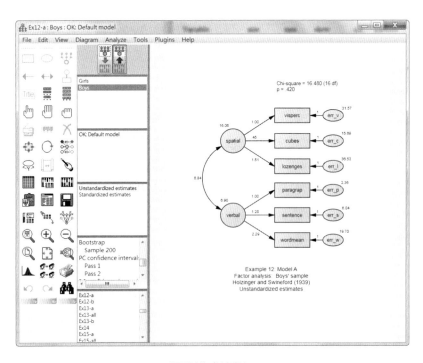

圖 11-1　**SEM 理論模式範例：Example 12-A**

根據圖 11-1 之理論模式，可跑出表 11-1 與表 11-2 的分析結果。表 11-1 係常態性考驗報表，最後一行數據顯示符合多變項常態性基本假設（其 cr 值等

於 .82638，$p > .05$），其他單變項常態性基本假設也大都符合，只有 wordmean & cubes 的偏態較嚴重（兩者 cr 值均大於 1.96，$p < .05$）。

表 11-1　AMOS 常態性考驗報表

Variable	min	max	skew	c.r.	kurtosis	c.r.
wordmean	4.00000	39.00000	.87278	3.02340	.75201	1.30252
sentence	7.00000	26.00000	-.17860	-.61869	-.36888	-.63891
paragrap	1.00000	18.00000	.26990	.93496	.60363	1.04553
lozenges	3.00000	35.00000	.41297	1.43057	-.85491	-1.48075
cubes	16.00000	37.00000	.65382	2.26490	-.02133	-.03694
visperc	16.00000	51.00000	.16914	.58591	.02062	.03571
Multivariate					1.90845	.82638

由表 11-2 中的卡方值考驗（$p = .420$）及 RMSEA = .014，可知圖 11-1 中的 SEM 結構模式適配度佳。

表 11-2　AMOS 適配度指標報表

CMIN

Model	NPAR	CMIN	DF	P	CMIN/DF
Default model	26	16.480	16	.420	1.030
Saturated model	42	.000	0		
Independence model	12	337.553	30	.000	11.252

NCP

Model	NCP	LO 90	HI 90
Default model	.480	.000	14.402
Saturated model	.000	.000	.000
Independence model	307.553	252.150	370.411

FMIN

Model	FMIN	F0	LO 90	HI 90
Default model	.115	.003	.000	.101
Saturated model	.000	.000	.000	.000
Independence model	2.361	2.151	1.763	2.590

RMSEA

Model	RMSEA	LO 90	HI 90	PCLOSE
Default model	.014	.000	.079	.745
Independence model	.268	.242	.294	.000

根據表 11-2 的適配度指標報表，利用公式 11-1 及公式 11-2，可計算出效果值 ε_1 & D_1 如下：

$$\varepsilon_1 = \sqrt{\frac{16.48 - 16}{145 - 1}} = \sqrt{\frac{.48}{145 - 1}} = \sqrt{.003} = .055 \text{（屬於非常小效果值，代表非常適配）}$$

$$D_1 = \frac{\lambda}{\sqrt{2 * df}} = \frac{.48}{\sqrt{2 * 16}} = .085 \text{（屬於非常小效果值，代表非常適配）}$$

由此觀之，計算 SEM 的效果值並不困難，筆者建議在進行 SEM 的模式適配度評估時，除了報告 p 值之外，最好也同時報告 SEM 分析的效果值，以降低樣本大小的干擾而確保下結論的正確性。

（二）整體性不適配效果值指標：不具常態分配

當常態性資料的基本假設違反時，雖然 SEM 模式中的參數估計值仍然是正確的，但是卡方與標準誤則會偏誤：SEM 分析在非常態性資料下，卡方值會高估而標準誤會低估。非常態性資料的校正，可採用卡方校正與 Bootstrapping 法，茲將常用四種方法介紹於後。

1. Satorra-Bentler scaled χ^2 考驗（Satorra, Bentler, 1994）可針對卡方值與標準誤加以校正，可惜 AMOS 目前尚未提供，請使用 MPLUS、EQS & LISREL 等軟體，取得此統計量。

2. Gomer, Jiang, & Yuan（2018）曾提供了 10 餘個新效果值指標（需使用 bootstrapping 技術），適合於非常態性情境下使用，有需要的讀者請自行參閱，篇幅所限不在此說明。

3. 另一簡易作法是：利用 AMOS 之「Tests for normality and outliers」功能，刪除極端值（會降低 χ^2 值）個案或變項之後（利用圖 11-2 左側長形方框內的選單），再進行 SEM 的分析，取得較正確的卡方估計值及 NCP 值。

Observations farthest from the centroid (Mahalanobis distance) (Girls)

Observation number	Mahalanobis d-squared	p1	p2
42	18.74688	.00461	.28648
20	17.20114	.00857	.12990
3	13.26415	.03903	.54613
35	12.95412	.04377	.39737
28	12.73043	.04752	.26624
23	12.26206	.05637	.22888
54	11.73367	.06818	.22908
36	11.54508	.07292	.16165
45	11.16726	.08334	.15253

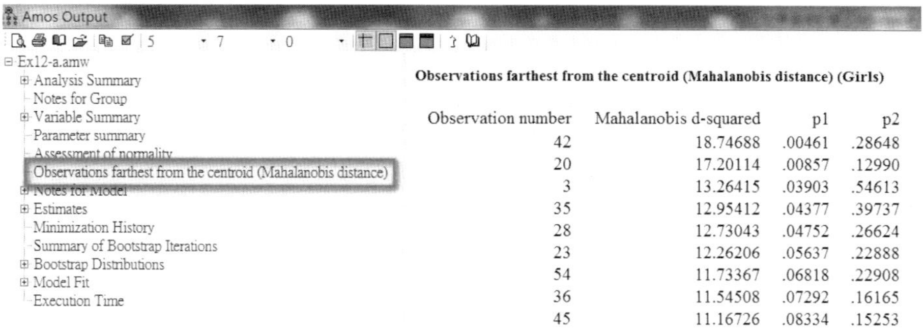

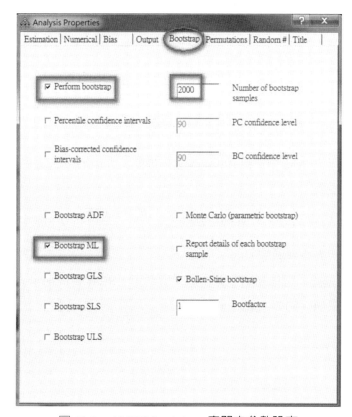

圖 11-2　**AMOS 常態性評估報表：極端值個案**

4. 利用 AMOS bootstrapping 方法，估計 χ^2 值

仍以 AMOS Example 12-A 爲例，假定該資料違反常態性基本假設。圖 11-3 係 AMOS 之 Bootstrap 表單（在 AMOS 分析屬性表單之下），研究者須勾選 Perform bootstrap，並設定 bootstrap 樣本的數目，此數目最好大於 1000，並選定

圖 11-3　**AMOS bootstrap 表單之參數設定**

SEM 適配函數的極小化方法：如 Bootstrap ML。執行之後，就可獲得圖 11-4 的 bootstrap 分配報表。取得估計 χ^2 值之後，就可獲得非對稱性參數（$NCP = \chi^2 - df$）。

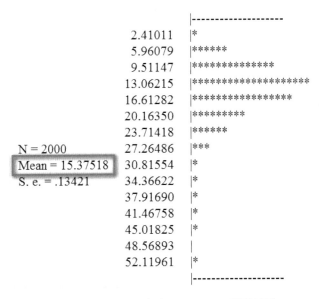

圖 11-4　**AMOS 卡方 bootstrap 分配報表**

最後，利用公式 11-1 可求得：$\varepsilon_1 = \sqrt{\dfrac{\chi^2 - df}{N - 1}} = \sqrt{\dfrac{15.375 - 16}{145 - 1}} = \sqrt{\dfrac{-.625}{145 - 1}} \approx 0$

（非中心參數小於 0 時設定為 0，代表非常適配；非中心參數等於 0 時，代表符合中心性卡方分配）。

如果利用公式 11-2，可求得：$D_1 = \dfrac{\chi^2 - df}{\sqrt{2 * df}} = \dfrac{-.625}{\sqrt{2 * 16}} \approx 0$（非中心參數小於 0 時設定為 0，代表非常適配）。

由以上之證據，可推知：在非常態性資料下，SEM 會高估卡方值（16.48 vs. 15.375）或效果值（例如：.055 >0）。

（三）潛在構念間平均數差異之效果值指標

1. 在 t 考驗的平均數差異考驗下，研究者可利用公式 11-3 計算 Cohen's d 值。

$$\text{Cohen's } d = \frac{\overline{Y}_1 - \overline{Y}_2}{SD_{pooled}} \qquad \text{公式 11-3}$$

　　公式 11-3 中，

$$SD_{pooled} = \sqrt{\frac{(n_1 - 1) * SD_1^2 + (n_2 - 1) * SD_2^2}{n_1 + n_2 - 2}} \qquad \text{公式 11-4}$$

2. 在平均數結構 SEM 理論模式中與 Cohen's d 相對應的母群效果值指標，可以利用公式 11-5 估計之。

$$\hat{\delta} = \frac{\hat{k}_1 - \hat{k}_2}{\sqrt{\hat{\varphi}}} = \frac{\hat{k}_1 - \hat{k}_2}{\sqrt{\dfrac{n_1 * \hat{\varphi}_1 + n_2 * \hat{\varphi}_2}{n_1 + n_2}}} \qquad \text{公式 11-5}$$

　　公式 11-5 中 $\hat{\delta}$ 為母群效果值或稱為潛在效果值，$\hat{k}_1$、$\hat{k}_2$ 為構念平均數估計值，分母 $\hat{\varphi}$ 為組內併組變異量估計值（假設具有組間變異同質性）。母群效果估計值因慮及測量誤差（因低信度之校正），通常比樣本效果估計值來得高（Leonhart, Wirtz, & Bengel, 2008）。

　　以下舉一平均數結構 SEM 理論模式之範例（取自 AMOS ex15-a 範例），進行SEM效果值分析。此AMOS ex15-a範例，樣本中含有女生73人、男生72人，其因素結構分別如圖 11-5 及 圖 11-6 所示（截距項將進行等同限制），分析結果如表 11-3 及 表 11-4 示。

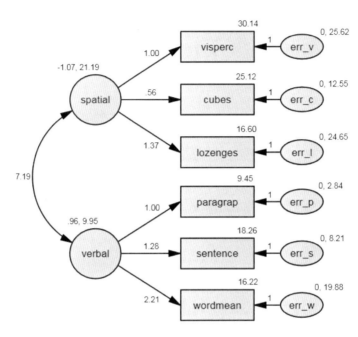

Chi-square = 22.593 (24 df)
p = .544

Example 15: Model A
Factor analysis with structured means
Holzinger and Swineford (1939): Girls' sample
Unstandardized estimates

圖 11-5　女性樣本二因素平均數結構模式：未標準化估計值

　　以男生樣本為參照點（其潛在因素的平均數設定為 0），比較圖 11-5 及 圖 11-6 中的潛在因素平均數，可知：

1.　在 spatial 上，$\hat{k}_1 - \hat{k}_2 = -1.07$，顯示女生在 spatial 上較弱，而男生較強。
2.　在 verbal 上，$\hat{k}_1 - \hat{k}_2 = 0.96$，顯示男生在 verbal 上較弱，而女生較強。

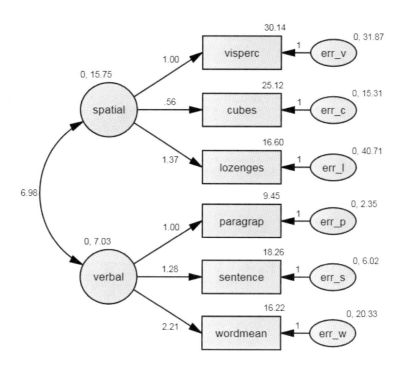

Example 15: Model A
Factor analysis with structured means
Holzinger and Swineford (1939): Boys' sample
Unstandardized estimates

圖 11-6　男性樣本二因素平均數結構模式未標準化估計值

　　圖 11-5 及 圖 11-6 的 SEM 理論模式，因係平均數結構，各圖之外顯指標上亦出現各指標的截距估計值。以男生的徑路圖中 visperc 為例，其估計的截距為30.14，此值將接近於該測量變項的平均數。因截距項已進行等同限制，男、女生在各測量變項的截距估計值，必定相同。

表 **11-3** 女性隱含共變數矩陣

Implied (for all variables) Covariances (Girls - Default model)

	verbal	spatial	wordmean	sentence	paragrap	lozenges	cubes	visperc
verbal	9.950							
spatial	7.186	21.188						
wordmean	21.989	15.880	68.474					
sentence	12.724	9.189	28.120	24.485				
paragrap	9.950	7.186	21.989	12.724	12.788			
lozenges	9.859	29.069	21.787	12.608	9.859	64.532		
cubes	4.002	11.799	8.844	5.118	4.002	16.189	19.122	
visperc	7.186	21.188	15.880	9.189	7.186	29.069	11.799	46.807

　　表 11-3 及表 11-4 係男、女生的隱含共變數矩陣，矩陣中包含兩個潛在變項（verbal、spatial）及 6 個相關的外顯指標（wordmean ～ visperc），表中部分的數據也出現在圖 11-5 及圖 11-6 中。表中各外顯指標的隱含變異數，可利用公式11-6 求得：

$$V(variable) = V(E) + b^2 * V(F) \qquad 公式\ 11\text{-}6$$

　　公式 11-6 中，$V(E)$ 為誤差變異量，$V(F)$ 為因素變異量。

　　以圖 11-6 的男生的 visperc 為例，其隱含變異數等於 $31.87 + 1^2 * 15.75 = 47.618$。如以 Cubes 為例，其隱含變異數等於 $15.31 + .557^2 * 15.75 = 20.191$。

表 **11-4** 男生隱含共變數矩陣

Implied (for all variables) Covariances (Boys - Default model)

	spatial	verbal	wordmean	sentence	paragrap	lozenges	cubes	visperc
spatial	15.752							
verbal	6.981	7.025						
wordmean	15.428	15.525	54.634					
sentence	8.928	8.984	19.854	17.512				
paragrap	6.981	7.025	15.525	8.984	9.374			
lozenges	21.612	9.578	21.167	12.249	9.578	70.360		
cubes	8.772	3.888	8.592	4.972	3.888	12.036	20.191	
visperc	15.752	6.981	15.428	8.928	6.981	21.612	8.772	47.618

　　研究者如欲進行 Cohen's d 的整合分析，可根據表 11-3 及 表 11-4 的對角線變異量，以男生為參照點，利用公式 11-5，求得男、女生在 verbal & spatial 構念上的平均數差異效果（Cohen's d 值）如下：

(1) $d = \dfrac{-1.07 - 0}{\sqrt{\dfrac{73 * 21.188 + 72 * 15.752}{72 + 73}}} = \dfrac{-1.07 - 0}{\sqrt{\dfrac{2680.868}{145}}} = \dfrac{-1.07 - 0}{\sqrt{18.4887}} = -.249$（spatial 構念）

　　d 值的變異量，可由公式 3-8 求得：

(2) $V(d) = \dfrac{72 + 73}{72 * 73} + \dfrac{(-.249)^2}{2(72 + 73)} = \dfrac{145}{72 * 73} + \dfrac{(-.249)^2}{2(145)} = .028 + .0002 = .0282$

$d = \dfrac{.96 - 0}{\sqrt{\dfrac{73 * 9.95 + 72 * 7.025}{72 + 73}}} = \dfrac{.96 - 0}{\sqrt{\dfrac{1232.15}{145}}} = \dfrac{.96 - 0}{\sqrt{8.498}} = .329$（verbal 構念）

　　d 值的變異量，可由公式 3-8 求得：

$V(d) = \dfrac{72 + 73}{72 * 73} + \dfrac{(-.329)^2}{2(72 + 73)} = \dfrac{145}{72 * 73} + \dfrac{(-.329)^2}{2(145)} = .028 + .00037 = .0284$

（四）SEM 徑路係數與多元迴歸係數間的轉換

　　SEM 常用來探究潛在變項間的直接與間接效果，所得的徑路係數係代表在完美信度下之兩個構念間的關係，為一種信度校正係數。不過，多元迴歸分析下的迴歸係數，是一種信度未校正的係數。研究者在進行整合分析時，如果希望計算與多元迴歸分析結果相當的未校正迴歸係數，請利用公式 11-7 加以轉換（Bowman, 2012），就能將兩種係數變成具有可比較性，而加以整合在一起。

$$\beta_{unadjusted} = \beta_{adjusted} * \sqrt{r_{xx} * r_{yy}} \qquad\qquad 公式 11\text{-}7$$

　　公式 11-7 中，$\beta_{adjusted}$ 為 SEM 下，經信度修正後的標準化徑路係數，$\beta_{unadjusted}$ 為多元迴歸分析下，未校正的標準化迴歸係數，$r_{xx} * r_{yy}$ 為雙變項的內在信度（internal reliability）。

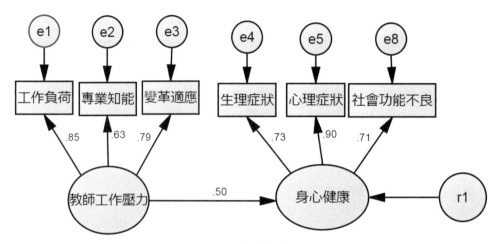

圖 11-7　**SEM** 模式參數之估計值

註：取自吳麗華（2007）。

　　以圖 11-7 的 SEM 模式參數之估計值為例，假設其教師工作壓力與身心健康之 Cronbach α 係數，分別為 .795 & .798。Cronbach α 係數常會低估信度（Crocker & Algina, 1986），建議研究者使用建構信度（construct reliability）。教師工作壓力與身心健康之建構信度，經估計分別為 .805 & .826。透過 Cronbach α 係數，未校正的標準化迴歸係數（$\beta_{unadjusted}$）為：

$$\beta_{unadjusted} = .50 * \sqrt{.795 * .798} = .50 * .7965 = .398$$

如透過建構信度，未校正的標準化迴歸係數（$\beta_{unadjusted}$）為：

$$\beta_{unadjusted} = .50 * \sqrt{.805 * .826} = .50 * .8154 = .408$$

　　以上所得的未校正的標準化迴歸係數，就可拿來跟一般多元迴歸分析下的標準化迴歸係數，進行整合分析了。

二、潛在特質前、後測差異分析：重複量數設計

一般的研究都利用外顯變項（manifest variables）計算樣本效果值，不過 Leonhart, Wirtz, & Bengel（2008）針對醫療復健前、後健康狀態的實徵調查，發現透過 SEM 利用潛在變項（latent variables）計算潛在效果值（或稱母群效果值），因測量誤差（信度）的校正可以改善效果值的估計，其有效性更佳；他們也發現經測量誤差校正的潛在效果值，通常會高於樣本效果估計值，參見表 11-5 中的 d_{rm} 值，分別為：0.29 > 0.20、0.32 > 0.24（潛在大於傳統）。他們利用 CFA 模式下各潛在因素的平均數、標準差與因素間的相關係數，估計潛在效果值；至於樣本效果值，則係利用各分量表的平均數、標準差與量表間的相關係數估計而得，參見表 11-5。

表 11-5　樣本效果值與潛在效果值估計的比較：以男性整形病人疼痛因素為例

	人數	估計方法	$\overline{X}_{difference}$	SD_{t1}	SD_{t2}	$SD_{difference}$	r_{t1t2}	d_{rm}
年輕者	726	傳統	0.22	1.94	1.94	1.10	0.84	0.20
年輕者	726	潛在	0.34	2.50	2.53	1.18	0.89	0.29
年老者	669	傳統	0.27	1.93	1.88	1.14	0.82	0.24
年老者	469	潛在	0.40	2.52	2.45	1.27	0.87	0.32

註：d_{rm} 表前、後測間差異分數之效果值，$\overline{X}_{difference}$ 表 t1 & t2 間平均數差異，$SD_{difference}$ 表差異分數標準差，r_{t1t2} 表 t1 & t2 間的相關係數。本表摘自 Leonhart, Wirtz, & Bengel（2008）Table 4 的資料。

表 11-5 內有少數數據計算不精準，經筆者軟體核算後已加以校正，參見圖 11-8 的實例演算結果。另外，表中 Cohen's $d_{rm} = \dfrac{\overline{x_{t1}} - \overline{x_{t2}}}{\sqrt{SD_{t1}^2 + SD_{t2}^2 - 2 * r_{t1t2} * SD_{t1} * SD_{t2}}}$，在此加註計算公式，以利讀者手算驗證。圖 11-8 的輸入資料係取自表 11-5 中之年輕者的數據，輸出結果包含效果值、變異量與信賴區間。操作筆者研發的 Cohen's d 效果值計算器，只要依提示在純白色的輸入空格中填入資料即可，結果會顯示於灰色空格中。

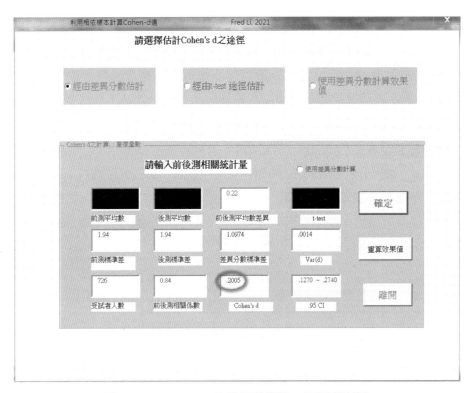

圖 11-8　**Cohen's *d* 效果值計算器：年輕者實例**

　　以下將利用圖 11-9 前、後測實例的模擬資料，示範如何計算樣本效果與潛在效果值（透過 SEM 途徑），此實例包含 6 個觀察變項（x1～x6），其中 x1～x3 係考試焦慮的前測分數，x4～x6 係考試焦慮的後測分數，AVE1 & AVE2 為前、後測的平均數。

（一）觀察變項途徑

　　利用圖 11-9 中 AVE1 & AVE2 的資料，估計出考試焦慮的前、後測觀察變項的平均數與標準差，分別為 1.814792、.59679 & 3.474375、.962213，又考試焦慮的前、後測觀察變項的相關係數為 .550529。利用這些描述統計量，帶入圖 11-10 筆者研發的 Cohen's *d* 計算表單中，即可獲得前、後測觀察變項效果值。

	A	B	C	D	E	F	G	H	I	J
1		x1	x2	x3	x4	x5	x6		AVE1	AVE2
2		2.28	2.28	2.45	2.81	4.49	1.71		2.336667	3.003333
3		0.12	2.26	1.75	2.94	5.42	3.83		1.376667	4.063333
4		0.46	1.47	1.44	1.63	2.95	1.35		1.123333	1.976667
5		0.52	2.03	0.68	2.76	3.69	3.21		1.076667	3.22
6		0.01	1.72	1.93	3.08	3.56	3.08		1.22	3.24
7		0.11	1.98	2.15	3.71	5.94	4.83		1.413333	4.826667
8		1.1	2.19	1.85	2.21	4	3.97		1.713333	3.393333
9		0.77	2.03	1.38	2.91	4.33	2.86		1.393333	3.366667
10		1.06	1.64	1.9	1.94	1.97	2.28		1.533333	2.063333
11		2.85	2.57	1.91	3.13	4.85	3		2.443333	3.66
12		1.28	2.54	1.72	2.59	3.18	3.7		1.846667	3.156667
13		2.36	3.58	2.82	6.28	4.15	4.2		2.92	4.876667
14		2.15	3.84	2.37	4.26	4.34	3.38		2.786667	3.993333
15		1.01	2.57	1.82	3.15	3	2.18		1.8	2.776667
16		1.7	3.52	2.73	5.24	5.85	5.45		2.65	5.513333
17		1.14	1.53	1.54	2.55	2.45	2.38		1.403333	2.46
18	平均數	1.1825	2.359375	1.9025	3.199375	4.010625	3.213125		1.814792	3.474375
19	標準差	0.844959	0.705403	0.51756	1.155911	1.117986	1.071236		0.59679	0.962213
20								相關係數	0.550529	

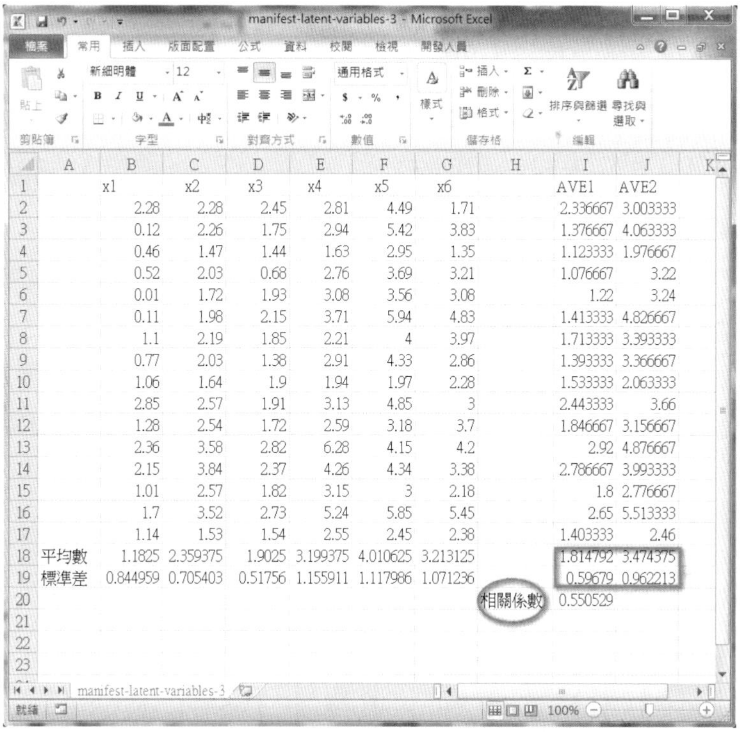

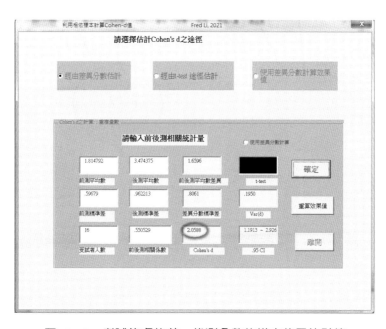

圖 11-9　考試焦慮的前、後測分數資料

圖 11-10　考試焦慮的前、後測分數的樣本效果估計值

由圖 11-10 可知，考試焦慮的前、後測分數的樣本效果值為 2.0588，其變異量為 .1950，0.95 信賴區間為 1.1913 ～ 2.926。

（二）潛在變項途徑

利用圖 11-9 內的資料，建立圖 11-11 中的 CFA 徑路圖，並獲得考試焦慮的前、後測潛在變項的平均數與變異量，分別為 1.93、.21（SD = .45826）& 3.32、.80（SD = .89443）。又根據圖 11-12 的標準化係數可知：考試焦慮的前、後測潛在變項的相關係數為 .88。利用這些描述統計量，帶入圖 11-13 的 Cohen's *d* 計算表單中，即可獲得前、後測潛在變項的效果值。事實上，只要將圖 11-11 中 SEM 徑路圖的 F1 & F2 共變數設定為 0，本模式亦適用於獨立樣本設計。

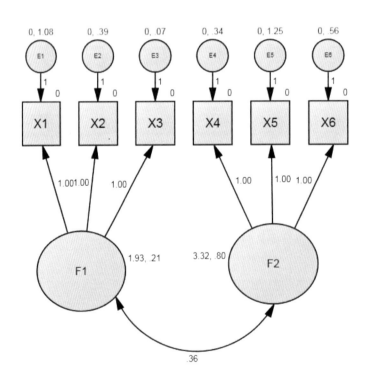

圖 11-11　考試焦慮的前、後測潛在變項的平均數與變異量

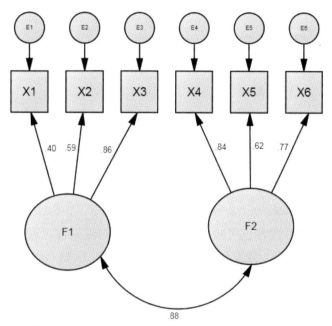

圖 11-12　考試焦慮的前、後測潛在變項的相關性

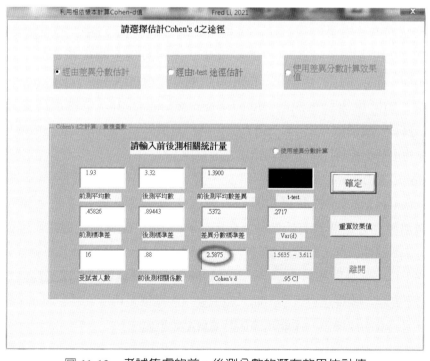

圖 11-13　考試焦慮的前、後測分數的潛在效果估計值

由圖 11-13 可知，考試焦慮的前、後測分數的潛在效果值（或稱母群效果值）為 2.5875，其變異量為 .2717，0.95 信賴區間為 1.5635 ～ 3.611。由於 SEM 模式會因測量誤差的校正，因此潛在效果值的確高於樣本效果估計值：2.5875 > 2.0588，請比較圖 11-10 & 圖 11-13 中的效果值大小。

三、成長模式效果值分析

縱貫性研究的成長模式分析（growth modeling analysis，簡稱 GMA），結合了 HLM & 潛在成長模式（latent growth modeling），時常用來考驗組間成長速率的差異性（differences in rate of growth），此差異性係透過隨機斜率平均數，進行組間之比較。研究者也可將此組間成長速率的差異性（未標準化的迴歸係數）進行標準化，所得的效果值等同於 Cohen's d，可稱為 GMA d 值（參見公式 11-8、公式 11-9）。GMA d 值的定義及其相關標準差的選擇，分別介紹如下：

（一）標準差的選擇

如同獨立組別前、後測設計（independent-groups pretest-posttest design），遇受試內設計（within-subjects design，重複量數設計）時，文獻上有兩種計算效果值的方法：第一種方法，係利用平均改變分數（mean change scores）的標準差進行標準化，第二種係利用基準線時原始分數的標準差（baseline standard deviation）進行標準化（Feingold, 2009）。GMA 分析（growth modeling analysis）如同重複量數設計，Raudenbush & Liu（2001）也曾提出兩種計算 GMA 分析效果值的方法：第一種方法係利用隨機斜率的標準差進行標準化，第二種係利用基準線時原始分數的標準差進行標準化。

Morris & DeShon（2002）的研究，發現使用差異分數的標準差（SD of the change scores）去計算效果值，會偏估效果值，會混淆效果值的估計（因為前後測分數間具有相關）。Feingold（2013）認為就短期的研究而言，請使用基準線標準差，以確保資料齊全（後期可能會流失），而且不會受到實驗處理的干擾；就長期的研究而言，請使用研究末期的標準差，以免高估效果值（通常研究早期標準差會較小，而末期依變項的標準差會增大）。因此，筆者建議請慎選適當的標準差，才能正確估計 GMA 效果值。

（二）GMA 效果值的定義

依據前述 Raudenbush & Liu（2001）的兩種標準差計算方法，茲以實例示範 GMA 效果值的估計如下：

1. 利用隨機斜率的標準差計算

利用隨機斜率的標準差進行標準化的公式，相當於平均改變分數的標準差，本法適用於樣本規劃，請參見公式 11-8 的 GMA 效果值的計算。

$$d_{GMA} = \frac{\beta}{\sqrt{\tau}}$$ 公式 11-8

公式 11-8 中，τ 是隨機斜率的變異量，β 代表平均成長速率在組間的差異（平均改變量的差異值），假定未標準化係數 β 為 .0219，而隨機斜率的變異量 τ 為 .003，其標準化的效果值為 0.40。

$$\frac{\beta}{\sqrt{\tau}} = \frac{.0219}{\sqrt{.003}} = 0.40$$

2. 利用原始分數的標準差計算

針對兩個獨立樣本的平均數差異，傳統上計算 Cohen's d 值，需利用公式 11-3。由此公式可導出標準化 GMA（Growth modeling analysis）d 值的估計（參見公式 11-9），GMA d 僅適用於二分的類別變項，可視為 Cohen's d 同類的效果值。

$$d_{GMA} = \frac{\beta * duration}{SD}$$ 公式 11-9

公式 11-9 中，標準差（SD）可利用 Mplus 程式計算之（例如：Model: gpa1 on sex；根據基準線資料計算，sex 為二分類別變項）。由公式 11-8，可以估計出如同 Cohen's d 的效果值參數（Feingold, 2015, 2017, 2019），公式 11-8 中 β 係 GMA 方程式中的未標準化係數，代表每單位時間內（如每週或每兩週）組間改變速率的差異，時段（duration）代表研究中時間單位（unit of time）的長度，而 β 及 duration 的乘積（分子部分）代表在研究結束時，實驗處理組的處理效果

（與控制組的原始分數的平均差異值）。

公式 11-9 中，Duration 需視時間之編碼而定，例如：一個 6 週的研究，期間包含 4 次評量（T1、T2、T3、T4），間隔 2 週施測一次，如果利用時間間隔進行編碼：0、2、4、6，其 duration 為 6，此時，β 代表每週的改變量；如果利用測量次數進行編碼：0、1、2、3，其 duration 為 3，此時，β 代表每 2 週的改變量。GMA 分析時，β 值的大小會隨著時間的編碼不同而改變，但不管為多少，β*duration 的交乘積需保持恆定。因此，duration 的大小也須隨著編碼不同而更動，請看以下兩個 duration 的應用實例。

1. 0、2、4、6 → duration = 6

圖 11-14　**MPLUS** 的程式設計：成長波段的編碼（一）

在圖 11-14 的 MPLUS 的程式中，b 代表一個為期 6 週的研究中，每週改變速率的差異性，因此 duration 為 6，分析結果從略。

2. 0、1、2、3 → duration = 3

```
gma-mplus-4
DATA: FILE IS "C:\Program Files\Mplus\Mplus Examples\gpa.dat";
VARIABLE: NAMES ARE sex gpa1 gpa2 gpa3 gpa4 gpa5 gpa6;
          USEVARIABLEs=sex gpa1 gpa2 gpa3 gpa4;
MODEL:  i s | gpa1@0 gpa2@1 gpa3@2 gpa4@3;
!* i指intercept，s指slope
        i s on sex;
        s on sex(b);
        i(v1);
        gpa1-gpa4(r1-r4);
!*(r1-r4)要求輸出變異量
MODEL CONSTRAINT:
        new(d);
        d = (b*3)/sqrt(v1+(r1+r2+r3+r4)/4);
OUTPUT: SAMPSTAT CINTERVAL;
```

圖 11-15　**MPLUS** 的程式設計：成長波段的編碼（二）

　　在圖 11-15 的 MPLUS 的程式中，因係利用測量次數進行編碼，編碼前後差 1 的時候，測量次數須減 1，因此 duration 為 3(4 − 1 = 3)；此時，b 代表一個為期 6 週的研究中，預期每 2 週改變速率的差異性。圖 11-15 的 MPLUS 輸出結果，請參見表 11-9。

　　雖然成長波段的編碼（一）跟（二）不同，但圖 11-14 與圖 11-15 的分析結果將相同（d 值均等於 −.388）。讀者不難發現，β 值（分別為 .019 &.038）及 duration（分別為 6 & 3）的大小，都會隨著時間的編碼不同而更動，不過 β*duration 的交乘積（−.114）需保持恆定，請讀者根據成長波段的編碼（一）及（二），自行利用上述 MPLUS 程式驗證之。

　　至於 GMA d 值變異量（V）的估計，可採 Feingold（2015, 2019）的建議，其計算公式如 11-10 所示：

$$V = SE_b^2 * \left(\frac{duration}{SD}\right)^2 \qquad 公式\ 11\text{-}10$$

　　公式 11-10 中，SE_b^2 為斜率的變異誤，SD 為原始分數的併組標準差，V 的平方根值為 SE，可用來計算 GMA d 的信賴區間，參見公式 11-11。

$$CI = d_{GMA} \pm 1.96 * SE \qquad \text{公式 11-11}$$

（三）GMA *d* 效果值的實例解說

本實例示範如何利用 MPLUS 程式（修訂自 Feingold, 2019），在五種分析型態下，進行成長模式效果值分析。分析資料修訂自 Hox（2002），總樣本人數爲 190，其中男、女各半，參見圖 11-16 之原始資料。

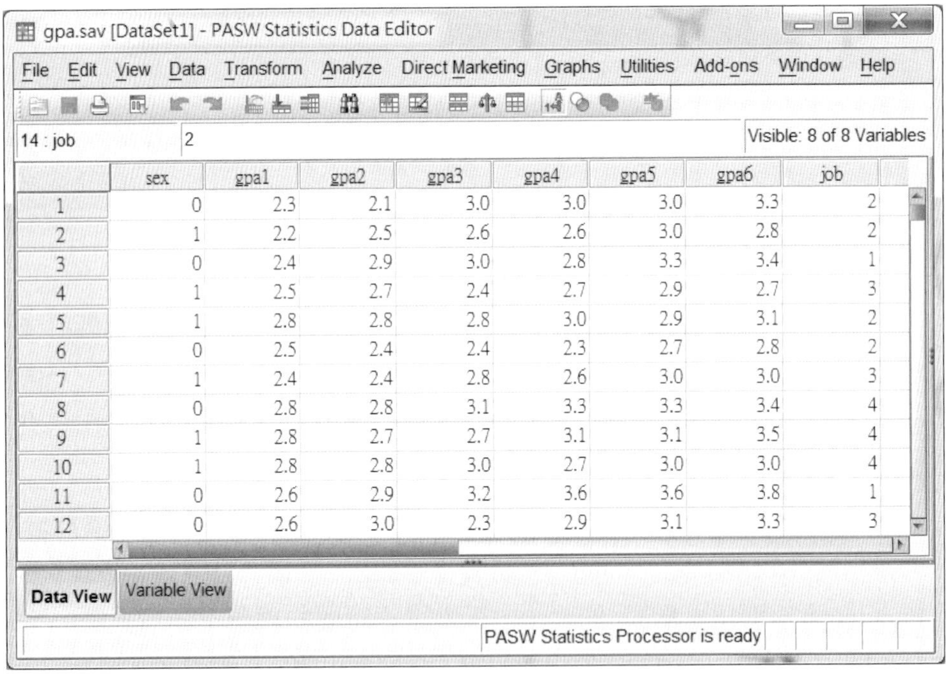

	sex	gpa1	gpa2	gpa3	gpa4	gpa5	gpa6	job
1	0	2.3	2.1	3.0	3.0	3.0	3.3	2
2	1	2.2	2.5	2.6	2.6	3.0	2.8	2
3	0	2.4	2.9	3.0	2.8	3.3	3.4	1
4	1	2.5	2.7	2.4	2.7	2.9	2.7	3
5	1	2.8	2.8	2.8	3.0	2.9	3.1	2
6	0	2.5	2.4	2.4	2.3	2.7	2.8	2
7	1	2.4	2.4	2.8	2.6	3.0	3.0	3
8	0	2.8	2.8	3.1	3.3	3.3	3.4	4
9	1	2.8	2.7	2.7	3.1	3.1	3.5	4
10	1	2.8	2.8	3.0	2.7	3.0	3.0	4
11	0	2.6	2.9	3.2	3.6	3.6	3.8	1
12	0	2.6	3.0	2.3	2.9	3.1	3.3	3

圖 11-16　**Hox's** 原始資料（經過修訂）

以下將依預測變項（或稱爲共變數）的多寡與標準差的選擇方法，逐一介紹 MPLUS 程式的操作與其效果值的估計與解釋。

1. 單一之二分類別預測變項下，估計 Cohen's *d*

圖 11-17 內之程式碼：Model: gpa1 on sex(b)，旨在利用類別變項 sex 爲預測變項，進行迴歸分析，並輸出斜率（β），而另一程式碼：gpa1(r) 則會輸出 gpa1 的變異量，β & r 的數值將作爲計算 Cohen's *d* 之用（$d = \frac{\beta}{\sqrt{r}}$），參見公式 11-8；MODEL CONSTRAINT 下的 new(d) 指令，旨在建立一個新變項：d。

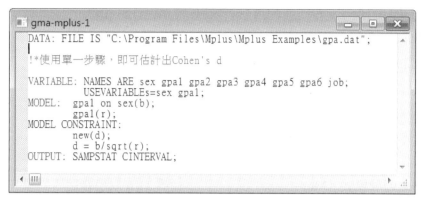

圖 11-17　**MPLUS 程式設計 Cohen's *d* 計算：單步驟**

表 11-6 的 MPLUS 輸出結果，係來自圖 11-17 的 MPLUS 程式，程式碼 gpa1(r) 係要求輸出 gpa1 的殘差變異量，並命名為 r，程式碼 sex(b) 係要求輸出 sex 的迴歸係數，並命名為 b，相當於公式 11-8 中的 β。

表 11-6　**MPLUS 結果輸出：Computation of Cohen's *d* for SEX**

		Estimate	S.E.	Est./S.E.	Two-Tailed P-Value
GPA1	ON				
	SEX	-0.074	0.045	-1.655	0.098
Residual Variances					
	GPA1	0.094	0.010	9.747	0.000
New/Additional Parameters					
	D	-0.240	0.146	-1.649	0.099

註：表中 D，代表 Cohen's *d*。

根據表 11-6，利用公式 11-8，可計算出 Cohen's *d* 效果值 $= \dfrac{-.074}{\sqrt{.094}} = -.240$，其效果值的 SE 為 .146，*p* 值為 .099。研究者可利用公式 11-10，計算出此效果值 $-.240$ 的變異量（V）與標準誤（SE）如下：

$$V = SE_b^2 * \left(\frac{duration}{SD}\right)^2 = .045^2 * \left(\frac{1}{\sqrt{.094}}\right)^2 = .002025 * \left(\frac{1}{.3066}\right)^2 = .02154$$

$SE = \sqrt{.02154} = .1468$（與 MPLUS 求得的標準誤 .146 很接近）

有了 SE 之後，再根據公式 11-11，可求得效果值 −.240 的 .95 信賴區間為：

$CI = d_{GMA} \pm 1.96 * SE = -.240 \pm 1.96 * .1468$

2. 單一之二分類別預測變項之外，含第二個預測變項，估計 Cohen's *d*

本理論模式包含兩個預測變項（sex & job），迴歸分析中的殘差變異量已不再是組內併組標準差（因為 *y* 中的部分變異量會被其他預測變項移除）。因此，研究者需分兩次執行 MPLUS，才能計算出正確的 Cohen's *d*，先執行單一類別預測變項之理論模式（Model: gpa1 on sex），從表 11-6 取得殘差變異量（.094）之後，再套入多元預測變項的理論模式中，參見圖 11-18。

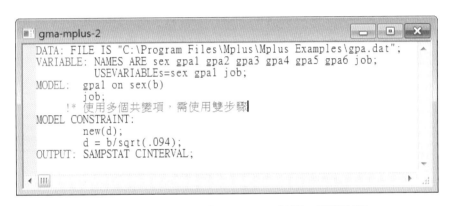

圖 11-18　**MPLUS 程式 Cohen's *d* 計算：需雙步驟**

根據 MPLUS 報表 11-7 可知：Cohen's *d* 效果值 $= \dfrac{-.073}{\sqrt{.094}} = -.238$，其效果值的 SE 為 .145，*p* 值為 .102。

研究者亦可利用公式 11-10，手動計算出此效果值 −.238 的變異量（V）與標準誤（SE）如下：

$$V = SE_b^2 * \left(\frac{duration}{SD}\right)^2 = .045^2 * \left(\frac{1}{\sqrt{.094}}\right)^2 = .002025 * \left(\frac{1}{.3066}\right)^2 = .02154$$

$SE = \sqrt{.02154} = .1468$（與 MPLUS 求得的標準誤 .145 有點差異，為割捨誤差所致）

根據公式 11-11，可求得效果值 −.238 的 .95 信賴區間為：$CI = d_{GMA} \pm 1.96 *$ $SE = -.238 \pm 1.96 * .1468$。

表 11-7   **MPLUS 結果輸出：Computation of Cohen's *d* for SEX**

	Estimate	S.E.	Est./S.E.	Two-Tailed P-Value
GPA1 ON				
SEX	-0.073	0.045	-1.634	0.102
JOB	0.006	0.021	0.277	0.782
Intercepts				
GPA1	2.614	0.061	43.208	0.000
Residual Variances				
GPA1	0.094	0.010	9.747	0.000
New/Additional Parameters				
D	-0.238	0.145	-1.634	0.102

3. 含單一類別預測變項，使用 gpa1 的殘差變異量

圖 11-19 中 GMA *d* 的計算，係根據 gpa1 之變異量（sqrt(v1 + r1)），本法適用於殘差變異量未具有同質性時。

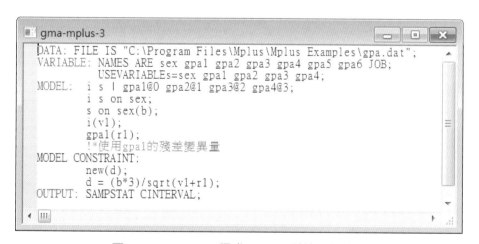

```
gma-mplus-3
DATA: FILE IS "C:\Program Files\Mplus\Mplus Examples\gpa.dat";
VARIABLE: NAMES ARE sex gpa1 gpa2 gpa3 gpa4 gpa5 gpa6 JOB;
          USEVARIABLEs=sex gpa1 gpa2 gpa3 gpa4;
MODEL:    i s | gpa1@0 gpa2@1 gpa3@2 gpa4@3;
          i s on sex;
          s on sex(b);
          i(v1);
          gpa1(r1);
          !*使用gpa1的殘差變異量
MODEL CONSTRAINT:
          new(d);
          d = (b*3)/sqrt(v1+r1);
OUTPUT: SAMPSTAT CINTERVAL;
```

圖 11-19   **MPLUS 程式 GMA *d* 計算：單步驟**

為協助讀者理解圖 11-19 中成長模式分析的程式設計與其報表內容之解釋，特提供圖解 AMOS 的 GMA 徑路圖設計，參見圖 11-20。圖 11-19 中的指令「MODEL: is | gpa1@0 gpa2@1 gpa3@2 gpa4@3;」，為線性成長模式，目的在於界定圖 11-20 中 S 因素（shape）的線性徑路係數，以 0 為起始值的編碼，會使得 I 因素（intercept）的平均數等於 gpa1 的期望值；0、1、2、3 的編碼設計，

可以探究男、女生在 gpa1 ～ gpa3 間的平均改變量。此徑路模式中包含一個初始
狀態因子（I）與一個改變形態因子（S），前者為成長曲線的截距，後者為成長
曲線的斜率。此一理論模式又包含一個預測變項（sex），因此圖 11-20 之 GMA
成長分析徑路圖，係一雙因子潛在特質變化之單預測變項分析的徑路設計。為理
解男、女生在成長曲線的截距與斜率上之差異性，須將此一類別變項化為虛擬變
項（dummy variable）。

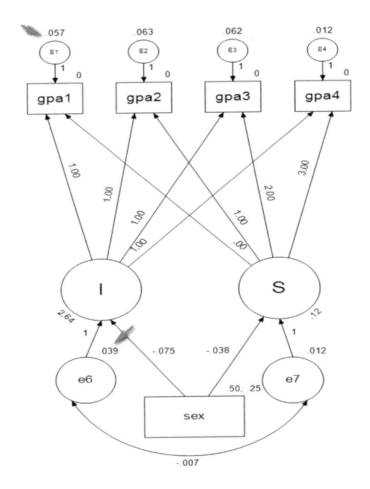

圖 11-20　GMA 成長分析徑路圖設計：AMOS 雙因子潛在特質變化之單預測變項分析

　　MPLUS 的分析結果，請參見表 11-8，請讀者自行比對 AMOS 徑路圖上的徑路參數與 MPLUS 報表上的數據，兩者分析結果相當一致。

表 11-8　**MPLUS 結果輸出：Computation of GMA *d* for SEX**

I	ON				
	SEX	-0.075	0.040	-1.862	0.063
S	ON				
	SEX	-0.038	0.020	-1.944	0.052
S	WITH				
	I	-0.007	0.004	-1.855	0.064
Intercepts					
GPA1		0.000	0.000	999.000	999.000
GPA2		0.000	0.000	999.000	999.000
GPA3		0.000	0.000	999.000	999.000
GPA4		0.000	0.000	999.000	999.000
I		2.641	0.029	92.364	0.000
S		0.123	0.014	8.830	0.000
Residual Variances					
GPA1		0.057	0.010	5.599	0.000
GPA2		0.062	0.008	8.180	0.000
GPA3		0.061	0.008	7.945	0.000
GPA4		0.012	0.009	1.359	0.174
I		0.039	0.009	4.224	0.000
S		0.012	0.002	4.947	0.000
New/Additional Parameters					
D		-0.371	0.192	-1.934	0.053

　　由表 11-8 頂部之分析結果可知，男、女生在初期的 GPA 上並無顯著差異（$\beta = -.075, p = .063$），在後期的 GPA 成長速率亦無顯著差異（$\beta = -.038, p = .052$）。利用表 11-8 頂部之 Beta 值，及 gpa1 & I 之變異量（sqrt(v1+r1)），利用公式 11-8，可計算出 GMA *d* 值（參見圖 11-19 內程式設計：d_{GMA} = (b * 3)/sqrt(v1 + r1)

d_{GMA} 效果值 $= \dfrac{-.038 * 3}{\sqrt{.039 + .057}} = -.37$（與 MPLUS 分析結果 $-.371$ 略有出入，為割捨誤差所致），此效果值的標準誤為 .192，p 值為 .053。

　　以表 11-8 的效果值為例，研究者利用公式 11-10，可手算出效果值 $-.37$ 的變異量（V）與標準誤（SE）如下：

$$V = SE_b^2 * \left(\frac{duration}{SD}\right)^2 = .020^2 * \left(\frac{3}{\sqrt{.039 + .057}}\right)^2 = .0004 * \left(\frac{3}{\sqrt{.096}}\right)^2 = .0375$$

$SE = \sqrt{.0375} = .194$（與 MPLUS 的標準誤 .192 很接近）

根據公式 11-11，可求得效果值 −.37 的 .95 信賴區間為：

$$CI = d_{GMA} \pm 1.96 * SE = -.37 \pm 1.96 * 1.94$$

4. 估計 GMA d，使用所有變異量

```
gma-mplus-4
DATA: FILE IS "C:\Program Files\Mplus\Mplus Examples\gpa.dat";
VARIABLE: NAMES ARE sex gpa1 gpa2 gpa3 gpa4 gpa5 gpa6;
         USEVARIABLEs=sex gpa1 gpa2 gpa3 gpa4;
MODEL: i s | gpa1@0 gpa2@1 gpa3@2 gpa4@3;
!* i指intercept，s指slope
       i s on sex;
       s on sex(b);
       i(v1);
       gpa1-gpa4(r1-r4);
!*(r1-r4)要求輸出變異量
MODEL CONSTRAINT:
       new(d);
       d = (b*3)/sqrt(v1+(r1+r2+r3+r4)/4);
OUTPUT: SAMPSTAT CINTERVAL;
```

圖 11-21　**MPLUS** 程式設計：單預測變項（**sex**）之 **GMA** d 計算

　　圖 11-21 中 MPLUS 程式內容（係取自圖 11-15），MODEL 的時間編碼，前後均差 1，此與圖 11-14 的 MPLUS 程式的 MODEL 時間編碼不同（前後均差 2）。程式中，gpa1 ～ gpa4（r1 ～ r4）旨在要求輸出這四個依變項的殘差變異量，並命名為 r1 ～ r4；據此，GMA d 的計算，可根據所有變異量（sqrt(v1+(r1+r2+r3+r4)/4)），本法適用於殘差變異量具有同質性時。

　　表 11-9 的 MPLUS 輸出結果，係利用圖 11-21 的 MPLUS 程式取得。

表 11-9　**MPLUS 結果輸出：單預測變項（sex）之 GMA *d* 計算**

I	ON				
	SEX	-0.075	0.040	-1.862	0.063
S	ON				
	SEX	-0.038	0.020	-1.944	0.052
S	WITH				
	I	-0.007	0.004	-1.855	0.064
Intercepts					
	GPA1	0.000	0.000	999.000	999.000
	GPA2	0.000	0.000	999.000	999.000
	GPA3	0.000	0.000	999.000	999.000
	GPA4	0.000	0.000	999.000	999.000
	I	2.641	0.029	92.364	0.000
	S	0.123	0.014	8.830	0.000
Residual Variances					
	GPA1	0.057	0.010	5.599	0.000
	GPA2	0.062	0.008	8.180	0.000
	GPA3	0.061	0.008	7.945	0.000
	GPA4	0.012	0.009	1.359	0.174
	I	0.039	0.009	4.224	0.000
	S	0.012	0.002	4.947	0.000
New/Additional Parameters					
	D	-0.388	0.201	-1.936	0.053

利用表 11-9 及公式 11-9（參見圖 11-14 內程式設計：效果值

$d_{GMA} = \dfrac{b*3}{\sqrt{v1 + \dfrac{r1 + r2 + r3 + r4}{4}}}$），可計算出：

$d_{GMA} = \dfrac{-.038*3}{\sqrt{.039 + \dfrac{.057 + .062 + .061 + .012}{4}}} = -.387$（與 MPLUS 分析結果略有出

入，為割捨誤差所致），此效果值的標準誤為 .201，p 值為 .053，顯示男、女生在後期 GPA 成長速率差異（-.387）上，沒有顯著差異（$\alpha = .05$）。d_{GMA} 的效果值不會因 MODEL 時間編碼的不同而變動，有興趣之讀者，可以跑一下圖 11-14中的 MPLUS 程式，加以驗證。

以表 11-9 的效果值為例，研究者利用公式 11-10，可計算出效果值 -.387 的變異量（V）與標準誤（SE）如下：

$V = SE_b^2 * \left(\dfrac{duration}{SD}\right)^2 = .020^2 * \left(\dfrac{3}{\sqrt{.039 + \dfrac{.057 + .062 + .061 + .012}{4}}}\right)^2 = .0004 * \left(\dfrac{3}{\sqrt{.087}}\right)^2$

$= .0414$

$SE = \sqrt{.0414} = .203$（與 MPLUS 的標準誤 .201 很接近）

根據公式 11-11，可求得效果值 −.387 的 .95 信賴區間為：

$CI = d_{GMA} \pm 1.96 * SE = -.387 \pm 1.96 * .203$

5. 估計 GMA d（含一個二分類別預測變項），使用原始分數變異量

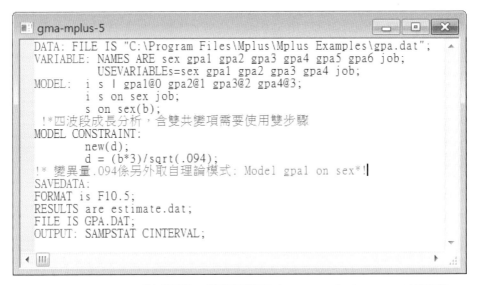

圖 11-22　MPLUS 程式設計：雙預測變項（sex & job）之 GMA d 的計算

註：MODEL CONSTRAINT 指令中的 SD，必須是原始組內併組標準差。因涉及雙變項，需要使用雙步驟：須執行兩次不同 MPLUS 程式，才能估計出 d_{GMA}。

　　本理論模式包含兩個預測變項，迴歸分析中的殘差變異量已不再是組內併組標準差（因為 y 中的部分變異量會被其他預測變項移除），而且利用起始點行為的標準差計算 d_{GMA}，好處在於此標準差不會受到處理效果及受試者流失的干擾。因此，研究者需分兩次執行 MPLUS，才能計算出正確的 d_{GMA}，先執行單一類別預測變項之理論模式（Model: gpa1 on sex(b)），從表 11-6 取得殘差變異量（.094）之後，再套入多元預測變項的理論模式中，參見圖 11-22。

　　表 11-10 的 MPLUS 輸出結果，係利用圖 11-22 的 MPLUS 程式取得。

表 11-10　**MPLUS 結果輸出：雙預測變項（sex 及 job）之 GMA *d* 的計算**

```
I         ON
    SEX                 -0.075      0.040      -1.852       0.064
    JOB                  0.002      0.019       0.097       0.923

S         ON
    SEX                 -0.039      0.020      -1.967       0.049
    JOB                 -0.004      0.009      -0.395       0.693

S         WITH
    I                   -0.007      0.004      -1.856       0.063

Intercepts
    GPA1                 0.000      0.000     999.000     999.000
    GPA2                 0.000      0.000     999.000     999.000
    GPA3                 0.000      0.000     999.000     999.000
    GPA4                 0.000      0.000     999.000     999.000
    I                    2.637      0.055      47.992       0.000
    S                    0.132      0.027       4.934       0.000

Residual Variances
    GPA1                 0.057      0.010       5.595       0.000
    GPA2                 0.062      0.008       8.179       0.000
    GPA3                 0.061      0.008       7.949       0.000
    GPA4                 0.012      0.009       1.359       0.174
    I                    0.039      0.009       4.225       0.000
    S                    0.012      0.002       4.948       0.000

New/Additional Parameters
    D                   -0.378      0.192      -1.967       0.049
```

就性別（sex）而言，利用表 11-10 可計算出：$d_{GMA} = \dfrac{-.039 * 3}{\sqrt{.094}} = -.38$（與 MPLUS 求得的結果略有差異，為割捨誤差所致），其效果值的 SE 為 .192，*p* 值為 .049，顯示排除 job 之效果後，男、女生在後期 GPA 成長速率差異（−.38）上，具有顯著差異（$\alpha = .05$）。

研究者可利用公式 11-10，計算出此效果值 −.38 的變異量（V）與標準誤（SE）如下：

$$V = SE_b^2 * \left(\frac{duration}{SD}\right)^2 = .02^2 * \left(\frac{3}{\sqrt{.094}}\right)^2 = .0004 * \left(\frac{3}{.3066}\right)^2 = .038$$

$SE = \sqrt{.038} = .195$（與 MPLUS 求得的標準誤 .192 稍有出入）

根據公式 11-11，可求得效果值 −.38 的 .95 信賴區間為：

$$CI = d_{GMA} \pm 1.96 * SE = -.38 \pm 1.96 * .195$$

為協助讀者理解成長模式分析的程式設計與其報表內容之解釋，特提供圖解 AMOS 的 GMA 徑路圖設計，參見圖 11-23。此徑路模式中包含一個初始狀態因子（I）與一個改變形態因子（S），前者為成長曲線的截距，後者為成長曲線的斜率。此一理論模式又包含兩個預測變項：性別（sex）與打工時間（job），因此圖 11-23 之 GMA 成長分析徑路圖，也係一雙因子潛在特質變化之共變數分析的徑路設計。為理解男、女生在成長曲線的截距與斜率上之差異性，須將此一類別變項化為虛擬變項（dummy variable）。MPLUS 的分析結果，請參見表 11-10，可以發現與 AMOS 徑路圖上的參數估計結果相當一致。

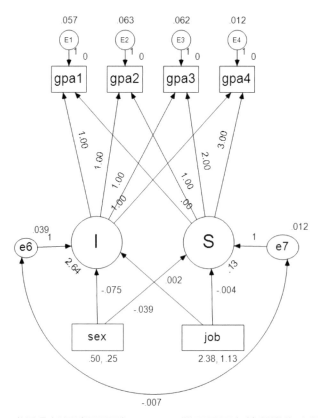

圖 11-23　**GMA 成長分析徑路圖設計：AMOS 雙因子潛在特質變化之雙預測變項分析**

網路效果值計算器簡介
與各類效果值間之轉換

♣ **本章學習重點**

一、熟悉網路效果值計算器的運用。

二、學習各類效果值間之轉換方法。

三、洞察單變項、多變項、HLM 分析效果值與 Cohen's *d* 或 Pearson's *r* 效果值間之橋接關係。

♣ **本章介紹之軟體：**

一、Psychometrica 計算器

二、Wilson 實用整合分析效果值計算器

三、Uanhoro 效果值計算器

四、Mote 效果值計算器

五、CMA 的附隨應用軟體

六、Lakens' EXCEL 計算表單

七、Trigo Sanchez's EXCEL GES 估計表單

八、Real-statistics 效果值增益集

九、整合分析軟體：CMA

十、效果值轉換器：ESC

　　為便利讀者進行不同類效果值的計算與互換，除了筆者研發的應用程式之外，本章介紹了一些好用的效果值計算器，並將網址及其主要操作介面條列如下，供下載使用。

一、網路效果值計算器

1. Psychometrica 計算器

　　本計算器介面提供各類效果值的計算與轉換，共含 16 個選單，其下載網址為：https://www.psychometrica.de/effect_size.html，操作介面如圖 12-1 所示。

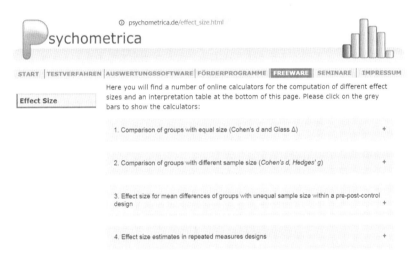

圖 12-1　**Psychometrica** 計算器介面（只顯示部分選單）

　　圖 12-2 介面內容，係點選下列第 14 個選單的效果值轉換器之應用實例：

14. Transformation of the effect sizes *d, r, f, Odds Ratio,* η^2 and *Common Language Effect Size (CLES)*　　　　+

　　使用者只要點選效果值的種類（如 Eta-Square）與輸入相關數據，即可轉換為其他類別的效果值，參閱圖 12-2 的應用實例：由 η^2（如 .339）轉成 d、r、f、Odds Ratio 等。

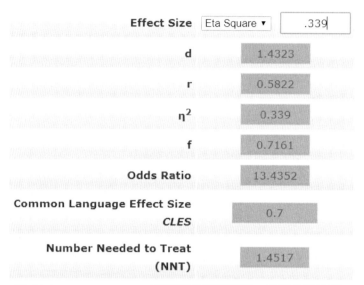

圖 12-2　**Psychometrica** 計算器之應用實例：效果值的互換

2. Wilson 效果值計算器

　　Dr. Wilson 提供的效果值計算器介面，如圖 12-3 所示，其下載網址為：
https://campbellcollaboration.org/escalc/html/EffectSizeCalculator-ESTypes.php。

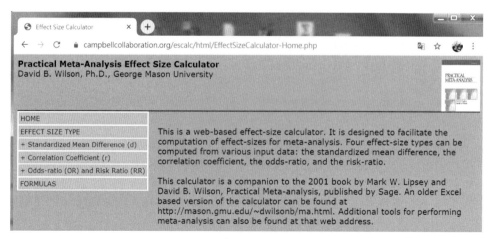

圖 12-3　**Wilson** 整合分析效果值之計算器介面

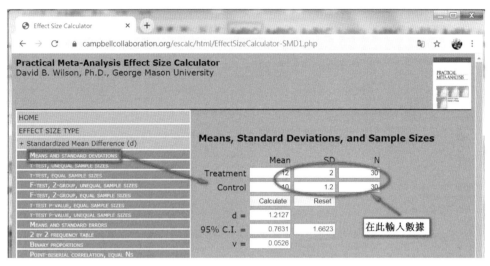

圖 12-4　**Wilson** 實用整合分析效果值計算之實例

　　圖 12-4 係 Wilson 計算器介面：Cohen's d 應用實例，需輸入平均數、標準差與樣本大小。

　3. Uanhoro 效果值計算器

　　Uanhoro（2017）提供了各類效果值的計算器，其操作介面如圖 12-5 所示，下載網址為：https://effect-size-calculator.herokuapp.com/。

Effect Size Calculators

Refer to this page for formulae and citations.

Two groups	ANOVA, OLS & HLM
One-sample	Partial eta-squared (Fixed effects)
Independent-samples	R-squared (OLS)
Paired-samples	Intraclass Correlation Coefficient
Odds/risk/absolute ratios & NNT	HLM / multilevel Pseudo R-squared's

圖 12-5　**Uanhoro** 效果值計算器介面

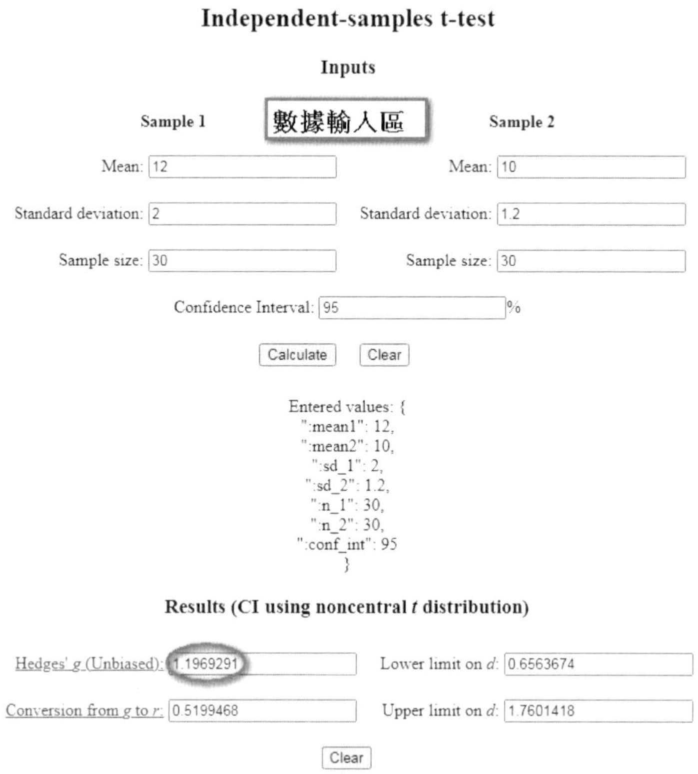

Independent-samples t-test

Inputs

Sample 1	數據輸入區	Sample 2

Mean: [12]   Mean: [10]

Standard deviation: [2]   Standard deviation: [1.2]

Sample size: [30]   Sample size: [30]

Confidence Interval: [95] %

[Calculate] [Clear]

Entered values: {
 ":mean1": 12,
 ":mean2": 10,
 ":sd_1": 2,
 ":sd_2": 1.2,
 ":n_1": 30,
 ":n_2": 30,
 ":conf_int": 95
 }

Results (CI using noncentral *t* distribution)

Hedges' *g* (Unbiased): [1.1969291]   Lower limit on *d*: [0.6563674]

Conversion from *g* to *r*: [0.5199468]   Upper limit on *d*: [1.7601418]

[Clear]

圖 12-6　**Uanhoro** 效果值計算之實例

　　圖 12-6 係 Uanhoro 計算器之 Hedges' *g* 的應用實例，需輸入平均數、標準差與樣本大小，此計算器提供非對稱性信賴區間。

4. Mote 效果值計算器

　　Mote（Measure of the effect）為 ShinyAPP，他提供兩大類效果值（平均數差異 & 解釋比率）的計算，如圖 12-7 & 圖 12-8 所示，後者且包含 generalized eta-sqauare（GES）效果值指標，其下載網址為：https://doomlab.shinyapps.io/mote/。

圖 12-7　**Mote** 效果值計算器實例一：平均數差異

　　Mote 效果值計算器很周到，除了針對效果值進行定義與估計之外，尚提供統計考驗結果的文字說明，參見圖 12-7 & 圖 12-8 右側分析結果與解釋。

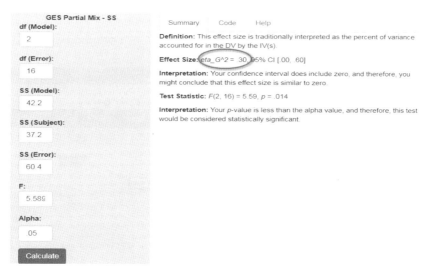

圖 12-8　**Mote** 效果值計算器實例二：GES 之計算

5. CMA 的附隨應用軟體：付費軟體

　　CMA 附隨軟體適合多層次分析效果值的計算，操作示範介面如圖 12-9，而其下載網址為：https://www.meta-analysis.com/pages/video_multilevel.php。

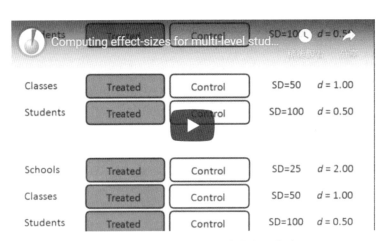

圖 12-9　多層次分析效果值計算之操作介面

6. Lakens' EXCEL 計算表單（Calculating_Effect_Sizes.xlsx）

　　Lakens 計算表單，操作介面如圖 12-10 所示，其下載網址為：https://osf.io/vbdah/（Lakens, 2013）。

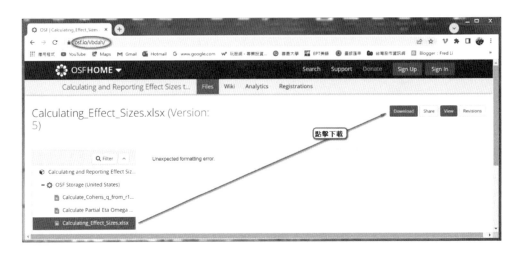

圖 12-10　**Lakens** 效果值計算表單：連結網址與下載

　　Lakens 效果值計算表單，會依研究設計（獨立樣本或相關樣本）、可用資料的有無，獨立變項含有測量變項或操弄變項，導引研究者選用正確的效果值估計，參見圖 12-10 之操作導引流程。

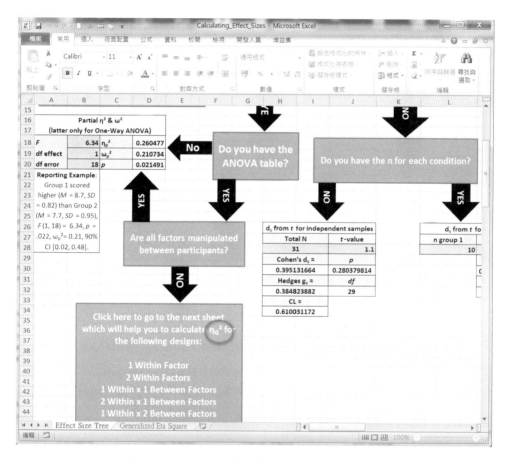

圖 12-11　Lakens 效果值計算表單：應用實例

　　由圖 12-11 左下角可知，此增益集可以計算高達三因子設計下的 GES 效果值，包含單因子、雙因子重複量數設計；單、雙因子混合設計。圖 12-12 係組內受試設計的應用實例，使用者只要將左側的圈選數據，填入右側效果值的估計欄位即可。

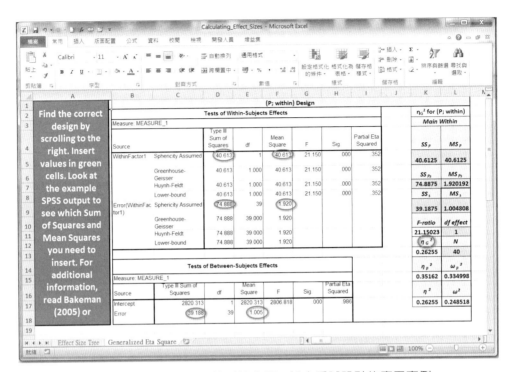

圖 12-12　**Lakens** 效果值計算表單：組內受試設計的應用實例

7. Trigo Sanchez's EXCEL GES 估計表單

Trigo EXCEL 表單提供單因子及雙因子 GES 效果值指標的計算，包含主要效果、交互作用與對比分析（Trigo Sanchez & Martinez Cervantes, 2016），參見圖 12-13 & 圖 12-14 之單、雙因子應用實例。研究者可依據該因子係操弄變項或測量變項，正確估計 GES 效果值指標，其下載網址：http://personal.us.es/trigo/suppmaterials.htm。

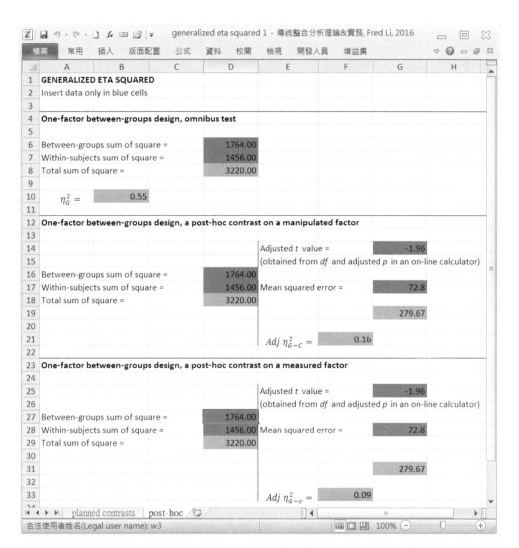

圖 12-13　**Trigo Sanchez** 效果值計算表單：單因子實例

　　讀者可以試著利用公式 6-1：$SS_{contrast} = t^2 * MS_{error} = (-1.96)^2 * MS_{error}$，求得 $SS_{contrast} = 279.67$。

圖 12-14　**Trigo Sanchez** 效果值計算表單：雙因子實例

讀者可以試著利用表 6-19 中 Ab 設計下的交互作用 $SSAb$ 為例：利用對比 η_G^2 公式 $\left(\dfrac{SSC}{SSb + SSAb + SS_{error}}\right)$，求得 $\eta_G^2 = \dfrac{423.33}{80.67 + 423.33 + 952} = \dfrac{423.33}{1456} = .29$。

8. Real Statistics Resource Pack

Real Statistics 為免費 EXCEL 程式，係由 Zaiontz（2020）所研發，其下載網址為：http://www.real-statistics.com/free-download/real-statistics-resource-pack/。

此軟體為多功能的統計分析計算器，包含單變項與多變項統計，功能齊全。安裝此軟體之後，其主要操作步驟如圖 12-15 ～圖 12-17，簡述如後。

(1) 加入 EXCEL 增益集

圖 12-15　**Real Statistics** 效果值計算增益集

載入 Real Statistics 效果值計算器之後，點擊 Data Analysis Tools，以開啟統計與分析界面。

(2) 點選待分析的統計方法

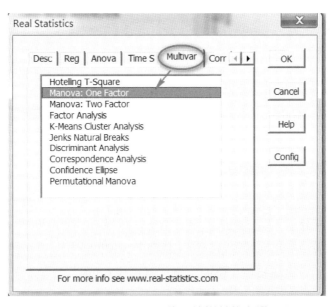

圖 12-16　**Real Statistics** 效果值增益集多變項選單

例如：點選多變項分析的單因子統計方法（Manova: One Factor），就可出現圖 12-17 右側小視窗。

(3) 標註待分析資料的區塊，並點選欲輸出的額外統計量

標註資料存放範圍之後，點選待輸出的統計量（如 Significance Analysis, Group Means & Contrast）之後，在圖 12-17 右側，按下小視窗中的「OK」鈕之後，即可在 EXCEL 表單上，於指定的欄位（如 G2）之後呈現輸出結果。

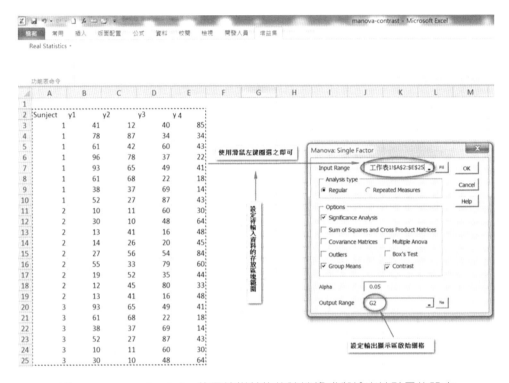

圖 12-17　**Real Statistics** 效果值增益集的建檔格式與輸出統計量的設定

二、各類效果值間的轉換

　　常見整合分析的對象最主要的有三類：平均數的差異量、變項間的相關係數與勝算比指標統計量。這三類統計量必須均在回答同一研究問題，且具有相似實質意義，才能併在一起進行整合分析。為使效果值間能相互直接比較，必須轉成具有共同量尺的效果值指標（例如：全部轉換成 Cohen's *d* 值），具有可比較性之後，才能進行整合分析。因此，效果值間在各種方法間的轉換是整合分析的核心工作。

　　為便利研究者進行整合分析，乃將各效果值指標及其變異量間之轉換公式，彙整圖示於圖 12-18 ～圖 12-19，各公式內容如公式 12-1 ～公式 12-18 所示（細節請參見 Chinn, 2000; Ringquist, 2013; Polanin, Snilstveit, 2016）。另外，圖 12-20 則特別摘要了單變項、多變項、HLM 分析效果值與 Cohen's *d* 或 Pearson's *r* 效果值間之橋接關係與相關之轉換公式，以利研究者快速掌握如何進行各類效果值間之轉換。

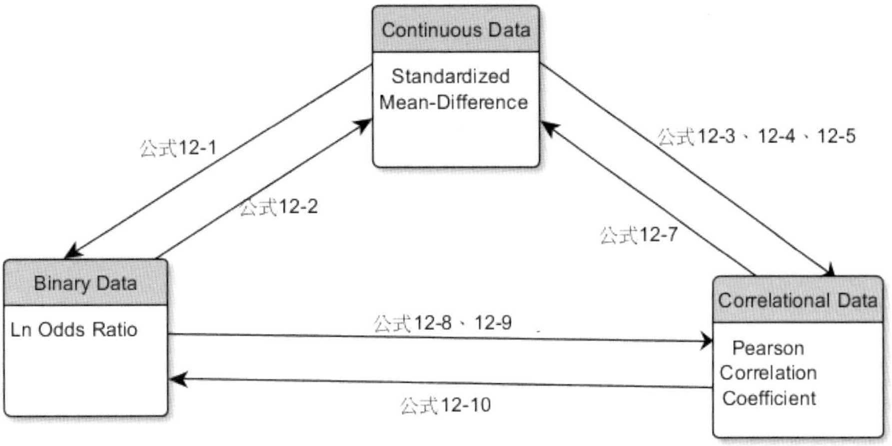

圖 12-18　三大類效果值間之轉換公式

註：整理自圖 3.1，Ringquist（2013）；附錄 A，Polanin & Snilstveit（2016）。

　　圖 12-18 的示意圖，提示了三大類效果值間之轉換公式，這三類效果值分別涉及類別、連續性與相關性之資料。透過相關公式進行效果值的轉換，轉換所得有些為精確值（例如：d 值與 r 值的轉換，t 值與 d 值的轉換），有些則為估計值。三大類效果值間之轉換，詳如公式 12-1 ～ 12-10。

$$\text{LnOddsRatio} = d * \frac{\pi}{\sqrt{3}} \qquad\qquad 公式\ 12\text{-}1$$

$$d = \frac{\sqrt{3}}{\pi} \times \text{LnOddsRatio} = \frac{\text{LnOddsRatio}}{1.81}，\pi = 3.14159 \qquad 公式\ 12\text{-}2$$

$$r = \frac{d}{\sqrt{d^2 + a}}\ (n1 \neq n2) \qquad\qquad 公式\ 12\text{-}3$$

公式 12-3 中，

$$a = \frac{(n1 + n2)^2}{n1 \times n2} \qquad\qquad 公式\ 12\text{-}3\text{-}1$$

$$r = \frac{d}{\sqrt{d^2 + 4}}\ (n1 = n2) \qquad\qquad 公式\ 12\text{-}4$$

公式 12-4，係由公式 12-3 簡化而來。

$$r = \frac{d}{\sqrt{d^2 + 1}} \quad (\text{適用於相依樣本}) \qquad \text{公式 12-5}$$

$$\eta^2 = \frac{d^2}{d^2 + 4} \quad (n1 = n2) \qquad \text{公式 12-6}$$

$$\eta^2 = \frac{d^2}{d^2 + 4\left(\frac{\bar{n} - 1}{\tilde{n}}\right)} \quad (n1 \neq n2) \qquad \text{公式 12-6-1}$$

公式 12-6-1 中，$\bar{n}$ 爲平均數，$\tilde{n}$ 爲調和平均數 $\left(= \dfrac{2}{\dfrac{1}{n_1} + \dfrac{1}{n_2}}\right)$。

$$d = \frac{2r}{\sqrt{1 - r^2}} \qquad \text{公式 12-7}$$

$$r = \frac{LnOddsRatio * \dfrac{\sqrt{3}}{\pi}}{\sqrt{\left(LnOddsRatio * \dfrac{\sqrt{3}}{\pi}\right)^2 + a}} \quad (n1 \neq n2) \qquad \text{公式 12-8}$$

分母中 a，請參見公式 12-3-1。

$$r = \frac{LnOddsRatio * \dfrac{\sqrt{3}}{\pi}}{\left(LnOddsRatio * \dfrac{\sqrt{3}}{\pi}\right)^2 + 4} \quad (n1 = n2) \qquad \text{公式 12-9}$$

公式 12-9，係由公式 12-8 簡化而來。

$$LnOddsRatio = \frac{2r}{\sqrt{1 - r^2}} * \frac{\pi}{\sqrt{3}} \qquad \text{公式 12-10}$$

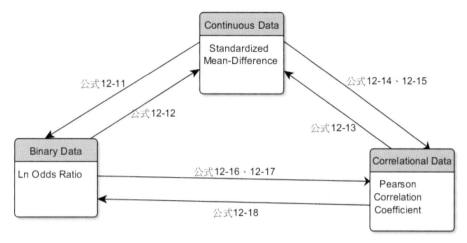

圖 12-19　三大類效果值間之變異量轉換公式

註：整理自圖3.3，Ringquist（2013）；附錄A，Polanin & Snilstveit（2016）。

　　圖 12-19 示意圖係三大類效果值變異量間的轉換公式，相關抽樣變異數轉換之定義，詳如公式 12-11 ～公式 12-18。

$$V_{LnOddsRatio} = V_d * \frac{\pi^2}{3}$$
　　　　公式 12-11

$$V_d = \frac{3}{\pi^2} \times V_{LnOddsRatio}$$
　　　　公式 12-12

$$V_d = \frac{4 * V_r}{(1 - r^2)^3}$$
　　　　公式 12-13

公式 12-13 中，V_r 的定義請參見公式 12-14。

$$V_r = \frac{a^2 * V_d}{(d^2 + a)^3} \ (n1 \ne n2)$$
　　　　公式 12-14

上式中 a 之定義，請參見公式 12-3-1。

$$V_r = \frac{4^2 * V_d}{(d^2 + 4)^3} \ (n1 = n2)$$
　　　　公式 12-15

公式 12-15，係由公式 12-14 簡化而來。

$$V_r = \frac{a^2 * V_{LnOddsRatio} + \frac{3}{\pi^2}}{\left(\left(LnOddsRatio * \frac{\sqrt{3}}{\pi}\right)^2 + a\right)^3} \quad (n1 \neq n2)$$ 公式 12-16

公式中 a 之定義，請參見公式 12-3-1。

$$V_r = \frac{4^2 * V_{LnOddsRatio} * \frac{3}{\pi^2}}{\left(\left(LnOddsRatio * \frac{\sqrt{3}}{\pi}\right)^2 + 4\right)^3} \quad (n1 = n2)$$ 公式 12-17

$$V_{LnOddsRatio} = \frac{4 * V_r}{(1 - r^2)^3} * \frac{\pi^2}{3}$$ 公式 12-18

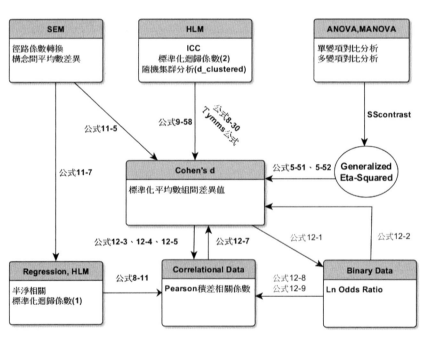

圖 12-20　單變項、多變項、**SEM**、**HLM** 分析效果值與 **Cohen's _d_** 或 **Pearson's _r_** 效果值間之橋接關係與轉換公式

　　不同統計方法衍生出不同的統計效果值指標，如何將它們轉換成具有共同量尺的效果值，是研究者一大挑戰。爰此，筆者將跨統計方法整合分析的關鍵公式，濃縮在圖 12-20。它勾勒出單變項、多變項、SEM、HLM 分析效果值與

Cohen's d 或 Pearson's r 間的關聯架構，它填充了過去整合分析在不同統計方法間的空白。當研究者利用圖 12-20 的橋接關係與相關公式，將單變項、多變項、SEM、HLM 分析效果值轉換成 Cohen's d 或 Pearson's r 效果值之後，就可利用 Cohen's d 或 Pearson's r 效果值的變異量計算公式（公式 3-32、公式 12-12 ～公式 12-18），估算 Cohen's d 或 Pearson's r 的變異量。利用 Cohen's d 或 Pearson's r 效果值及其變異量，研究者就可進行跨統計方法的整合分析了。

三、ESCAL 線上效果值轉換表單

ESCAL 線上效果值轉換表單，參見圖 12-21，其下載網址 https://www.escal.site/。

圖 12-21　**ESCAL** 線上效果值轉換之實例

ESCAL 實例估計結果，手動驗證如下：

由公式 12-1 可求得：$LnOddsRatio = d * \dfrac{\pi}{\sqrt{3}} = 0.5 * \dfrac{\pi}{\sqrt{3}} = .907$

由公式 12-4 可求得：$r = \dfrac{d}{\sqrt{d^2+4}} = \dfrac{.5}{\sqrt{.5^2+4}} = .242$ $(n1 = n2)$

四、CMA 的效果值轉換表單

圖 12-22 係 CMA 效果值轉換表單，可用來進行不同效果值間的轉換，如果不同效果值指標出現在同一顏色區塊，表示指標可以互換，出現在不同顏色區塊的指標，則表示不能互換。

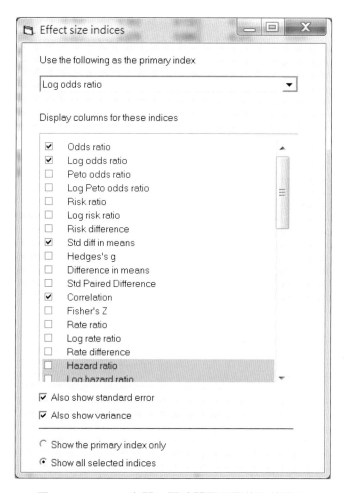

圖 12-22　**CMA** 表單：同時顯示不同效果值選單

　　透過圖 12-22 的 CMA 同時顯示設定選單，就能看到如圖 12-23 右側黃色區塊，同時顯示了不同類效果值及相關的變異量。

圖 12-23　**CMA** 報表：不同效果值同時顯示實例

五、筆者研發的 ESC 效果值轉換器

　　因各類效果值的轉換甚為繁複，不易手算，且易犯錯。為便利研究者將不同類型的效果值轉換為共同量尺（a common metric）以進行整合分析，特提供此

效果值轉換器（Effect-size Convertor，簡稱 ESC）：。此程式可以進行

各類效果值的轉換，也可進行效果值變異量的轉換。轉換的結果有可能是精確值，也可能為近似值。以圖 12-23 中之 Aronson（1948）之研究結果為例，ESC之操作步驟，依序簡述如下：

　1. 假如樣本大小不相等，請先輸入樣本大小

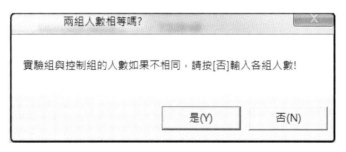

圖 12-24　**ESC** 訊息視窗

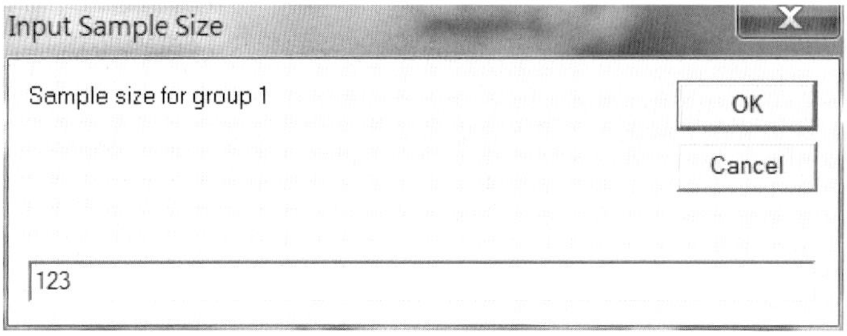

Input Sample Size
Sample size for group 1
OK
Cancel
123

圖 12-25　**ESC** 樣本大小輸入視窗：第一組

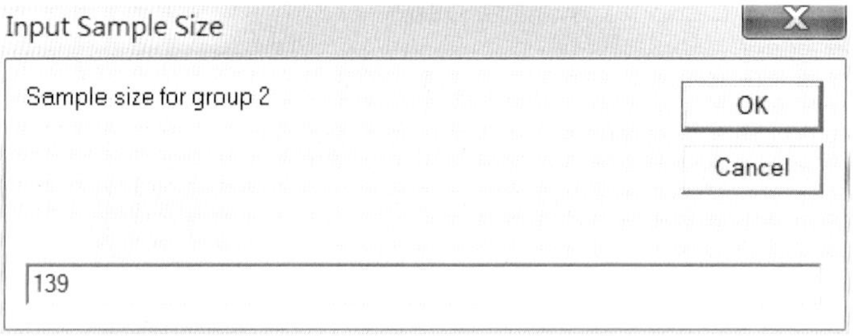

Input Sample Size
Sample size for group 2
OK
Cancel
139

圖 12-26　**ESC** 樣本大小輸入視窗：第二組

2. 選擇轉換對象：效果值或其變異量

效果值間之轉換, Fred Li, 2020
效果值 效果值變異量 操作方法 作者
Converted Effect Sizes
Input Effect Size
Cohen's d
Pearson's r
LogOddsRatio
OddsRatio
Compute
LnOddsRatio
Clear
Converted Effect Size Variances
Input Effect Size Variance
Cohen's V(d)
Pearson's V(r)
V(LogOddsRatio)
V(OddsRatio)
Compute

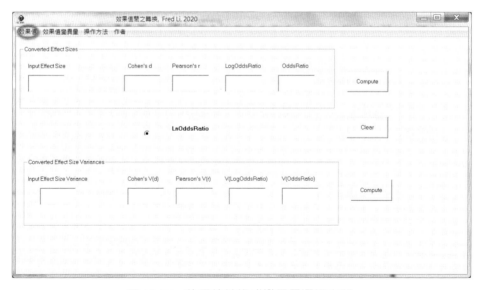

圖 12-27　效果值轉換或變異量選擇表單

圖 12-27 有兩個主要輸入區塊：效果值及效果值變異量。效果值的輸入與輸出在上半欄位，效果值變異量的輸入與輸出則在下半欄位。

3. 選擇待轉換指標

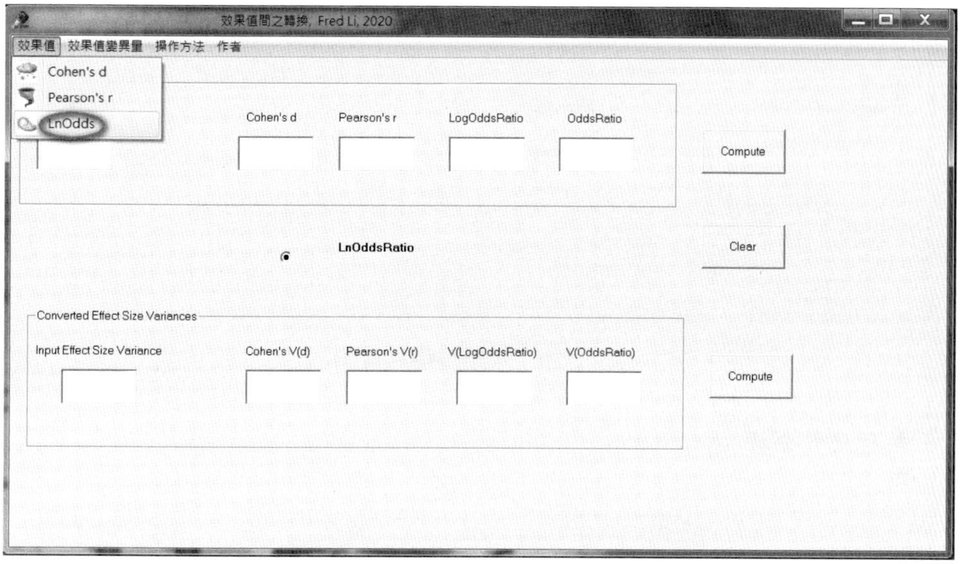

圖 12-28　**LnOddsRatio** 效果值轉換之選單

本例點選了 LnOddsRatio，可以轉換成 Cohen's *d*, Pearson's *r*, OddsRatio 等效果值指標。

4. 輸入效果值或效果值變異量

如果欲進行效果值之轉換，請利用圖 12-29 表單之上半部的左側欄位，在「Input Effect Size」下方欄位，輸入資料。如果欲進行效果值變異量之轉換，請利用圖 12-29 表單之下半部的左側欄位，在「Input Effect Size Variance」下方欄位，輸入資料。

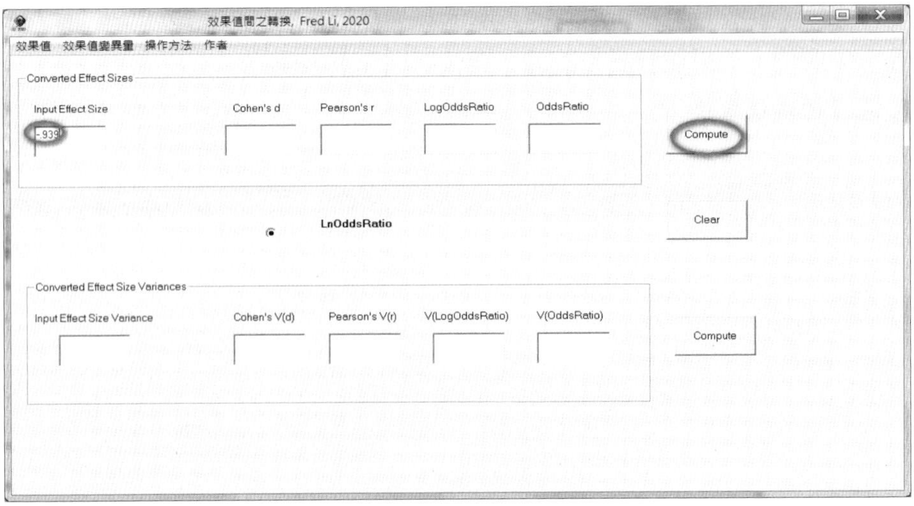

圖 12-29　效果值輸入實例

5. 執行統計分析

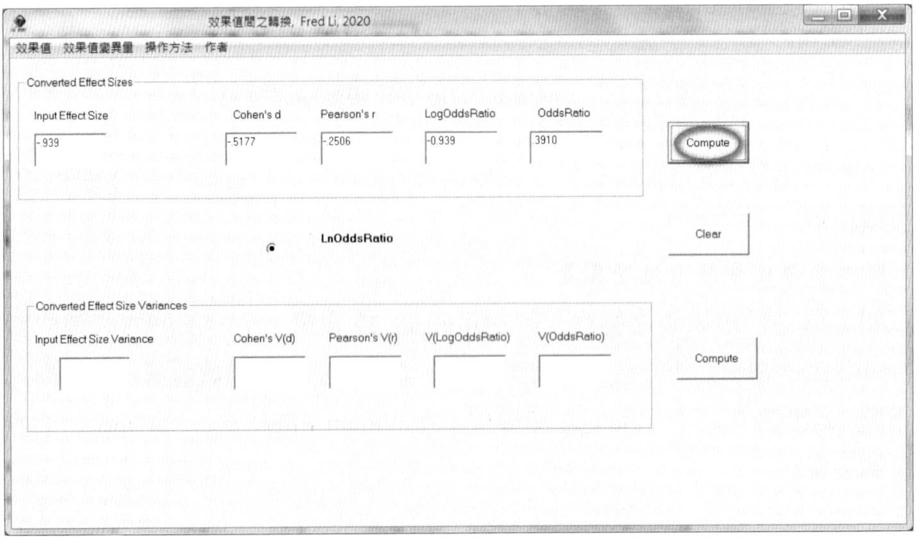

圖 12-30　ESC 執行按鈕

　　在圖 12-30 的「Input Effect Size」下方欄位，輸入資料（如 –.939）之後，按下「Compute」按鈕，即可獲得轉換結果。如欲進行效果值變異量之轉換，參看圖 12-31 表單之下半部的欄位，操作步驟依 ESC 指示爲之，不再贅述。圖 12-31 的 ESC 分析結果與圖 12-23 CMA 分析結果相同。讀者也可利用本章提供的轉換公式，進行轉換結果之驗證。

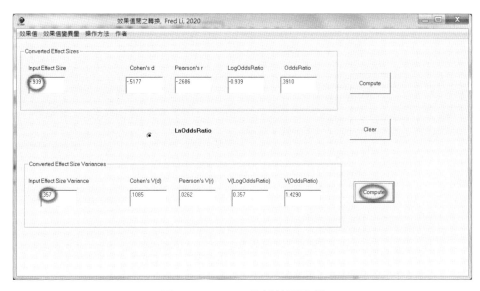

圖 12-31　ESC 分析結果實例

附錄一

• 筆者研發的效果值分析軟體清單 •

一、Cohen's *d* EXCEL 增益集：計算獨立樣本或重複量數 Cohen's *d* 效果值。

二、ENCI（Estimation for Non-central CI）增益集：用以估計 η^2、ω^2、ε^2、η_p^2、ε_p^2 & η_G^2 等概括式效果值及其非對稱性信賴區間。

三、GES（Generalized Eta-Squared）VB 軟體：計算對比分析之離差平方和 & η_G^2。

四、隨機集群分析效果值 VB 軟體：計算完全隔宿與部分隔宿內的各種效果值指標。

五、效果值轉換器（ESC）：進行各種效果值指標間的轉換。

六、整合分析 & SEM 部落格教學網站：https://mao-neng-fredli.blogspot.com/。

附錄二

• 如何解決無法開啟EXCEL增益集 •

假如您在開啟筆者之 EXCEL VBA 的增益集，收到下列錯誤警訊時：

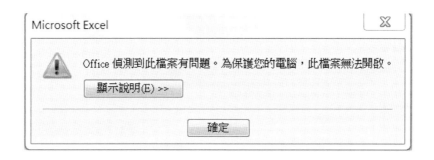

這是 EXCEL 進行檔案驗證時，偵測到該檔案具有安全性風險，才會出現此訊息而無法開啟該增益集。如將此增益集放在新增的信任資料夾，就可解決此問題。任何放在信任位置的檔案，不需「信任中心」的檢查便可開啟。EXCEL 檔案新增信任位置或資料夾之具體操作步驟如下，請參見附圖一：

1. 按一下 [檔案] → [選項]。
2. 點選 [信任中心] → [信任中心設定] → [信任位置]。
3. 點選 [新增位置]。
4. 點選 [瀏覽] 尋找資料夾，選取一個資料夾，然後點選 [確定]。

附圖一　**EXCEL** 信任資料夾之設定步驟

● 中英文參考書目 ●

李茂能（2002）。量化研究的品管：統計考驗力與效果值分析。國民教育研究學報，8，1-24。

李茂能（2010）。虛無假設顯著性考驗的演進、議題與迷思。測驗統計年刊，18，1-22。

李茂能（2011）。圖解 Amos 在學術研究之應用（第二版）。臺北市：五南。

李茂能（2015）。傳統整合分析理論與實務：ESS & EXCEL。臺北市：五南。

吳麗華（2007）。國小級任教師內外控信念與社會支持對身心健康影響之研究：以教師工作壓力為中介變項，國立嘉義大學碩士論文。

林清山 (1991)。多變項分析統計法。臺北市：臺灣東華。

林清山 (2003)。心理與教育統計。臺北市：臺灣東華。

Aarts, S., Akker, M., & Winkens, B. (2014). The importance of effect sizes. *The European Journal of General Practice, 20*(1), 61-64.

Abramson, J. H. (2010). Programs for epidemiologists-Windows version (WinPepi) [Computer software]. Retrieved from http://www.brixtonhealth.com/pepi4windows.html

Ahn, S., Myers, N. D., & Jin, Y. (2012). Use of the estimated intraclass correlation for correcting differences in effect size by level. *Behavior Research, 44*, 490-502.

Aloe, A. M. (2009). A partial effect size for the synthesis of multiple regression models. *Electronic Theses, Treatises and Dissertations.*

Aloe, A. M., & Becker, B. J. (2009). Teacher verbal ability and school outcomes: Where is the evidence? *Educational Researcher, 38*, 612-624.

Aloe, A. M., & Becker, B. J. (2012). An effect size for regression predictors in meta-analysis. *Journal of Educational and Behavioral Statistics, 37*(2), 278-297.

Bakeman, R. (2005). Recommended effect size statistics for repeated measures designs. *Behavior Research Methods, 37*, 79-384.

Baldwin, S. A., Bauer, D. J., Stice, E., & Rohde, P. (2011). Evaluating models for partially clustered designs. *Psychological Methods, 16*, 149-165.

Bauer, D. J., Sterba, S. K., & Hallfors, D. D. (2008). Evaluating group-based interventions when control participants are ungrouped. *Multivariate Behavioral Research, 43*, 210-236.

Bosco, F. A., Aguinis, H., Singh, K., Field, J. G., & Pierce, C. A. (2015). Correlational effect size benchmarks. *Journal of Applied Psychology, 100*(2), 431-449.

Bowman, N. A. (2012). Effect sizes and statistical methods for meta-analysis in higher education. *Research in Higher Education, 53*(3), 375-382.

Brydges, C. (2019). Effect size interpretation, sample size calculation, and statistical power in gerontology. *Innovation in Aging, 3*(3), 1-8.

Chen, H., Cohen, P., & Chen, S. (2010). How big is a big odds ratio? Interpreting the magnitudes of odds ratios in epidemiological studies. *Communications in Statistics - Simulation and Computation, 39*, 860-864.

Chinn, S. (2000). A simple method for converting an odds ratio to effect size for use in meta-analysis. *Statistics in Medicine, 19*, 3127-3131.

Cohen, J. (1988). *Statistical power analysis for the behavioral sciences* (2nd ed.). Hillsdale, NJ: Erlbaum.

Crocker, L., & Algina, J. (1986). *Introduction to classical and modern test theory*. Holt, Rinehart and Winston, Inc.

Cuijpers, P., Weitz, E., Cristea, I., & Twisk, J. (2017). Pre-post effect sizes should be avoided in meta-analyses. *Epidemiology and Psychiatric Sciences, 26*(4), 364-368.

Cummings, G., & Calin-Jageman, R. (2017). *Introduction to the new statistics: Estimation, open science and beyond*. New York: Routledge.

Dudgeoń P. (2016). A comparative investigation of confidence intervals for independent variables in linear regression. *Multivariate Behavioral Research, 51*(2-3), 139-153.

Enzmann, D. (2015). N*otes on effect size measures for the difference of means from two independent groups: The case of Cohen's d and Hedges' g* (Technical Report).

Feingold, A. (2009). Effect sizes for growth-modeling analysis for controlled clinical trials in the same metric as for classical analysis. *Psychological Methods, 14*, 43-53.

Feingold, A. (2013). A regression framework for effect size assessments in longitudinal modeling of group differences. *Review of General Psychology, 17,* 111-121.

Feingold, A. (2015). Confidence interval estimation for standardized effect sizes in multilevel and latent growth modeling. *Journal of Consulting and Clinical Psychology, 83*, 157-168.

Feingold, A. (2017). Meta-analysis with standardized effect sizes from multilevel and latent growth models. *Journal of Consulting and Clinical Psychology, 85*, 262-266.

Feingold, A. (2019). New approaches for estimation of effect sizes and their confidence intervals for treatment effects from randomized controlled trials. *The Quantitative Methods for Psychology, 15*(2), 96-111.

Fernández-Castilla, B., Aloe, A. M., Declercq, L. et al. (2019). Concealed correlations meta-analysis: A new method for synthesizing standardized regression coefficients. *Behavior Research Methods, 51,* 316-331.

Fritz, C. O., Morris, P. E., & Richler, J. J. (2012). Effect size estimates: Current use, calculations, and interpretation. *Journal of Experimental Psychology: General, 141*(1), 2-18.

Fukunaga, S., Kusama, M., & Ono, S. (2014). The effect size, study design, and development experience in commercially sponsored studies for new drug applications in approved drugs. *Springer Plus, 3,* 740.

Gignac, G. E., & Szodorai, E. T. (2016). Effect size guidelines for individual differences researchers. *Personality and Individual Differences, 102,* 74-78.

Gil, P., Pham, T., Rasmussen, P., Kellermann, A. P., Romano, J. L., Chen, Y., & Kromrey, J. (2013). *GEN_ETA2: A SAS® macro for computing the generalized eta-squared effect size associated with analysis of variance models.* Sas Global Forum, San Francisco, Ca.

Gil, P., Pham, T., Rasmussen, P., Kellermann, A. P., Romano, J. L., Chen, Y., & Kromrey, J. (2013). *GEN_OMEGA2: A SAS ® macro for computing the generalized omega-squared effect size associated with analysis of variance models.* Sas Global Forum, San Francisco, Ca.

Gliner, J. A., Vaske, J. J., & Morgan, G. A. (2001). Null hypothesis significance testing: Effect size matters. *Human Dimensions of Wildlife, 6*(4), 291-301.

Gomer, B., Jiang, G., & Yuan, K-H (2019). New effect size measures for structural equation modeling. *Structural Equation Modeling: A Multidisciplinary Journal, 26*(3), 371-389.

Grissom, R. J., & Kim, J. J. (2012). *Effect sizes for research: Univariate and multivariate applications* (2nd ed.). Routledge/Taylor & Francis Group.

Haddock, C. K., Rindskopf, D., & Shadish, W. R. (1998). Using odds ratios as effect sizes for meta-analysis of dichotomous data: A primer on methods and issue. *Psychological Methods, 3,* 339-353.

Hayes, A. F. (2018). *Introduction to mediation, moderation, and conditional process analysis* (2nd Ed.). New York: The Guilford Press.

Hedges, L. V. (2007). Effect sizes in cluster-randomized designs. *Journal of Educational and Behavioral Statistics, 32,* 341-370.

Hedges, L. V. (2008). What are effect sizes and why do we need them? *Child Development*

Perspectives, 2, 167-171.

Hedges, L. V. (2009). Effect sizes in nested designs. In H. M. Cooper, L. V. Hedges, & J. C. Valentine (Eds.). *The handbook of research synthesis and meta-analysis* (pp. 337-355). New York: Russell Sage Foundation.

Hedges, L. V. (2011). Effect sizes in three-level cluster-randomized experiments. *Journal of Educational and Behavioral Statistics, 36*, 346-380.

Hedges, L. V., & Citkowicz, M. (2015). Estimating effect size when there is clustering in one treatment group. *Behavior Research Methods, 47*, 1295-1308.

Hedges, L. V., & Olkin, I. (1985). *Statistical methods for meta-analysis*. San Diego, CA: Academic Press.

Higgins, J., & Thomas, J. (2019). *Cochrane Handbook for Systematic Reviews of Interventions* (2nd Edition). Chichester (UK): John Wiley & Sons.

Hox, J. J. (1995). *Applied Multilevel Analysis*. Amsterdam: TT-Publikaties.

Hox, J. J. (2002). *Multilevel analysis: Techniques and applications*. Mahwah, NJ: Lawrence Erlbaum Associates, Inc.

Howell, D. C. (2007). *Statistical methods for psychology* (6th ed). USA: Thompson/Wadsworth.

Hunter, J. E., & Schmidt, F. L. (2004). *Methods of meta-analysis: Correcting error and bias in research findings* (2nd ed.). Thousand Oaks: Sage Publications.

Kelley, K. (2007). Constructing confidence intervals for standardized effect sizes: Theory, application, and implementation. *Journal of Statistical Software, 20*(8), 1-24.

Kinney, A., Eakman, A., & Graham, J. (2020). Novel effect size interpretation guidelines and an evaluation of statistical power in rehabilitation research. *Archives of Physical Medicine and Rehabilitation, 101*(12), 2219-2226.

Kraft, M. A. (2019). Interpreting effect sizes of education interventions. (EdWorkingPaper: 19-10). Retrieved from Annenberg Institute at Brown University: http://www.edworkingpapers.com/ai19-10.

Kromrey, J. D., & Bell, B. A. (2010). ES_ANOVA: A SAS macro for computing point and interval estimates of effect sizes associated with analysis of variance models. *Proceedings of the SouthEast SAS Users Group Conference* (SESUG 2010), paper PO-05. Cary, NC: SAS Institute Inc. https://analytics.ncsu.edu/sesug/2010/PO05.

Lai, Mark H. C., & Kwok, Oi-man (2016). Estimating standardized effect sizes for two- and three-level partially nested data. *Multivariate Behavioral Research, 51*(6), 740-756.

Lakens, D. (2013). Calculating and reporting effect sizes to facilitate cumulative science: A practical primer for *t*-tests and ANOVAs. *Frontiers in Psychology, 4*, 863.

Levine, T. R. & Hullett, C. R. (2002). Eta-squared, partial eta-squared, and misreporting of effect size in communicating research. *Human Communication Research, 28*, 612-625.

Leonhart, R., Wirtz, M., & Bengel, J. (2008). Measuring effect sizes using manifest versus latent variables: Consequences and implications for research. *International Journal of Rehabilitation Research, 31*(3), 207-216.

Lohr, S., Schochet, P. Z., & Sanders, E. (2014). *Partially nested randomized controlled trials in education research: A guide to design and analysis*. NCER 2014-2000. National Center for Education Research.

Lorah, J. (2018). Effect size measures for multilevel models: Definition, interpretation, and TIMSS example. *Large-scale Assessments in Education, 6*(1), 1-11.

Lovakov, A., & Agadullina, E. R. (2021). Empirically derived guidelines for effect size interpretation in social psychology. *European Journal of Social Psychology*. https://doi.org/10.1002/ejsp.2752

Kelley, K. (2020). *MBESS: The MBESS R package*. https://CRAN.R-project.org/package = MBESS

Kim, R. S. (2011). *Standardized regression coefficients as indices of effect sizes in meta-analysis*. Doctoral dissertation, Florida State University.

Kraft, M. (2020). Interpreting effect sizes of education interventions. *Educational Researcher, 49*(4), 241-253.

MacCallum, R. C., Browne, M. W., & Cai, L. (2006). Testing differences between nested covariance structure models: Power analysis and null hypotheses. *Psychological Methods, 11*(1), 19-35.

Maxwell, S. E., & Delaney, H. D. (2004). *Designing experiments and analyzing data: A model comparison perspective* (2nd ed.). Lawrence Erlbaum Associates Publishers.

Maydeu-Olivares, Alberto (2016). Assessing the size of model misfit in structural equation models. *Psychometrika, 82*(3), 533-558.

Morris, S. B., & DeShon, R. P. (2002). Combining effect size estimates in meta-analysis with repeated measures and independent-groups designs. *Psychological Methods, 7*, 105-125.

Morris, S. B. (2008). Estimating effect sizes from pretest-posttest-control group designs.

Organizational Research Methods, 11, 364-386.

Morris, P. E., & Fritz, C. O. (2013). Effect sizes in memory research. *Memory, 21*(7), 832-842.

Murnane, R. J., & Willett, J. B. (2011). *Methods matter: Improving causal inference in educational and social science research.* Oxford University Press.

Nelson, J. B. (2016). A robust function to return the cumulative density of non-central F distributions in Microsoft Office Excel. *Psicológica, 37*, 61-83.

Nieminen, P., Lehtiniemi, H., Vähäkangas, K., Huusko, A., & Rautio, A. (2013). Standardized regression coefficient as an effect size index in summarizing findings in epidemiological studies. *Epidemiology Biostatistics and Public Health, 10*, 4.

Okada, K. (2013). Is omega squared less biased? A comparison of three major effect size indices in one-way ANOVA. *Behaviormetrika, 40*(2), 129-147.

Olejnik, S., & Algina, J. (2000). Measures of effect size for comparative studies: Applications, interpretations and limitations. *Contemporary Educational Psychology, 25*, 241-286.

Olejnik, S., & Algina, J. (2003). Generalized eta and omega squared statistics: Measures of effect size for some common research designs. *Psychological Methods, 8*, 434-447.

Olivier, J., May, W., & Bell, M. (2017). Relative effect sizes for measures of risk. *Communications in Statistics - Theory and Methods, 46*, 6774-6781.

Parker, R. I., Vannest, K. J., & Davis, J. L. (2011). Effect size in single-case research: A review of nine nonoverlap techniques. *Behavior Modification, 35*, 303-322.

Pek, J., & Flora, D. B. (2018). Reporting effect sizes in original psychological research: A discussion and tutorial. *Psychological Methods, 23*(2), 208-225.

Peterson, R., & Brown, S. P. (2005). On the use of beta coefficients in meta-analysis. *The Journal of Applied Psychology, 90*(1), 175-181.

Plonsky L., & Oswald F. L. (2014). How Big Is "Big"? Interpreting effect sizes L2 research. *Language Learning, 64* (4), 878-912.

Polanin, J . R., & Snilstveit, B. (2016). *Campbell methods policy note on converting between effect sizes* (Version 1.1, updated December 2016). Oslo: The Campbell Collaboration.

Preacher, K. J., & Kelley, K. (2011). Effect sizes measures for mediation models: Quantitative strategies for communicating indirect effects. *Psychological Methods, 16*(2), 93-115.

Raudenbush, S. W., & Liu, X.-F. (2001). Effects of study duration, frequency of observation, and sample size on power in studies of group differences in polynomial change. *Psychological Methods, 6*(4), 387-401.

Ringquist, E. (2013). *Meta-analysis for public management and policy.* Wiley.

Rojewski, J. W. (1999). Five things greater than statistics in quantitative educational research. *Journal of Vocational Research, 24*(1), 63-74.

Sanders, Elizabeth A. (2011). *Multilevel analysis methods for partially nested cluster randomized trials.* Doctor of Philosophy, University of Washington.

Sapp, M., Obiakor, F., Gregas, A., & Scholze, S. (2007). Mahalanobis distance: A multivariate measure of effect in hypnosis research. *Sleep and Hypnosis, 9,* 67-70.

Satorra, A., & Bentler, P. M. (1994). *Corrections to test statistics and standard error on covariance structure analysis.* In A. Von Eye & C. C. Clogg (Eds.). *Latent variables analysis* (pp. 399-419). Thousand Oaks, CA: Sage.

Snijders, T. A. B., & Bosker, R. J. (2012). *Multilevel analysis: An introduction to basic and advanced multilevel modeling.* Thousand Oaks: Sage Publishing.

Snyder, F., Flay, B., Vuchinich, S., Acock, A., Washburn, I., Beets, M., & Li, K. K. (2010). Impact of a social-emotional and character development program on school-level indicators of academic achievement, absenteeism, and disciplinary outcomes: A matched-pair, cluster randomized, controlled trial. *Journal of Research on Educational Effectiveness, 3*(1), 26-55.

Sobel, M. E. (1982). Asymptotic confidence intervals for indirect effects in structural equation models. *Sociological Methodology, 13,* 290-321.

Stukas, A. A., & Cumming, G. (2014). Interpreting effect sizes: Toward a quantitative cumulative social psychology. *European Journal of Social Psychology, 44,* 711-722.

Thompson, B. (1996). AERA editorial policies regarding statistical significance testing: Three suggested reforms. *Educational Researcher, 25*(2), 26-30.

Thompson, B. (1998). *Five methodology errors in educational research: The pantheon of statistical significance and other faux pas.* Paper presented at the annual meeting of American Educational Research Association, San Diego.

Thompson, B. (2007). Effect sizes, confidence intervals, and confidence intervals for effect sizes. *Psychology in the Schools, 44,* 423-432.

Trigo Sanchez, M. E., & Martinez Cervantes, R. J. (2016). Generalized eta squared for multiple comparisons on between-groups designs. *Psicothema, 28*(3), 340-345.

Tymms, P. (2004). *Effect sizes in multilevel models.* In I. Schagen & K. Elliot (Eds.). But what does it mean? (pp. 55-66). Slough: National Foundation for Educational Research.

Tymms, P., Merrell, C., & Wildy, H. (2015). The progress of pupils in their first school year across classes and educational systems. *British Educational Research Journal, 41*(3), 365-380.

Warne, R. T. (2017). *Statistics for the Social Sciences: A general linear model approach.* New York, NY: Cambridge University Press.

Yiğit, S. (2021). Comparison of some effect size measures in simple and multiple linear regression models. *Journal of Science and Technology A - Applied Sciences and Engineering, 22*(1), 77-84.

● 中英文索引 ●

η^2（Eta-squared） 74

d_w 將與 $\hat{\delta}_w$ 趨於一致（a consistent estimator） 281

GMA 分析（growth modeling analysis） 402

ICC（intraclass correlation） 288, 290, 294, 313, 323

IRD（improvement rate difference） 6

NAP（% of all pairwise comparisions across phases A & B） 6

PND（% of non-overlapping data） 6

p 值（p-value） I, 3

RCT（randomized controlled trials） 21

RTSS（Rehabilitation Treatment Specification System） 13

SMD（standardized mean difference） 6, 56

三劃

大（large） 11, 12

大的研究設計效果（large design effect，亦即大的平均集群大小配上大的 ICC） 322

小（small） 11, 12

四劃

中（moderate） 11, 12

中介效果（mediating effect） 248

中度（moderate） 11

內在信度（internal reliability） 395

分析單位（unit of analysis） 277

分派單位（unit of allocation） 277

分組結構（grouping structure） 351

分割區設計（split-plot design） 130

五劃

世代研究（cohort study） 25

半淨相關係數（semi-partial correlation coefficients） 236

可比較性（comparable） I, 93

外在因子（extrinsic factor） 154, 183

外在效標（external referents） 15

外圍因素（peripheral factor） 183

平均改變量（mean change） 50

平均數差異之標準誤（the standard error of mean differences） 45

平均數差異量（mean difference） 50

平衡設計或集群大小差異不大時（balanced cluster sizes） 323

本質因子（intrinsic factor） 154, 183

正交比較（orthogonal contrasts） 155

母群效果值（population effect size） 277, 318, 321

六劃

共同量尺（a common metric） 437

百分比平均差異量（mean difference for percentage difference） 3

同一分群（a singleton） 328

多個研究場址（multi-site studies） 280, 282, 290, 304

多層次分析、階層線性模式（HLM） 235, 277

多變項對比（multivariate contrast） 192

成長模式分析（growth modeling analysis，簡稱 GMA） 402

有效估計值（efficient estimator） 325

有效的自由度（effective degrees of freedom） 324

有效樣本大小（effective sample size） 314

七劃

估計標準誤（standard error of the estimate） 260

判定標準（bench mark） 11

完全隔宿或集群設計（fully nested or clustered design） 276, 282

每一觀察值均為一個分群（singletons） 328

決定係數（coefficient of determination） 70

八劃

事後回溯性研究（retrospective study） 25

併組集群內變異數（pooled within-cluster population variance） 280

併組標準差或稱標準化單位（standardizer） 61

依變項（dependent variables） 193, 194

兩個風險的比率（ratio of two risks） 21

兩個勝算的比率（ratio of two odds） 21

典型（typical） 12

初始研究報告（primary research reporting） 6

初級研究（primary research）　322

受試內設計（within-subjects design，重複量數設計）　402

受試者內因子（within-subjects factors）　72

受試者的測驗分數具有題目獨立性（item-free person measurement）　269

受試者間因子（between-subject effect）　130

受試者間測量因子（a measured between-subjects factor）　72

受試者間操弄因子（a manipulated between-subjects factor）　72

固定因素（fixed factor）　194

固定效果（fixed effect）　279, 322

武斷的量尺（arbitrary metric）　239, 249

非對稱性（non-central）　40

非對稱性 F 抽樣分配（non-central F distribution）　17

非正交比較（non-redundant contrasts）　155

非焦點因子（factor of no interest）　70, 71, 155

非暴露組（unexposed group）　25

九劃

前瞻性研究（prospective study）　25

建構信度（construct reliability）　396

相依樣本的受試內（或稱重複量數）因子（within-subject effect）　130

相對風險（relative risk, RR）　5

相對風險比（relative risk/risk ratio, RR）　21

重複比對（repeated contrasts）　195

重複量數因子（within-subject factor）　218

風險（risk）　21

風險是百分比（%, proportion）　21

風險差（risk difference, RD）　21

十劃

個別差異因子（測量因子，measured factors）　71

原始標準差（raw standard deviation，簡稱 SD）　257

差異分數的標準差（SD of the change scores）　402

效果值（effect size）　I, 3

效果值可比較性（comparability of effect sizes）　71

時段（duration）　403

時間單位（unit of time） 403

病例對照研究（case-control study） 25

十一劃

基準線時原始分數的標準差（baseline standard deviation） 402

情境導向（context-specific） 12

淨相關（a partial correlation） 245

淨相關係數（partial correlation coefficients） 236

組間成長速率的差異性（differences in rate of growth） 402

設計效應（design effect） 313

通用 η_G^2（Generalized Eta^2） 69

通用性（generalized） 155

部分相關（part correlation） 236, 239

部分隔宿（partial nested） 318

部分隔宿或集群設計（partially nested or clustered） 276, 282

部分隔宿設計（partial nested design） 277, 352

部分變異量（partial variance） 112

十二劃

勝算（odds） 21

勝算比（odds ratio, OR） 5, 21

勝算是相對性比率（ratio） 21

單一研究場址（single site studies） 280, 281, 290, 303

單一個案研究（single-case study） 6

單純的比較（a simple contrast） 158

單變項對比（univariate contrast） 204

殘差標準差（residual standard deviation，簡稱 RSE） 257, 260

殘差標準差（RSE） 257, 261

測量因子（measured factors） 71, 155, 183

無測量單位（unit-free of measurement） 5

焦點因素（target factor） 183

焦點式效果值（focused effect sizes） 39

虛無假設的顯著性考驗模式（Fisher 氏的 significance testing 或 Neyman-Pearson 氏的 hypothesis testing） 3

虛擬變項（dummy variable） 259, 410, 416

量尺不變性（scale-invariant） 385

間接效果值（indirect effect） 248

階層線性模式（hierarchical linear modeling，簡稱為 HLM） 235

集群（clusters） 277, 282

集群大小（cluster size） 288, 320

集群大小不等（unbalanced cluster sizes） 322

集群間之均方和（between-cluster mean squares） 321

集群層次（cluster-level） 313, 346, 379

十三劃

概括式效果值（omnibus effect sizes） 5, 68, 69

群聚效果（clustering effects） 312

較大（relatively large） 12

較小（relatively small） 12

零階（zero-order） 236

零模式（empty model） 254

十四劃

實質意義（substantative significance） 10

對比（contrast） 42, 44, 145, 156, 160

對比效果值分析（effect size in contrast analysis） 92

對比離均差平方和（$SS_{contrast}$） 83, 84, 156

誤差平方和（error sum of square） 132, 138

誤差均方和（error mean square, MSE） 44, 134

誤差項均方（mean square） 61

輕微（mild） 11

十五劃

暴露組（exposed group） 25

標準化平均數差異值（standardized mean difference） 3, 39

標準化效果值（standardized effect sizes） 5

標準化單位（standardizer） 13, 42, 61

標準化閱讀測驗分數（standard test in reading） 311

樣本效果值（sample effect size） 5, 277, 318, 323

潛在成長模式（latent growth modeling） 402

潛在效果值（latent effect size） 5

複雜的對比（complex contrast） 191

十六劃

操弄因子（manipulated factors） 71, 183

整合分析（meta-analysis） I, 17

獨立組別前、後測設計（independent-groups pretest-posttest design） 402

隨機效果（random effect） 279, 322

隨機集群實驗（cluster randomized trials） 277

十七劃

總平均數（grand mean） 287, 325

總變異量（total mean-square, S_T^2）
283

總變異量需具有可匹配性
（matched variability） 18

二十劃

嚴重（severe） 11

二十三劃

變異的解釋量（variance ex-
plained） 70

1H47　量化研究與統計分析：SPSS與R資料分析範例解析

作　　者：邱皓政

定　　價：690元

I S B N：978-957-763-340-8

◆ 以 SPSS 最新版本 SPSS 23~25 進行全面編修，增補新功能介紹，充分發揮 SPSS 優勢長項。
◆ 納入免費軟體R的操作介紹與實例分析，搭配統計原理與 SPSS 的操作對應，擴展學習視野與分析能力。
◆ 強化研究上的實務解決方案，充實變異數分析與多元迴歸範例，納入 PROCESS 模組，擴充調節與中介效果實作技術，符合博碩士生與研究人員需求。

1H61　論文統計分析實務：SPSS與AMOS的運用

作　　者：陳寬裕、王正華

定　　價：920元

I S B N：978-957-11-9401-1

鑒於 SPSS 與 AMOS 突出的優越性，作者本著讓更多的讀者熟悉和掌握該軟體的初衷，進而強化分析數據能力而編寫此書。
◆ 「進階統計學」、「應用統計學」、「統計分析」等課程之教材
◆ 每章節皆附範例、習題，方便授課教師驗收學生學習成果

1H1K　存活分析及ROC：應用SPSS（附光碟）

作　　者：張紹勳、林秀娟

定　　價：690元

I S B N：978-957-11-9932-0

存活分析的實驗目標是探討生存機率，不只要研究事件是否發生，更要求出是何時發生。在臨床醫學研究中，是不可或缺的分析工具之一。
◆ 透過統計軟體 SPSS，結合理論、方法與統計引導，從使用者角度編排，讓學習過程更得心應手。
◆ 電子設備的壽命、投資決策的時間、企業存活時間、顧客忠誠度都是研究範圍。

1H0S　SPSS問卷統計分析快速上手祕笈

作　　者：吳明隆、張毓仁

定　　價：680元

I S B N：978-957-11-9616-9

◆ 本書統計分析程序融入大量新版 SPSS 視窗圖示，有助於研究者快速理解及方便操作，節省許多自我探索而摸不著頭緒的時間。
◆ 內容深入淺出、層次分明，對於從事問卷分析或相關志趣的研究者，能迅速掌握統計分析使用的時機與方法，是最適合初學者的一本研究工具書。

1H1P 人工智慧(AI)與貝葉斯(Bayesian)迴歸的整合：應用STaTa分析（附光碟

作　　者：張紹勳、張任坊

定　　價：980元

I S B N：978-957-763-221-0

◆ 國內第一本解說 STaTa ——多達 45 種貝葉斯迴歸分析運用的教科書。
◆ STaTa＋AI＋Bayesian 超強組合，接軌世界趨勢，讓您躋身大數據時代先驅。
◆ 結合「理論、方法、統計」，讓讀者能精準使用 Bayesian 迴歸。
◆ 結內文包含大量圖片示意，配合隨書光碟資料檔，實地演練，學習更有效率。

1HA4 統計分析與R

作　　者：陳正昌、賈俊平

定　　價：650元

I S B N：978-957-763-663-8

正逐步成為量化研究分析主流的 R 語言

◆ 開章扼要提點各種統計方法適用情境，強調基本假定，避免誤用工具。
◆ 內容涵蓋多數的單變量統計方法，以及常用的多變量分析技術。
◆ 可供基礎統計學及進階統計學教學之用。

1HA6 統計學：基於R的應用

作　　者：賈俊平

審　　定：陳正昌

定　　價：580元

I S B N：978-957-11-8796-9

統計學是一門資料分析學科，廣泛應用於生產、生活和科學研究各領域。

◆ 強調統計思維和方法應用，以實際案例引導學習目標。
◆ 使用 R 完成計算和分析，透徹瞭解R語言的功能和特點。
◆ 注重統計方法之間的邏輯，以圖解方式展示各章內容，清楚掌握全貌。

1H2F Python數據分析基礎：包含數據挖掘和機器學習

作　　者：阮敬

定　　價：680元

I S B N：978-957-763-446-7

從統計學出發，最實用的 Python 工具書。

◆ 全書基於 Python3.6.4 編寫，兼容性高，為業界普遍使用之版本。
◆ 以簡明文字闡述替代複雜公式推導，力求降低學習門檻。
◆ 包含 AI 領域熱門的深度學習、神經網路及統計思維的數據分析，洞察市場先機。

國家圖書館出版品預行編目資料

統計效果值的估計與應用／李茂能著. -- 初
　版. -- 臺北市：五南圖書出版股份有限公
　司, 2022.08
　　面；　公分
　ISBN 978-626-343-108-9（平裝）

1.CST: 統計學

510　　　　　　　　　　　111011464

1H3G

統計效果值的估計與應用

作　　　者 ― 李茂能

發 行 人 ― 楊榮川

總 經 理 ― 楊士清

總 編 輯 ― 楊秀麗

主　　　編 ― 侯家嵐

責任編輯 ― 吳瑀芳

文字校對 ― 陳俐君、許宸瑞

封面設計 ― 王麗娟

出 版 者 ― 五南圖書出版股份有限公司

地　　　址：106臺北市大安區和平東路二段339號4樓

電　　　話：(02)2705-5066　　傳　　　真：(02)2706-6100

網　　　址：https://www.wunan.com.tw

電子郵件：wunan@wunan.com.tw

劃撥帳號：01068953

戶　　　名：五南圖書出版股份有限公司

法律顧問　林勝安律師事務所　林勝安律師

出版日期　2022年8月初版一刷

定　　　價　新臺幣560元